아산재단 연구총서 第196집

옛이야기와 어린이문학

이지호

집문당

저자 소개

이지호(李志鎬) 서울대학교 사범대학 국어교육과
서울대학교 문학교육박사
현재 진주교육대학교 국어교육과 교수

아산재단 연구총서 제196집

옛이야기와 어린이문학

2006년 4월 1일 1판 1쇄
2020년 4월 10일 1판 2쇄

저자 | 이지호
발행인 | 임동규
발행처 | **(주)집문당**
등록 | 1971. 3. 23. 제2012-000069호
주소 | 03134 서울시 종로구 돈화문로 82, 5층
전화 | +82-1811-7567
이메일 | sale@jipmoon.com
홈페이지 | www.jipmoon.com

ISBN 978-89-303-1242-4

가격 13,500원

이 도서의 국립중앙도서관 출판시도서목록(CIP)은 e-CIP홈페이지(http://www.nl.go.kr/ecip)와 국가자료공동목록시스템(http://www.nl.go.kr/kolisnet)에서 이용하실 수 있습니다.
(CIP제어번호: CIP2006000545)

머리말

옛이야기에 대한 내 어릴 적 기억은 겨울밤 · 거마동 할매 · 호롱불 · 무 한 소쿠리로 엮어져 있다. 나와 나의 올망졸망한 형제들은 겨울이면 밤마다 거마동 할매가 풀어놓는 옛이야기를 호롱불 아래에서 무를 깎아 먹으면서 듣곤 했다. 겨울밤에만 옛이야기를 들었던 것인지 아니면 겨울밤에 옛이야기를 들었던 것만 기억에 남은 것인지는 지금으로서는 헤아리기가 어렵다. 어쨌든 옛이야기를 즐기기에는 겨울밤이 제격일 것 같다.

여름밤엔 마당에 모깃불을 피워 놓고 평상에서 놀다 잠이 들곤 했는데, 어린 나한테도 여름밤은 너무나 아름다웠다. 쏟아지는 별빛, 풀벌레의 맑은 노랫소리, 싱그러운 바람…. 이러한 때 누군가 옛이야기를 들려주었다고 해도 그것에 마음을 기울이기는 어려웠을 것이다. 겨울밤은 달랐다. 어둠은 일찍 내렸고 밤은 길었다. 춥기는 또 얼마나 추웠던가. 겨울밤엔 방 안에 틀어박힐 수밖에 없었다. 이부자리는 진작부터 깔려 있었다. 그러나 초저녁부터 잘 수는 없는 일. 이불 속에서 장난이라도 쳐야 했다. 그마저도 시들해지면, 우리는 다닥다닥 붙어 앉아서 누군가 재미있는 이야기를 시작하기를 기다렸다. 그러나 우리의 이야기는 언제나 시시껄렁했다.

거마동 할매는 옆집에 살았는데 우리 할머니와 살갑게 지냈기 때문에 우리 집에 자주 마실을 왔다. 특히 겨울에는 밤마다 우리 집으로 건너왔다. 겨울에는 낮에도 할 일이 없기 때문에 해가 떨어져도 잠이 안 온다는 것이었다. 거마동 할매는 보고 들은 것을 이야기한 다음에는 꼭 그것과 관련이 있는 옛이야기를 덧붙이는 버릇이 있었다. 우리는 그것이 좋았다. 거마동 할매는 기억력도 좋고 입담도 좋았다. 거마동 할매의 옛이야기는 늘 새롭고 흥미진진한 것이었다. 물론 거마동 할매는 우리 할머니한테 이야기하는 것이었지 우리한테 이야기하는 것이 아니었다. 그러나 우리 할머니가 꾸벅꾸벅 졸아도 이야기를 멈추지 않았다. 거마동 할매도 당신의 이야기를 우리가 우리 할머니보다 더 좋아한다는 사실을 눈치챘던 것 같다.

그 무렵 우리 마을에는 아직 전기가 들어오지 않았다. 우리 집은 호롱불로 어둠을 밝혔다. 호롱불 아래에서 옛이야기를 듣는 맛은 말로는 도저히 표현할 수가 없다. 호롱불, 그 빛과 그 빛이 만들어 내는 그림자는 때로는 신비로웠고 때로는 기괴했고 때로는 따스했고 때로는 우중충했다. 어떠한 옛이야기가 펼쳐지느냐에 따라서 다른 분위기를 자아냈다. 우리는 호롱불의 마력 때문인지 옛이야기 속으로 끝없이 빨려 들어갔다.

이때쯤이면 무 한 소쿠리가 다 비어 갔다. 거마동 할매는 이가 없다면서도 우리 할머니가 깎아 주는 무를 잘도 베어 먹었다. 그때는 먹을 것이 부족하던 시절이어서 저녁밥은 늘 부실했다. 조금만 후다닥거리면 허기를 느낄 정도였다. 우리 할머니는 해가 떨어지기 전에 광에 가서 바람 안 든 무를 한 소쿠리 담아내어 깨끗하게 씻어 놓았다. 밤참으로 준비하는 것이었다. 맛있는 무는 달고 시원하기가 배보다 더했다. 무로 빈속을 채울 수 없었다면 우리는 결코 옛이야기를 듣는 재미에 빠져 들지 못했을 것이다. 무를 먹으면 방귀가 잘 나왔고 또 그 방귀는 냄새가 지독했다. 누가 방귀라도 뀔 양이면, 거마동 할매는 금세 방귀쟁이에 관한 옛이야기를 풀어놓았다.

돌이켜 보면, 겨울밤 · 거마동 할매 · 호롱불은 옛이야기의 구연

조건을 상징하는 것이었다. 애·어른 할 것 없이 한 방에서 꼼짝없이 함께 지내야 했던 겨울밤은 옛이야기의 구연이 자연스럽게 일어날 수 있는 시공간적 조건을 상징하고, 옛이야기를 끊임없이 풀어냈던 거마동 할매는 옛이야기의 창의적 구연이 가능한 진정한 이야기꾼을 상징하고, 책조차 읽을 수 없게 하였던 침침한 호롱불은 옛이야기의 구연에 몰입하게 하는 상황적 조건이 시각매체의 제한임을 상징적으로 보여 준다.

세상이 달라졌다, 좋아졌다고들 말한다. 그러나 옛이야기의 구연만 놓고 보면 세상은 오히려 크게 나빠진 것이다. 옛이야기는 들려주고 들어 주는 것인데, 그것이 이제는 힘들어진 것이다. 오늘날도 옛이야기의 구연이 없는 것은 아니다. 그러나 그것은 과거와는 달리 인위적으로 이루어진다. 어른과 어린이가 한데 엉켜 부대끼며 살아가는 과정에서 이루어지는 자연적인 구연이 아니라는 것이다. 이른바 교육적 목적을 내세운 의도적이고 계획된 구연이라는 것이다. 그것조차도 구연의 흉내에 지나지 않으니 문제는 더 심각해진다.

오늘날의 어른에게는 옛이야기를 구연할 수 있는 능력이 거의 없다. 옛이야기를 들으며 자란 어른이라야 어린이에게 옛이야기를 들려줄 수 있다. 책을 통해서 옛이야기를 접한 어른은 옛이야기의 현장성과 개방성을 이해할 수 없기 때문에 창의적인 구연이 가능하지 않은 것이다. 이제 옛이야기는 읽어 주고 읽게 하는 것이 되어 버렸다. 그뿐이 아니다. 언제부터인가, 옛이야기 그림책이라는 것이 나돌기 시작했다. 옛이야기도 보여 주고 보게 하자는 것이리라. 텔레비전, 비디오, 컴퓨터 게임과 같은 시각매체에 과도하게 노출된 어린이를 겨냥한 상업적 전략임을 뻔히 알면서도 어른은 오히려 그런 것에 더 마음을 쏟는다. 들려줄 게 없으니 읽어 줄 것을 찾고 읽어 주다 보면 보여 주는 것이 더 효과적임을 알게 되는 것이다.

그러나 옛이야기의 핵심은 그 구술성에서 찾아야 한다. 옛이야기의 형식과 내용이 모두 그 구술성에서 비롯되기 때문이다. 옛이야기의 어린이문학적 성격을 둘러싼 논란이 끊이지 않고 있다. 그런데 놀라운 사실이 있다. 그러한 논란은 대개 글로 쓰인 옛이야기책을 둘러싸고 이루어졌다는 사실이 바로 그것이다. 그림 형제의 ≪어린이와 가정을 위한 옛이야기≫가 좋은 예가 된다. 일반 가정에서 실제로 구연되던 옛이야기에 대해서는 아무 말도 하지 않던 사람들이 그것을 글로 옮겨 놓은 그림 형제의 옛이야기책에 대해서는 아주 난리를 쳤다. 이것은 당연한 것이었다. 이른바 옛이야기의 음란성·폭력성·위계성은 구연에서는 그다지 문제가 되지 않지만 읽기에서는 심각한 문제가 될 수 있기 때문이다.

옛이야기의 구연상황을 보면, 옛이야기를 들려주는 사람은 어른이지만 옛이야기를 최종적으로 듣게 되는 사람은 어린이인 것이 일반적이다. 옛이야기가 어른에서 어른으로만 전해졌다면 옛이야기의 전승은 불가능했을 것이다. 어린이일 때 들은 옛이야기를 어른이 되어서 다음 세대의 어린이에게 들려준다는 것은 어린이가 옛이야기의 잠재적인 전승자 또는 생산자임을 말해 주는 것이기도 하다. 이것은 옛이야기가 애초부터 어른문학이면서 어린이문학이었음을 암시한다. 구연이 제한되면 옛이야기는 어른문학으로 고착될 뿐만 아니라 과거의 문학에 갇히게 된다. 옛이야기는 어른이 글로 써 놓은 대로만 전해질 것이기 때문이다.

옛이야기는 말의 문학이었다. 그래서 옛이야기는 과거의 문학이면서 현재의 문학이 될 수 있었고 어른의 문학이면서 어린이의 문학이 될 수 있었다. 물론 옛이야기는 어린이 억압의 문학이면서도 어린이 해방의 문학이기도 했다. 그러나 옛이야기가 말의 문학에서 글의 문학으로 이행되면서 옛이야기의 현재성과 어린이문학성이 훼손되기 시작하였다. 구술성을 회복하지 않는 한, 옛이야기는 어른문학인 옛이야기와 어린이문학인 옛이야기로 갈라설 수밖에 없을 것이다. 어린이문학인 옛이야기란 어린이문학으로 재화된 옛이야기 또는 어린이문학으로 재창작된 옛이야기를 가리킨다.

≪옛이야기와 어린이문학≫은 옛이야기는 그것의 장르적 성격을 볼 때 어린이문학으로 간주할 만한 것임을 밝히는 데 힘을 모았다. 그러나 그러한 장르적 성격의 원천이 구술성에 있음을 따로 강조할 필요가 있었다. 이에 머리말을 빌려 그 뜻을 전한다.

≪옛이야기와 어린이문학≫이 세상에 나오기까지 많은 분들의 도움을 받았다. 2002년 1년 동안 월간 ≪초등우리교육≫에 옛이야기에 관한 글을 연재한 적이 있었는데, 그 글이 이 책의 토대가 되었다. 2003년에는 이 책과 관련하여 아산사회복지재단에서 연구비를 받았다. 아산사회복지재단은 느긋한 기다림으로 지은이의 게으름을 눈감아 주기도 하였다. 거친 원고를 꼼꼼하게 살펴서 단정한 책으로 꾸며 준 집문당도 잊지 못할 것이다. 관계자 여러분께 감사의 말씀을 드린다.

2006

지은이

—•차 례•—

제 3 장 옛이야기의 환상성

제 4 장 옛이야기 속의 어린이

제 5 장 오늘날의 어린이를 위한 옛이야기의 선택 준거

제6장 옛이야기의 창조적 계승을 통한 동화의 지평 확대

제 1 장

옛이야기의 개념과 범주

1. 옛이야기의 개념
2. '옛이야기'의 인접어
3. 허구세계로서 '옛날'
4. 옛이야기의 장르적 범주

제 1 장 옛이야기의 개념과 범주

1. 옛이야기의 개념

예로부터 전해 내려오는 이야기를 우리는 보통 설화라 일컫는다. 설화는 기본적으로 어른, 좀더 정확하게 말하면 옛어른을 위한 이야기였다. 그런데 설화 가운데는 어린이, 역시 좀더 정확하게 말하면 오늘날의 어린이까지도 위할 수 있는 이야기가 적지 않다. 이러한 설화라면 어린이문학의 한 장르로 재맥힐 수도 있을 것이다. 어린이를 위한 문학이 곧 어린이문학이기 때문이다. 문제는 용어에 있다. 어린이문학으로 간주할 수 있는 특별한 양상의 설화를 지칭할 수 있는 합의된 용어를 우리는 가지고 있지 않기 때문이다. 이 글에서는 그러한 설화를 '옛이야기'라는 용어로 지칭하기로 한다. 이 용어를 제안하는 까닭은 좀 있다가 밝히기로 하고, 이 용어의 내포적 의미, 즉 '어린이를 위한 설화'의 개념부터 먼저 살펴보기로 한다.

'어린이를 위한 설화'의 개념은 이데올로기적으로 정의될 수밖에 없다. '어린이를 위한-'의 내포적 의미가 이데올로기적으로 규정되기 때문이다.[1] '어린이를 위하는 것이냐 아니냐는, 그것을 누가 언

1) 어린이문학 자체가 어린이에 관한 이데올로기의 산물이다(이지호, 〈어린이문학의 이데올로기〉, 한국초등국어교육학회, ≪한국초등국어교육 21집≫, 2002 참고).

제 어디서 판단하느냐에 따라서 달라진다. 이 가운데 판단의 주체에 따른 편차가 가장 크다.

어린이는 '어린이가 원하는 것을 어린이에게 베풀어 주는 것'을 '어린이를 위하는 것'으로 생각한다. 그러나 어른은 이에 동의하지 않는다. 어린이가 원하는 것이 어린이를 이롭게 하기는커녕 어린이를 해칠 수도 있기 때문이다. 이에 반해서 어른은 '어린이를 위하는 것'은 '어린이를 이롭게 한다고 어른이 판단한 것을 어린이에게 베풀어 주는 것'이라고 생각한다. 어린이가 비록 어린이 자신의 삶의 주체이긴 하지만 어린이 자신의 삶을 총체적으로 조망할 수 있는 능력은 없기에, 이렇게 생각하는 것이 잘못된 것이라고만 말할 수는 없다. 그렇지만 다음과 같은 문제 제기는 여전히 유효하다. 즉 어린이에게 이로운 것이라 할지라도 어린이가 원치 않는 것이라면 어찌 어린이를 위하는 것이 될 수 있겠느냐는 것이다.

이러한 논의를 설화에 적용해 보자. 어린이가 어른에게 듣고 싶어하는 설화가 있을 수 있다. 어린이가 재미를 느낄 수 있는 요소를 갖추고 있는 설화가 이에 해당할 것이다. 그런가 하면, 어른이 어린이에게 들려주고 싶어하는 설화도 있을 수 있다. 어린이에게 교훈이 될 만한 요소가 포함되어 있는 설화가 이러한 설화로 곧잘 거론되었다. 이 두 가지 설화 모두 '어린이를 위한 설화'가 될 수 있다. 즉 어린이와 어른 가운데 어느 한쪽이 '어린이를 위한 설화'로 판단하는 설화는 옛이야기로 규정할 수 있다는 것이다. 물론 그러한 설화 가운데는 오히려 어린이를 해치는 설화도 있을 수 있다. 옛이야기에 좋은 옛이야기가 있고 그렇지 않은 옛이야기가 있다고 해서 조금도 이상할 것이 없다. 그런데 어린이와 어른 모두 한결같이 어린이를 위한 설화로 인정하는 설화가 있다면, 달리 말해서 어린이가 듣고 싶어하는 재미있는 설화이면서 동시에 어른이 들려주고 싶어하는 교훈적인 설화가 있다면, 그것은 '진정으로 어린이를 위하는 설화'로 간주해도 될 것이다.

어린이문학에 대한 오해 가운데 하나가 재미와 교훈을 이원화하는 것이다. 어린이가 어린이문학에서 재미를 추구하는 것은 지극히 당연하다. 그러나 어린이라고 해서 재미만 노리는 것이 아니다. 어린이는 어린이로서 살아가는 한편 어른으로 자라나고 있는 현재 진행형의 존재이기 때문에, 성장의 밑거름이 되는 교훈을 본능적으로 갈망하게 된다. 어린이가 외면하는 것은 교훈이 있는 어린이문학이 아니라 교훈밖에 없는 어린이문학이다.

어린이가 재미라도 느낄 수 있는 어린이문학은 바로 그만큼이라도 어린이를 위하게 된다. 그러나 어린이가 교훈밖에 찾아내지 못하는 어린이문학은 어린이에게 교훈조차 줄 수 없게 된다. 오죽하면 교훈뿐인 어린이문학을 잔소리문학 또는 큰소리문학이라고 하겠는가. 어린이의 잘잘못을 시시콜콜 가리는 어른의 잔소리나, 어린이의 잘잘못에 대해서 칭찬과 꾸지람을 뒤섞는 어른의 큰소리에는 어린이는 아예 귀를 막는다. 교훈뿐인 어린이문학이 어린이문학의 구실을 제대로 할 수 없음은 말할 것도 없다.

그러나 어른은 교훈에 대한 강박 관념을 뿌리칠 수 없다. 어린이를 가장 확실하게 위하는 것은 어린이 스스로 자신을 위할 수 있도록 교훈을 주입하는 것이라고 굳게 믿고 있기 때문이다. 어린이가 재미만 느낄 수 있는 어린이문학은 어린이에게 영합하는 저급의 어린이문학으로 간주하는 것도 같은 이유에서이다. 어른 또한 재미의 중요성을 부인하지 않는다. 교훈을 가장 효과적으로 전달할 수 있는 방법은 그 교훈이라는 것을 재미가 뚝뚝 묻어나게 문학적으로 형상화하는 것임을 잘 안다. 그러나 재미와 교훈의 통합은 아주 어려운 일이다. 재미와 교훈 가운데 하나를 선택해야 하는 상황이라면, 어른은 교훈 쪽에 마음을 둘 수밖에 없다. 어른이 교훈에 방점을 찍는 까닭은 이처럼 단순한 것이다.

어린이든 어른이든 궁극적으로 지향하는 것은 재미있는 교훈 또는 교훈이 내재되어 있는 재미이다. 이를 충족시켜 줄 수 있는 것이 바로 '좋은 옛이야기'이다. 옛이야기 가운데는, 어린이가 재미를 느낄 수 있는 사건을 어린이가 재미를 느낄 수 있는 서사 방법으로 이야기로 꾸몄을 뿐 아니라, 그 이야기 속에 어른이 어린이에게 일러 주고 싶은 교훈을 때로는 노골적으로 때로는 암시적으로 덧대어 놓은 것이 참 많다. 이러한 옛이야기에서는, 어린이는 자신이 듣고 싶어하는 이야기에서 어른이 들려주고 싶어하는 이야기를 덤으로 들을 수 있고, 어른은 자신이 들려주고 싶어하는 이야기에서 어린이가 듣고 싶어하는 이야기를 덤으로 들려줄 수 있다. 이것이 바로 어린이와 어른이 함께 인정하는 '어린이를 위한 설화', 곧 '좋은 옛이야기'이다.

2. '옛이야기'의 인접어: '옛날이야기'·'전래동화'

예로부터 전해 내려오는 이야기를 일컫는 우리 고유의 말이 있는데, '옛날이야기'라는 말이 그것이다. '옛날이야기'는 '옛날'과 '이야기'라는 독립된 두 낱말을 결합하여 만든 복합어이다. 복합어의 기본 의미는 거기에 관여한 낱말 사이의 의미론적 논리 관계로 규정하게 된다. 따라서 '옛날이야기'는 그 말뜻을 [옛날에 이야기된 것] 또는 [옛날을 이야기한 것]으로 읽지 않을 수 없다. 한편, 예로부터 전해 내려오는 이야기는 대부분 '옛날 옛적에' 또는 이와 유사한 의미 상관구로 시작한다는 것을 주목할 필요가 있다. 이를 염두에 둔다면, '옛날이야기'는 ['옛날 옛적에'로 시작하는 이야기]를 뜻한다고 생각할 수도 있다.

'옛날이야기'가 [옛날에 이야기된 것]임은 분명한 사실이다. 그런데 '옛날이야기'는 지금 이 순간에도 어디에선가 이야기되고 있다는 것 또한 의심할 수 없다. 두루 아는 바와 같이, '옛날이야기'는 전해지는 과정에서 첨삭과 변개가 활발하게 이루어졌다. '옛날이야기'는 구연될 때마다 저본이 되는 이야기의 새로운 각편이 만들어진다고 말해도 크게 틀리지는 않는다. 즉 '옛날이야기'라는 것은 [옛날에 이야기된 것]일 뿐만 아니라 [오늘날에도 이야기되고 있는 것]이다.

한편, [옛날을 이야기한 것]과 ['옛날 옛적에'로 시작하는 이야기]는 같은 뜻을 서로 다르게 나타낸 것이라고 말할 수 있다. '옛날' 그 자체를 이야기 대상으로 삼는다는 것은 곧 '옛날'을 배경으로 하는 사건을 이야기 대상으로 삼는다는 것이기 때문이다. 그런데 '옛날이야기'는 과거의 어느 한때에 관한 이야기로 국한할 수 없다. '옛날이야기'에서 말하는 '옛날'은 매우 다의적이다. 그리고 '옛날이야기' 가운데는 '옛날 옛적에'로 시작하지 않는 것도 꽤 있다. 이에서 알 수 있듯, '옛날이야기'는 말 자체의 지시적 의미와 실제의 내포적 의미가 어긋나는 말이다. 대안이 없으면 모를까, 이러한 결함을 가지고 있는 용어를 굳이 장르 이름으로 고집할 필요는 없다.[2] 이 글에서는 '옛이야기'라는 말을 그 대안으로 제시한다.

'옛이야기'는 [이야기 자체가 옛것인 것]으로 읽을 수 있는 말이다. '옛이야기'의 '옛'은 그 뒤에 이어지는 '이야기'를 과거의 것으로 규정하는 접두사이기 때문에 그렇게 읽을 수밖에 없는 것이다. [이야기 자체가 옛것인 것]은 [이야기 자체가 요즘의 것인 것]과 정확하게 대립된다. 여기에서는 어떠한 이야기가 옛것이고, 또 어떠한 이야기가 요즘의 것인가 하는 분류의 문제가 제기된다. 이처럼

2) 이재철은 '옛날이야기'라는 말을 장르 이름으로 채택하였다. 그는 '옛날에 있었다고 전하거나 옛날을 무대로 꾸며서 하는 재미있는 이야기'를 '옛날이야기'라 하였다(이재철, ≪세계아동문학사전≫, 계몽사, 1989, 242쪽 참고).

장르 내적 특성에 따른 분류의 문제를 제기할 수 있는 말이라면 장르 이름으로 삼아도 그다지 어색하지 않을 것이다.

'옛이야기'는 '옛날이야기'만큼이나 우리에게 친숙한 말이다. 1923년에 창간되고 1933년에 폐간된 어린이잡지 ≪어린이≫를 보면, 그 무렵에 이미 '옛이야기'라는 말이 두루 쓰였던 것을 금방 확인할 수 있다. 손진태의 〈오빠 언제 돌아오셔요〉[3]와 연성흠의 〈이상한 배[舟]〉[4]는 작품 안에서 '옛이야기'에 대해서 말하고 있다. 잡지 ≪어린이≫에 실린 작품 가운데는 제목에 '옛이야기'라는 말을 붙인 것도 있다. 정순철의 동요 〈옛이야기〉[5]가 바로 그것이다.[6] 잡지 ≪어린이≫의 편집 후기에서도 '옛이야기'라는 말을 찾을 수 있다.[7]

우리가 '옛이야기'라는 말에 대해서 매력을 느끼는 까닭 가운데 하나가 바로 그것이 고유어이면서 일상어라는 사실이다. 어린이문학의 용어로 고유어를 채택하면 독자성을 확보하는 데 도움이 되고, 일상어를 채택하면 대중성을 확보하는 데 도움이 된다.

우리나라의 어린이문학은 성인문학과 마찬가지로 일본과 서양의 영향을 짙게 받으면서 성장했다. 그러다 보니 용어조차도 일본식 한자어와 외국어 일색이다. 용어가 단지 대상이나 개념을 지시하는 구실을 할 뿐이라고 생각한다면 오산이다. 용어는 대상이나 개념을 해석하는 사유까지 지배하기 때문이다. 우리나라 고유의 독자적인 어린이문학을 성취하기 위해서는 무엇보다도 먼저 어린이문학의

---

3) ≪어린이≫, 4권 1호, 1926. 1.

4) ≪어린이≫, 6권 3호, 1928. 5.

5) ≪어린이≫, 11권 2호, 1933. 2.

6) 성인문학에서도 '옛이야기'를 제목으로 사용한 작품을 어렵지 않게 찾을 수 있다. 해방 전에 발표된 작품만 들어 보면, 김소월의 〈옛이야기〉(김억, ≪소월시초≫, 박문서관, 1939)와 유창선의 〈보석장수의 옛이야기를〉(한경석, ≪신찬 시인선≫, 시학사, 1940) 등이 있다.

7) 〈편집을 마치고〉, ≪어린이≫, 10권 5호, 1932. 5.

용어를 고유어로 바꿀 일이다.

우리의 경우, 일상어와 문학 용어의 거리도 너무 멀다. 일상어는 고유어이거나 고유어로 여겨질 만큼 친숙해진 쉬운 한자어인데 반해서, 문학 용어는 거의 대부분 우리네 삶의 현장에서는 잘 쓰지 않는 특수한 한자어이기 때문이다. 문학 용어가 어려워지면 문학 용어에 기대지 않을 수 없는 비평이 어려워지게 마련이다. 이것은 어린이문학의 대중화에 큰 걸림돌이 된다. 어린이문학의 대중화란 어린이문학에 대한 비평적 안목을 가진 대중을 늘리는 것인데, 전문가의 비평이 어려워지면 오히려 대중의 비평적 안목은 낮아진다. 따라서 일상어와 구별되는 특수한 문학 용어를 새로 만들어 쓰기보다는 일상어를 의미상으로 특화시켜 문학 용어로 전환하여 사용하는 것이 바람직하다고 말할 수 있다.

'옛이야기'와 거의 같은 뜻으로 사용하는 말이 있는데, 그것이 바로 '전래동화'라는 말이다. 아직까지도 대부분의 사람은 이 '전래동화'라는 말을 즐겨 사용한다. '전래동화'라는 말은 '전해져 내려온 동화'라는 말을 압축해 놓은 것이다. 최운식과 김기창 또한 이런 맥락에서 '전래동화'를 설명하고 있다.

> 전래동화는 옛날부터 전해 오는 동화를 말한다. 옛날부터 전해 오는 이야기 중에는 신화·전설·민담 등의 민간 설화가 있는데, 이들 설화 중에서 동심을 그 바탕에 깔고 있는 이야기가 전래동화이다.[8)]

존 로 타운젠드는 "어린이문학이 생겨나기 위해서는 먼저 어린이가 단순히 어른의 축소판이 아니라 독자적인 요구와 관심을 가진 존재로서 인정받을 수 있어야 한다. 이러한 생각은 서양 역사에서도 아주 최근에야 받아들여졌다"[9)]라고 말한 바 있다. 이를 신뢰한

---

8) 최운식·김기창, ≪전래동화 교육론≫, 집문당, 1988, 18쪽.

다면 '동화'는 근대의 산물이라 하여야 할 것이다. 물론 '옛날부터 전해 오는 동화' 같은 것은 애시당초 성립할 수 없게 된다.

어쨌든, 최운식과 김기창은 동심을 바탕에 깔고 있는 설화가 있다고 했고, 그러한 설화가 바로 전래동화라고 했다. 도대체 동심이라는 것이 무엇일까. 최운식과 김기창은 이에 대해서 아무 말도 하지 않는다. 굳이 주석을 달 필요가 없을 정도로 누구나 다 잘 알고 있는 말로 여겼던 것 같다. 그러나 그렇지 않다. 동심이란 간단하게 말하면, 어린이의 생각과 느낌이다. 그런데 그 어린이의 생각과 느낌이라는 것을 학문적으로 체계화하는 것은 매우 어려운 일이다. 피아제 이후로 수많은 학자들이 이에 매달렸지만, 어느 누구도 우리 모두 납득할 수 있는 결론을 이끌어내는 데는 성공하지 못했다. 이러한 사실은, 동심이라는 말을 사용할 때는 먼저 그것의 개념을 스스로 정의하지 않으면 안 된다는 것을 뜻한다.

일단 동심이라는 말을 사용하는 것을 용인해 보자. 그런데 예로부터 전해 오는 이야기 속에는 진정한 의미에서의 어린이는 존재하지 않는다. 독립적인 사유 주체로서 활동하는 어린이는 한결같이 어른보다 더 어른스러운 언행을 한다. 그래서 겉모습은 어린이일지라도 속내는 어른이라고 말할 수밖에 없는 것이다. 과연 이러한 어린이의 생각과 느낌도 동심이라 일컬을 수 있을까.

'어른을 위한 동화'라는 말이 있다. 이것은 '어른도 위한 동화'가 아니라 '어른만 위한 동화'라는 뜻으로 쓰이는 말이다. '어른을 위한 동화'라는 것을 읽어 보라. 어린이가 이해할 수 있는 것이 아님을 한눈에 알아볼 수 있다. 문장도 어렵고 서사 기법도 어렵고 문제 의식도 어렵다. 그리고 작품 속에 등장하는 어린이는 철저하게 어른의 시각으로 재단된 어린이다. 작가의 기억 속에 있는 어린이,

---

9) 존 로 타운젠드, 강무홍 옮김, ≪어린이책의 역사 1≫, 시공사, 1996, 13쪽.

작가의 관념에 채색된 어린이라서 현실의 어린이와는 거리가 멀다는 것이다. 한마디로 말해서 '어른을 위한 동화'는 어린이를 내치는 이야기다. 선전 문구대로 '어른을 위한 동화'가 어른의 동심을 일깨워 줄 수 있을지도 모르겠다. 그런데 흥미롭지 않은가. 어린이로서는 도무지 이해조차 할 수 없고 어른이라야 비로소 공감할 수 있는 동심이라는 것을 바탕에 깔고 있는 이야기도 '동화'라고 하니 말이다. '어른을 위한 동화'라는 말만큼이나 '전래동화'라는 말도 자가당착적인 것이다.

'전래동화'에 대한 다른 풀이도 있다. 김환희는 아예 '전래동화'를 근대적 문학 형식으로 간주한다. '전래동화'에는 '설화'와는 구분되는 근대적 특성이 존재한다는 것이다.[10) 이와 같은 진술은 '전래동화'를 '예로부터 전해 내려오는 이야기를 동화로 개작한 것'으로 이해하는 것을 전제로 한다. 여기서는 '전래동화'라는 말에서 과연 그러한 의미를 읽어낼 수 있는가 하는 문제는 제기하지 않기로 한다. 용어의 적절성을 시비하지는 않겠다는 것이다. 그러나 '전래동화'를 근대적 문학 형식인 '동화'로 규정하는 것에 대해서는 그냥 지나칠 수는 없을 것 같다.

아래의 인용문을 보라. 김환희는 먼저 '설화'와 '전래동화'의 차이를 밝히는 자이퍼스의 견해를 소개한 다음, 그 연장선상에서 자신의 생각을 덧붙이고 있다.

> 잭 자이퍼스는 전래동화가 각 시대마다 다른 도덕적 교육적 잣대에 의해서 씌어졌으며, 심지어 전래동화와 설화는 왕왕 서로 대립되는 사회 의식 내지 세계관을 반영해 왔다고 지적하고 있다. 구전설화에서는 전달자나 수용자가 모두 농민 계층 및 하층민에 속하고 이야기가 구전으로 전승되어 온 반면에, 전래동화에서의 서술 상황은 좀

---

10) 김환희, 〈설화와 전래동화의 장르적 경계선〉, 건국대학교 동화와번역연구소 편, ≪동화와 설화≫, 새미, 2003, 48쪽 참고.

더 복잡 미묘하다. 자이퍼스에 따르면, 전래동화는 그림Grimm과 안데르센이라는 실명의 이야기꾼에 의해 문헌으로 전승되거나 개작된 글 문학일 뿐만 아니라, 수용자가 설화처럼 하층 계급이 아니라 글을 읽고 쓸 줄 아는 귀족 계급 내지 부르주아 계층이었으며, 이야기꾼은 그런 지배 계급의 그늘에 기식하는 피지배 계층이었다. 따라서 설화는 지배 계급에 대한 민중이나 농민의 저항을 반영하는 데 반해 전래동화는 아이들이나 피지배 계급을 사회적 억압으로부터 해방시키기보다는 사회 제도에 순응하게 하거나 문명화시킴으로써, 가족과 사회라는 상징 체계의 규율을 받아들일 수 있도록 이끈다고 볼 수 있다.[11)]

자이퍼스와 김환희가 말하는 '설화'는 '구전설화'가 분명하다. 그런데 '설화'의 대립짝으로 묶어 놓은 '전래동화'는 그 정체가 모호하다. 두루 아는 바와 같이, '구전설화'와 가장 쉽게 대립시킬 수 있는 것은 '문헌설화'이다.[12)] '문헌설화'는 문자로 기록되어 문헌으로 전해 오는 '설화'를 가리키는 것인데, 이것의 기원은 물론 '구전설화'이다. 그런데 자이퍼스와 김환희가 '전래동화'라는 것에 대해서 논의하고 있는 내용은 구비문학자들이 '문헌설화'라는 것에 대해서 논의하고 있는 내용과 별반 다르지 않다. 사실이 그러하다면, 자이퍼스와 김환희는 '구전설화'와 '문헌설화'의 차이에서 '전래동화'의 독자적인 장르성을 입증하려 했다고 비판하지 않을 수 없다. 이에 대해서는 '구전설화'와 '문헌설화'가 어린이문학에서 차지하는 위상이 서로 다르다는 점을 밝히게 되는 자리에서 좀더 자세하게 이야기하기로 한다.

한편 자이퍼스와 김환희는 '구전설화'가 이른바 '전래동화'로 전환되는 과정에서 상당한 변이를 겪게 된다고 말하고 있다. 향유 주

---

11) 위의 글, 48쪽, 각주 9).

12) 장덕순 등은 문헌설화는 가변성이 청산되었기 때문에 설화가 아니라고 했다. 그러나 설화로서의 구조와 표현을 의도적으로 바꾸지 않은 문헌설화라면 설화에 포함시킬 수 있다고 말했다(장덕순 외, ≪구비문학개설≫, 일지사, 1971, 16쪽 참고). 한편, 이 글에서 나는 문헌설화를 구전설화의 마지막 각편으로 간주한다.

체의 계층이 교체되고 향유 수단이 말에서 글로 달라졌으니 그러한 변이는 오히려 당연하다고 하겠다. 그런데 인용문에서 언급된 정도의 변이라면, 그것은 이른바 '전래동화'의 독자적 장르성을 뒷받침할 수 없다. 왜냐하면, '구전설화' 또한 전승 과정에서 결코 그것보다 덜하지 않은 변이를 겪게 되기 때문이다.

결론적으로 말해서, '전래동화'라는 말을 '동화'의 한 양상을 가리키는 용어로 굳이 사용하고자 한다면, 그것의 내포적 의미를 바꾸지 않으면 안 된다. 즉 설화를 동화로 재창작한 작품을 '전래동화'라 하여야 한다는 것이다.

3. 허구세계로서 '옛날'

옛이야기는 대개 '옛날 옛적에' 또는 이와 유사한 의미 상관구로 시작한다. 옛이야기는 '옛날 옛적에'를 이야기의 서두로 삼는 서사 관습을 가지고 있는 것이다. 우리의 옛이야기 가운데는 오직 이 '옛날 옛적'이 어떠한 세계인지를 일러 주는 것도 있다. 우선 그것부터 살펴보기로 하자. 아래에 인용한 옛이야기는 그 자체로 완결된 것이다.

> (1-1) 옛날 옛적 간날 갓적, 나무 접시 소년 적에, 뚝배기 영감 적에, 무자수[13] 골농[14] 적에, 너불미[15]가 사뚜[16] 적이, 아이가 어른 적에, 어른이 아이 적에, 그럴 적에 한 사람이 있었거든.[17][18]

13) 뱀의 일종인 '무자치'를 가리킨다.

14) 농사를 장려하는 것 또는 그러한 일을 하는 사람을 뜻하는 '권농(勸農)'을 뜻하는 것으로 보았다.

15) 그 뜻을 알 수 없다. 다만, '무자수'와 대구를 이루고 있기 때문에 동물의 일종으로 짐작해도 될 것 같다.

16) '사또'를 가리키는 듯하다.

(1-2) 옛날 옛적 간날 갓적, 나무 접시 소년 적에, 뚝배기 영감 적에, 고동이 논 맬 적에, 미꾸라지 도랑 칠 때, 옷나무에는 옷도 열고, 밥나무에는 밥도 열고, 그런 세월이 있었다고.[19)20)]

이 두 옛이야기에 따르면, 그 '옛날'에는 나무 접시는 소년 취급을 받았고 뚝배기는 어른 대우를 받았다. 물건 사이에도 위와 아래를 따졌음을 뜻하는 것이리라. 그런가 하면 그 세계에서는 동물이 농사를 짓는다. 고둥이 논을 매고, 미꾸라지가 도랑을 친다. 이러한 일을 장려하는 권농(勸農) 노릇을 하는 동물도 있는데, 그는 무자치다. 이와 같은 농사를 짓는 동물을 다스리는 동물도 따로 있었다. 너불미는 사또 노릇을 하였다.

이때 농사는 요즘 농사와는 달랐다. 쌀을 얻을 수 있는 벼를 심

---

17) 〈옛날 옛적〉, 임석재, ≪임석재 전집 10: 한국구전설화-경상남도편Ⅰ≫, 평민사, 1993, 83쪽(다음부터는 이 책의 경우 ≪임석재 전집 10≫으로 약칭한다. ≪임석재 전집≫에서 자료를 인용할 때는 그 출처를 모두 이와 같은 방식으로 약칭한다. 권수에 따라서 출판 연도가 다르지만, 앞으로는 이를 따로 밝히지는 않기로 한다).

18) ≪임석재 전집≫에 실려 있는 자료는 두 종류로 나눌 수 있다. 하나는 옛이야기를 직접 들은 누군가 글로 기록한 것을 편자가 그대로 옮겨 놓은 것이고, 다른 하나는 편자가 직접 녹음한 옛이야기를 글로 옮겨 적은 것이다. 그런데 그 어느 쪽의 자료이든 간에, 이야기꾼의 말을 하나도 빠뜨리지 않고 그대로 받아 적은 ≪한국구비문학대계≫의 자료와는 큰 차이를 보인다. 짐작컨대, 말을 글로 옮겨 적는 과정에서, 말에서 흔히 나타나는 횡설수설과 중언부언을 무의미하게 여기고 크게 다듬었던 것 같다. 그렇다고 해서 이야기의 내용까지 손본 것으로 확대 해석할 것까지는 없다. 사투리나 구어적인 표현까지 그대로 살려둔 것을 보면, 내용을 첨삭하거나 변개했을 가능성은 거의 없다고 생각할 수 있기 때문이다.

19) 〈옛날 옛적〉, 한국 정신문화연구원, ≪한국구비문학대계 8-8: 밀양군 편(2)≫, 163-164쪽(다음부터는 이 책을 ≪대계 8-8≫로 약칭한다. ≪한국구비문학대계≫에서 자료를 인용할 때는 그 출처를 모두 이와 같은 방식으로 약칭한다. 권수에 따라서 조사자와 출판 연도가 다르지만, 앞으로는 이를 따로 밝히지 않기로 한다).

20) ≪한국구비문학대계≫는 이야기 자체뿐만 아니라 이야기의 구연 상황을 빠짐없이 기록으로 남겼다는 특징이 있다. 이 때문에 ≪한국구비문학대계≫는 이야기를 둘러싼 의사 소통 과정을 연구하는 데 매우 중요한 자료가 된다. 그러나 이야기의 구조에만 관심을 가지는 연구자에게는 이와 같은 채록본은 매우 번잡한 자료로 인식될 수밖에 없다.

는 것이 아니라 아예 밥이 열리는 밥나무를 가꾸고, 솜을 따려고 목화를 기르는 것이 아니라 아예 옷이 달리는 옷나무를 키운다. 그뿐이 아니다. 그 세계에서는 시간의 흐름이 뒤엉키기도 하는 모양이다. 아이가 어른이 될 미래의 어느 한때와 어른이 아이였을 과거의 어느 한때가 서로 교차하고 있으니 말이다. 이것만 보아도, '옛날'이란 것은 현실세계에서는 상상조차 할 수 없는 특별한 자연 법칙이 지배하는 환상세계를 가리킨다는 것을 알 수 있게 된다.

'옛날 옛적에'로 시작하는 옛이야기의 서두는 듣는이를 자연스럽게 옛이야기가 펼치는 환상세계로 끌어들이는 담화적 기능을 수행하였다. 그런데 환상세계의 표지로서 '옛날'은 다른 말로 대체할 수도 있고 아예 생략할 수도 있다. 이를 뒷받침하는 예를 들어보기로 하겠다. 다음은 이른바 '젊어지는 샘물' 유형 옛이야기의 각편인데, (1-1)은 이야기 전체를 실어 놓은 것이고, (1-2)와 (1-3)은 할아버지가 샘물을 마시고 젊어지는 대목까지만 따놓은 것이다.

(2-1) 옛날에 한 영갬이 산에 나무 하로 가서 물로 마섰다. 그랬더이 이 샘물이 젊어지는 샘물이넌가 영감은 새실랑처름 젊어졌나. 나무로 다 해서 집이로 갔더이 할마씨가 보고 저그 영갬이 아이라꼬 내쫓일라 캤다. 영감은 그렁기 아이라 사실은 이러이러해서 신랑처름 젊어졌다 캤다. 할마씨는 이 말로 듣고 지도 젊어지겠다꼬 그 산에 가서 그 샘물로 마섰다. 마시고 마시고 차꼬 마섰다. 그랬더이 이 할마씨는 너머 마이 마서서 고만 쬐맨한 간난아가 대삐렀다 칸다.[21]

(2-2) 어느 골에 영감 할마이가 살었는디 하리는 영갬이 산에 나무하로 가서 나모로 하는디 새가 한 바리 날라와서 영감 앞이서 쨱쨱쨱캤다. 영감은 이 새로 잡겠다고 쫓아가이 이 새는 포르르 날어서 저만침 갔다. 영감은 새로 잡겠다꼬 또 가서 잡을라 카이 새는 또 포르르 날어서 저만침 가서 앉었다. 영감은 또 쫓아가서 잡을라카이 새는 날러서 저만침 가서 앉았다. 이리 새로 잡을라카문 날라서 가고 가고

21) 〈젊어지는 물〉, ≪임석재 전집 10≫, 325쪽.

해서 등 넘어까지 갔다. 가다보이 그기 옹달샘이가 있었다. 숨도 차고 목이 말라서 그 샘이 물로 마셨다. 그랬더이 허리가 피지고 심이 생겠다. 또 물을 마셨더이 아주 심이 나고 젊어졌다.[22]

(2-3) 어느 저 두 노파가 이래 참 살았는데, 그래 아들도 없이 이래 영감 할마이 이래 살았는데, 똑 아무것도 없고 가난해서 나무만 이래 한 짐씩 날마중 해가 팔아가 묵고, 이래 쌀을 한 되씩 사사 먹고 이래 살았는데, 그래 한날은 그 노인이 나무로 할아부지 참 산에 나무로 한 짐 해놓고 이래 있으이께네, 그래 새가, 그래 나무를 해 놓고 이래 있으니, 새가 쨱쨱쨱쨱 카면서 그 나무 우에서 짖어쌓더라고.

그리 그 새를 잡을라고 그 할아부지가 나무를 한 짐 해놓고 이리 턱 가이께네, 새가 포르르 나르고 나르고 또 쪼깨 가이께네, 또 앉아 가지고, 또 잡을라 카이께네, 포르르 나르고 또 한 등 넘고 또 쪼깨 또 잡을라 칸께네, 또 쨱쨱쨱쨱 캐쌓더마는 또 한 등 풀 넘고 자꾸. 새따라 가이께네, 그래 그 나무는 저게 자기 집에 집이 가까운데 이래 참 다 돼 간게 이래 받치 놓고, 새따라 멫 등을 넘어서 산골짝에 짚은 산골에 이래 가이께네, 쪼깨 만한 옹달샘이가 있더라 카데.

그래 그 샘어 물로 참 목이 말라서러 한 주목 이래 손으로 가지고 한주목 묵고 나이께네, 허리가 쭉 펴이더라요. 그래 또 두 주묵 묵고 나이께네, 또 영 힘이 이래 오르거든. 시 주묵 묵고 나이께네, 시 분 이래 손으로 이래 참 물로 이래 마시고 난께, 아주 옛날에 자기 참 결혼할 그 힘이 나오거든. 이십 대 청년이 돼뿠는 기라.[23]

이 세 편의 이야기를 끝까지 살펴보면 다음과 같은 공통점을 찾을 수 있다. 먼저, 마시면 젊어지는 샘물을 사건을 일으키는 매개물로 설정한다. 그리고 젊어지고 싶어하는 할아버지와 할머니를 주동인물로 내세운다. 다음으로, 마시면 젊어지는 샘물이 복이 될 수도 있고 화가 될 수도 있게 한다. 마지막으로, 그것을 결정하는 요인이 분별력임을 보여 준다. 이와 같은 공통점이 이 이야기의 핵심 화소가 된다.

---

22) 〈젊어지는 샘물〉, ≪임석재 전집 10≫, 325-326쪽.
23) 〈옹달샘 물 먹고 젊어진 부부〉, ≪대계 8-9≫, 363-364쪽.

물론 이 세 편의 이야기에서 서로 다른 점도 찾을 수 있다. (2-1)에서는 할아버지가 나무를 하다가 우연히 샘물을 발견하고는 목을 축인다. 이와는 달리, (2-2)와 (2-3)에서는 나무를 하러 산에 올라온 할아버지 앞에서 새가 얼쩡거린다. 이 새는 할아버지를 젊어지는 샘물로 유인하려는 것이었다. 과연 할아버지는 새를 좇다가 젊어지는 샘물을 발견하고 갈증을 못 이겨 물을 마시게 된다. 어느 경우이든 간에 할아버지가 샘물을 마시고 젊어지는 것은 마찬가지다. 그러나 샘물을 지나치게 마셔서 아예 갓난아기가 되어 버리는 작중 인물은 각편마다 다르다. (2-1)에서는 바로 그 할아버지의 부인이 그렇게 되고, (2-2)에서는 그 할아버지의 이웃에 사는 할아버지와 할머니 부부가 그렇게 되고, (2-3)에서는 그 할아버지의 이웃에 사는 할아버지만 그렇게 된다.

그런데 (2-2)와 (2-3)의 '새'는 우연히 나타났다. 말 그대로 그냥 나타난 것이다. (2-1)의 할아버지가 샘물을 발견한 것도 우연이었다. 그렇다면 '새'는 그 존재 이유가 뚜렷하지 않다고 말할 수 있다. 이는 '새'가 나타나는 이야기든 그렇지 않은 이야기든 내용상의 차이가 없다는 것을 의미한다. 게다가 갓난아기가 된 사람이 누구인가 하는 것도 전혀 문제가 되지 않는다. 젊어지는 샘물을 지나치게 마셔서 갓난아기가 된 사람이, 그가 누구든지 간에 존재하기만 하면 되는 것이다. 결국 이 유형의 이야기에서는 각편은 화소의 출입과 변형에도 불구하고 내용 차이를 주장하기가 어렵다.

여기서 한 가지 눈여겨볼 것은 이 세 편의 이야기가 채택한 각각의 이야기 시작 방식이다. (2-1)은 '옛날에'로 시작하고, (2-2)는 '어느 골에'로 시작하고, (2-3)은 다짜고짜 작중 인물을 소개하는 것으로 이야기를 시작한다. 사전적 의미를 좇아서 말하면, (2-1)은 시간적 배경만을 밝히고, (2-2)는 공간적 배경만을 드러내고, (2-3)은 아예 시공간적 배경을 무시한 채 이야기를 시작한다는 것이다. 그런데 (2-1), (2-2), 그리고 (2-3)의 서두에서 제시한 시공간적 배경은 그 의미가 서로 다르지 않다.

우선 '옛날'과 '어느 골'은 환상세계의 언어적 표지로서 동일한 기능을 수행한다는 점을 밝히기로 한다. 앞에서 살펴본 이야기에서 말하는 '옛날'은 우리가 상상도 할 수 없는 까마득히 먼 과거이고, '어느 골'은 어느 곳에 있는지 아무도 모르는 외딴 공간이다. 현실세계의 어느 한 지점에다 환상세계로 넘어갈 수 있는 통로를 마련하여야 한다면, 바로 이와 같이 어느 누구도 쉽게 찾아낼 수 없는 특별한 시간 또는 특별한 공간을 생각할 수밖에 없을 것이다. 물론 '옛날의 어느 골'이라는 표현을 떠올릴 수도 있다. 그러나 '옛날'이나 '어느 골'만으로도 동일한 효과를 얻을 수 있다면, 굳이 그렇게 번거로운 표현을 쓸 필요는 없는 것이다.

이에 대해서 베텔하임은 다음과 같이 말한 바 있다.

> "옛날 옛적에", "어떤 나라에서", "아주 아주 오래 전에", "호랑이가 담배 피던 시절에", "커다란 숲 속에 있는 어느 오래 된 성에서" 등과 같은 서두는 앞으로 일어날 사건들이 바로 이곳 우리가 사는 현실에 속해 있지 않음을 암시한다. 이야기 서두를 이렇게 고의로 모호하게 꺼내는 것은 지금 우리가 일상적 현실의 실제 세계를 떠나고 있음을 상징한다.[24)]

베텔하임 역시 특별한 시간 또는 특별한 공간만으로 현실세계가 아닌 또 다른 세계, 즉 환상세계를 규정할 수 있음을 보여 주고 있다.[25)] 우리는 여기에서 '옛날'과 '어느 골'은 시간적 개념과 공간적

---

24) 브루노 베텔하임, ≪옛이야기의 매력 1≫, 김옥순·주옥 옮김, 시공주니어, 1998, 104쪽.

25) 베텔하임은 '환상세계'는 '마음속의 시공간'에 자리 잡고 있다고 말한다(위의 글, 같은 쪽 참고). 이것은 옛이야기의 환상세계를 정신 분석적 시각에서 해석하고자 하는 견해인데, '환상세계'는 현실세계의 감추어진 모순이 잘 드러나게 현실세계를 교묘하게 전복시킨 것으로 이해하는 나로서는 동의하기 어려운 것이다.

개념의 차이에도 불구하고 환상세계의 표지로서 서로 바꾸어쓸 수 있는 말로 간주하는 것이 우리만의 생각이 아님을 확인할 수 있다.

이번에는 옛이야기에서 종종 '옛날에' 또는 '어느 골에'와 같은 환상세계의 언어적 표지를 아예 생략할 수 있는 까닭을 알아본다. '옛날'이나 '어느 골'은 분명히 현실세계의 특별한 시공간이다. 그런데 현실세계의 특별한 시공간이라고 해서 모두 환상세계가 되는 것은 아니다. 바꾸어 말하면, 모든 '옛날' 또는 모든 '어느 골'이 환상세계인 것이 아니라 샘물을 마시면 젊어지는 것과 같은 초현실적 사건이 일어나는 특정의 '옛날' 또는 특정의 '어느 골'이 환상세계라는 것이다. 환상세계에 관한 이야기에서 반드시 갖추어야 할 요건은 초현실적인 사건 그 자체이지, 환상세계에 대한 언어적 표지인 '옛날' 또는 '어느 골'이 아니다. 따라서 이와 같은 언어적 표지를 생략하는 것은 얼마든지 가능하다.

'옛날'을 환상세계로 규정하는 상투적 표현 가운데 '옛날 옛적에 호랑이가 담배 피우던 시절에'라는 것이 있다. 호랑이와 같은 동물이 담배를 피운다는 것은 옷나무에 옷이 열리고 밥나무에 밥이 열리는 것만큼이나 초현실적인 사건이다. 옛이야기의 관습에서는 이와 같은 초현실적인 사건은 아득히 먼 옛날이나 일어날 수 있는 것으로 이해한다. 문제는 담배다. 우리나라에 담배가 들어온 것이 조선 후기의 일이니, 호랑이가 담배를 피우던 그 '옛날'이라는 것도 그때보다 앞선 시기일 수가 없다. 따라서 여기에서는 '옛날'의 관습적 의미와 문맥적 의미가 상충하게 된다.[26]

이에 대한 이야기꾼 자신의 인식이 흥미롭다. '그래 언자 그 참

이에 대해서는 나중에 자세하게 논의하게 될 것이다.

26) '옛날에 옛날에 아주 먼 옛날에 호랭이가 담배 묵든 그른 옛날 시즐에'(〈삼형제의 묘기〉, ≪임석재 전집 6≫, 365쪽) 같은 것은 문맥적 의미 자체가 모순인 표현이다.

호랭이 담배 풀 때 시절이던 기라. 거짓말도 많이 있지 뭐'[27]와 같은 진술을 보라. 이 이야기꾼이 말하는 '거짓말'이란 사실에 관한 이야기가 아니라 허구에 관한 이야기를 뜻한다. 옛이야기의 '옛날'은 환상세계로 좁혀서 이해할 것이 아니라 허구세계로 넓혀서 이해하는 것이 옳다. 왜냐하면, 환상세계는 있을 수 있음이 부정되는 세계가 아니라 있을 수 있음에 대한 확신이 유보되는 세계이기 때문이다.[28]

사실 환상세계를 가리키는 것이 분명한 '옛날'이라 할지라도 거기서 벌어지는 사건을 지극히 현실적인 것으로 그려내는 옛이야기는 얼마든지 찾아볼 수 있다. 다음은 그러한 옛이야기의 한 예가 된다.

> (3) 옛날 옛적 간날 갓쩍 둑수바리 소년 쩍에 나무접시 젊을 쩍에 꾀 마는 퇴깽이캉 음흉한 거북이캉 수단 만는 뚜거비가 있었는디 하리는 서로 만나서 서로 나이 자랑을 했다. 질 첨에 토깽이가 나는 천황씨 때에 이 시상에 노았다 캄서 지랑했다. 그리이 거북이는 나는 천황씨보다도 더 먼서 반고 때에 이 시상에 노았다 캤다. 그랬더이 뚜거비는 둘이 나이 지랑하는 말로 듣고 엉엉 울고 있었다. 토깽이캉 거북은 뚜거비가 우는 거로 보고 와 우느냐꼬 물었다. 뚜거비는 한참 울다가 자꾸 자꾸 물으이꺼네 난 너그덜이 천황씨이 반고씨이 이 말을 해 싸서 나는 반고씨 때 죽은 아덜 생각이 나고 천황씨 때 손주 죽은 거이 생각나서 슬퍼서 운다 캤다.[29]

27) 〈죽어서 구렁이가 된 노파〉, ≪대계 8-8≫, 286쪽.

28) '환상이란 자연의 법칙밖에는 모르는 사람이 분명 초자연적 양상을 가진 사건에 직면해서 체험하는 망설임인 것이다'(츠베탄 토도로프, 이기우 옮김, ≪덧없는 행복-루소론/환상문학 서설≫, 한국문화사, 1996, 124쪽).

29) 〈양반 가르친 꾀 많은 하인〉, 이원수 · 손동인 엮음, ≪한국전래동화집 5≫, 창작과비평사, 1998, 개정 9쇄, 9쪽(다음부터 이 책에서 인용할 때는 출전을 ≪한국전래동화집 5≫로 약칭한다. ≪한국전래동화집≫에 속하는 자료집은 모두 이런 방식으로 출전을 밝히기로 한다).

(3)은 이른바 '나이 자랑' 유형에 속하는 옛이야기의 하나이다. 그런데 그 나이 자랑이 (1-1)과 (1-2)에서 설명한 바로 그 '옛날', 즉 환상세계에서 이루어졌다고 한다. 그렇기 때문에 토끼, 거북이, 그리고 두꺼비가 말을 할 수 있었는지도 모른다.

그러나 이 옛이야기는 동물이 말을 하는 그 놀라운 사건 그 자체에 이야기의 초점을 맞추고 있는 것이 아니다. 이 옛이야기의 표면에 드러나 있는 것은 두꺼비의 수단이 토끼의 꾀와 거북이의 음흉함보다 한 수 위라는 것이다. 물론 이것은 객관적인 사실이 아니다. 토끼는 거짓말을 능청스럽게 할 수 있는 꾀보를, 거북이는 앞사람의 거짓말을 그대로 본떠서 말하는 음흉한 사람을, 그리고 두꺼비는 앞사람의 거짓말을 근거로 하여 더 교묘한 거짓말을 만들어낼 수 있는, 수단이 좋은 사람을 빗댄 것으로 보아야 한다.

이 옛이야기는 꾀보, 음흉한 사람 그리고 수단이 좋은 사람을 풍자하려는 것이 아니므로 우화라 할 수는 없다. 토끼와 거북이 그리고 두꺼비는 현실세계 어디서나 만날 수 있는 익명의 인물을 상징할 뿐이다. 그들은 거짓말을 극복할 수 있는 거짓말의 논리적 성격이 어떠한지 우리에게 보여 주는 역할을 떠맡고 있을 뿐이다. 결국 이 옛이야기는 지극히 현실적인 사건을 이야기하고 있다고 할 수 있겠다.

이에서 알 수 있듯이, 옛이야기는 현실세계에서 얼마든지 일어날 수 있는 사건조차도 그 '옛날'에 일어났다고 말한다. 이제 그 까닭을 살펴볼 차례이다. 옛이야기에서는 현실세계를 있는 그대로 그리는 법이 없다. 이것은 다음에 논의하게 될 옛이야기의 민중성과 밀접한 관련이 있다. 옛이야기는 가지지 못한 자가 즐겼던 이야기이다. 그러나 가지지 못한 자라 할지라도 가지지 못한 자가 가지지 못한 채로 살아가는 이야기는 좋아하지 않는다. 옛어른의 이러한 심리는 자기 모순적인 것이지만 옛이야기는 이를 외면할 수 없다.

옛이야기는 가지지 못한 현재의 그 상태를 문제로 삼지는 않는다. 그러나 가지지 못한 자가 가진 자가 되려는 욕망조차 품지 않거나 그 욕망을 충족시키려고 애쓰지 않으면 야유하고 조롱한다. 그런 자는 영원히 가진 자가 될 수 없기 때문이다. 이와 반대로, 가진 자로 살아갈 조건을 갖추지 못한 자가 가진 자로 살아가는 것도 비판하고 풍자한다. 가진 자로 살아갈 수 있는 사람이 가지지 못한 자로 살아가야 하는 원인이기 때문이다.

그런데 가지지 못한 자가 가지지 못한 자를 야유하고 조롱하는 것은 야비한 짓이고, 가진 자를 비판하고 풍자하는 것은 위험한 짓이다. 그것이 비록 이야기의 형태로 이루어진다고 하더라도 말이다. 따라서 이와 같은 야유와 조롱 그리고 비판과 풍자의 대상이 되는 인물 그리고 그 인물이 엮어내는 사건을 현실세계와 분리시킬 필요가 있다. 그 방법이 '옛날'을 끌어들이는 것이었다.

옛이야기가 '옛날'을 기본적으로 환상세계로 설정한 것도 이와 무관하지 않다. 환상세계는 현실세계와 동떨어진 세계라는 것이 겉으로 분명하게 드러나기 때문이다. 그러나 이것보다 더 중요한 이유가 있다. 환상세계는 야유하고 조롱하고 비판하고 풍자하여야 할 현실세계의 모순을 극적으로 드러낼 수 있는 세계이기 때문이다.

이야기 속의 허구세계는 그 이야기를 산출한 현실세계를 어떤 방식으로든 반영한다. 그 방식의 하나가 모방이다. 모방은 현실세계의 일부를 있는 그대로 허구세계로 들여 놓는 것이다. 모방에서는 현실세계의 모순이 집적되어 있는 부분을 선택하는 것이 매우 중요하다. 그런데 옛이야기는 모방의 이야기 방식을 채택하기가 어렵다. 한 가지 이유는 이미 말한 바 있다. 모방의 이야기는 현실세계와 정면으로 맞부딪치는 부담을 감수하여야 한다는 것이었다.

또 다른 이유도 있다. 옛이야기는 들려주고 들어주는 것이기 때문에 말하는 데 필요한 기억력과 듣는 데 수반되는 피로감을 고려하여 그 길이를 제한할 수밖에 없다. 그런데 모방은 현실세계를 구성하는 요소를 가능한 한 모두 설명하거나 충실히 묘사하는 것을 원칙으로 하기 때문에 아무래도 그 길이가 늘어날 수밖에 없다. 이런 까닭에 모방은 옛이야기가 요구하는 이야기 방식의 조건에 부합하지 않는다고 말하는 것이다.

마지막 한 가지 이유는 옛이야기의 시공간적 좌표의 무규정성에서 찾을 수 있다. 옛이야기는 사건 중심으로 이야기를 풀어나간다. 사건이란 것은 언제 일어났느냐 또는 어디서 일어났느냐에 따라서 그 성격이 천차만별로 달라지게 마련이다. 그런데도 옛이야기는 두루뭉술하게 '옛날 옛적에'로 사건을 풀어나간다. 이것은 옛이야기가 특수한 현실세계가 아니라 보편적인 현실세계에 관심을 가진다는 것을 의미하기도 한다.[30)]

현실세계의 모방뿐만 아니라 현실세계의 전복도 현실세계를 반영하는 훌륭한 이야기 방식이 된다. 현실세계의 전복이란 현실세계를 해체하여 재구성하는 것을 말한다. 즉 현실세계를 구성하는 여러 요소를 자르고 붙이고 뒤집고 비틀어서 현실세계를 왜곡한다는 것이다. 이렇게 하여 생성해 낸 허구세계가 바로 환상세계이다. 전복에서 가장 중요하게 여기는 것은 가장 효율적인 방법으로 현실세계의 모순을 극적으로 드러내는 것이다. 옛이야기가 길이가 짧은데도 많은 의미를 담아낼 수 있는 것도 바로 전복의 이야기 방식을 채택했기 때문이다. 물론 이것은 현실세계의 특수성과 구체성을 포기하는 것을 전제로 한다. 다음을 보라.

30) 옛이야기는 구비 전승 과정에서 세대를 달리하는 수많은 사람들이 그 내용을 첨삭하게 된다. 옛이야기가 보편적이고 추상적인 내용을 가질 수밖에 없는 이유를 여기에서도 찾을 수 있다.

옛적으는 나락이 껍데기 없이 기양 쌀로 열렸었단다. 그리서 그 쌀로 그대로 밥을 지어서 먹을 수가 있었다. 헌디 어떤 첩년이 서방 눈에 들고 싶어서 쌀을 찧고 찧고 히각고 더 히고 맛있는 밥을 질라고 힜다. 더 이상 찔 것도 없이 기양 밥을 히도 밥이 되는 쌀을 찌어쌍게 하느님이 내레다보고 아마 찔 일거리가 없어서 저렇게 쌀을 차꼬 찧넌가 부다 허고 찔 일거리를 줄라고 쌀이다 껍데기를 붙여서 열게 힜다. 그리서 나락은 쌀에 나락 껍데기가 씌여서 열게 됐다고 헌다.[31)]

이 옛이야기는 벼 껍질의 유래를 이야기하자는 것이 아니다. 원래의 이야기 의도는 남의 서방을 빼앗은 첩을 비아냥거리는 것이다. 본부인으로서는 서방을 위하는 첩의 행위는 하나같이 눈꼴이 시는 것이다. 그러나 서방은 다르다. 자신을 위하는 첩의 행위 어느 것 하나 예쁘지 않은 것이 있겠는가. 본부인의 처지에서 첩의 행위가 밉살스러운 것은 그것이 바로 자기 자신의 서방을 위하는 것이기 때문이다. 따라서 첩을 비아냥거리려면 서방을 위하는 첩의 행위를 비아냥거려야 한다. 그러나 자칫하면 자신은 서방을 위하지도 않으면서 첩이 서방을 위하는 것을 투기한다는 비난을 받을 수 있다. 빌미를 잡히지 않으려면 첩의 행위를 다른 각도에서 트집을 잡아야 한다. 그런데 그것이 쉽지가 않다. 더 희고 더 맛있는 밥을 지으려고 쌀을 찧고 또 찧는 첩의 행위를 어떻게 비아냥거리겠는가.

이 옛이야기에서는 첩의 행위를 소탐대실의 잘못된 처신으로 몰아붙이는 이야기 전략을 채택하는 지혜를 발휘했다. 그 전략은 서방을 위한다고 한 첩의 행위가 이 세상 사람 전부에게 해가 되게 하는 것이었다. 그런데 찧지 않아도 될 쌀을 나락인 양 찧어대니 아예 쌀 대신 나락이 벼에 달리게 되었다고 말하는 것은, 초현실세계를 전제할 때나 가능한 것이다. 다시 말하면, 이 옛이야기의 지은

31) 〈벼에 껍질이 생긴 유래〉, ≪임석재 전집 7≫, 161쪽.

이는 자신이 지적하고 싶은 현실세계의 모순을 드러내려고 현실세계를 전복시켰다는 것이다.

옛이야기의 '옛날'에서는 초현실적 사건 대신 비현실적 사건이 일어나기도 한다.[32] 비현실적 사건 또한 전복된 현실세계에서나 일어날 수 있다는 점에서 초현실적 사건과 같은 의미를 지닌다. 즉 비현실 사건이 일어나는 '옛날' 또한 환상세계로 규정할 수 있다는 것이다. 그 예를 들어 본다.

> (4-1) 옛날 어느 곳에 외동딸을 둔 부부가 살고 있었습니다. 이 부부에게는 아들이 없어 딸을 다른 집으로 시집보내지 않고, 사위감을 데려다가 데릴사위로 삼아 한 집에서 살기로 했습니다. 그러나 사위를 고르다가 보니 재수 나쁘게도 바보 사위를 보게 되었습니다. 장인, 장모나 딸은 이것도 운명이려니 생각하고 한 집에서 같이 살기로 하였습니다.[33]
>
> (4-2) 옛날도 옛날 아주 까마득한 옛날의 일입니다. 어느 마을에 사냥을 좋아하는 부자가 살았습니다. 그는 살림이 넉넉한 큰 부자였지만 퍽 인색했습니다. 돈을 헤프게 쓰는 일도 없었지만 먹는 음식까지도 아끼는 지독한 구두쇠였습니다.[34]

지면을 아끼려고 서두만 인용했다. 줄인 부분의 내용을 간단히 요약해서 덧붙인다. (4-1)의 사위는 물 좀 떠오라고 하면 불을 가져오고, 문을 닫으라고 하면 문을 열 정도의 바보였다. 그러던 어느 날 이 사위가 뚝배기 하나와 갓 하나를 사러 장에 심부름을 간다.

---

32) 자연 법칙이 현실세계의 그것과 다른 세계를 초현실세계라 하고, 인간 법칙이 현실세계의 그것과 다른 세계를 비현실세계라 한다(이지호, 〈환상동화의 장르적 성격 연구〉, 한국초등국어교육학회, 한국초등국어교육 28집, 2005, 232쪽). 초현실세계에서나 일어날 법한 사건이 초현실적 사건이고, 비현실세계에서나 일어날 법한 사건이 비현실적 사건이다.

33) 〈장보러 간 바보 사위〉, 이원수·손동인 엮음, ≪한국전래동화집 1≫, 창작과비평사, 1998, 개정 13쇄, 32쪽.

34) 〈양반 가르친 꾀 많은 하인〉, 이원수·손동인 엮음, ≪한국전래동화집 5≫, 창작과비평사, 1998, 개정 9쇄, 9쪽.

걱정이 된 아내가 뚝배기와 갓을 사는 방법을 일러 준다. 그런데 이 바보는 그것을 거꾸로 알아듣고는 뚝배기는 깨뜨리고 갓을 망가뜨려 헛돈만 쓰게 된다.

(4-2)의 내용은 다음과 같다. 부자는 하인을 데리고 사냥을 나선다. 그런데 점심밥도 못 챙기게 한다. 아까웠던 것이다. 그래도 꿩은 한 마리 잡았다. 이 꿩을 구워 먹기로 했는데, 부자는 그것조차도 하인에게 나누어 주기 싫어서 내기를 건다. 자신이 이길 것으로 확신한 시 짓기 내기를 제안하고 '까'라는 운자를 낸다. 그러자 하인은 꿩 다리를 떼어 입에 넣으면서 '다 구워졌을까? 맛이 있을까? 어디 먹어 볼까?' 했단다. 그래도 이 하인은 너그럽게도 부자에게 먹을 것을 조금 남겨 줬단다.

(4-1)은 어리석은 사람이 그보다 조금 더 똑똑한 사람에게 형편없이 망가지는 이야기이고, (4-2)는 재물을 많이 가진 사람이 그보다 턱없이 가난한 사람에게 마땅히 주어야 할 음식을 주지 않으려다가 자신의 몫으로 돌릴 수 있는 음식까지 빼앗기는 이야기이다. 앞엣것은 가지지 못한 자를 조롱하는 이야기이고 뒤엣것은 가진 자를 비판하는 이야기이다. 그런데 (4-1)의 사위는 바보도 그런 바보일 수 없고, (4-2)의 부자는 인색하기가 그렇게 인색할 수 없다. (4-1)의 장인은 또 어떤가. 물과 불조차 구별하지 못하는 바보를 사위로 맞아들이고 그런 바보에게 뚝배기와 갓을 사오라고 심부름을 시킨다. 장인도 사위만큼이나 덜떨어졌다. (4-2)의 부자는 하인이 먹을 것조차 빼앗으려고 할 만큼 마음이 가난하다. 그러나 하인은 자신이 정당한 방법으로 부자에게 얻은 것을 그 가난한 부자에게 오히려 나누어 줄 정도로 마음이 넉넉하다.

(4-1)과 (4-2)의 사건은 현실세계에서 결코 일어날 수 없는 것은 아니지만 그렇다고 쉽게 일어날 수 있는 것 또한 아니다. 이러한 사건을 비현실적 사건이라 한다. 초현실적 사건이 자연의 법칙을

거스르는 사건이라면 비현실적 사건은 인간의 법칙을 거스르는 사건이다. 이 둘 다 환상세계에서나 일어날 수 있는 사건이다.

형식상으로 볼 때, 옛이야기는 옛날에 살았던 사람이 바로 그 옛날을 기준점으로 했을 때의 '옛날'에 일어났을 법한 사건을 이야기로 꾸민 것이다. 그런데 옛날에 살았던 사람이 그보다 훨씬 전의 '옛날'을 어떻게 알 것이며 또 그 '옛날'에 일어났을 법한 사건이 무엇인지 어떻게 알 것인가. 이런 까닭에, 옛이야기의 '옛날'은 옛이야기의 향유자가 살았던 바로 그 당대를 해체하여 재구성한 것으로 보지 않을 수 없다.

옛이야기는 수많은 세대를 거쳐서 오늘날까지 전해져 내려온 것이다. 그래서 옛이야기의 '옛날' 속에는 그것의 전승에 관여한 사람이 살았던 모든 당대가 함축되어 있다고 말할 수도 있다. 옛이야기의 '옛날'이 환상세계가 될 수밖에 없는 것도 이 때문이다. 오늘날의 시점에서 옛날로 볼 수 있는 모든 옛날, 그것의 현실세계를 하나로 아우르기 위해서는 특정의 현실세계를 벗어나지 않으면 안 된다. 그런데 구체적인 시공간적 좌표에서 유리된 현실세계는 그 자체가 바로 환상세계이다. 옛이야기가 시간의 무게를 견딜 수 있었던 비밀도 바로 여기에 있었던 것이다.

톨킨의 말을 인용하면서 이에 대한 논의를 마치기로 한다.

> 옛이야기의 서두와 관련해서, 어느 누구도 '옛날 옛적에'로 시작하는 공식보다 더 나은 것을 만들어 낼 수는 없을 것이다. '옛날 옛적에'는 직접적인 효과를 자아낸다. 예컨대, ≪푸른 옛이야기책 The Blue Fairy Book≫에 실려 있는 〈무서운 머리 The Terrible Head〉를 읽어 보면 그 효과가 어떠한 것인지 알 수 있다. 이 옛이야기는 앤드류 랭이 '페르세우스와 고르곤'에 관한 이야기를 개작한 것인데, '옛날 옛적에'로 시작한다. 그러나 연도나 지역 또는 인물에 대해서는 어떤 것도 구체적인 이름을 붙이지 않았다. 이러한 서두 처리는 '신

> 화를 옛이야기로 전환하기'라 할 만한 것이었다. 나는 그것을 다르게 말하고 싶다. 즉 '고상한 옛이야기-그리이스 신화와 같은 것-를 지금 여기서 우리가 친밀감을 느낄 수 있는 특별한 형식의 이야기-유모나 나이가 많은 부인이 들려주는 이야기-로 전환하기'라 말하고 싶다는 것이다. 익명성은 미덕이 아니라 사고이다. 그리고 그것은 모방되어서는 안 된다. 왜냐하면 모호성은 망각과 기술 부족에 따른 타락이기 때문이다. 그러나 무시간성은 그렇지 않다. 그러한 서두는 빈약한 것이 아니라 의미 심장한 것이다. 그것은 시간이라는 위대한 미지의 세계를 단번에 느끼게 해준다.[35]

이제 결론을 내리자. 옛이야기에서 발하는 '옛날'은 과거뿐만 아니라 현재까지 아우르는 개념이고, 시간뿐만 아니라 공간까지 아우르는 개념이고, 현실세계뿐만 아니라 환상세계까지 아우르는 개념이다. 즉 그것은 옛이야기 특유의 미학적 개념이라는 것이다.

4. 옛이야기의 장르적 범주

1) 신화 · 전설 · 민담

우리는 설화 가운데 어린이까지도 위할 수 있는 설화를 특별히 일컬어 옛이야기라 한 바 있다. 두루 아는 바와 같이, 설화란 신화와 전설 그리고 민담을 아우르는 말이다. 옛이야기의 범주를 획정하고자 할 때는 신화와 전설 그리고 민담 각각의 어린이문학 친연성을 따져 볼 필요가 있다.

신화와 전설 그리고 민담은 다음과 같은 각각의 장르적 특징이 있다.[36]

35) J. R. R. Tolkien, *Tree and Leaf*, Houghton Mifflin Company, 1989, p. 75.
36) 장덕순 외, ≪구비문학개설≫, 일조각, 1971, 17-20쪽 참고.

	전승자의 태도	시간과 공간	증거물	주인공 및 그 행위	전승의 범위
신화	진실성과 신성성	태초의 신성 장소	포괄적 증거물	신의 행위	민족적 범위
전설	진실성	구체적인 시간과 공간	구체적 증거물	다양한 인간의 예기치 않은 행위	지역적 범위
민담	흥미성	옛날 옛적의 어느 곳	없음	일상적인 인간의 운명 개척	세계적 범위

이 도표를 보면, 어린이가 즐길 수 있는 설화로 가장 먼저 꼽을 수 있는 것이 민담임이 금방 드러난다. 민담은 일상적인 인간의 운명을 개척하는 사건을 나라와 민족을 뛰어넘는 보편성을 획득하면서도 재미가 듬뿍 묻어나게 이야기로 꾸민 것이라고 했다. 이것은 민담이 지향하는 바와 어린이문학이 지향하는 바가 크게 다르지 않음을 말해 준다. 어린이문학은 무엇보다도 재미를 중요하게 여긴다. 어린이를 즐겁게 해주지 못하는 문학은 어린이문학이라 할 수 없기 때문이다. 물론 어린이문학은 교훈도 무시하지 않는다. 정확하게 말하자면, 어린이문학은 어린이가 재미를 즐기는 가운데 알게 모르게 교훈이 내면화되도록 이야기를 꾸민다. 민담 또한 잠재적인 교훈성을 지향할 수밖에 없다. 일상적인 인간의 운명을 개척하는 사건을 이야기한다는 것 자체가 삶의 교훈을 일러 주는 것이다.

민담이 어린이문학 친연성을 강하게 드러낸다고 하더라도 모든 민담을 옛이야기로 채택할 수 있는 것은 아니다. 예컨대 어린이를 철저하게 억압하는 민담 같은 것은 옛이야기의 범주에서 과감하게 제외하여야 한다. 신화와 전설은 어떨까. 신화와 전설 가운데는 어린이가 재미를 느낄 수 있고 또 교훈을 얻을 수 있는 것도 얼마든지 찾을 수 있다. 그러나 장르상으로 볼 때, 신화와 전설은 민담에 비해서 어린이문학 친연성이 상당히 떨어진다고 말하지 않을 수 없다. 이제 그 까닭을 알아보기로 하자.

신화와 전설은 진실된 이야기로 여겨진다. 신화와 전설은 실제로 있었다고 믿는 것에 관한 이야기라는 것이다. 믿음은 그저 생기는 것이 아니다. 그 어떤 것이 실제로 있었음을 뒷받침할 수 있는 증거가 있어야 한다. 그러한 증거 가운데 가장 강력한 것이 구체적인 시공간적 좌표이다. 이것은 신화와 전설이 이야기 대상으로 삼고 있는 사건·현상·사물이 언제 있었던 것인지, 어디에 있었던 것인지를 밝혀 주기 때문이다. 그런데 이야기꾼은 그것을 어떻게 알았을까. 그러한 것을 직접 보고 들은 누군가를 가정하지 않으면 안 된다. 물론 그 누군가는 최초의 이야기꾼이다. 따라서 최초의 이야기꾼을 조금이라도 의심하는 경우에는 구체적인 시간적 좌표 또한 신화와 전설의 증거로 인정할 수 없게 된다. 그래서 신화와 전설은 바로 지금 여기에서 직접 확인할 수 있는 또 다른 증거를 확보하지 않으면 안 된다.

이를테면 천지 창조 신화는 하늘과 땅 그 자체를, 망부석 전설은 사람 모습을 한 바위를 진실성의 증거로 내세운다. 그런데 그러한 것은 증거일 수 있는 개연성은 있어도 필연성은 없는 것이다. 이러한 사실을 최초의 이야기꾼이나 그 뒤를 따른 수많은 이야기꾼이 몰랐을 리 없다. 그런데도 그것의 진실성을 의심하지 않았던 것은 실제로 있었다고 믿었기 때문이 아니라 믿고 싶었기 때문이다. 이러한 까닭에 신화와 전설은 역사를 지향하는 종교적 신념의 산물이라고 말할 수도 있다.

오늘날 우리는 옛어른과는 다른 측면에서 신화와 전설의 진실성을 믿는다. 즉 신화와 전설은 옛어른이 실제로 있었다고 믿고 싶었던 것이 무엇인지를 있는 그대로 일러 준다는 것이다. 신화와 전설 또한 민담과 마찬가지로 옛어른의 욕망을 솔직하게 보여 준다. 다만 그 욕망은 현실세계 그 자체가 어떠한 것인지 그리고 왜 그렇게 되었는지를 설명하려는 지적 욕망일 뿐이다. 우리는 바로 그 지적 욕망을 소중하게 여긴다. 그것은 자연과 인간에 대한 사유 체계를 구성한 원동력이기 때문이다. 그런데 바로 그러한 이유 때문에 신화와 전설은 어린이와의 친연성이 민담보다 떨어진다고 말하지 않을 수 없다.

신화는 신에 관한 이야기이고 전설은 영웅에 관한 이야기이다. 신은 말 그대로 초자연적인 능력을 가진 존재이고 영웅은 초인간적인 능력을 가진 존재라는 점에서 그 자체로 어린이의 호기심을 불러일으킬 수 있는 작중 인물인 것은 틀림없다. 그런데 신과 영웅이 그들의 초자연적이고 초인간적인 능력으로 펼쳐 보이는 사건은 어린이로서는 이해하고 공감하기가 결코 쉽지 않다. 신화 한 편을 구체적으로 살피면서 이 문제를 논의하기로 하자.

다음은 〈대별왕 소별왕〉으로도 알려져 있는 신화 〈천지개벽(천지왕 본풀이)〉을 간추린 것이다.

> 태초의 이 세계는 혼돈의 덩어리였다. 그런데 혼돈에서 하늘과 땅이 갈라져 나오고, 하늘에서 내려온 물과 땅에서 솟아난 물이 합치지 그 안에서 만물이 생겨나기 시작했다. 가장 먼저 생겨난 것은 별이었다. 이때 옥황상제 천지왕이 해와 달을 각각 두 개씩 만들어 하늘에 띄워놓았다. 이게 문제였다. 낮에는 너무 덥고 밤에는 너무 추워서 사람이 살 수 없었던 것이다. 그뿐이 아니었다. 이때는 풀과 나무 그리고 새와 짐승이 모두 말을 하였고, 사람과 귀신도 구별되지 않았다.
>
> 어느 날, 천지왕이 꿈을 꾸었다. 하늘에 떠 있는 두 개의 해와 달 가운데서 하나씩 삼키는 꿈이었다. 천지왕은 이꿈을 이 혼돈의 세계를 바로잡을 아들을 얻을 꿈이라 여기고 지상에 내려와 총맹부인과 결혼하려고 하였다.
>
> 총맹부인은 가난하였다. 천지왕을 맞이하였으나 저녁 한 끼 대접할 수 없었다. 총맹부인은 이웃인 수명장자에게 쌀 한 되를 꾸러 갔다. 수명장자는 부자이지만 마음씨가 고약했다. 쌀에다 모래를 섞어서 한 되를 채워 주었다. 밥을 먹던 천지왕이 모래를 씹었다. 총맹부인이 쌀을 아홉 번 열 번 씻었지만 모래를 다 골라내지 못했던 것이다. 전후 사정을 들은 천지왕은 수명장자의 됨됨이를 낱낱이 캐물었다. 수명장자와 그의 아들딸의 못된 행실을 알게 된 천지왕은 수명장자의 집을 불태워 버리고 아들은 솔개로, 딸은 팥벌레로 다시 태어나게 만

들었다.

천지왕은 다시 하늘로 올라가야만 했다. 천지왕은 총맹부인에게 아들 형제가 태어날 것이니 큰아들은 강씨 대별왕으로, 작은아들은 풍성 소별왕으로 이름지으라고 일러 주었다. 총맹부인이 천지왕에게 증표를 주고 가라고 하니, 천지왕은 그제서야 박씨 두 개를 내주었다.

과연 총맹부인은 태기가 있어 아들 쌍둥이를 낳았다. 형제는 자라면서 아비 없는 자식이라는 놀림을 받았다. 형제가 아버지에 대해서 묻자 총맹부인은 박씨를 내주며 그간의 사정을 털어놓았다. 형제는 박씨를 흙에 심었다. 박씨는 금방 움이 돋아나 덩굴이 뻗어 하늘로 올라갔다. 형제는 박을 타고 하늘로 올라갔다.

아들을 만난 천지왕은 이승은 형인 대별왕이, 저승은 동생인 소별왕이 다스리도록 했다. 그런데 소별왕은 이승을 차지하고 싶어서 형에게 내기를 하자고 했다. 형도 좋다고 했다. 형제는 수수께끼 내기, 꽃 가꾸기 내기 그리고 잠자기 내기를 한다. 결과는 소별왕의 승리였다. 잠자기 내기를 할 때 소별왕은 형의 꽃과 자신의 꽃을 바꿔쳐서 꽃 가꾸기 내기에서 이겼던 것이다. 대별왕은 소별왕에게 이승에 사는 사람에 대해서 이야기를 해주었다. 살인자, 역적, 도둑이 많다고 했다. 그리고 열다섯 살만 되면 남자든 여자든 자기 아내와 남편은 버려 두고 남의 아내와 남편만 우러러본다고 했다.

소별왕이 이승에 와 보니 듣던 대로 질서가 말이 아니었다. 자기로서는 도저히 어쩔 수 없어서 형인 대별왕에게 부탁했다. 대별왕은 이승에 와서 먼저 천 근 되는 활로 천 근 되는 화살을 쏘아 하늘에 떠 있는 해와 달을 하나씩 떨어뜨려 사람들이 낮에도 더워 죽지 않고 밤에도 추워 죽지 않도록 했다. 그리고 송피 가루 닷 말 닷 되를 세상에 뿌려서 풀과 나무, 새와 짐승의 말문을 닫아 버렸다. 다음에 귀신과 사람을 나누었다. 저울로 달아서 백 근이 넘는 놈은 사람으로 보내고 백 근이 못 되는 놈은 귀신으로 돌렸다. 이로써 자연의 질서는 바로잡히게 되었다.

대별왕은 그 이상 더 수고를 해주지 않았다. 그래서 오늘날 인간 세상에는 여전히 역적·살인·도둑·간음이 많다. 이에 반해서 저승은 모든 것이 공정하게 이루어진다.[37]

37) 현용준, ≪제주도 신화≫, 서문당, 개정판 1996, 11-21쪽 요약.

이 신화는 무당이 굿을 할 때 노래로 부르는 무속 신화의 하나이지만, 어린이도 즐겨 읽을 만한 신화로 여겨지는 듯하다.[38] 아닌 게 아니라, 이 신화는 어린이가 좋아할 만한 이야기 요소를 적잖이 가지고 있다.

혼돈 그 자체였던 태초의 이 세계가 마침내 하늘과 땅으로 나누어지고, 하늘에서 흘러내린 물과 땅에서 솟아나는 물이 합쳐져 만물이 생성되는 것을 머릿속에서 그림으로 그려 보라. 어린이라 할지라도 그 장엄하고도 웅대한 장면을 충분히 상상할 수 있고, 또 상상의 나래를 펴는 동안 자기 자신이 직접 천지를 창조하는 듯한 놀라운 체험을 할 수 있다. 그런데 이 신화의 천지 창조는 온전치 못했다. 하늘에는 해와 달이 두 개씩 떠 있고, 풀과 나무 그리고 새와 짐승이 사람처럼 말을 하였고, 산 사람과 죽은 사람이 구별되지 않았다.

이를 바로잡아야 할 운명을 타고난 대별왕과 소별왕의 이야기도 어린이의 관심을 끌 만한 것이었다. 이승을 욕심내어 형에게 내기를 거는 소별왕, 내기에 이기기 위해서 꾸민 소별왕의 속임수, 그러한 동생이 곤경에 처하자 이승의 해와 달을 하나씩 없애 줄 뿐만 아니라 풀과 나무, 새와 짐승의 말문을 닫아 주고 산 사람과 죽은 사람을 나눠놓는 일까지 해주는 대별왕의 너그러움 등은 어린이로서도 이해 못할 것 없고 공감 못할 것 없다. 어린이도 일상 생활에서 형에게 못되게 구는 고약한 동생과 그러한 동생을 따뜻하게 품어 주는 형 사이의 대립과 갈등, 화해와 조화는 얼마든지 경험할 수 있는 것이기 때문이다.

그러나 이 신화에는 어린이가 이해하거나 공감하기 어려운 이야

38) 이 신화를 싣고 있는 어린이책으로는 ≪소별왕 대별왕/당금애기≫(문명식 재화, 한겨레신문사, 1999), ≪대별왕 소별왕≫(이경덕 재화, 함께읽는책, 2003), ≪우리가 정말 알아야 할 우리 신화≫(서정오 재화, 현암사, 2003) 등이 있다.

기 요소도 상당수 포함되어 있다. 그러한 것 가운데 하나가 주인공 노릇을 하는 신의 정체이다. 두루 아는 바와 같이, 신화 속의 신은 그 정체가 단순하지 않다. 그 성품을 보면, 사람보다 훨씬 너그럽고 원만한 것 같지만 실제로는 사람보다 훨씬 더 속이 좁고 모가 난다. 그 능력을 보면, 초인적이고 초자연적인 힘을 가지고 있지만 그 힘을 무조건적이거나 절대적으로 행사할 수 있는 것은 아니다. 그 행위를 보면, 무엇이든 완벽하게 할 것 같지만 무엇 하나 제대로 하는 것이 없다.

천지왕을 보자. 해와 달을 한꺼번에 둘씩이나 만들 수 있으면서도 자신이 만든 바로 그 해와 달을 하나씩 없애는 일은 할 수 없다. 또 해와 달이 이 세상을 따뜻하고 서늘하게 해줄 수 있다는 것은 알아도 해와 달이 둘씩 하늘에 있으면 사람이 더워서 죽고 추워서 죽는다는 것은 미처 알지 못했다. 천지왕의 쌍둥이 아들도 그 정체가 간단치 않다. 대별왕은 소별왕이 전혀 모르는 이승의 혼란은 잘 알면서도 소별왕의 간단한 속임수에는 꼼짝없이 당하고 만다. 소별왕은 또 어떤가. 이승과 저승이 어떤 차이가 있는지는 알아보려고 하지도 않고 그저 이승에만 욕심을 부린다.

어린이의 눈으로 보면, 이러한 신은 절대자로서의 신과도 다르고 신의 피조물인 사람과도 다르다. 그래서 어린이가 신화 속의 신이 어떠한 존재인지 그 정체를 이야기한다는 것은 거의 불가능하다. 사실 어른으로서도 그것은 결코 쉽지 않다. 신화 전반에 대한 체계적인 지식을 필요로 하기 때문이다.

이번에는 이야기의 짜임과 관련하여 한 예를 들어 보자. 천지왕은 하늘에 둘씩 떠 있는 해와 달을 하나씩 삼키는 꿈을 꾸는데, 그 꿈이 쌍둥이 아들을 낳을 태몽임을 금방 알아차린다. 천지왕 같은 신도 태몽을 통해서야 비로소 자신의 미래를 내다볼 수 있는 모양이다. 그런데 그 태몽은 천지왕이 스스로 꾼 것일까 아니면 다른 어떤 존재가 도와준 것일까. 사람의 태몽은 아이를 낳게 될 것임을 알려주기 위해서 신이 사람에게 꾸게 하는 꿈으로 알고 있는 우리로서는 이런 의문은 당연한 것이다. 그것은 그렇다 치고, 천지왕의 태몽에 따르면, 대별왕과 소별왕은 해와 달의 정기를 타고났다고 말할 수 있다. 이 또한 그 뜻을 풀어내기가 만만치 않다. 해와 달은 천지왕이 만든 것인데, 바로 그 해와 달을 삼키는 것이 천지왕이 꾼 태몽의 내용이다. 결국 천지왕의 쌍둥이 아들은 천지왕의 정기와 천지왕의 피조물의 정기를 함께 타고난 셈이 된다. 그런데 그 쌍둥이 아들이 한 일 가운데 가장 중요한 것이 바로 그 해와 달을 없애는 것이었다. 이것은 자신의 근본을 스스로 파괴하는 것이나 다름없는 짓이다.

이야기의 짜임이 복잡한 것도 어린이에게는 문제가 된다. 그러나 그것보다 더 크게 문제가 되는 것은 그처럼 복잡하게 짜인 이야기에서 어린이가 스스로 읽어낼 수 있는 의미가 거의 없다는 것이다. 어른이라 할지라도 신화의 상징 체계에 대한 배경 지식을 동원하지 않으면 그 의미를 읽어낼 수 없기 때문이다. 이러한 까닭에, 신화는 어린이의 삶을 풍요롭게 하는 데 그다지 도움이 되지 못한다.

오늘날, 신화는 더 이상 진실된 이야기로 받아들여지지 않는다. 물론 더는 진실된 이야기로 받아들이게 하여서도 안 된다. 그런데도 신화의 가치를 부정하지 않는 것은 그것이 옛어른의 세계관 또는 사유 체계를 상징적으로 보여 주는 이야기이기 때문이다. 그런데 어린이는 지금 여기서 함께 살아가는 오늘날 어른의 세계관 또는 사유 체계도 받아들이기가 어렵다. 하물며 그 어른이 옛어른임에랴. 그렇다고 해서 어린이의 손에서 신화를 일부러 빼앗을 것은 없다. 옛어른이 사실로 굳게 믿었던 신화가 어떠한 것인지, 어린이가 알아두는 것도 나쁘지 않기 때문이다. 신화는 다만 어린이에게 권할 만한 옛이야기라 하기는 주저될 뿐이다.

이번에는 전설 한 편을 살펴보기로 한다.

> 제주시 서남쪽 해안리 경(境), 제2횡단도로 가에 '아흔아홉골'이라는 산이 있다. 크고 작은 골짜기가 마치 밭고랑처럼 뻗어내린 기봉이다. 그 골짜기가 하도 많으니, 아흔아홉 개가 있다 하여 이름을 '아흔아홉골'이라 한다. 이 골짜기가 하나만 더 있어 백 골이 됐다면 제주에도 호랑이나 사자 같은 맹수가 날 것인데, 한 골이 모자라 아흔 아홉 골밖에 안 되므로 호랑이나 사자가 나지 않는다고 한다.
>
> 일설에는 이 골짜기에 본래 백 골이 있었는데, 그때는 많은 맹수들이 나와 날뛰고 있었다 한다. 그런데 어느 때인가 중국에서 스님이 한 사람 건너와서 백성들을 모아 놓고 너희들을 괴롭히는 맹수들을 없애 줄 터이니 '대국 동물대왕 입도(入島)'라고 큰 소리로 외치라 했다 한다. 호랑이니 사자 따위 무서운 짐승을 없애 준다고 하니, 백성들은 좋아해서 큰 소리로 외쳤다. 그랬더니 기이하게도 모든 맹수들이 이 백 골에 모여들었다.
>
> 스님은 불경을 한참 외고 나서,
>
> "너희들은 모두 살기 좋은 곳으로 가라. 이제 너희들이 나온 골짜기는 없어지리니, 만일 너희들이 또 오면 너희 종족이 멸하리라."
>
> 맹수들을 향해 소리 치니, 호랑이·사자·곰 할 것 없이 다 한 골짜기로 사라졌다. 그 순간 그 골짜기도 없어져 버렸다. 그 후부터 제주에는 맹수가 나지 않는다는 것이다. 사실은 호랑이 같은 맹수가 아니 나게 되자, 제주에는 왕도, 큰 인물도 아니 나오게 되어 버린 것이다.[39]

인용한 것은 '아흔아홉골'에 관한 전설인데, 이것은 두 개의 이야기로 짜여 있다. 먼저 첫 번째 이야기를 보겠는데, 이 이야기는 진술 방식이 매우 독특하다. 전설은 보통 인물이나 사건 또는 현상이 실제로 존재했음을 확인할 수 있는 증거물로 입증하는 방식으로 이야기를 전개한다. 그런데 이 전설은 다르다. 아흔아홉골에는 맹수가 살지 않는다고 하였다. 이는 실제로 존재하지 않는 맹수에 대

---

39) 〈아흔아홉골〉, 현용준, ≪제주도 전설≫, 서문당, 개정판 2쇄, 2002, 13-14쪽.

해서 이야기하는 것이다. 그리고 그 까닭을 아흔아홉골이 골짜기의 수가 백이 아니기 때문이라고 했는데, 이 또한 실제로 검증할 수 없는 가정을 증거물로 삼은 것이다.

이와 같은 독특한 진술 방식은 제주도에 맹수가 살지 않음을 안타깝게 여긴 제주도 사람들이 그 안타까움을 아흔아홉골에 가탁하여 이야기로 꾸민 데 기인한다. 그런데 왜 그것이 그다지도 안타까웠을까. 그 까닭은 두 번째 이야기에 나온다. 맹수는 왕과 같은 큰 인물의 전조였던 것이다. 제주도 사람들은 제주도에 큰 인물이 나지 않는 것은 제주도의 지형과 지세가 큰 인물을 품을 만큼 높고 깊지 못하기 때문이라고 생각했다. 그런데 제주도의 지형과 지세가 영 보잘것없으면 아예 포기할 텐데, 그렇지도 않으니 안타까움만 생기는 것이다. 이러한 안타까움이 첫 번째 이야기를 만들어 내게 된다.

두 번째 이야기는 첫 번째 이야기를 완전히 뒤집었다. 첫 번째 이야기가 제주도에 큰 인물이 나지 않는 것은 제주도의 지형과 지세가 큰 인물을 품을 만큼 높고 깊지 않기 때문이라고 했다. 그런데 여기에서는 큰 인물이 나지 않도록 누군가 제주도의 지형과 지세를 일부러 바꾸어 놓았기 때문이라고 말한다. 그 누군가는 중국 스님이었다. 그런데 제주도 사람들도 그를 도왔다. 맹수에 시달리던 제주도 사람들은 맹수를 없애 주겠다는 중국 스님이 고마워서 그가 시키는 대로 했다. 맹수가 날뛰는 것이 큰 인물이 나타날 조짐임을 알지 못했던 것이다.

첫 번째 이야기는 아흔아홉골을 끌어들여서 제주도에 대한 안타까움만을 피력했을 뿐이다. 그런데 두 번째 이야기는 그것을 제주도에 대한 자부심과 제주도 사람으로서의 자기 반성으로 승화시켰다. 중국 스님이 제주도에 들어와서 맹수와 함께 골짜기 하나를 없애 버렸다고 말한 까닭이 무엇이겠는가. 그것은 중국에서조차 제주도에서 큰 인물이 날까봐 두려워했다는 것을 은근히 자랑하려는 것이 아니겠는가. 또 그러한 중국 스님을 제주도 사람들이 저지하기는커녕 오히려 돕고 나서도록 설정한 까닭이 무엇이겠는가. 제주도의 지형과 지세가 큰 인물을 품을 만큼 빼어났지만, 제주도 사람들이 그것을 지키고 가꾸지 못했기 때문에 결국 큰 인물이 나지 못했음을 처절하게 반성하자는 것이 아니겠는가. 결국 〈아흔아홉골〉이라는 전설은 제주도에 대한 제주도 사람들의 생각과 느낌을 아흔아홉골에 가탁하여 이야기로 꾸민 것임을 알 수 있다.

이 전설은 전설 그 자체에 관심을 가지는 사람들에게는 상당히 흥미로운 것이다. 전설의 생성 동기와 전설의 내용 변화 그리고 전설의 향유 목적을 한꺼번에 보여 주기 때문이다. 그러나 이러한 것은 전설을 분석하고 분석한 결과를 종합할 수 있는 어른의 눈에만 보이는 것이다. 전설의 이야기 흐름만 열심히 쫓아가는 어린이의 눈에는 결코 보이지 않는다. 어린이는 과연 그것이 사실일까만 궁금해 한다. 이러한 까닭에 어린이는 전설을 그저 신기하고 놀라운 이야기로만 생각하게 된다. 그래서 어린이도 전설에 대해서 재미를 느낄 수는 있다. 그러나 그것은 결코 어린이의 삶을 풍요롭게 하는 교훈으로 이어질 수 있는 재미는 아니다. 사정이 이러하니, 어린이를 위한 옛이야기에서 전설을 비중 있게 다룰 수 없는 것이다.

신화와 전설 그리고 민담은 그 장르적 경계선이 선명한 것이 아니다. 분트(W. Wundt)는 전설과 민담 둘 다 신화에서 발전되어 나온 형식으로 간주했는데,[40] 이는 설화의 하위 장르 사이의 공통점을 설명할 수 있는 근거가 된다. 신화에서 전설로, 그리고 전설에서 민담으로 변모해 가는 설화의 양상을 확인할 수 있는 좋은 예가 있는데, 그것은 〈나무꾼과 선녀〉이다. 설화는 전승 과정에서 신화와

40) 김열규 외, ≪민담학개론≫, 일조각, 1983, 중판, 71쪽 참고.

전설 그리고 민담이 서로 뒤섞이는 장르의 간섭 현상이 나타나게 되는데, 이 또한 〈나무꾼과 선녀〉에서 어렵지 않게 확인할 수 있다.

'나무꾼과 선녀'형 설화로 묶을 수 있는 이야기는 140여 편이 넘는 것으로 보고된 바 있다.[41] 물론 140여 편의 각편은 그 나름의 의미 있는 내용을 가지고 있다. '나무꾼과 선녀'형 설화 가운데 아직 전설에 머물고 있는 것은 여성적 신의 영역을 넘보는 남성적 인간의 비극적 종말을 보여 주고, 전설에서 민담으로 이행하는 과정에 있는 것은 신과 결혼까지 꿈꾸는 인간의 욕망을 너그럽게 포용하며, 민담으로 완전히 자리 잡은 것은 인간의 욕망에 내재되어 있는 문제적 상황을 극적으로 드러낸다.

물론 이러한 이야기 내용에 내포되어 있는 교훈은 서로 다르다. 전설은 인간에 대한 신의 우위를, 남성에 대한 여성의 우위를 이야기하고 있고, 이행기에 있는 것은 인간과 신의 화해, 남성과 여성의 조화를 희망하고 있고, 민담은 인간의 욕망 그 자체의 양면성을 알려 주고 있다. 이와 같은 교훈이 모두 어린이의 삶에 유용한 것은 아니다. 오히려 어린이의 삶을 해치는 것일 수도 있다. 게다가 '나무꾼과 선녀'형 설화가 모두 이와 같은 또렷한 교훈을 가지고 있는 것도 아니다. 각편에 따라서는 교훈 자체가 모호한 것도 있고, 아예 혼란스러운 것도 있다. 그뿐이 아니다. 각편의 문학적 성취도도 천차만별이다. 어린이의 삶을 풍요롭게 하는 교훈을 가지고 있다고 하더라도, 그것을 어린이가 자발적으로 내면화할 수 있도록 재미있게 형상화하는 것이 있는가 하면 전혀 그렇지 않은 것도 있다는 것이다.

여기에서 '나무꾼과 선녀'형 설화처럼 장르가 뒤섞인 각편을 가지고 있는 것은 각편 하나하나 옛이야기의 채택 가능성을 따로 판

41) 배원룡, ≪나무꾼과 선녀 설화 연구≫, 집문당, 1993 참고.

단하여야 한다는 결론이 나온다. 이때 각편의 주제 의식과 그것의 문학적 형상화가 관건이 될 수밖에 없다. 신화·전설·민담은 장르적 특성 차이 때문에 어린이 친연성의 정도가 서로 다를 수밖에 없지만, 이러한 사실에 지나치게 압도되어 특정 장르에 속하는 각편을 모두 옛이야기에서 배제하여서는 안 된다는 것이다. 결국 옛이야기의 채택 여부는 장르별로 유형별로 결정할 것이 아니라 각편별로 결정하여야 한다는 것이다.

2) 구전설화와 문헌설화

설화는 입에서 입으로 말로 전해지기도 하고 책으로 엮은 글로 전해지기도 한다. 앞엣것을 구전설화라 하고 뒤엣것을 문헌설화라고 한다. 두루 아는 바와 같이, 문헌설화는 과거의 어느 한때에 구전설화가 문자로 정착한 것이다.

그런데 말을 있는 그대로 글로 옮겨 놓은 것, 즉 말에다가 문자의 옷을 입혀 놓은 것은 문헌설화라고 하지 않는다. 1980년대에 한국정신문화연구원에서 편찬한 ≪한국구비문학대계≫라는 문헌에 실려 있는 설화는 그래서 구전설화인 것이다. 어떤 경우에는, 말이란 것이 워낙 번잡스러우니까 누구든지 쉽게 알아들을 수 있게 채록자가 조금 간추리기도 하는데, 이렇게 채록자의 손을 탄 것이라 할지라도 말의 속성을 그대로 유지하기만 한다면 구전설화라 할 수 있다. 해방 전후에 수집한 설화를 자신의 글로 재구성한 자료를 포함하고 있는 임석재의 ≪한국구전설화≫ 또한 문헌설화라 하지 않는 까닭이 여기에 있다. 오늘날에는 문헌설화라는 것이 거의 만들어지지 않는다. 문헌설화는 구전설화의 원형을 보존하려는 의식이 전혀 없었던 근대 이전의 산물이기 때문이다.

구전설화는 말을 새겨들을 수 있고 조리 있게 할 수 있는 사람이면 모두 그 향유자가 될 수 있다. 그런데 문헌설화는 거의 대부분 한문으로 기록되었기 때문에 그것의 향유자는 한문을 읽고 쓸 수 있는 지배 계급의 어른 남자에 한정될 수밖에 없었다. 구전설화와 문헌설화의 이와 같은 언어 매체의 특성 차이 때문에 그것의 이데올로기적 성격이 양극단으로 갈라졌다. 구전설화가 민중의 욕망을 대변하고 문헌설화가 귀족의 계급적 이익을 도모하는 것은 오히려 당연한 것이었다.

구전설화라고 해서 모두 민중의 것이었던 것은 아니다. 지배 계급의 구전설화도 있었다. 지배 계급의 구전설화는 곧장 문헌설화로 정착되었다. 실제로 김현룡이 지금까지 전해져 오는 문헌설화를 총정리한 ≪한국문헌설화≫를 보면, 문헌설화는 대부분 지배 계급인 귀족이나 양반의 시각에서 기록된 것임을 한눈에 알 수 있다.[42] 물론 민중의 구전설화도 문헌설화로 정착되기도 하였다. 그러나 그것은 지배 계급의 이데올로기에 부합하거나 최소한 그것과 상충하지 않는 것이었다.

언제 어디서나 예외는 있는 법이다. 구전설화 가운데도 민중 억압적 이데올로기를 노골적으로 드러내는 것이 있고, 문헌설화 가운데도 민중 해방적 이데올로기를 적극적으로 고무하는 것이 있다. 귀족의 계급 이데올로기에 동조하는 민중도 있고, 귀족의 그것을 자아 비판하는 귀족도 있기 때문이다.

지배 계급의 구전설화는 문헌설화로 정착되지 않으면 금세 사라진다. 그러나 민중의 구전설화는 그렇지 않았다. 입에서 입으로 전하여 오늘날까지 그 생명을 이어오고 있다. 이리하여 설화는 크게 세 가지로 나뉘게 되었다. 구전으로만 전해지는 설화, 구전은 끊어

42) 김현룡, ≪한국문헌설화 1-7≫, 건국대출판부, 1998-2000 참고(앞으로 이 자료집에서 설화를 인용할 때는, 책의 이름을 ≪문헌설화≫로 약칭하고, 권수와 쪽수만 밝히기로 한다).

지고 기록으로만 전해지는 설화, 구전으로도 전해지고 기록으로도 전해지는 설화가 그것이다. 이 가운데 지금 이 자리에서 우리가 눈여겨볼 것은 구전설화이면서 동시에 문헌설화인 이야기이다. 이러한 설화는 구전설화와 문헌설화의 이야기 방식과 이야기 초점이 어떻게 다른지 확인할 수 있는 자료가 되기 때문이다.

먼저 구전설화와 문헌설화의 차이를 거의 느낄 수 없는 것이 있다. 다음을 보라.

〈오자 조부(五子嘲父)〉

한 사람이 다섯 아들을 두었는데도, 부부가 계속 동침하여 호합하니, 아이들이 의논하기를, "또 아이가 태어나면 우리들이 업어서 키워야 하는데, 등에 오줌도 싸고 너무 힘들 것이다. 오늘부터 우리들이 매일밤 한 사람씩 당번을 정해 잠을 자지 않고 지켜, 엄마 아빠 환애(歡愛)를 못하게 막자." 하고 결의했다.

이렇게 되니 부부가 환애 기회를 얻지 못하다가, 제일 어린아이가 당번일 때 피곤해 잠든 사이, 남편이 아내 뒤에서 가만히 삽입해 환애를 시작했다. 이때 잠을 깬 아이가 놀라 소리치기를, "엄마, 날도 새기 전에 아빠 업고 어디 가?"라고 말했다. 그래서 부부는 작업을 완수하지 못하고 중도에서 끊었다.

아침에 남편은 아이들을 소리쳐서 모두 산으로 소와 말을 몰고 가 풀을 먹이고 오라 했다. 이렇게 아이들을 내쫓고 부부는 느긋하게 옷을 벗고 작업을 시작했다. 남편이 부인 눈썹을 만지며 "이게 무어지?" 하고 물으니, 아내는 "팔자문(八字門)이지요." 하고 대답했다. 이어 눈을 만지며 "이것은 무엇이지?" 하니까 아내는 "망부천(亡夫泉)[43]이지요."라고 대답했다.

부부는 이런 식으로 질문과 대답을 거듭하면서 남편 손이 아내 몸을 더듬어 아래로 내려갔다. 즉, "코는? 감신현(甘辛峴)이요, 입은 토향굴(吐香窟)이요, 턱은? 사인암(舍人巖)이요, 유방은? 쌍령(雙嶺)이요, 배는? 유선곶(遊船串)이요, 둔덕은? 옥문산(玉門山)이요, 음모는? 감초전(甘草田)이요, 옥문은? 온정(溫井)이요." 등으로 문답하여 끝에 가서

43) '亡夫泉'은 '望夫泉'의 오기로 보인다.

닿았다. 그런 다음에 이번에는 아내가 남편 음경을 잡고 "이것은 무엇이오?" 하고 물으니 남편은 '주상시(朱常侍)'라 했고, 또 음낭을 잡고 물으니 '홍동씨 형제(紅同氏兄弟)'라고 대답했다.

그런데 다섯 아이들은 집을 나갔다가 산으로 가지 않고 몰래 숨어 들어와 엄마 아빠가 작업하는 방 창문 아래에 와서 있다가 위 환애담을 모두 엿들었다. 그러고 바야흐로 작업이 시작될 무렵에 우루루 몰려 들어오니 남편은 깜짝 놀라고, 아이들을 붙잡아 소와 말에게 풀 뜯어 먹이라는 말을 안 들었다고 꾸짖었다.

이에 아이들은 "소와 말에게 배부르게 풀을 뜯어 먹이고, 목욕도 하고 산으로 들로 다니며 놀다가 왔는데 왜 야단칩니까?" 하고 말했다. 다시 부친이, 얼마 안 되는 시간에 어찌 그렇게 하고 왔느냐고 꾸짖으니 아이들은 다음과 같이 말했다.

"처음에 팔자문에서 나가, 망부천 · 감신현 · 토향굴 · 사인암 등을 지나고, 쌍령을 넘어 유선곶을 건너서 옥문산에 올랐다가, 감초전에서 소와 말에게 풀을 배부르게 뜯어 먹이고, 온정의 물에서 목욕까지 하고 왔습니다."라고 말했다.

부친은 더욱 화를 내고 몽둥이로 아이들을 쫓으며, "누가 그것을 본 사람이 있느냐?" 하고 야단쳤다. 아이들은 쫓겨가면서, "주상시와 홍동씨 형제가 그 증인입니다." 하고 소리치며 달아났다.[44)]

이 문헌설화는 조선 중종 때 지은 ≪어면순(禦眠楯)≫에서 뽑은 것이다. 이 문헌설화의 모태가 되는 이야기는 민중 집단에서 처음 만들어진 것으로 보인다.[45)] 부모와 자식 다섯이 한 방에서 잠을 자고, 큰아이가 작은아이를 돌보아 키울 정도로 삶이 곤궁하다. 양반이라고 해서 모두 풍족하게 살았던 것은 아니겠지만, 이러한 삶은 평민의 삶이라 할 수 있는 것이다. 더욱이 부모와 자식의 관계가 성에 관한 말을 거리낌없이 주고받을 정도로 자유분방하다. 이러한 부자 관계는 지배 계급에서는 상상하기 어려운 것이다.

---

44) ≪문헌설화 7≫, 390-391쪽.

45) 〈어떤 부부와 그 여러 아들〉(≪임석재 전집 8≫, 379-380쪽)이 그것인데, 1940년 9월에 채록한 것으로 소개되어 있다.

이러한 이야기가 문헌설화로 채택된 까닭은 오로지 그것의 성적 해학성 때문이다. 성에 관한 해학적 이야기는 문헌설화에서도 꽤 비중 있게 다룬다. 물론 문자로 기록하는 과정에서 첨삭과 변개가 있었을 것으로 짐작할 수 있다. 문헌설화의 경우, 한문 문구가 이야기의 뜻을 드러내는 데 매우 중요한 구실을 한다. 이 문헌설화의 모태인 구전설화에서도 이러한 기능을 수행하는 특별한 표현이 있었을 것이다. 물론 그것은 우리의 일상적인 말로 이루어진 표현이었을 것이다.

구전설화가 문헌설화로 정착되는 과정에서 개작되었을 가능성이 있는데도, 그리고 구전설화 역시 입에서 입으로 전해지는 과정에서 개작되었을 가능성이 있는데도, 구전설화와 문헌설화의 내용이 거의 같은 까닭이 무엇일까. 아마도 문헌설화로 정착된 이야기가 다시 구전설화로 역류한 것이 아닐까 싶다. 보다시피 이 문헌설화에는 어려운 한문 문구가 상당수 포함되어 있다. 이처럼 뜻조차 제대로 알기 어려운 한문 문구로 점철되어 있는 이야기는 기억하기가 쉽지 않고 말로 전승하기도 쉽지 않다. 물론 구전설화에도 한자의 파자나 한시와 관련한 이야기가 적지 않다. 그러나 문헌설화와 그 내용이 거의 같은 이야기라면 그것은 말로 전해 들어서 기억하는 이야기가 아니라 책을 통해서 알게 된 이야기라 여겨도 될 것이다. 구전설화와 문헌설화의 상호 작용 양상은 이미 잘 알려져 있는 바이다.

이번에는 기록된 이야기와 구전되는 이야기의 서로 다른 문학적 지향성을 확인해 본다.

〈이지광(李趾光)〉

이지광이 청주 목사 때, 한 종이 장사 스님이 길가에 종이 뭉치를 내려놓고 잠깐 쉬는 사이에 종이 뭉치가 없어졌다고 호소해 왔다. 이지광은 그 스님을 야단쳐서 보내 놓고, 외출에서 돌아오다가 길가 장승을 보고 거만하다고 하여, 관원들에게 끌어와서 동원 밖에 묶어 두고 지키라고 명했다. 밤중에 아무도 지키지 않음을 알고, 영리한 아전 하나를 시켜 보이지 않는 곳으로 장승을 옮겨 놓게 했다. 이튿날, 장승을 치죄할 테니 끌고 오라고 명하니, 관원들이 없어진 장승을 찾느라고 야단이었다. 이에 이지광은 관원들에게 명령 불이행으로 범인을 놓친 죄를 물어서 종이 한 묶음씩을 이름을 써서 바치라고 했다. 이렇게 하여 스님에게는 종이를 찾아 주고, 종이 도둑에게는 종이 값을 다 받아내어 관원들에게 돌려주고 나머지 종이는 바친 사람들을 불러 도로 가져가게 하니, 온 읍민이 감복하지 않는 사람이 없었다.[46)]

이 문헌설화는 구전설화에서는 이른바 '장승 재판'으로 알려져 있는 것이다. 김현룡이 조사한 바에 따르면, 인용한 문헌설화의 기본 화소를 모두 갖추고 있는 문헌설화가 12편이나 된다. 문헌설화라고 해서 내용의 차이가 없는 것은 아니다. 그러나 이야기의 구조나 주세에 영향을 끼칠 정도는 아니기 때문에 여기서는 별도로 논의하지 않기로 한다.

문헌설화에서 특별히 눈에 띄는 것은 주인공 노릇을 하는 사또가 실명으로 되어 있다는 사실이다. 물론 그 실명은 설화마다 다르다. 이지광과 정효성이라는 이름이 가장 많이 발견되고, 이유민과 유성룡이라는 이름도 더러 보인다. 사또의 실명을 밝히지 않은 설화도 있지만, 전체 12편의 설화 가운데 2편에 그친다.[47)]

구전으로 전하는 설화는 이와는 정반대로 되어 있다. 확인할 수 있는 구전설화는 대부분 사또의 이름을 밝히지 않았다.[48)] 사또의 이름을 밝히고 있는 구전설화는 단 1편인데, 거기에 등장하는 사또의 이름은 '이지관'이다.[49)] 이 '이지관'은 문헌설화의 '이지광'과

46) ≪문헌설화 1≫, 381쪽.
47) 위의 책, 382쪽 참고.
48) 〈망두석 재판〉(≪대계 1-6≫, 757-763쪽); 〈도둑잡은 지혜〉(≪대계 6-12≫, 977-978쪽); 〈비단을 찾아준 현명한 사또〉(≪대계 8-13≫, 369-373쪽) 등 참고.

같은 인물로 생각할 수 있을 것 같다.

주인공의 이름이 있느냐 없느냐에 따라서 이야기의 초점이 완전히 달라진다. 인용한 문헌설화를 다시 읽어 보라. 장승 재판을 주도한 사람이 어느 누구도 아닌 바로 '이지광'이라는 사람이라는 데 눈길을 주게 된다. 그러나 '이지광'이라는 이름이 아예 없다면 이야기를 읽거나 들을 때 초점을 이야기 자체에 맞추게 된다. 우선 장승 재판이 지혜로운 재판인지 아니면 우격다짐의 재판인지를 가리려 들 것이고, 다음으로는 있을 법한 재판인지 허무맹랑한 재판인지를 판단하려 들 것이다. 적어도 이 예만 가지고 본다면, 문헌설화는 인물을 중시하고 구전설화는 사건을 중시한다는 결론을 내릴 수 있다.

문헌설화나 구전설화나 이야기의 주인공으로 여자보다는 남자를, 어린이보다는 어른을 훨씬 많이 등장시킨다. 어른 남자가 삶의 주도권을 잡고 있던 세상의 이야기이니 그것은 당연한 현상일 것이다. 그런데 주인공과 관련하여 문헌설화와 구전설화가 뚜렷한 차이를 보이는 것이 있다. 그것은 어른 남자의 직업이다. 문헌설화에서는 전·현직 관리이거나 장차 관리가 될 선비가 압도적인 비중을 차지한다. 구전설화에서는 주인공이 각양각색이다. 그런데 적지 않은 빈도로 등장하는 것이 소금장수처럼 먼 길을 떠돌아다니는 사람이다. 그래야만 신기하고도 놀랍고도 재미있는 모험을 이야기로 이끌어낼 수 있기 때문이다.

관리나 선비, 그것도 실존했던 관리나 선비를 주인공으로 내세울 때는 아무래도 사건보다는 인물에 무게 중심을 둘 수밖에 없다. 즉 사건을 인물에 종속시킨다는 것이다. 이 경우, 사건의 가치는 그 자체의 서사 논리에 따라서 평가되는 것이 아니라 사건의 주체 노릇

49) 〈지혜로 도둑 잡은 관장〉(≪대계 6-2≫, 528-532쪽) 참고.

을 하는 인물의 사회적 비중에 따라서 평가된다. 주인공이 실존 인물이기 때문에 거짓으로 꾸며낸 사건조차도 실제로 일어난 사건처럼 포장하려고 한다. 상당수의 문헌설화가 전설의 성격을 띠고 일화의 형식으로 되어 있는 것도 이 때문이다. 소금장수같이 이름도 없을 뿐만 아니라 신분이나 지위도 보잘것없는 사람을 주인공으로 설정한 설화는 어떨까. 말할 것도 없이 이야기 그 자체에 승부를 걸지 않으면 안 될 것이다.

문헌설화는 구전설화와 달리 웬만하면 사건이 일어난 구체적인 시간과 장소를 밝히려고 든다. 이 또한 이야기하고 있는 사건의 진실성을 의심하지 않도록 하는 문학 장치임은 말할 것도 없다.

〈형제 투금〉

형제가 길을 가다가 황금 두 덩이를 얻었다. 형제는 황금을 각각 한 덩이씩 나누어 갖고 양천강에서 배를 탔는데, 갑자기 아우가 갖고 있던 금을 강에 던졌다. 형이 물으니 아우는 "내가 평소 형을 지극히 아끼고 사랑했는데, 금을 나누어 갖고 보니 형을 싫어하는 마음이 생깁니다. 결코 이것은 상서로운 물건이 못 됩니다."라고 대답했다. 형도 아우의 말이 옳다 하고 역시 금을 강에 던져 버렸다 한다.[50]

이 문헌설화는 구전설화에서도 〈형제 투금〉이라는 제목으로 회자되는 이야기이다. 둘은 차이는 '양천강' 같은 구체적인 지명이 있느냐 없느냐 하는 것뿐이다. 인용한 문헌설화의 뒤에는, 김현룡에 따르면, 당시 같이 배를 탔던 사람들이 다 일반 백성들이었기에, 이렇게 착한 행동을 한 사람이 누구인지 알아두지 않아서 구체적인 성명을 모른다는 기록이 붙어 있다고 한다. 이 또한 실제의 이야기로 가장하기 위한 방편으로 덧붙인 기록임은 말할 것도 없다.

마지막으로, 이야기 방식에서 분명한 차이를 보이는 설화를 비교

50) ≪문헌설화 2≫, 356쪽.

해 보기로 하겠다. 이 또한 성을 해학의 대상으로 삼은 이야기이다.

〈제사상 엎은 놈〉

한 상한(常漢)이 잠만 자고 일을 하지 않아, 아내가 시키기를 소를 몰고 가서 나무를 베어 오라 했다. 남편은 소를 몰고 산에 가서, 나무에 소를 매놓고 도끼로 나무를 자르니, 나무가 넘어지면서 소의 등이 부러졌다.

소를 버리고 도끼만 들고 내려오다가 강에 물오리가 있는 것을 보고 잡으려고 도끼를 던졌는데, 물오리는 잡히지 않고 도끼만 물 속에 빠졌다. 도끼를 찾으려 옷을 벗고 물 속에 들어갔으나, 도끼는 찾지 못하고 나오니 옷을 모두 누가 가져가 버렸다.

벗은 몸이어서 밤 되기를 기다렸다가 집으로 돌아오니, 장독에 삿갓이 덮였는데 도적놈으로 알고, 돌을 던졌더니 장독이 깨졌다. 그러고 마루에 올라와 먹을 것을 찾느라고 시렁 위를 더듬으니, 칼이 떨어지면서 코와 양근(陽根)이 잘려 나갔다.

아파서 급히 아내를 부르니, 자다가 나온 아내는 밤중까지 얼마나 많은 나무를 잘라 왔느냐고 물었다. 이에 남편은 소가 등이 부러져 죽은 일과 도끼 잃은 일이며, 옷 도둑맞은 일과 장독 깬 얘기를 모두 하니, 아내는 돈이 있으니 다시 마련하면 된다고 했다. 이어 코 잘린 얘기를 하니까, 역시 아내는 잘 먹고 약 바르면 낫는다고 했다. 끝으로 양근 잘린 얘기를 하니 아내는, "이런 제사상 뒤집어엎은 놈아" 라고 말하고 남편의 뺨을 힘껏 내리쳤다.[51]

문헌설화에서 인용한 이 이야기는 구전설화에서도 발견된다.[52] 그런데 구전설화의 내용은 이것과 조금 다르다. 첫째, 소가 죽게 된 연유가 다르다. 사내가 생각하기에, 나무를 땅에 쓰러뜨려서 다시 소의 등에 실으려면 힘들 것 같으니까, 소의 등을 겨냥하여 나무를 찍어 넘겼던 것이다. 이 부분은 구전설화의 구성이 훨씬 정교하다. 문헌설화에서 소의 죽음은 우연의 사고로 읽히기 때문이다. 전체적

51) ≪문헌설화 7≫, 392쪽.
52) 〈그것 없이는 못 살어요〉, ≪임석재 전집 5≫, 352쪽.

으로 볼 때, 사내는 실수를 거듭하는 어리석은 사람이기 때문에 이 대목에서도 사내의 그러한 성품이 드러나게 하는 것이 좋을 것이다.

둘째, 사내가 잃어버린 것이 다르다. 사내는 먼저 소를 잃는다. 다음엔 늪의 오리를 잡으려다가 도끼를 잃는다. 그 다음엔 도랑에 있는 메기를 잡으려다가 머리에 썼던 건—두건을 가리키는 듯함—을 잃는다. 집으로 돌아와선, 장독 위의 빨래를 도둑으로 오인하여 돌을 던져 장독을 깬다. 마지막으로 배가 고파 부엌에 들렀는데, 식칼이 떨어지면서 양물이 잘려 나간다. 이 내용과 관련해서 주목할 것은 문헌설화에 나오는 코이다. 문헌설화에서는 사내가 잃어버리는 것이 재물에서 신체의 일부로, 신체의 일부 가운데에서도 코에서 양물로 점점 옮겨간다. 코는 눈에 가장 잘 띄는 신체 부위이다. 이러한 코를 끌어들인 것은 잘생긴 얼굴보다는 아내에게만 은밀하게 소용되는 양물이 아내에게는 더 소중하다는 것을 말해 주기 위한 것이다. 그런데 의도가 너무 앞섰다. 시렁 위의 칼이 떨어지면서 코와 양물이 함께 잘려 나가는 일은 개연성이 희박한 사건이기 때문이다.

셋째, 이야기의 화법이 다르다. 문헌설화는 사내와 아내 사이에 있었던 일을 최소한의 대화를 제외하고는 모두 서술자의 말로 요약하여 독자에게 전달하고 있다. 그러나 구전설화는 그것을 아예 두 사람의 대화를 그대로 들려 주는 방식으로 처리하고 있다. 이에 해당하는 부분을 구전설화에서 옮겨 본다.

> 방에 들어가서 자는 예펜네를 깨워서 "나 걱정거리가 생겼네." "무신 걱정거리가 생겼소?" "나무하러 가서 나무도 못 하구 소만 죽이고 왔네." "소는 다시 사면 되지 뭘 걱정하시요." "늪에 오리가 있길래 그놈을 잡어가지구 올라구 도끼를 내던졌더니 오리는 못 잡고 도끼만 잃구 말았네." "도끼는 다시 사면 되지요. 그게 무신 걱정이요." "메

기를 잡으려다가 건을 메기한티 빼꼈어." "건은 다시 맨들면 돼요. 걱정 마세요." "장독대에 도적놈이 있기에 돌을 던졌더니 그만 장독을 깨틀어 간장을 다 흘려 버렸어." "간장은 다시 담으면 돼요. 걱정 마세요." "배가 고파서 살광을 뒤지다가 식칼이 떨어져서 그만 자지를 끊기구 말았어." "아이구 저런, 그것 없으면 어턱해요. 그것 없이는 나는 못 살어요. 그것 없이는 나는 못 살어요."53)

대화 형식은 처음부터 끝까지 동일하게 반복되지만, 대화 내용의 의미론적 강도는 뒤로 갈수록 점차 높아진다. 대화가 마지막에 이르기까지는 대화 당사자 사이의 대립이나 갈등은 없다. 사내의 대화 의도를 아내가 전혀 짐작하지 못하기 때문이다. 그러나 이 대화를 엿듣는 청자는 이러한 사정을 다 안다. 따라서 긴장감을 늦출 수 없다. 그 긴장감은 아내의 대답이 극적으로 반전될 때까지 지속된다. 이와 같은 이야기 효과를 노리고 구전설화는 '말하기'가 아닌 '보여 주기'의 이야기 방식을 채택한 것이다.

넷째, 이야기의 의도 표출 방식이 다르다. 문헌설화에서는 아내가 사내의 양물을 제사와 관련짓는 데 반하여 구전설화에서는 그것을 아내 자신과 관련짓는다. 어느 쪽이든 성적 결합이 불가능한 데 대한 아내의 불만을 드러내는 데는 부족함이 없는 것이다. 그러나 우리는 여기에서 양반과 평민의 기질 차이도 읽을 수 있다. 평민은 부부 사이의 성적 욕망을 그 자체로 소중히 여길 뿐만 아니라 그것을 있는 그대로 드러내는 데 반하여, 양반은 그와 같이 은밀한 욕망까지도 가문의 대를 잇는 것으로 포장하여 에둘러 표현하고 있다. 이러한 사실은 이야기의 제목에도 그대로 드러난다.

지금까지 기록으로 전해지기도 하고 입에서 입으로 전해지기도 하는 이야기를 가지고 문헌설화와 구전설화의 같고 다름을 살펴보았다. 이것만 가지고도 어린이를 위한 설화인 옛이야기로는 문헌설

53) 앞의 글, 353쪽.

화보다 구전설화가 더 적절하다는 것을 짐작할 수 있을 것이다. 이를 뒷받침하는 것이 구전설화와 문헌설화에 대한 옛어린이의 향유 이력이다.

구전설화와 문헌설화는 어린이의 향유에 대해서도 서로 다른 태도를 취했다. 구전설화의 구연 현장에서는 어린이의 참여를 의도적으로 제한하는 일은 거의 없었다. 성적 욕망을 폭력과 위계의 방법으로 충족시키는 이야기를 하는 경우에도 마찬가지였다. 여기에는 그만한 까닭이 있었다. 민중의 현실세계에서는 어른은 언제나 어린이 앞에 자신의 모든 것을 내놓고 살지 않을 수 없었다. 단칸방에서 한 가족이 함께 살아야 했던 민중으로서는 부부의 성행위 장면도 더러는 자식 앞에 노출시켰을 것이다. 오죽했으면 이에 관한 구전설화가 그렇게도 많이 전해져 오겠는가. 폭력과 위계도 마찬가지다. 민중은 자신의 아이들 앞에서 지배 계급의 폭력과 위계를 일상적으로 겪어야 했다. 현실세계의 사정이 이러한데, 허구세계에서 그러한 것을 어린이 앞에서 이야기하지 못할 까닭이 어디 있겠는가.

옛어른이 옛어린이에게 어른의 욕망에 대한 이야기를 들려주는 것을 주저하지 않은 데는 또 하나 믿는 바가 있었다. 그것은 구연 방법이었다. 구연은 화자가 말과 표정 그리고 몸짓으로 이야기를 청자에게 전달하는 것이다. 그런데 말투·표정·몸짓을 적절하게 활용하면, 간략한 서술·얼버무리는 표현·무의미한 지시어·의성어와 의태어 등으로도 의도한 바를 전달할 수 있다. 이렇듯 말초 감각을 자극할 만한 구체적인 표현을 생략하고서도 사건이나 상황을 설명하고 묘사할 수 있는 게 구연이라는 것이다. 옛어른은 구연 방법을 효과적으로 구사할 수 있었기에 성·폭력·위계에 관한 이야기를 어린이에게 천연덕스럽게 이야기할 수 있었다.

마지막으로 옛어른의 독특한 어린이관을 들 수 있겠다. 옛어른은 어른 지향적 어린이를 어린이다운 어린이로 간주했다. 그렇기 때문에 성·폭력·위계는 어른이 되어야 이해할 수 있는 것이 아니라 어른이 되기 위해서 이해하여야 하는 것으로 인식하였다. 어른에게 흥미로운 것은 어린이에게도 흥미롭고 어른에게 교훈이 되는 것은 어린이에게도 교훈이 된다고 생각한 것도 이와 같은 맥락에서이다. 이에 대해서는 나중에 좀더 자세하게 논의할 것이다.

구전설화가 오늘날까지 전해 내려올 수 있었던 것은 어린이가 그 전승 과정에 참여했기 때문이라고 말해도 결코 지나치지 않다. 실제로 구전설화의 전승에 결정적인 역할을 담당하고 있는 마을이야기꾼의 말을 들어 보면, 가장 자신 있게 구연할 수 있는 이야기는 어린 시절에 들었던 것이라고 한다. 나도 예닐곱 살 때 동네 할머니에게 들었던 두 과부의 이야기를 아직도 생생하게 기억하고 있다. 날이 저물어 찾아든 스님을 정성껏 모신 정숙한 과부는 그릇마다 가득 쌀을 선물로 받았고, 바로 그 스님에게 음욕을 품은 이웃집의 과부는 그릇마다 가득 남자의 양물을 선물로 받았다는 이야기가 그것이다. 어린이를 향유자로 끌어들이지 못했다면, 구전설화의 전승이 그렇게 활발할 수 없었을 것이다.

문헌설화의 경우는 사정이 다르다. 한문이라는 언어적 장벽을 넘을 수 없는 민중 계급의 어린이는 아예 접근도 하지 못한다. 지배계급의 어린이라면 문헌설화를 접할 수 있는 기회는 더러 있었을 것이다. 그러나 입신양명을 위한 글만을 참글로 교육받았을 지배계급의 어린이가 문헌설화를 공부 삼아 읽지는 않았을 것이다. 그렇다면 문헌설화에 대한 어린이의 향유는 제한된 범위의 문헌설화에 대한 소극적 읽기에 그쳤다고 말할 수 있다.

한편 문헌설화는 그것의 전승 방법도 단순했다. 이전의 문헌설화를 있는 그대로 필사하는 것이 대부분이었던 것이다. 물론 첨삭과 변개 그리고 개작을 시도하는 경우도 있었다. 그러나 그 결과는 의미를 특별히 부여할 만한 것이 못 되었다. 물론 이러한 전승에 관여한 사람은 어른이었다. 사정이 이러하니, 어린 시절의 제한적이고 소극적인 향유 경험이 전승에 미칠 수 있는 영향은 거의 없었다.

지금까지 구전설화와 문헌설화의 향유와 전승에 대한 옛어린이의 관련 양상을 살펴보았다. 여기에서도 오늘날의 어린이를 위한 설화, 즉 옛이야기로는 구전설화가 문헌설화보다 더 매력적임을 알 수 있었다. 옛어린이가 즐길 수 없었던 문헌설화보다는 옛어린이가 즐겼던 설화가 오늘날의 어린이에게도 더 적합할 것으로 추정할 수 있다는 것이다. 그러나 확대 해석은 곤란하다. 구전설화라는 이유만으로 옛이야기로 채택하고, 문헌설화라는 이유만으로 옛이야기에서 배제해서는 안 된다. 이 역시 이야기 하나하나의 어린이문학성을 따져서 판단할 일이다. 옛이야기의 범주를 논의할 때 장르는 단지 참고 사항으로 간주하여야 한다.

제 2 장

옛이야기, 그 욕망의 미학

1. 옛어른의 현실적 욕망과 그 허구적 실현
2. 욕망의 운명적 상황과 문제적 상황
3. 욕망의 이야기 공식

제 2 장 옛이야기, 그 욕망의 미학

1. 옛어른의 현실적 욕망과 그 허구적 실현

옛이야기는 옛어른이 즐겼던 이야기이므로, 옛어른의 관심사를 그 이야깃거리로 채택하는 것은 당연하다. 옛어른이 가장 큰 관심을 보인 것은 '성(性)'이었다. 오죽하면, '성 관계를 한'이라는 뜻을 지닌 말로 '어른'이라는 단어를 만들었을까. 아리땁고 맵시 있는 여자를 보면 말을 걸고 싶고 손을 잡고 싶고 같이 자고 싶어하는 것이 남자이다. 여자라고 해서 다를 바 없다. 잘생기고 건장한 남자를 보고도 가슴이 뛰지 않는 여자가 어디 있겠는가. 성에 대한 관심사는 성을 둘러싼 경쟁과 그것에서의 승리에 대한 관심사로 이어지게 마련이다.

옛이야기에서 '성' 다음으로 많이 언급하는 것이 '힘'과 '돈'인데, 이는 결코 우연이 아니다. 힘과 돈은 그 자체로 욕망의 대상이 된다. 힘이 있으면 무엇이든 부릴 수 있고, 돈이 있으면 무엇이든 소유할 수 있다. 성이라고 해서 예외가 되지는 않는다. 성적 대상이 되는 이성을 힘으로 강제할 수도 있고 돈으로 살 수도 있다는 것이다. 그러나 그것보다 더 중요한 것이 있다. 설사 성적 대상이 되는 이성이 옆에 있다고 하더라도 힘이 없으면 성 관계를 할 수 없고, 돈이 없으면 성 관계의 결과로 태어나는 아기를 입히고 먹일 수 없다는 것이다. 따라서 힘과 돈이 뒷받침되지 않으면 성에 대한 욕망을 결코 충족시킬 수 없다고 할 수 있다.

우리의 상식에 따르면, 성은 사랑으로 얻고, 힘은 단련으로 얻고, 돈은 근검과 절약으로 얻는다. 그런데 이에 관한 옛이야기는 거의 찾아볼 수 없다. 놀랄 일이 아니다. 그러한 방법으로는 기껏해야 생존에 필요한 성·힘·돈을 마련할 수 있을 뿐임을 옛어른은 잘 알고 있었던 것이다. 이러한 이야기는 이야기 자체가 재미가 없음은 말할 것도 없다.

성과 사랑, 돈과 근검·절약, 그리고 힘과 단련을 각각 짝지어서 생각할 수 있는 곳이 있다면, 그곳은 바로 유토피아이다. 욕망의 존재인 인간은 사랑마저도 성·돈·힘으로 덧칠한다. 성에 대한 욕망은 사랑에 의해서만 충족될 수 있다고 해 보자. 그러면 성의 독점과 편중이 해소될 것인가. 결코 그렇지 않다. 성적 외모, 경제적 능력, 그리고 권력에 따른 명예 등이 사랑의 조건으로 탈바꿈할 것이 뻔하기 때문이다. 물론 사랑의 승리가 없지는 않을 것이다. 그러나 옛이야기는 이를 외면했다. 옛이야기를 즐겼던 사람은 가지지 못한 옛어른이었고, 그들은 사랑의 승리보다는 패배를 더 많이 겪어야 했기 때문이다.

욕망이란 가지지 못한 것을 가지려고 하는 마음이다. 물론 아무나 쉽게 가질 수 있는 것은 욕망하지 않는다. 그러한 것은 누구도 굳이 가지려고 하지 않을 것이기 때문이다. 아무나 쉽게 가질 수 없는 것, 바로 그러한 것이라야 누구나 가지려고 할 것이다. 가지려고 하는 마음을 일으키는 것이 욕망의 촉발이고, 가지지 못한 것을 가지는 것이 욕망의 충족이다.

무엇에 대하여 욕망하게 되는 것은 그 무엇이 없어서 고통을 겪거나 그 무엇이 있으면 행복을 누릴 수 있다고 믿기 때문이다. 고통을 제거하려는 욕망은 생존을 위한 것이고 행복을 추구하려는 욕망은 생활을 위한 것이다. 인간이라면 생존이 아닌 생활을 꿈꾸게 마련이다. 그러나 현실세계에서 모든 사람이 그런 삶을 누릴 수 있는 것은 아니다. 우리 주변을 둘러봐도, 풍요로운 생활이 가능한 성·힘·돈을 가진 자가 있는가 하면 생존에 급급한 성·힘·돈밖에 가지지 못한 자가 있다. 그런데 가진 자는 아주 손쉽게 더 가질 수 있다. 성은 힘이나 돈으로 얻고, 힘은 성이나 돈으로 얻고, 돈은 성이나 힘으로 얻을 수 있기 때문이다. 이러한 교환은 언제나 가진 자에게 유리하게 이루어지게 마련이어서 결국은 가진 자가 모든 것을 독차지하게 된다.

옛이야기는 옛어른 중에서도 아무것도 가지지 못한 민중의 이야기이다. 민중의 삶이란 귀족 계층의 억압과 수탈을 견디며 목숨을 연명해 나가는 것, 그 이상도 그 이하도 아니었다. 형편이 이러하다 보니 오늘날의 우리에게는 상식으로 보이는 것도 민중에게는 상식일 수 없었다. 남녀의 사랑은 신분의 벽을 넘기 어려웠다. 신분에 차이가 있는 남녀의 사랑은 원천적으로 금지되었고, 신분이 비슷한 남녀의 사랑 또한 귀족 계급에 의해서 훼손되기 일쑤였다. 재물을 모으는 것도 그렇다. 재물이란 권력을 가진 귀족이나 자본을 가진 상인의 전유물이지, 가진 것이라고는 몸뿐이고 할 수 있는 것이라고는 근면과 절약뿐인 민중이 넘볼 수 있는 것이 아니었다. 하물며 지혜나 권력은 언감생심일 수밖에 없다. 어느 겨를에 책을 들여다보며, 무슨 여유로 세상 유람에 나서며, 무슨 배포로 과거 시험장에 발을 들여놓는단 말인가.

가지지 못한 민중 또한 사람이다. 가진 자와 마찬가지로 성·돈·힘에 대한 욕망이 가슴속에 차고 넘쳤다. 그들도 사랑을 통해서 성을 얻을 수 있고, 단련을 통해서 힘을 기를 수 있고, 근검과 절약을 통해서 돈을 모을 수 있다. 그러나 그마저도 언젠가는 가진 자에게 모두 빼앗기게 된다. 가진 자가 가지지 못한 자에게 남겨두는 것은 오로지 대를 잇는 성, 그들 자신의 가족이나 구성원을 단속하는 힘, 목숨을 연명하는 돈 정도였다. 가지지 못한다는 사실 때문에 가지고 싶은 욕망은 더 커지는 법이다. 그러나 그것은 서글픈 욕망이다. 현실세계에서 실현 가능한 욕망이 아니기 때문이다. 그래서 민중은 그들의 욕망을 실현할 수 있는 허구세계를 꿈꾸었다. 그 꿈이 바로 옛이야기로 영글었다.

허구세계는 현실세계를 모방하는 것이 일반적이다. 그러나 현실세계의 대안으로 창안한 허구세계라면 그것은 현실세계를 상당 부분 수정·보완하거나 아예 전복시킨다. 옛이야기는 현실세계의 인간과 사회를 대부분 있는 그대로 허구세계로 끌어들였다. 옛이야기의 허구세계에서도 성·돈·힘에 대한 인간의 욕망은 존중하였다. 그리고 성의 독점, 빈부의 격차, 권력에 따른 신분의 차이도 용인하였다. 이런 점에서 옛이야기의 허구세계는 일정 부분 현실세계를 모방했다고 말할 수 있다.

그러나 옛이야기의 허구세계에서는 현실세계와는 달리 누구든지 성·힘·돈에 대한 욕망을 실현할 수 있는 길을 열어 놓았다. 가진 자라고 해서 더 유리하지도 않고 가지지 못한 자라고 해서 더 불리하지도 않도록 하였다. 이미 가지고 있는 성·돈·힘은 새로이 가지려고 하는 성·돈·힘의 디딤돌이 되게도 하고 걸림돌이 되게도 만들었다는 것이다. 그래서 가진 자는 더 많이 가진 자로 비상할 수도 있었지만, 가지지 못한 자로 전락할 수도 있었다.

다음으로는, 욕망 그 자체에 대한 도덕적 판단을 배제하였다. 이것은 현실세계의 지배 이데올로기가 허구세계에 틈입하는 것을 방지하기 위한 것이었다. 언제나 그렇듯이, 현실세계의 도덕률은 가진 자가 만드는 것이고, 그것은 가지지 못한 자를 억압하는 것이다. 스스로 생산하는 성·돈·힘으로는 행복한 삶이 불가능하기 때문에, 이에 대한 욕망을 충족시키는 길은 다른 사람으로부터 성·돈·힘을 얻거나 빼앗는 수밖에 없다. 이런 상황에서 얻거나 빼앗는 것을 비난하는 것은 가진 자는 영원히 가진 자로, 가지지 못한 자는 영원히 가지지 못한 자로 살아야 한다고 말하는 것과 똑같은 것이다.

문헌설화에는 청빈한 선비에 관한 이야기가 많다. 비가 죽죽 새는 방 안에서 우산을 받고 앉아서 오히려 우산 없는 사람을 걱정했다는 유관,[1] 항상 오래되고 누렇게 변한 녹봉쌀로 밥을 지어 먹었다는 맹사성,[2] 그리고 재상 노릇 40년에도 몇 칸 안 되는 초가집에서 비와 바람을 가리지 못했다는 이원익[3] 등에 관한 이야기가 그러한 예가 된다. 그러나 이들 또한 가진 자들이다. 돈을 가지지 못했다고 하더라도 권력을 가졌고, 권력을 가지지 못했다고 하더라도 진정한 선비라는 명성을 가졌다. 이를 잘 보여 주는 문헌설화가 하나 있다.

> 어떤 청명(淸名)으로 이름 높은 선비가 가난하게 사는데, 한 부하가 그를 존경하여 받들고 같이 살았다. 하루는 밤에 이조판서 집 사람이 편지를 가지고 왔는데, "자네가 가난하게 사는 것이 보기 딱하니, 지금 해백(海伯) 자리가 마침 비었으니까 해백으로 가면 생활이 나아질 터인즉 그렇게 하는 것이 어떻겠는가?" 하는 내용의 편지였다. 이 선비가 자기를 멸시한다고 호통을 치고는 이조판서 집 사람을 돌려보냈다. 이 소식을 들은 선비의 부하가 갑자기 떠나겠다는 인사를 했다. 그래서 떠나야 하는 까닭을 물으니, "대감께서 어찌 처신했기에 친구들이 그런 관직을 맡기려고 합니까? 저는 그렇게 보잘것없는 인격을 가진 대감을 섬길 수가 없어서 떠나는 것입니다."라고 대답하는 것이었다. 그래서 이 선비는 잘못을 사죄하고 부하에게 그대로 있어 달라고 간청하여, 겨우 승낙을 받았다.[4]

---

1) 〈유관〉, ≪문헌설화 1≫, 34쪽 참고.
2) 〈맹사성〉, ≪문헌설화 1≫, 36-37쪽 참고.
3) 〈이원익〉, ≪문헌설화 1≫, 44쪽 참고.
4) 〈겸수욕퇴(傔羞欲退)〉, ≪문헌설화 1≫, 49쪽.

어느 가난한 선비가 바로 그 가난한 삶 때문에 명성을 누렸다고 한다. 그러나 정확하게 말할 일이다. 그 선비가 명성을 누린 것은 가난한 삶 때문이 아니었다. 가난하게 살지 않아도 되는데 가난하게 살았기에 칭송을 받은 것이다. 가난한 사람이기만 하면 아무에게나 황해도 관찰사 같은 벼슬을 내려 주겠는가. 가난하기만 한 사람은 벼슬자리를 들고 찾아올 고관대작의 친구가 있을 리 없으니 호통을 치려야 칠 수 없다. 가난하게 살 수밖에 없어서 가난하게 사는 수많은 민중은 어느 누구도 그 가난한 이름을 아름답게 여기지 않는다.

이 선비는 제자 같은 또는 시종 같은 식객도 거느린다. 가난하다고 해도 남의 식구를 거둘 정도는 되는 모양이다. 이 식객은 선비의 명성을 듣고 스스로 찾아온 사람이라 하니, 선비로서는 돈을 버린 대신 사람을 얻은 셈이다. 그런데 이 식객은 선비에게 벼슬살이를 권하는 친구가 있다는 이유로 선비 곁을 떠나겠다고 말한다. 이름값을 하라는 통첩이다. 결국 선비는 식객에게 매달리는데, 그것은 가난한 삶 그 자체를 즐기는 것이 아니라 가난한 삶을 사는 대가로 얻게 되는 명성을 즐기는 것임을 선비 스스로 드러내는 것이다.

이 이야기는 벼슬아치나 벼슬아치를 꿈꾸는 선비에게는 들려줄 만하다. 아무것도 가진 게 없는 민중을 위해서는 오히려 적극적으로 들려주어야 한다. 지배 계급이 이와 같은 명성만 욕망한다면 민중으로서는 얼마나 다행이겠는가. 민중이 가지지 못한 것을 가지게 되는 것은 아니지만, 겨우 목숨을 이어갈 정도로 알량하게 가지고 있는 것조차 빼앗기지는 않을 테니까 말이다.

그런데 이러한 이야기가 가질 수 없어서 가지지 못한 채 살아가는 민중을 겨냥하기도 한다. 민중이 가진 것이 없는 것을 아름답게 여기도록 세뇌하기 위한 것이다. 누구나 가질 수 있다면, 누구나 가지려고 한다면, 아무도 제대로 가지지 못하게 된다. 이것은 지배 계급의 소유 독점을 위협하는 것이기도 하다. 지배 계급의 이익을 확실하게 지키는 방법은 민중이 가질 수 없게 하는 것이 아니라 가지고 싶은 마음을 먹지 않도록 하는 것이다. 지배 계급이 청빈에 관한 이야기를 자꾸자꾸 민중에게 들려주고 싶어하는 까닭이 바로 여기에 있다.

민중의 이야기인 구전설화는 이와는 정반대의 태도를 취한다. 욕망이 아예 없는 자, 욕망을 부정하는 자, 그리고 욕망에 대해서 회의하는 자는 아예 이야기의 주인공으로 설정하지도 않는다.[5] 사람이 존귀한 존재라면, 사람의 욕망 또한 소중하게 여길 일이다. 모든 인간의 모든 욕망을 존중하는 구전설화를 옛이야기로 채택한 까닭은, 구전설화만이 가지지 못한 자에게 허구적으로나마 욕망의 주권을 되찾아주기 때문이다.

옛이야기는 성·돈·힘에 대한 모든 욕망을 긍정한다. 자식까지 둔 남자가 또 다른 여자를 첩실로 들이려는 것도 긍정하고, 부자가 가난한 자의 돈을 긁어모으려는 것도 긍정하고, 늙은이가 젊은이가 되려고 하고, 장수가 권력까지 쥐려고 하는 것도 긍정한다. 물론 총각이 처녀를 얻어 결혼하려고 하는 것도 긍정하고, 가난한 자가 부자를 등쳐먹는 것도 긍정하고, 무지랭이가 벼슬을 하려고 하는 것도 긍정한다. 욕망만 긍정하는 것이 아니다. 욕망 충족을 위한 모든 수단과 방법까지 정당화한다. 옛이야기의 주인공은 자신의 욕망을 충족시킬 수만 있다면 그 어떠한 행위도 마다하지 않는다. 성으로 유혹하기도 하고, 돈으로 매수하기도 하고, 힘으로 강탈하기도 하는 것이다. 중요한 것은 욕망을 충족시키는 것이지 방법적인 우아

5) 옛이야기의 주인공 가운데 당대 사회의 윤리와 도덕을 옹호하기 위해서 자신의 인간적 욕망을 아예 파괴하는 인물도 있다. 이러한 인물은 당대의 지배 이데올로기에 얽매여 허구세계에서조차 주체적인 삶을 살지 못한 가련한 희생자라고 할 만하다.

함을 챙기는 것이 아니기 때문이다.

옛이야기에서 개혁과 혁명에 관한 이야기를 찾아보기 어려운 것이 결코 이상한 일이 아니다. 신분을 초월한 결혼, 빈부의 교체, 그리고 권력의 재편 등을 역동적으로 이루기 위해서 옛이야기 방식대로 모든 수단과 방법을 정당화한다고 가정해 보자. 그러면, 반개혁과 반혁명을 위한 모든 수단과 방법까지도 정당화할 수밖에 없는 딜레마에 빠지게 된다. 결국 옛이야기가 지향하는 것은 현실세계의 전복일 따름이지 이상세계의 건설은 아닌 것이다.

옛이야기가 욕망 충족의 수단으로 가장 중요하게 여기는 것은 지혜이다. 사실 지혜가 없는 자는 이미 가지고 있는 성·돈·힘조차 제대로 활용하지 못한다. 그리고 지혜가 있는 자라면 상대의 성·돈·힘에 대한 욕망을 역이용하여 자신의 욕망을 충족시킬 수도 있다. 이러한 까닭에, 가진 자가 꾀바르면 더 가질 수 있고 가지지 못한 자가 꾀바르지도 못하다면 아무것도 가질 수 없는 것이다.

지혜는 상대에게 해를 끼치지 않으면서 자신을 이롭게 하는 슬기와 상대에게 해를 끼치면서 자신을 이롭게 하는 위계로 나눌 수 있다. 슬기는 다시 적극적 슬기와 소극적 슬기로 나눌 수 있다. 적극적 슬기는 상대의 욕망을 충족시켜 줌으로써 자신의 욕망을 충족시키는 것이고, 소극적 슬기는 상대의 욕망을 좌절시킴으로써 자신의 욕망을 방어하는 것이다. 한편 위계 또한 둘로 나눌 수 있는데, 공격적 위계와 보복적 위계가 그것이다. 공격적 위계는 상대의 어리석음이나 실수를 이용하거나 유발하여 상대에게서 자신의 욕망을 충족시키는 것이고, 보복적 위계는 상대의 공격적 위계를 역이용하여 상대에게서 자신의 욕망을 충족시키는 것이다.

적극적 슬기를 찾아볼 수 있는 옛이야기의 예로는 〈복을 타러 간 사람〉[6]을 들 수 있다. 나이 삼십이 되도록 장가도 들지 못할 정도로 가난한 사람이 복을 구하여 길을 나선다. 날이 저물어 하룻밤 신세를 지려고 찾아든 집의 처녀는 자신이 고아가 된 이유를 알아봐 달라고 하고 방을 내준다. 또 어느 집에서는 집이 망한 이유를 알아봐 달라고 부탁하고 저녁을 대접한다. 산 밑에서 만난 용은 자신이 승천하지 못한 이유를 알아봐 달라고 하고 하늘로 올려 준다. 옥황상제는 너는 이미 복을 다 탔다고 하면서 부탁받은 이유를 설명해 준다. 용은 야광주를 두 개나 차지한 욕심 때문이고, 부자는 땅에 돈을 너무 많이 묻어두었기 때문이고, 처녀는 팔자가 세기 때문이라는 것이다. 이 이야기를 들은 용은 야광주 하나를 선물로 주었고, 부자는 돈을 나누어 주었고, 처녀는 자신의 몸을 의탁했다. 결국 이 사람은 자신에게 도움을 준 이들에게 도움을 주었고, 다시 그들에게서 도움을 얻게 되었던 것이다.

소극적 슬기의 예로는 〈영특한 이방 아들〉[7]이라는 옛이야기가 적절할 것 같다. 고을 사또가 이방의 부인이 예쁜 것을 보고, 이방에게 내기를 건다. 자신이 이기면 이방의 부인을 차지하고 자신이 지면 이방의 가족을 먹여 살리겠다는 것이다. 이방으로서는 거절할 수 없는 내기인지라 걱정만 하고 있는데, 어린 아들은 사또가 내는 문제와 똑같은 구조적 특성을 지닌 해답을 내놓음으로써 이 어려움을 간단하게 극복한다. 〈먹으면 죽는 곶감〉[8] 또한 소극적 슬기를 잘 보여 주는 옛이야기이다. 어느 서당에 욕심 많은 훈장이 있었다. 학동들의 부모들이 학동들과 나누어 먹으라면서 훈장에게 곶감을 가져다주자, 훈장은 학동들에게 이 곶감은 먹으면 죽는 곶감이라 하고 혼자서 몰래 먹는다. 학동들은 곶감을 훔쳐 먹고는 요강을 깨 버린다. 요강을 깬 죄로 곶감을 먹고 죽으려고 했다고 거짓말하기

---

6) ≪대계 7-3≫, 498-506쪽 참고.
7) ≪대계 3-1≫, 85-89쪽 참고.
8) ≪대계 1-6≫, 750-752쪽 참고.

위한 것이다.

이번에는 공격적 위계를 옛이야기를 통해서 확인해 보기로 하자. 산속의 외딴집을 찾은 소금장수가 홀로 집을 지키고 있던 처녀의 속병을 고쳐 주겠다고 한다. 해를 보면 눈이 부시고, 밥을 많이 먹으면 배가 부르고, 고개를 오르면 숨이 가쁜 것이 속병이 든 증거라 해도 곧이들을 정도로 처녀는 어리석다. 소금장수는 이 처녀를 겁탈하면서도 그것이 속병을 고치는 행위라고 둘러댄다.[9] 어느 홀아비가 장가를 들려고 이웃집 과부를 보쌈하려고 했다. 이를 눈치 챈 과부는 거지를 끌어들여 자기 대신 보쌈당하게 했다. 홀아비는 보쌈해 온 사람이 과부인 줄만 알고 자신의 누이 방에 재웠다. 거지는 홀아비의 실수를 능청스럽게 받아들이는 꾀만으로도 장가를 들 수 있었다.[10]

〈주인집을 망하게 한 하인〉[11]은 보복적 위계를 가장 잘 보여 주는 옛이야기이다. 어느 부자집에 골치덩어리인 하인이 있었는데, 주인이 서울로 과거보러 가면서 경마잡이로 데려갔다. 서울에 버리고 올 참이었던 것이다. 이 하인은 서울로 가는 도중은 말할 것도 없고 서울에 이르러서도 끊임없이 주인을 괴롭혔다. 주인은 이 하인을 과거가 끝날 때까지 데리고 있다가는 큰 변이라도 당할 것 같아서 집으로 내려 보내어 죽이기로 하였다. 그러한 사연을 하인의 등에다 글로 썼다. 하인은 글을 모르기 때문에 자신의 의중을 알지 못할 것으로 주인은 생각했던 것이다. 그러나 하인은 스님의 도움을 받아 그 글의 내용을 알고는 그것을 지우고 막내누이와 결혼을 시키라는 내용으로 다시 써 달라고 했다. 주인이 집에 돌아와서 보니 죽었으리라 생각했던 하인이 매제가 되어 있었다. 화가 머리끝

9) 〈속병 고치기〉, ≪임석재 전집 6≫, 474-476쪽 참고.
10) 〈횡재한 거지〉, ≪임석재 전집 5≫, 298-299쪽 참고.
11) ≪임석재 전집 3≫, 126-130쪽 참고.

까지 오른 주인은 하인을 반쯤 죽도록 때려서 가죽푸대에 넣어 길가의 나무에 매달았다. 며칠 후, 하인이 죽었으리라고 생각한 주인은 가죽푸대를 강물에 던졌는데, 정작 죽은 것은 하인이 아니라 하인에게 속아 가죽푸대에 들어가 있던 소경이었다. 하인은 주인집을 다시 찾아갔다. 용궁에 갔다왔는데 그렇게 좋더라고 하여 주인집 식구를 속여 강물에 뛰어들어 죽게 하였다. 그러고는 자신의 부인과 함께 그 집 재산을 가지고 잘살았다.

이러한 옛이야기들에는 흥미로운 공통점이 있다. 그것은 가진 자보다 가지지 못한 자가 더 꾀바르게 설정된다는 사실이다. 이 또한 욕망의 자유와 평등을 구현하려는 옛이야기의 이야기 정신과 밀접한 상관 관계가 있다. 가진 자는 자신이 가진 것을 최대한 활용하는 방향에서 꾀를 구사할 수 있다. 이에 반해 가지지 못한 자는 말 그대로 활용할 만한 것이 아무것도 없다. 가지지 못한 자는 가진 자가 구사하는 꾀에 내재되어 있는 모순을 들추어내는 방향에서 꾀를 구사하지 않으면 가진 자와의 꾀 대결에서 결코 승리할 수 없다. 옛이야기가, 가진 자가 자신이 가진 돈이나 힘에 의존하는 정도가 심할수록 가지지 못한 자에게 더 많은 지혜를 부여하는 것도 이 때문이다.

2. 욕망의 운명적 상황과 문제적 상황

1) 욕망의 운명적 상황

〈무수옹〉이라는 제목의 옛이야기가 있다. 제목 그대로 근심하고 걱정할 게 하나도 없는 할아버지에 관한 이야기이다. 그런데 사람으로 살면서 어찌 근심 걱정이 없을 수 있겠는가. 이 할아버지는 아예 욕망이라는 것이 없는 게 아닐까. 욕망은 근심 걱정의 뿌리라고 했으니 말이다. 한번 살펴볼 일이다.

> 별호가 '무수옹'인 사람이 있었다. 아들 열둘과 딸 하나를 두었는데, 혼인을 시켜 살림을 내주었더니 모두 잘 살았다. 아들 열둘이 한 달씩 돌아가면서 아버지를 모시고, 딸은 삼 년만에 한 번씩 드는 윤달에 아버지를 모셨는데, 한결같이 아버지를 극진히 모셨다. 이러니 이 사람은 아무 근심이 없는지라 별호가 '무수옹'이 되었다. 이 소문이 임금의 귀에까지 닿았다. 임금이 생각건대, 일국의 왕도 근심이 있는데, 어찌 근심 없는 사람이 있으랴 싶었다. 그래서 근심을 하나 안겨 주기로 하고 왕궁으로 불러들였다. 임금은 무수옹에게 구슬이 든 약주머니 하나를 주면서 다음에 부를 때 가지고 오라고 하였다. 무수옹의 집과 왕궁 사이에는 강이 있었다. 임금은 그 강의 사공에게 미리 일러두기를, 무수옹이 배를 타거든 약주머니에 든 구슬을 강에 빠뜨리라고 하였다. 집으로 돌아가는 무수옹을 알아본 사공은 임금이 시키는 대로 했다. 사공을 탓해 본들 어쩔 수 없는 일이었다. 집에 돌아온 무수옹은 걱정이 되어 밥을 먹을 수도 없었다. 맏며느리가 장에 가서 생선을 사 왔다. 생선을 끓여 드리면 시아버지가 식사를 할지도 모르겠다고 생각했던 것이다. 그런데 그 생선의 뱃속에는 무수옹이 잃어버린 구슬이 들어 있었다. 이 사연을 들은 임금은 그에게 '무수옹'이라는 시호를 내려 주었다.[12]

이 이야기에서도 잘 드러나듯이, 걱정이 없는 것은 욕망하는 바가 없어서가 아니라 욕망하는 바가 모두 성취되기 때문이다. 아들도 많이 낳았고 딸도 하나 낳았다. 잘 자라서 장가도 잘 가고 시집도 잘 갔다. 잘 먹고 잘 산다. 어디 그뿐인가. 아버지에 대한 효성도 지극하다. 이런 아들과 딸을 둔 사람이 무슨 걱정이 있겠는가. 그런데 무수옹은 이런 행복을 자신의 능력으로 이룬 것이 아니다. 욕망하는 바는 모두 성취할 수 있는 운명을 타고난 것이다. 이를

12) 〈무수옹 이야기〉, ≪대계 2-1≫, 110-113쪽 요약.

분명하게 해두기 위해서 이야기꾼은 구슬 사건을 끌어들였다. 일부러 강에 빠뜨린 구슬을 물고기가 받아 삼켰고, 그 물고기가 누군가의 손에 잡혀 장에 팔려 나왔고, 바로 그 물고기를 무수옹의 맏며느리가 무수옹에게 끓여 주려고 사왔다. 이쯤 되면, 무수옹은 걱정 없이 살 팔자를 타고난 것이라고 말하지 않을 수 없다.

〈무수옹〉 같은 사람은 무엇이든 욕망하기만 하면 성취된다. 〈우렁이 각시〉로 널리 알려진 옛이야기는 '이 밭을 매서 누구랑 먹고 살꼬?'라고 총각이 노래를 부르자 우렁이 각시가 '니캉 내캉 먹고 살지' 하고 화답하는 것만으로 부부가 되는 계기를 마련한다.[13] 그런가 하면 새만 잡아먹고 다니는 거지가 양반댁 처녀에게 새고기를 한 점 구워 주고는 새고기값으로 부부의 인연을 맺자고 하는데, 양반댁 처녀는 이런 터무니없는 요구를 군말 없이 들어준다.[14] 한 가지 더 살펴보자. 어느 가난한 집의 구렁이 아들이 이웃집 장자네 딸에게 장가를 들겠다고 한다. 위의 두 딸은 그 청혼을 거절하지만 셋째 딸은 받아들인다. 셋째 딸이 갓 태어난 구렁이 아들을 보고 다짜고짜 '구렁덩덩 새 선비'라고 부르며 호감을 드러냈다는데, 이 일 또한 우리로서는 쉽게 납득할 수 있는 일이 아니다.[15]

그런데 이와 정반대의 운명을 타고나는 사람도 있다. 이러한 사람은 무엇을 어떻게 하든 욕망하는 바가 결코 성취되지 않는다. 아래에 요약한 이야기의 주인공이 바로 그러한 사람이다.

> 정조 임금이 야행을 나갔다가 글 읽는 소리에 이끌려 가난한 선비의 집을 찾게 되었다. 이런저런 이야기를 해보니 꽤 유식한 선비라서, 왜 과거를 보지 않았느냐고 물었다. 그랬더니 붓도 없고 종이도 없고 벼루도 없어서 과거를 볼 수 없었다고 그 선비가 말했다. 정조 임금

13) ≪대계 8-7≫, 541-545쪽 참고.
14) 〈새옷 입은 신랑〉, ≪대계 1-2≫, 254-257쪽 참고.
15) 〈구렁덩덩 시선비〉, ≪임석재 전집 7≫, 283-289쪽 참고.

은 붓을 보내 줄 테니 과거를 보라고 이르고는 그 집을 나왔다. 다음날 정조 임금은 사흘 뒤를 과거 보는 날로 정하고 그 집에 붓을 보냈다. 붓대통 속에는 과거 문제와 답을 쓴 종이를 넣어 두었다. 과거가 끝나자, 정조 임금은 자신이 가르쳐 준 답안이 제출되었는지 알아보고는 그 답안을 쓴 사람을 급제시킨 다음 불렀다. 그런데 정작 나타난 사람은 정조 임금이 그 전에 만났던 사람이 아니었다. 사정을 알아봤더니, 그 선비는 옷도 없고 신도 없어서 과거장에 나오지 못하고, 정조 임금이 보낸 붓을 친구에게 주었다는 것이다. 정조 임금은 어떻게 해서든 그 선비를 돕고 싶었다. 그래서 이튿날 밤 그 집에 가서 들창문으로 돈짐을 던져 주었다. 다음날 밤에 다시 찾아갔더니, 그 집에서는 곡성이 진동했다. 까닭인즉, 그 선비가 밤늦도록 글을 읽다가, 들창문으로 날아든 돈뭉치에 맞아서 골이 터졌다는 것이다. 이 이야기를 들은 정조 임금은 복이 없는 사람은 아무리 도우려고 해도 어쩔 수 없다고 말했다.[16]

이 이야기처럼 사람이 죽고 살고, 가멸고 가난한 것은 운명이라고 말하는 옛이야기가 적지 않다. 이러한 이야기에서는 욕망의 촉발과 그것의 충족은 개인의 의지나 능력과 상관 없이 타고난 운명에 따라서 결정된다. 이와 같은 욕망의 운명적 상황은 의도적인 이야기 전략에서 설정되었다.

그렇고 그런 평범한 사람은 현실세계에서뿐만 아니라 허구세계에서도 자신의 욕망을 마음껏 충족시킬 수 없다. 허구세계 또한 그 세계를 지배하는 그 나름의 내적 질서를 가지고 있기 때문이다. 따라서 돈도 없고 힘도 없고 게다가 꾀도 없는, 말 그대로 빈 손뿐인 민중은 허구세계에서조차도 자신의 욕망이 억압되는 것을 그냥 지켜볼 수밖에 없다. 이러한 문제를 해소하기 위한 문학적 장치가 바로 욕망의 운명적 상황 설정이다. 이는 허구세계의 서사 논리를 훼손하는 것이기 때문에 적극적으로 권장할 만한 것은 못 된다. 그러나 옛이야기는 직접 얼굴을 맞대고 이루어지는 의사소통 상황에서

16) 〈복이 없는 사람〉, ≪임석재 전집 5≫, 321-323쪽 요약.

구연되었다는 것을 고려하여야 한다. 이야기꾼이 청자의 정서적 카타르시스와 안도감을 겨냥하고 허구세계의 내적 질서를 잠시 어그러뜨리는 것을 크게 시비할 것은 아니다.

흥미로운 것은, 옛이야기가 설정한 욕망의 운명적 상황은, 지배계급에 속하는 사람은 복이 없는 것으로, 민중 계급에 속하는 사람은 복이 있는 것으로 결말지어진다는 것이다. 〈무수옹〉의 남자는 아들과 딸을 낳기 전에는 아무것도 가진 것이 없었다. 따라서 이 남자가 무엇인가 가지려고 한다면 그것을 가질 수밖에 없는 운명을 타고 나지 않으면 안 된다. 다시 말하면 하늘 또는 하늘을 대신하는 다른 누군가의 무조건적인 도움을 받아야 한다는 것이다.

그러나 〈복이 없는 사람〉의 선비는 다르다. 이 선비는 글 읽는 재주를 가지고 있었다. 임금이 그를 동정한 것도 바로 그 재주 때문이었다. 글 읽는 재주가 있다면, 그리고 그것이 남들보다 탁월하다면, 벼슬을 하는 것은 시간문제가 된다. 벼슬을 한다면 돈이 따라올 것은 말할 것도 없다. 이 선비에게 운명론을 적용하는 유일한 방법은, 벼슬을 할 수 있는 조건인데도 벼슬을 하지 못하게 하고 돈을 모을 수 있는 상황인데도 돈을 모으지 못하게 하는 것뿐이다. 결과적으로, 옛이야기가 욕망의 운명적 상황을 설정한 것은 자신의 욕망을 스스로 충족시킬 수 있는 수단이 있는 사람과 그렇지 못한 사람 사이의 불균형을 바로잡기 위한 것이라고 말할 수 있다.

욕망의 운명적 상황은 가진 자와 가지지 못한 자를 더불어 잘 살게 하는 이야기 전략으로도 채택된다.

> 옛날에 김정승이 살았는데, 뒤늦게 아들을 보았다. 그런데 얼굴이 빌어먹을 상이었다. 김정승은 자신이 죽고 난 뒤에 아들이 어렵게 살 것을 걱정하다가 복 많은 여자를 며느리로 삼으면 될 것 같았다. 이리하여 김정승은 며느리를 구하러 여기저기 돌아다녔다. 어느 고을에 이르러 목이 말라서 한 집을 찾아들었다. 그 집은 백정의 집이었지만

부자로 잘 살았다. 물을 청하니, 백정은 자신의 딸에게 물을 떠오게 했다. 그런데 그 딸의 관상이 김정승이 보기에 이만저만 복상이 아니었다. 김정승은 백정과 사돈을 맺기로 했다. 아들은 그 결혼이 못마땅했다. 걸핏하면 아내가 된 백정의 딸에게 집을 나가라면서 욕을 했다. 이런 아들을 김정승은 나무라고 달랬다. 그러나 김정승 내외가 죽자마자 아들은 아내를 내쫓았다. 이 여자는 고향으로 가지 않고 이리저리 떠돌았다. 어느 날 산속을 지나는데 날이 저물었다. 마침 사람이 사는 집이 있었다. 그 집은 할머니가 숯을 굽는 아들과 단 둘이 사는 단칸집이었다. 할머니는 아들을 숯을 굽는 곳에서 자라고 하고 여자를 방에 들였다. 이튿날 여자는 할머니를 대신하여 아들에게 죽을 갖다 주려고 숯막을 찾았다. 그런데 숯막을 둘러친 돌이 모두 황금이었다. 여자는 총각을 시켜 그 금을 내다 팔았다. 그래서 쌀도 사고 고기도 샀다. 그리고 집도 새로 지었다. 제 집만 짓는 것이 아니고 수십 채의 집을 지어서 가난한 사람들에게 모두 나누어 주어 한 마을을 이루었다. 황금이 지천이었으니 그럴 수 있었던 것이다. 그리고 좋은 처녀를 골라서 총각과 짝을 지어 주었다. 삼 년이 지나자, 여자는 석 달 열흘 동안 걸인 잔치를 열어 달라고 부탁했다. 그 집에서는 흔쾌히 승낙했다. 잔치 마지막 날 거지가 된 남편이 찾아왔다. 김정승이 현몽하여 거기로 찾아들게 했던 것이다. 여자는 남편을 따라서 고향으로 갔다. 이 여자는 어디를 가도 부자로 살았다.[17)]

이 이야기의 또 다른 각편[18)]을 보면, 복을 타고난 이 여자는 숯 굽는 총각이 결혼할 수 있도록 도와주는 것이 아니라 아예 그 총각과 결혼한다. 그러나 결혼을 한 경우에도 걸인 잔치 마지막 날에 찾아온 예전의 남편을 따라간다. 새 남편도 자신을 부자로 만들어 준 이 여자의 말을 따라 새 장가를 든다.

인용한 이야기의 주인공은 말 그대로 '발끝까지 복이 자르르 흐르는 여자'[19)]이다. 이 여자와 인간관계로 얽혀 있는 사람은 세 사람이다. 첫 번째 사람은 아버지이다. 아버지는 백정인데도 남부럽

---

17) 〈복 많은 여자〉, ≪대계 8-10≫, 387-394쪽 요약.

18) 〈복이 많은 여자〉, ≪대계 5-4≫, 325-328쪽 참고.

19) 〈발 뒤꿈치까지 복이 흐른 여인〉, ≪대계 5-7≫, 290-297쪽 참고.

지 않게 살았다. 물론 딸의 복 덕분이었다. 두 번째 사람은 남편인데, 그는 재상의 아들이었다. 남편은 재상 아버지의 충고를 듣지 않고 아내를 내쫓았다. 그래서 거지가 되지만, 결국은 아내의 복에 기대어 다시 부자가 된다. 마지막 한 사람이 숯 굽는 총각이다. 이 총각은 이 여자를 만났기 때문에 자신이 황금 더미 속에서 살고 있다는 것을 알게 된다. 이 여자의 복에 힘입어 부자가 되는 것은 마찬가지다.

여기서 문제 하나를 풀어 보자. 이 여자의 친정 아버지와 숯 굽는 총각이 이 여자와 헤어지면 다시 가난하게 살까 아니면 여전히 넉넉하게 살까. 우리가 논의하고 있는 이야기와 같은 유형에 속하는 것 가운데, 이러한 의문을 풀어 주는 각편은 찾아보기 어렵다. 그러니 우리가 직접 추리해 볼 수밖에.

이 여자의 친정 아버지는 무조건 잘 살아야 한다. 딸을 시집보내고 나서 집안이 기울어 버린다면, 친정 아버지는 딸을 시집보낸 것을 후회할지도 모른다. 물론 그것은 딸로서도 견디기 어려운 일이다. 그러한 마음고생은 하늘로부터 복을 타고난 사람에게는 어울리지 않는다.

숯 굽는 총각의 경우는 어떨까. 숯 굽는 총각은 이 여자의 주선으로 다른 여자와 결혼을 하거나, 이 여자와 결혼했다가 이 여자의 제안에 따라서 또 다른 여자와 결혼을 한다. 그러니까 숯 굽는 총각은 이 여자의 뜻에 따라서 이 여자와 헤어지게 된다는 것이다. 숯 굽는 총각도 행복하게 살지 않으면 안 된다. 숯 굽는 총각이 이 여자와 헤어진 다음에 옛날의 구차한 생활로 되돌아간다면, 이 여자는 자신의 옛남편과 재결합하기 위해서 숯 굽는 총각을 악의적으로 이용했다는 비난을 받지 않을 수 없다. 복 많은 운명을 타고난 여자에게 그런 비난은 가당치도 않은 것이다.

남편의 처지에서 이 이야기를 재구성하면, 이 이야기는 복 많은 아내를 내쫓아 거지가 되었다가 그 아내를 다시 찾아 부자로 되돌아간 어느 재상의 아들에 관한 이야기가 된다. 그러나 이렇게 읽으면 이 이야기의 재미는 반감된다. 인과응보의 교훈밖에 얻을 수 없기 때문이다. 그렇다고 해서 하늘로부터 복을 타고난 여자의 운명에 초점을 맞추는 것도 온당치 못하다. 그러한 운명도 있구나, 하고 말면 그뿐이기 때문이다. 이 이야기의 재미는 욕망의 운명적 상황을 신분의 차이를 넘어서는 결혼을 정당화하는 데 이용하는 옛어른의 이야기 전략에서 찾아야 한다. 이 여자의 복을, 이 여자만 잘 살게 하는 복이 아니라 다른 사람도 잘 살게 만드는 복으로 설정한 것도 이러한 이야기 전략과 무관하지 않다.

옛이야기는 욕망의 운명적 상황은 인위적으로 바꿀 수 없는 것으로 만들어 놓았다. 아래에 제시한 이야기는 이를 잘 보여 준다.

> 옛날 어떤 사람이 시집 간 딸의 집에 갔다. 사돈네 사람들 얼굴을 보니 모두 빌어먹을 상인데, 그 집의 개는 복상이었다. 그래서 딸에게 저 개를 삶아 달라고 했다. 부자로 사는 딸이 친정아버지의 말을 안 들어 줄 리가 없다. 딸이 개를 잡아 삶는다고 하니, 그 사람은 문을 열어 놓고 부엌을 지키고 앉았다. 그런데 개고기가 삶고 있는 솥에서 튀어나오는 것이 아닌가. 딸은 바닥에 떨어진 개고기를 씻어서 솥에 넣었다. 그런데 개고기는 또 튀어나왔다. 딸은 또 씻어서 넣고, 개고기는 또 튀어나오고. 개고기가 세 번이나 튀어나오자, 딸은 이제 삶겼으려니 하고 그것을 집어먹어 버렸다. 이걸 본 친정아버지는 남의 복은 못 빼앗는구나 하고 중얼거리고는, 배가 아파서 개고기를 못 먹겠다면서 집으로 돌아와 버렸다.[20]

이 이야기 속의 딸은 앞에서 살펴본 '복 많은 여자'와는 달리 그 자신이 복덩어리인 것은 아니다. 복을 타고난 것은 딸이 아니라 딸의 집에서 키우고 있는 개이다. 물론 결과는 같다. 딸은 그 개의 고

20) 〈남의 복은 못 빼앗는다〉, ≪대계 8-3≫, 198-200쪽 요약.

기를 먹을 운명을 타고났기 때문에 개의 복이 곧 자신의 복이었다. 그런데 아버지와 딸 사이에서도 복에 대한 욕망은 양보할 수 없는 모양이다. 시집간 딸의 복을 가로채려는 사람이 다름 아닌 그 딸의 아버지라니 말이다. 어쨌든 아버지는 딸의 복을 빼앗는 데 실패한다. 우리는 여기에서도 복의 운명적 상황에 대한 옛어른의 이야기 전략을 읽을 수 있다. 욕망의 운명적 상황은 결코 훼손되지 않는다. 인용한 옛이야기로 되돌아가 보자. 딸의 집을 찾은 아버지는 딸에게 개고기가 먹고 싶다고 했다. 딸로서는 그 부탁을 거절할 수 없다. 아버지와 딸 사이에도 권력 관계가 존재하기 때문이다. 물론 거절할 까닭도 없다. 오랜만에 찾아온 친정아버지께 집에서 기르고 있는 개를 잡아서 대접하는 것은 지극히 자연스러운 것이다. 그 개가 복개라는 것을 딸이 모르는 것으로 되어 있으니까 말이다. 현실세계의 논리로서는 아버지가 그 개고기를 먹는 것은 필연적이다.

그러나 이 이야기는 딸이 그 개고기를 먹는 것으로 결말을 내야 한다. 이때 끌어넣은 이야기 장치가 약간의 환상성이다. 솥에 들어간 개고기가 저절로 튀어나와 땅바닥으로 떨어지게 하는 것이다. 딸로서는 그러한 개고기는 아버지께 드릴 수 없다. 깨끗이 씻었다 하더라도 몇 번이나 땅바닥에 떨어진 개고기를 아버지께 드리는 것은 불경스러운 짓이기 때문이다. 차라리 다른 고기를 마련해서 드리는 것이 아버지를 올바르게 대접하는 것이라고 생각하고, 그 개고기를 자신이 먹었다. 결국 아버지를 위해서 한 일이 자신을 위한 일이 되어 버린 셈이다.

사실 욕망의 운명적 상황이라는 것은 문학적으로는 재미없는 것이다. 결과가 정해져 있기 때문이다. 그렇다고 해서 그것을 가변적인 것으로 만들어 놓을 수는 없다. 그랬다가는 아무것도 가진 것이 없는 자는 허구세계에서조차도 자신의 욕망을 충족시킬 수 없기 때문이다. 그런데 재미가 없는 옛이야기는 옛이야기가 아니다. 이에 대한 옛이야기의 방책은 비교적 간단하다. 먼저 욕망의 운명적 상황이 변개될 수 있는 조건을 마련한다. 이것은 위기 상황을 도출하여 이야기를 듣는 사람을 긴장하게 만들기 위한 것이다. 그러나 그러한 조건에도 불구하고 욕망의 운명적 상황이 끝까지 지속되도록 별도의 이야기 장치를 마련한다. 그러면 위기는 극적으로 해소되고, 이야기를 듣는 사람은 사건의 반전에 동참하는 즐거움을 누리게 된다.

옛이야기가 욕망의 운명적 상황을 끌어들인 것은 아무것도 가지지 못한 자를 배려하기 위한 의도적인 이야기 전략에 따른 것이라고 하였다. 그런데 이러한 이야기 전략은 엉뚱한 문제를 일으킬 수 있다. 현실세계에서조차도 욕망의 촉발과 충족은 운명에 따라서 결정된다는 생각을 심어 줄 수 있다는 것이다. 허구세계에서는 가지지 못한 자가 운명에 따라서 가진 자가 될 수 있었다. 이를 정당화하는 것은, 현실세계에서 가지지 못한 자로 살아가는 것 또한 운명적으로 정해진 것으로 받아들이게 강요하는 것이 된다. 옛이야기는 이에 대비할 필요를 느꼈다. 그래서 마련한 것이 바로 욕망의 문제적 상황인데, 이에 대해서는 절을 달리하여 다시 논의할 것이다.

옛이야기는 욕망의 운명적 상황을 인위적으로 바꾸는 것을 허용하지 않는다고 했다. 이는 가지지 못한 자의 행운을 가진 자가 가로채지 못하도록 하기 위한 이야기 전략이라고 했다. 그런데 가지지 못한 자이기만 하면 무조건 복을 타고나는 옛이야기라면, 민중은 정서적 카타르시스를 경험할 수 있을지는 모르지만 그것의 서사적 재미는 포기하여야 한다. 이를 보완하기 위한 방편으로, 옛이야기는 가끔은 가지지 못한 자이면서도 불행한 운명까지 타고나는 경우도 이야깃거리로 삼는다. 문제는, 이렇게 되면 욕망의 운명적 상황을 설정한 애초의 의도가 무색해진다는 것이다. 가지지 못한 자로 사는 것은 운명 때문이라는 메시지가 구성되는 것을 피하기가 어렵기 때문이다. 옛이야기는 이러한 딜레마를 극복하기 위해서 '복의 관리자' 개념을 도입한다. 아래에 인용한 이야기를 통해서 이를 확인해 보자.

> 한 사람이 있었는데, 가난해서 땔나무를 해서 살았다. 어찌나 부지런한지, 다른 사람은 하루에 두 짐을 하면 이 사람은 석 짐, 넉 짐을 했다. 그런데 이 사람이 나무를 해서 집에 쌓아 놓고 자고 나면 두 짐만 남고 나머지는 없어지는 것이었다. 이 사람은 누가 밤에 와서 가져가는 것이 틀림없다고 생각하고는 나무더미 속에 숨어서 지켜보기로 했다. 한밤중이 되자 갑자기 회오리바람이 일더니 나무더미가 하늘로 떠올랐다. 하늘나라에 들어서자마자 이 사람은 옥황상제 앞에 불려갔다. 옥황상제가 말하기를, 나무를 두 짐만 할 수 있는 복을 타고난 사람이 나무를 석 짐, 넉 짐을 하는 것은 천리(天理)를 어기는 것이기 때문에 하늘나라에서 나무 두 짐만 남겨두고 나머지를 가져왔다는 것이었다. 이 사람은 손이 발이 되도록 빌었다. 옥황상제는 천리를 어긴 것을 용서했을 뿐만 아니라 부지런하게 사는 것이 고맙다면서 복을 빌려 주겠다고 말했다. 그 복은 정수레라는 사람의 복이니, 태어나면 돌려주어야 한다고 덧붙였다. 이 일을 겪고 난 뒤에는 나무를 아무리 많이 해서 집 안에 쌓아놓아도 없어지는 일은 생기지 않았다. 이 사람은 마침내 천석꾼 부자가 되었다. 어느 날 볼일이 있어 집을 나서는데, 주막집 옆에 세워둔 수레 속에서 사람의 신음 소리가 났다. 어떤 여자 거지가 거기서 해산을 한 것이었다. 이 사람은 주막에 가서 자신이 돈을 댈 테니 산모와 아이를 돌봐 달라고 부탁했다. 정신이 든 산모에게 아기의 성씨를 물었다. 정씨라 했다. 그리고 수레에서 태어났으니 수레라는 이름을 붙이겠다고 했다. 옥황상제가 일러주었던 복의 주인이 바로 이 아이였던 것이다. 이 사람은 사흘이 지나지 산모와 아기를 자기 집으로 데려온다. 그리고는 자기 집에서 머물도록 한다. 아기가 자라 칠팔 세가 되자 글을 가르치고 십칠 세가 되자 결혼을 시켰다. 그러고는 모자를 불러서 자신의 재산을 다 물려주겠다고 말한다. 자신은 그동안 수레의 재산을 지키고 있었을 뿐이라는 것이었다. 결국 이 사람은 수레 어머니를 형수로 모시고 수레를 자식처럼 여겨서 한 집에서 한평생 같이 살았다.[21)]

이 이야기의 서두 부분에는 운명이라는 것이 얼마나 철저하게 한 사람의 삶을 지배하는 것인지 잘 보여 주는 극적인 상황이 제시되어 있다. 나무꾼이 부지런을 떨어서 남들보다 더 많은 나뭇짐을 해서 집에다 쌓아놓으면, 하늘은 그 가운데 운명이 허락한 분량을 넘는 나뭇짐은 가져가 버린다. 이쯤 되면 어느 누구도 자신의 노력으로는 가난을 벗어날 수 없게 된다. 그런데 이 나무꾼은 자신의 불행을 자신의 의지와 능력으로 바꾸어 놓을 수 있다고 믿었다. 그래서 나뭇짐 속에 숨어서 무슨 일이 어떻게 벌어지는지 알아보려고 했다. 마침내 나무꾼은 그 모든 것이 자신의 운명이었음을 알게 된다.

이 나무꾼 또한 운명이 바뀌지는 않았다. 그런데도 잘 살게 되었다. 운명이 바뀌지 않았지만 바뀐 것과 같은 결과가 나타나도록 남의 복을 빌렸던 것이다. 그것은, 엄격히 말하면, 남의 복을 관리하는 것이었다. 태어나지도 않은 정수레의 복을 하늘로부터 받아두었다가 정수레가 태어나자마자 그 복을 돌려주는 것이기 때문에 그렇게 말할 수 있는 것이다. 그런데 정수레의 운명에서 보면, 누군가는 그러한 일을 해주지 않으면 안 된다. 정수레는 두 가지 운명을 함께 타고난 것 같다. 하나는 거지로 살아가는 홀어미에게서 태어날 운명이고, 다른 하나는 태어나자마자 한껏 복을 누리는 운명이다. 이와 같은 이율 배반적인 두 가지 운명에 어긋나지 않게 살려면 다른 사람의 도움이 절대적으로 필요하다. 예컨대 정수레가 어른이 되어서야 누릴 수 있는 복을 갓난아기일 때도 누릴 수 있도록 정수레의 복을 관리해 주는 그러한 도움 말이다.

나무꾼은 부지런했고 용기도 있었다. 그래서 자신의 운명이 어떠한 것인지를 알 수 있었다. 게다가 마음이 착했다. 정수레가 나타나

---

21) 〈하늘의 복을 빌리다〉, ≪대계 5-3≫, 28-31쪽 요약.

자 애초의 약속대로 재산을 모두 넘겨주기로 했다. 정수레와 그의 어머니로서는 자기 재산을 아무 조건 없이 모두 넘겨주는 나무꾼의 행위를 이해할 수 없었을 것이다. 그러나 사양할 수 있는 것이 아님을 깨닫는 데는 그리 오래 걸리지 않았다. 정수레로서는 나무꾼의 뜻을 따르면서도 자신의 뜻을 굽히지 않는 방법을 찾는 수밖에 없다. 그것은 의외로 간단한 일이다. 나무꾼을 아버지로 모시면 되는 것이다. 나무꾼의 처지에서 보면, 이 또한 복 없이 살라는 운명을 거스르지 않으면서도 한껏 복을 누리며 사는 운명을 맞이하는 것과 마찬가지다. '복의 관리자' 장치는 참으로 절묘한 이야기 장치라고 평가할 수 있겠다.

이와 같은 유형에 속하는 이야기 가운데, 주인공의 운명이 바뀌는 것이 있다. 〈염라대왕에게 가서 복을 빌려온 사람〉[22]이 그것이다. 이 이야기의 주인공은 일찍 부모를 여의고 혼자 고생하며 살아온 총각이다. 이 총각은 열아홉 살에 죽었다. 이 총각은 너무 억울해서 염라대왕에게 따졌다. 남에게 나쁜 짓 한 적 없고 열심히 일하면서 살아왔는데, 너무 일찍 죽게 되었다는 것이다. 그러자 염라대왕은 명부에 적힌 그의 나이를 거꾸로 뒤집어서 아흔까지 살 수 있도록 해주었다(한자 '十九'를 뒤집으면 '九十'이 된다). 그리고는 삼십 년 후에 태어날 장거재라는 사람의 복을 빌려주어 인간 세상으로 다시 나가게 해주었다는 것이다.

사람의 운명이라는 것은 신이 정해 놓은 것이다. 신화에서는 신과 같은 능력을 발휘하는 사람이 적지 않게 등장한다. 이러한 사람은 자신의 운명을 스스로 바꿀 수도 있고 신을 위협하거나 속여서 자신의 운명을 바꾸어 놓도록 만들 수도 있다. 따라서 신화에서는 욕망의 운명적 상황이라는 것이 애시당초 성립되지 않는다. 위의

---

22) ≪대계 5-3≫, 682-685쪽 참고.

이야기는 신화와 민담의 장르적 혼합 양상을 잘 보여 주는 것이라 하겠다. 운명적으로 정해진 사람의 수명을 연장시키는 것은 신화적 발상에 따른 것이고, 염라대왕의 동정심을 자극해서 그러한 결과를 이끌어내는 것은 민담적 발상에 따른 것이다. 아래에 제시한 옛이야기도 그 발상이 이와 다르지 않다.

> 예전에 이석우라는 사람이 있었다. 이 사람의 형이 죽었는데, 형수가 유복자를 낳았다. 이석우는 형수집에 갈 때는 조카를 어르다가 올 때는 조카의 빰을 때렸다. 이런 일이 반복되자 형수가 그 까닭을 물었다. 이석우가 말하기를, 귀여워서 어르고 싹수가 없어서 때렸다고 했다. 석 달 열흘 후면 죽을 테니 싹수가 없다는 것이다. 그러나 목숨을 구할 방도는 있다고 했다. 어떤 고개에서 막걸리를 팔되, 돈은 주면 받고 주지 않으면 달라 하지 말라고 했다. 형수는 자식을 구할 생각에 그러겠다고 했다. 장사를 한 지 석 달 열흘째 되는 날, 선비 셋이 고개를 올라왔다. 갈증이 많이 나는 모양이라 막걸리를 권했다. 이 세 사람은 저승사자였다. 그런데 막걸리를 양껏 그저 얻어 마신 터라 아이를 잡아갈 수 없었다. 그렇다고 그냥 돌아가면 자신들이 혼이 날 터이었다. 마침내 묘수를 찾아냈다. 이 일을 꾸민 사람이 이석우라는 사실을 안 그들은 이석우의 수명 173세에서 73세를 떼어다 이 아이에게 주기로 했다.[23)]

아들이 일찍 죽는 것이 비록 운명적으로 결정된 것이라 할지라도 아들을 살리고 싶은 어머니의 욕망은 사그라지지 않는다. 물론 그 욕망은 운명 자체를 바꾸어 놓지 않는 한 성취될 수 없다. 그런데 어머니의 그 욕망은 아들의 운명을 아는 순간에 촉발된 것이다. 물론 어머니가 스스로 알아낸 것이 아니라 신통력을 지닌 시동생이 일러 준 것이다. 시동생은 운명을 돌려놓을 수 있는 방법까지도 가르쳐 준다.

그런데 그 방법이라는 것이 참 흥미롭다. 겉으로 보면 저승사자

---

23) 〈남의 수명으로 장수하다〉, ≪대계 4-2≫, 318-323쪽 요약.

를 뇌물로 매수하는 것이지만,[24] 속을 들여다보면 저승사자의 힘을 빌려 자신의 수명을 아이에게 나누어 주는 것이다. 여기에는 운명에 대한 옛어른의 두 가지 생각이 바탕에 깔려 있다. 하나는, 목숨에 관한 운명은 바꿀 수 있는 것이지만, 그것은 오직 신 또는 신의 대리자만이 할 수 있다는 것이다. 이것은 신화적 발상을 끌어들인 것이다. 다른 하나는 민담적 발상인데, 운명 그 자체에 관한 욕망에서도 제로섬 게임을 적용시키는 것이다. 즉 아이가 새로 얻은 수명과 자신이 내놓은 수명의 합을 제로로 만드는 것이다.

욕망의 운명적 상황을 그린 옛이야기, 곧 운명적 옛이야기는 주인공의 과거・현재・미래가 이미 정해져 있다고 전제한다. 그런데도 삶과 죽음과 관련된 운명에 대해서는 유달리 개방적인 태도를 취한다. 오래 살고자 하는 욕망이 사람의 욕망 가운데 가장 강렬한 것이라서 그런 것이 아니다. 그것은 사람으로서는 스스로 통제할 수 없는 것에 관한 욕망이기 때문이다. 생명에 관한 운명적 상황을 둘러싼 대립과 갈등은 신과 사람 사이에서 일어난다. 이에 관한 한, 옛이야기는 가진 자와 가지지 못한 자 사이의 대립과 갈등을 경계할 까닭이 없다. 생명에 관한 운명적 상황을 바꿀 수 있었던 것은 그것이 신분과 지위 그리고 능력과 의지에 상관 없이 모든 사람이 공통적으로 가지는 욕망을 허구적으로 충족시켜 주는 것이었기 때문이다.

---

24) 저승사자는 사람으로부터 그 어떤 것도 받아서는 안 되는 모양이었다. 그런데 사람들은 저승사자를 속여서 음식을 먹게 만들고는 목숨을 구하기도 하는데, 이를 일러 저승사자에게 뇌물을 바치는 것이라고 하였다(〈뇌물 먹고 명을 연장시켜 준 저승사자〉, ≪대계 8-3≫, 60-72쪽 참고).

2) 욕망의 문제적 상황

(1) 문제적 상황의 다양성

옛이야기에서는 누구든지 욕망의 자유와 평등을 누린다. 욕망 주체의 신분·지위·성별에 따라서 욕망 대상이 제한되는 법이 없다. 극단적으로 말해서 거지가 왕이 될 꿈을 꿀 수도 있고 왕이 거지가 되기를 원할 수도 있다는 것이다. 그러나 아무나 욕망 충족의 기쁨을 누리는 것은 아니다. 누구나 충족시킬 수 있는 욕망이라면 그것은 애시당초 욕망이라 할 수 없는 것이다. 욕망 충족의 옛이야기만큼이나 욕망 좌절의 옛이야기가 많은 것도 전혀 이상하게 여길 일이 아니다.

욕망의 충족과 좌절은 욕망 주체의 운명에 따라서 결정될 수도 있다. 이에 관한 허구적 상황을 욕망의 운명적 상황이라 일컬은 바 있다. 욕망의 운명적 상황에 관한 옛이야기는 운명 그 자체에 대한 경이감을 환기시킬 뿐이다. 이러한 경이감은 현실세계의 긍정과 그것에 대한 순응으로 이어진다. 그런데 욕망의 충족과 좌절은 욕망 주체의 의지와 능력에 따라서 좌우되기도 한다. 이 경우 욕망 주체가 동일하다고 할지라도 욕망 주체의 의지와 능력이 어떻게 발현되느냐에 따라서 욕망하는 바가 충족되기도 하고 좌절되기도 한다. 이에 관한 허구적 상황을 욕망의 문제적 상황이라 하여 욕망의 운명적 상황과 구별해 두기로 하자. 욕망의 문제적 상황이란 욕망이 충족될 수도 있고 좌절될 수도 있는 가변적인 상황이다.

욕망의 문제적 상황에서 전개되는 사건에 대해서는 누구도 그 결말을 예측할 수 없다. 심지어 이야기꾼조차도 작중 인물의 욕망이 충족될지 좌절될지 자신 있게 말할 수 없다. 이야기꾼도 이야기의 끝을 알 수 없기 때문이다. 이야기꾼은 욕망의 문제적 상황을 설정할 수는 있지만, 그 속에서 전개되는 사건을 자의적으로 통제할 수 없다. 사건은 철저하게 서사 논리에 따라서 전개된다. 다시 말하면, 사건은 그 자체의 역동성에 따라서 자가발전한다는 것이다. 여기에 이야기꾼이 개입하는 순간 문제적 상황은 운명적 상황으로 전락한다.

욕망의 문제적 상황이란 욕망이 충족될 수도 있고 좌절될 수도 있는 상황을 뜻하는 것이지, 욕망이 충족되거나 좌절되는 것이 제멋대로 이루어지는 상황을 뜻하는 것이 아니다. 욕망의 문제적 상황에서도 충족될 만한 욕망만이 충족되고 좌절될 수밖에 없는 욕망은 좌절된다.[25] 다시 말하면, 욕망을 충족시킬 수 있는 수단과 방법

---

25) 조동일 등은 ≪한국구비문학대계≫에서 설화 유형을 분류하는 시도를 한다. 우선 설화를 '주체가 특이한 설화'와 '상황이 특이한 설화'로 나누고, 그것을 특이성의 정도에 따라 다시 나누어, '이기고 지기', '알고 모르기', '속이고 속기', '바르고 그르기', '움직이고 멈추기', '오고 가기', '잘되고 못 되기', '잇고 자르기'라는 여덟 가지 상위 유형을 제시한다. 이 각각을 또다시 네 개의 하위 유형으로 나눈다. '이기고 지기'의 경우, '이길 만해서 이기기', '이길 만한데 지기', '질 만한데 이기기', '질 만해서 지기'로 나누어 놓았다(조동일, 〈≪한국구비문학대계≫ 자료 수집과 설화 분류의 기본 원리〉, ≪대계(별책부록Ⅰ)≫, 1-18쪽 참고). 이를 응용하면, 욕망의 충족과 좌절에 관한 옛이야기는 다음과 같이 네 가지 유형으로 나눌 수 있게 된다.

- 욕망이 충족될 만해서 충족되는 옛이야기
- 욕망이 좌절될 만한데 충족되는 옛이야기
- 욕망이 충족될 만한데 좌절되는 옛이야기
- 욕망이 좌절될 만해서 좌절되는 옛이야기

'욕망이 충족될 만하다' 또는 '욕망이 좌절될 만하다'는 것은 욕망의 성취 조건에 대한 상식적인 판단 내용이다. 다시 말하면, 욕망 주체의 의지와 능력의 평균값에 대한 객관적인 판단 내용에 따른 진술이라는 것이다. 그러나 욕망이 충족될 만한 조건 또는 욕망이 좌절될 만한 조건이라고 해서 그 욕망이 반드시 충족되거나 좌절되는 것은 아니다. 욕망 주체의 의지와 능력은 실제 상황에서는 최소값과 최대값 사이에서 선택적으로 발현되기 때문이다. 따라서 욕망의 성취 조건은 욕망의 성취 결과를 예측하는 데 전혀 도움이 되지 않는다.

'욕망이 좌절될 만한데 충족되는 옛이야기'라는 말에 대해서 생각해 보자. '욕망이 좌절될 만하다'는 이미 말한 바와 같이 작품 외적 세계에 존재하는 사람들의 판단이다. 그런데 작품 내적 세계의 욕망 주체는 다른 사람들의 예측과 다르게 자신의 욕망을 충족시켰다. 만일 그것이 우연히 이루어진 것이 아니라면, 작품 외적 세계에 존재하는 사람들의 판단이 틀린 것이다. 따라서 이 또한 '욕망이 충족될 만해서 충족되는 옛이야기'라 부를 수 있다. 이 글에서 옛이야기를 '욕망 충족의 옛이야기'와 '욕망 좌절의 옛이야기' 둘로 나누는 까닭이 여기에 있다.

을 마련한 작중 인물의 욕망은 충족되고 그렇지 않은 것은 좌절된다는 것이다.

욕망의 문제적 상황이란 욕망의 문제가 제기되는 상황이라고도 말할 수 있다. 욕망의 문제는 욕망 촉발의 문제와 욕망 충족의 문제로 나뉜다. 욕망 촉발의 문제는 촉발시킬 수 있는 욕망과 그렇지 않은 욕망을 가려내는 문제와 관련된다. 이미 말한 바와 같이, 옛이야기는 모든 욕망을 긍정한다. 따라서 욕망의 문제적 상황에서는 윤리적으로 허용되는 욕망이 아니라 충족되어야 할 가치가 충분한 욕망을 촉발시켜야 한다. 욕망 촉발의 문제가 가치의 문제인 데 반해서 욕망 충족의 문제는 방법의 문제이다. 욕망마다 그것을 충족시킬 수 있는 가장 적절한 방법이 따로 있을 것이다. 욕망의 충족과 좌절은 바로 그 적절한 방법을 찾느냐 못 찾느냐에 달려 있다.

욕망은 우리네 삶을 좀더 고양된 삶으로 전환하고자 하는 마음이기도 하다. 이러한 욕망을 충족시키기 위해서는 우리네 삶에서 문제를 제기할 수 있어야 하고, 제기된 문제를 해결할 수 있어야 한다. 욕망의 촉발은 문제를 제기하는 것이고, 욕망의 충족은 제기된 문제를 해결하는 것이고, 욕망의 충족 상태의 유지는 문제 해결에 의해서 다시 제기될 수 있는 문제를 거듭 해결하는 것이라고 할 수 있다.

우리의 욕망이 다양하고, 그 욕망을 성취하는 방법도 다양하기 때문에 옛이야기는 일단 문제적 상황을 설정하는 데 개방적인 태도를 취한다. 현실세계에 있을 법한 사물·사건·현상은 말할 것도 없고 현실세계에는 전혀 있을 법하지 않은 사물·사건·현상을 허구적으로 창안해서까지 문제적 상황을 구성한다.

옛이야기는 문제적 상황만 다양하게 구성하는 것이 아니라 동일한 문제적 상황에서도 다양하게 문제를 제기하고 제기된 문제 또한 다양하게 해결한다. 사람과 도깨비의 관계에서 구성되는 문제적 상황을 예로 들어 보자. 양자는 우호적 관계일 수도 있고 적대적 관계일 수도 있다. 앞의 것에서는 양쪽 이익을 추구하거나 한쪽 이익을 추구하는 문제를 제기할 수 있고, 뒤의 것에서는 한쪽 이익을 추구하려는 문제만 제기할 수 있다.

우호적 관계에서 상호 이익을 추구하는 문제라면 쉽게 해결할 수 있다. 도깨비에게는 그럴 만한 특별한 능력이 있기 때문이다. 〈도깨비가 잡아준 명당〉이 그 좋은 예이다. 어느 집 머슴이 도깨비에게 메밀묵을 쑤어 주고는 명당을 잡아달라고 하자, 도깨비는 명당을 잡아줄 뿐만 아니라 그것을 지킬 수 있도록 사람 쫓는 장대까지 무덤에 둘러세워 준다.[26]

우호적 관계에서 한쪽 이익을 추구하는 것은, 사람이 도깨비의 요술을 빌려 자신의 욕망을 충족시키고는 도깨비와의 관계를 단절하는 것으로 구체화되는데, 이에 관한 문제 제기와 문제 해결 또한 옛이야기에는 다양하게 나타난다. 〈도깨비를 사귄 사람〉[27]의 문제적 상황은 어떤 사람이 도깨비가 데리고 온 공주를 각시를 삼은 것이었다. 공주와 함께 살면서 부자가 된 이 사람은 그 뒤에도 자꾸 찾아오는 도깨비가 귀찮아졌다. 그래서 도깨비를 쫓으려고 도깨비가 무서워하는 말 가죽을 사립문에 달아 놓았다. 〈도깨비를 속인 여자〉[28]에서는 도깨비와 부부로 지내는 여자가 주인공이다. 이 여자는 도깨비 덕분에 부자가 되자 도깨비를 쫓기로 마음먹었다. 그래서 도깨비가 무서워하는 말 머리를 사립문에 달아 놓았다. 그러나 문제 해결이 온전치 못했던 모양이다. 그 뒤 이 여자는 도깨비의 방해로 농사를 지을 수가 없었다고 한다.

적대적 관계에서 자신의 이익을 먼저 추구하는 것은 도깨비이다.

---

26) ≪임석재 전집 8≫, 80-81쪽 참고.
27) ≪임석재 전집 8≫, 25-26쪽 참고.
28) ≪임석재 전집 9≫, 82-83쪽 참고.

도깨비가 자신의 요술을 믿고 먼저 문제를 일으키는 것이다. 그러나 사람은 도깨비보다 꾀바르기 때문에 도깨비의 욕망을 역이용할 수 있다. 결국 도깨비에 의한 문제 제기는 사람에 의한 문제 제기로 대체된다. 물론 이익을 거두는 쪽 또한 사람이다. 〈꾀를 써서 도깨비를 잡아먹다〉[29]를 보자. 산길을 가던 소금장수를 도깨비가 잡아먹으려고 한다. 소금장수는 죽기 전에 도깨비가 작아지는 재주를 보고 싶다고 한다. 그걸 보지 못하면 한이 될 것이라는 소금장수의 말에 도깨비는 마음이 약해진다. 도깨비가 작아지고 작아져서 엄지손가락만하게 되자 소금장수는 도깨비를 잡아먹어 버린다. 〈도깨비를 죽인 사람〉[30]에서는 도깨비가 어느 영감의 딸을 달라는 데서 문제가 제기된다. 죽이겠다는 위협을 이기지 못한 영감이 마지못해 허락하자 도깨비는 이 집에 많은 돈을 들고 와서 혼인날을 기다린다. 영감은 누런 개로 끓인 국을 도깨비가 무서워한다는 것을 알고는 이를 이용해 도깨비를 죽여 버린다.

이처럼 옛이야기는 다양한 방법으로 문제를 제기하고 또 다양한 방법으로 문제를 해결한다.

3) 욕망 충족의 자기 결정성

욕망의 문제적 상황에서는 욕망이 충족될 수도 있고 좌절될 수도 있다고 말했다. 그런데 결과를 놓고 보면, 충족될 만한 욕망은 충족되고 좌절될 수밖에 없는 욕망은 좌절된다는 것을 알 수 있다. 사람의 욕망이라고 해서 모두 충족시킬 수 있는 것도 아니고 다른 사람이 충족시킬 수 있는 욕망이라고 해서 나까지도 충족시킬 수 있는 것도 아니다. 비유하자면, 그림의 떡으로는 고픈 배를 채울 수

29) ≪임석재 전집 1≫, 237쪽 참고.
30) ≪임석재 전집 2≫, 224-225쪽 참고.

없는 것과 같고, 백일상 앞에 앉은 아기가 떡을 구경거리로만 여기는 것과 같다. 결국 욕망의 충족과 좌절을 결정하는 것은 욕망 대상의 성격과 욕망 주체의 의지와 능력이라는 것이다. 나는 이를 '욕망 충족의 자기 결정성'이라는 이름으로 논의할 것이다.

먼저 욕망 대상의 성격 자체가 욕망의 충족을 원천적으로 봉쇄하는 것이 있다. 이를 보여 주는 적절한 옛이야기가 있다. 〈욕심 많은 어부의 아내〉[31]가 바로 그것이다.

옛날 어느 바닷가에 마음씨 착한 어부와 욕심이 많고 마음씨 나쁜 아내가 살았다. 어부의 아내는 남편이 고기를 많이 잡아오면 기뻐하고 고기를 잡지 못한 채 돌아오면 귀가 따갑게 잔소리를 했다. 어느 추운 겨울날, 그날도 어부는 바다에서 그물질을 했지만 고기를 한 마리도 잡지 못했다. 그런데 마지막으로 던진 그물에 항아리 하나가 걸려 올라왔다. 그것을 들고 집에 돌아오니 아내는 쓸데없는 것을 가져왔다며 버리라고 했다. 어부는 하는 수 없어 항아리를 들고 밖으로 나가는데, 이상하게도 항아리에서 연기가 모락모락 새어 나왔다. 그 연기 속에서 예쁜 사내아이 하나가 나타나더니, 시킬 일이나 바라는 것이 있으면 항아리를 세 번 쓰다듬고 말하라고 했다. 부부는 저녁밥 지을 쌀을 좀 준비해 달라고 했다. 그러자 사내아이는 조금 뒤에 뒤꼍으로 가보라고 했다. 과연 거기에는 쌀가마니가 산더미처럼 쌓여 있었다. 욕심이 난 아내는 마을에서 제일가는 부자가 되게 해달라고 하자고 남편에게 졸랐다. 남편이 말을 듣지 않자, 아내는 자기 손으로 직접 항아리를 세 번 쓰다듬어 사내아이를 불러내었다. 그러고는 세간과 금·은·보석 그리고 값진 노리개를 부탁했다. 사내아이는 내일 아침이면 그것들이 마당에 그득하게 쌓일 것이라고 말하고는 한 가지 명심할 것이 있다고 하였다. 이제 항아리는 한 번밖에 못 쓴다는 것이었다. 아내는 부자가 되었지만 이룰 수 있는 소원이 하나밖에 안 남았다고 생각하니 안타깝기 짝이 없었다. 그래서 어부를 바닷가로 보내 항아리를 하나 더 건져오라고 했다. 어부가 바다에 나간 사이, 아내는 천하에서 제일가는 미인이 되게 해달라는 소원을 빌었다. 소

31) 이원수·손동인 엮음, ≪한국전래동화집 5≫, 창작과비평사, 2000, 69-80쪽 요약.

원이 이루어진 순간, 항아리는 사라졌다. 그런데 미인이 되자, 어부와 사는 것이 싫어졌다. 어부가 새 항아리를 건져 오면 왕비가 되게 해 달라고 부탁하려고 마음먹었다. 그러면 숙맥 같은 어부와 살지 않아도 될 것 같았기 때문이다. 그 순간 아내의 얼굴은 옛날의 그 추한 몰골로 바뀌고 세간도 보옥도 쌀가마니도 다 없어졌다. 한편, 바다에 나간 어부는 그를 불쌍히 여긴 용왕이 보낸 거북의 등을 타고 용궁으로 들어갔다. 거기서 용왕의 딸과 결혼하여 행복하게 살았다. 뭍에 남은 어부의 아내는 가난하게 살다가 병들어 죽었다.

가난하고 착한 어부가 있었다. 이 어부는 어느 추운 겨울날 바다에서 그물질을 하다가 요술 항아리를 하나 건져 올리게 된다. 그러나 이 이야기는 어부가 어떻게 해서 그러한 행운을 얻게 되었는가가 아니라 어부의 아내가 어떻게 하다가 어부가 얻은 행운을 놓치게 되었는가에 초점을 맞추고 있다.

그런데 어부의 행운이 없었다면 어부의 아내는 결코 문제적 상황에 맞닥뜨리지 못했을 것이다. 따라서 어부의 행운은 문제적 상황을 이끌어내는 이야기 장치로 이해하지 않으면 안 된다. 이에서 알 수 있듯이, 문제적 상황의 설정에는 아무런 제약이 없다. 운명을 끌어들여도 좋고 우연을 가장해도 좋고 환상을 펼쳐도 좋다. 말 그대로 욕망의 문제를 제기할 수만 있으면 된다. 욕망의 충족과 좌절의 갈림길을 마련할 수만 있으면 된다는 것이다. 그러나 문제적 상황의 해소는 그렇지 않다. 욕망의 충족과 좌절은 현실적인 서사 논리에 따라서 결정되어야 하기 때문이다.

어쨌든 어부는 요술 항아리를 손에 넣게 되었다. 그 요술 항아리는 용왕이 착하고 성실한 어부를 불쌍히 여겨서 보낸 것이다. 그런데 어부의 아내가 그것을 가로챘다. 어부의 아내는 쌀과 세간 그리고 금·은·보석을 얻는 데 두 번의 소원을 썼다. 마지막 한 번의 소원은 자신이 미인이 되는 데 썼다. 여기까지는 그래도 괜찮다. 어부의 아내가 잘 사는 것은 곧 어부가 잘 사는 것이고, 어부의 아내가 아름다워지는 것은 곧 어부를 기쁘게 하는 것이기 때문이다.

그러나 그것이 아니었다. 부자가 되고 미인이 된 어부의 아내는 왕비까지 되려고 했다. 어부의 아내가 왕비가 되는 길은 두 가지이다. 지금의 남편인 어부를 왕으로 만들거나 이미 왕 노릇을 하고 있는 다른 남자를 새 남편으로 맞아들이는 것이다. 어부의 아내는 뒤의 방법을 선택하기로 마음먹었다. 왕비가 되려고 했던 까닭이 어부와 부부의 인연을 끊는 데 있었기 때문이다. 그런데 어부의 아내가 남편을 갈아치우겠다고 마음먹는 순간, 모든 것이 예전으로 되돌아가 버렸다. 어부의 아내는 얼굴이 다시 추해졌고, 세간과 보옥도 없어졌다. 도대체 무엇이 문제였던 것일까.

어부의 아내가 왕비가 되는 소원을 이루려면 어부가 또 다른 요술 항아리를 바다에서 건져 올려야 한다. 그러나 그것은 용왕이 허락할 수 없다. 요술 항아리를 하나 더 내어주는 것으로 끝낼 수 없기 때문이다. 세 가지 소원으로도 만족하지 못하는 사람이라면 여섯 가지 소원으로도 만족할 수 없다. 아홉 가지 소원, 열두 가지 소원 등으로 끊임없이 소원의 개수를 늘려갈 것이다. 결과적으로 볼 때, 어부의 아내는 가당치도 않은 꿈을 꾸고 있는 것이다.

어부의 아내가 네 번째로 빈 소원은 전혀 효험이 없어야 한다. 어부가 요술 항아리를 건져올리지 못했기 때문이다. 그런데 효험이 있었다. 어부의 아내를 왕비로 만들어 주는 효험은 없었지만, 어부의 아내가 이미 사용한 세 가지 소원의 효험을 완전히 없애 버리는 효험은 있었다.

어부의 아내가 왕비가 되려고 했던 것은 오로지 어부와 헤어지기 위한 것이었다. 어부의 아내는 어부의 아내였기 때문에 부자가 되고 미인이 되었다. 그런데 부자가 되고 미인이 되고 보니, 이제는 어부의 아내라는 것이 부끄럽기 짝이 없었다. 그래서 어부의 아내는 어부와 갈라서기로 한다. 어부의 아내가 왕비가 되지 못한다 하더라도 어부와 갈라서지 못하는 것은 아니다. 말 그대로 그냥 내쫓으면 되는 것이다. 사실 어부는 이미 내쫓겼다. 어부의 아내는 어부에게 또 다른 요술 항아리를 건져내지 못하면 집에 돌아오지 말라고 엄포를 놓아 두었던 것이다.

결국 어부를 행복하게 해주어야 할 세 가지 소원이 어부를 불행하게 만드는 셈이다. 따라서 이 세 가지 소원은 원점으로 되돌려 놓지 않으면 안 된다. 어부를 더 행복하게 만들지는 못할 망정 더 불행하게 만들어서는 안 되는 것이다. 어부의 아내가 네 번째 소원을 마음속에서 생각만 했는데도, 자신이 이미 사용한 세 가지 소원이 효력을 잃어버리게 된 까닭이 바로 여기에 있다.

〈욕심 많은 어부의 아내〉와 좋은 대조를 이루는 옛이야기가 있는데, 그것은 〈빰 치고 얻은 벼슬〉[32]이다. 우선 그 내용부터 요약해 본다.

> 어느 시골 사람이 '서울에서 구르기만 잘 하면 벼슬을 한다'는 말을 듣고, 서울로 올라가서 잔디밭에 굴렀다. 웃음거리가 되었지만 그는 3년 동안 계속 그렇게 굴렀다. 어느 날 (평복을 한) 임금이 지나다가 그 까닭을 물었다. 사연을 들은 임금이 아무 벼슬을 줘도 하겠느냐고 다시 물었다. 그 사람은 뭐든지 하겠다고 대답했다. 그러자 임금이 왕이 되어도 하겠느냐고 물었다. 그러자 이 사람이 임금의 귀싸대기를 때리며, 너 같은 역적은 당장 때려 죽여야 한다고 야단을 쳤다. 임금이 한 대 맞은 것은 분했지만 그 충성심을 가상히 여겨서 작은 고을의 군수 자리를 하나 주었다. 고향에 돌아갔더니, 사람들이 말하기를, 그래도 나가서 잘 굴러서 벼슬을 해가지고 왔다고 했다.

이 이야기 속의 시골 사람은 '구르기'란 말이 '처세'를 뜻한다는 것조차도 모를 정도로 어리석은 사람이다. 그러나 이 시골 사람은

32) ≪대계 1-6≫, 529-531쪽 참고.

뚝심 하나로 마침내 그렇게도 원하던 벼슬을 차지할 수 있었다. 잔디밭이라 할지라도 3년이나 굴러다닌다는 것은 아무나 할 수 있는 일이 아니다. 이쯤 되면 웬만한 벼슬은 감당할 수 있을 것도 같다.

이 시골 사람이 임금 자리라도 마다하지 않겠다고 했으면 어떻게 되었을까. 분명한 것은 임금 자리는 말할 것도 없고 작은 고을의 군수 자리조차 얻지 못했을 것이라는 사실이다. 어쩌면 이 시골 사람은 목숨까지 위태로워졌을지도 모른다. 역적으로 몰릴 수 있기 때문이다.

이 옛이야기를 제대로 즐기려면 농사꾼의 욕망이 실현되느냐 마느냐에 초점을 맞추어야 한다. 욕망의 충족 원리에 입각해서 이 문제에 접근해 보자. 이 시골 사람이 애초에 원했던 것은 그렇고 그런 작은 벼슬 자리였다. 벼슬 자리는 오로지 임금만이 줄 수 있는 것이다. 임금에게서 빼앗을 수는 없는 것일까. 아무리 작은 벼슬 자리라 할지라도 임금의 뜻과 상관없이 차지하려면 임금을 꼼짝 못하게 제압하는 수밖에 없다. 그런데 그것은 임금 자리를 빼앗는 것과 하나도 다를 바 없다. 한편 이 시골 사람이 벼슬을 원한 것은 곧 임금이 부리는 사람이 되기를 원한 것이다. 그런데 자신이 임금 자리에 오르게 되면, 원래의 욕망이 충족되는 것이 아니라 왜곡되어 버린다. 왜냐하면 임금이 되는 순간 원래의 임금이었던 사람을 오히려 부리는 사람이 되기 때문이다.

이 시골 사람이 자신의 욕망을 충족시킬 수 있었던 까닭은 남다른 뚝심으로 임금의 눈길을 끌었고 우직한 충성심으로 임금을 감동시켰기 때문이다. 그러나 우리는 그 까닭에 하나를 더 보태고 싶다. 이 시골 사람은 원해서는 안 되는 것을 적극적으로 회피하였기 때문에 원해도 되는 것을 차지할 수 있었다는 것이다.

이에서 짐작할 수 있듯이, 욕망 대상의 본질적 성격을 정확하게 이해하지 못하면, 욕망 주체는 욕망의 충족과 좌절의 경계선상에서 매우 위태로운 걸음걸이를 할 수밖에 없다. 욕망하는 것만으로 불행해질 수 있다면, 욕망하는 것만으로 행복해질 수도 있지 않을까. 욕망하기만 하면 무조건 충족되는 것도 있을 법하다는 것이다. 다음을 보라.

> 옛날에는 난리가 나서 사람이 많이 죽어 씨가 마르게 되면, 여인네가 땅에 앉았다 일어서기만 해도 아기를 배고, 오줌만 누고 일어서도 아기를 배고, 사람 그림자만 밟아도 아기가 서서, 빨리 사람이 많이 퍼지게 됐다고 한다.[33)]

전쟁 때문에 남자가 절대적으로 부족하게 되자 결혼한 여자는 과부가 되고 결혼하지 못한 처녀는 짝을 구할 수 없었다. 이것은 여자가 아기를 가지려는 욕망을 충족시킬 수 없음을 의미한다. 그런데 그것은 개인의 욕망을 넘어서 사회적 욕망과 관련되는 것이다. 여자의 임신은 종족 보존과 사회 존속을 위해서라도 꼭 필요한 것이기 때문이다. 이 옛이야기는 하늘의 도움으로 이 문제를 해결한다. 그러나 여자들이 사람의 그림자만 밟아도 임신했다는 것은 신화적 상징일 뿐이다. 그 속뜻은 결혼과 상관 없는 성적 결합과 그에 따른 여자의 임신이 사회적으로 용인되었다는 것이다. 이 이야기는 결국 개인의 욕망이라 할지라도 그것의 충족이 그 개인이 소속된 사회의 이익에도 부합될 때는 사회가 개인에게 힘을 보태준다는 것을 말하는 셈이다. 이러한 욕망이라면 충족될 가능성이 매우 높아진다.

동일한 욕망이라 하더라도 누구의 욕망인가, 무엇을 목적으로 한 욕망인가, 언제 어디서의 욕망인가에 따라서 충족과 좌절의 결과가 달라지기도 한다. 이에 대해서는 근친상간의 욕망에 관한 옛이야기

---

33) 〈난리가 난 후 사람이 퍼지기〉, ≪임석재 전집 7≫, 146쪽.

를 통해서 좀더 생각해 보기로 하자.

옛이야기는 충족된 욕망은, 그것이 무엇이든지 간에, 모두 아름다운 욕망으로 간주한다. 옛이야기가 모든 욕망을 정당화하고 모든 수단과 방법을 긍정하는 것도 이와 무관하지 않다. 욕망을 촉발시키려고 하고 촉발된 욕망을 충족시키려고 하는 것은 거의 본능적이다. 그런데 근친상간의 경우는 이를 피하고자 하는 것도 거의 본능적이다. 근친상간의 욕망은 본질적으로 자가당착적인 욕망일 수밖에 없다. 이와 같은 자가당착적인 욕망이라면 결코 아름다운 욕망으로 간주할 수 없을 것이다.

옛어른의 욕망 가운데 성적 욕망이 첫손에 꼽히는 까닭은 성적 결합은 그 자체로 쾌락을 맛볼 수 있을 뿐만 아니라 대를 이을 수 있는 자식까지 기대할 수 있기 때문이다. 그런데 근친상간은 위험하다. 그것이 과학적으로 입증되지 않았던 옛날에도 옛어른은 그것을 본능적으로 감지하고 있었다. 옛이야기는 근친상간과 관련된 이야기를 위한 특별한 전략을 마련했다.

근친상간에 관한 옛이야기는 대부분 결말이 불행하다. 근친상간의 욕망이 충족되는 옛이야기도 없지는 않다. 그렇지만 그러한 옛이야기는 대개 시조에 관한 전설의 형태로 전해진다. 이 또한 옛이야기의 이야기 전략에 따른 것임은 말할 것도 없다.[34] 다음을 보자.

---

34) 〈갓 곁에 서리가 내리면…〉(≪대계 1-7≫, 338-339쪽 참고) 또한 근친상간의 욕망을 다룬 이야기이다. 그런데 그 근친상간은 자손을 퍼뜨리기 위한 것과는 거리가 멀다. 이 이야기는 온전한 이야기가 아니라서 이 이야기를 근거로 하여 옛이야기가 쾌락 지향의 근친상간까지도 긍정했다고 말하기는 어렵다. 참고로 그 내용을 요약해서 덧붙여 둔다. '어느 대감이 며느리의 방에 들어갔는데, 며느리가 참 아름답게 보여 겁탈하려고 했다. 그러자 며느리가 시아버지께 말하기를, 갓 쓰고 바깥에 앉아 있다가 갓에 서리가 앉으면 들어오라고 했다. 시아버지가 그렇게 하니까, 며느리도 시아버지를 받아들였다. 둘은 같이 살게 되었다.'

〈맷짝이 합쳐져서 결혼한 남매〉

(임진왜란 때 진도에 사는) 남매가 깊은 산속으로 피난을 갔다. 그렇게 피난살이를 하는데, 그들 주변에는 아무도 없었다. 어느 날 손아래 동생인 남자가 누이에게 같이 살자고 했다. 누나는 한 혈육으로서 그럴 수는 없다고 했다. 십 년 동안 돌아다니면서 각자의 배필을 찾자고 했다. 그러나 둘 다 다른 사람을 만나지 못했다. 동생은 다시 누이에게 같이 살자고 졸랐다. 그러자 누이가 제안을 했다. 각자 맷돌 한 짝을 들고 고봉산에 올라가서 굴리자는 것이었다. 두 맷돌이 산 아래에서 서로 합쳐지면 같이 살고 그렇지 않으면 인연이 아닌 걸로 하자는 것이었다. 동생도 좋다고 했다. 두 사람은 산 꼭대기로 올라가서 맷돌짝을 하나씩 굴렸다. 굴러내려가던 두 맷돌짝은 산 아래에서 서로 합쳐졌다. 두 사람은 결혼해서 진도의 토박이 종자가 되었다.[35]

〈모자 상간〉

대마도에 어느 모자만 살았다. 여자는 아직 젊어서 남자 생각이 간절했다. 그러나 이 섬에는 남자라고는 오직 아들뿐이었다. 여자는 며칠 동안 집을 나가서 산을 돌아다녔다. 아들이 자기 얼굴을 몰라보도록 머리도 풀고 얼굴에 주근깨도 그려 넣고 집으로 돌아와서는 거지 행세를 했다. 어머니라는 것을 몰라본 아들은 나가라고 했지만 어머니는 들은 척도 하지 않았다. 그렇게 지내다 보니, 두 사람이 동품을 하게 되었다. 이렇게 해서 대마도에 사람이 퍼지게 되었다.[36]

우리는 앞에서 자손을 퍼뜨리기 위한 당위적인 욕망인 경우에 욕망의 촉발만으로도 욕망의 충족이 이루어지는 경우를 본 적이 있다. 그런데 근친상간의 욕망은 그러한 당위성이 크게 떨어진다. 자손을 퍼뜨리기 위한 성적 결합 가운데 최악의 것이 근친상간이기 때문이다. 〈맷짝이 합쳐져서 결혼한 남매〉는 근친상간의 욕망이 하늘까지 동의할 수밖에 없는 욕망임을 밝히는 방식으로 이러한 딜레마를 해결하려고 했다. 이것은 욕망의 문제적 상황을 아예 운명적

35) ≪대계 6-2≫, 686-688쪽 요약.

36) ≪대계 1-4≫, 132-133쪽 요약.

상황으로 바꾸어 놓는 것이라고 말할 수도 있다.

〈모자 상간〉은 이야기로서 완성도가 매우 떨어지는 것이다. 아무리 겉모습을 다르게 꾸몄다고 하더라도 아들이 어머니를 몰라볼 수 있을까. 일단 그럴 수 있다고 가정하자. 어머니의 속임수 때문에 아들이 어머니와 동품하게 되었다면, 어머니에 대한 아들의 원망과 분노가 이만저만 크지 않을 수 없다. 따라서 이 이야기에서는 새로운 문제적 상황이 구성된다. 즉 속임수에 의한 근친상간에 따른 어머니와 아들의 대립과 갈등이 이 이야기의 핵심으로 자리 잡게 된다는 것이다. 이 대립과 갈등이 깨끗하게 해소된다면, 이 이야기에서 말하고 있는 것처럼 자손이 번창할 수도 있을 것이다. 그런데 그렇게 되기는 아무래도 어렵지 않을까? 우리는 비극적 결말을 예상하여야 한다. 물론 그것은 이 이야기의 실제 결말과는 다른 것이다. 결국 〈모자 상간〉은 이야기 자체의 의도와는 달리, 사람의 속임수로는 근친상간의 욕망을 충족시키기가 어렵다는 메시지를 우리에게 전달하는 셈이다.

다음에 요약하여 제시한 옛이야기 또한 근친상간에 관한 욕망의 비극성을 잘 보여 준다. 그런데 이 이야기는 역설적으로 근친상간에 관한 욕망을 충족시킬 수 있는 방법이 없지는 않다는 것을 암시하기도 한다.

〈옥녀봉 전설〉

옛날 이 섬—거제도에 딸린 작은 섬 사량도를 가리킴(인용자)—에는 홀아비가 예쁜 딸과 함께 살고 있었다. 그의 딸은 절세의 미인이어서 마을 사람들은 그녀를 천녀 혹은 옥녀라 불렀다. 아비는 딸에게 은근히 욕정을 품었다. 아비의 동물적인 욕정을 눈치 챈 딸은 한사코 그 아비를 거절하였다. 어느 비바람이 몰아치는 날, 욕정에 눈이 뒤집힌 아비는 딸의 방으로 들어갔다. 가쁜 숨을 몰아쉬며 짐승처럼 덤벼드는 아비의 억센 힘에 못 이긴 옥녀는 울며불며 애원조로 호소했으나 아비는 들은 척도 않았다. 옥녀는 최후의 방법을 생각하였다. “아버지, 사람의 가죽을 쓰고 어찌 딸에게 이럴 수가 있겠습니까? 그리고 소녀가 사람이라면 어찌 아버지에게 몸을 바치겠습니까? 그러니 소녀가 저 산의 바위 위에 있겠사오니 아버지는 등에 소 방석을 둘러쓰고 소 울음을 울면서 기어서 올라오시면 차라리 소가 된 마음으로 아버지의 소원을 풀어 드리겠습니다”라고 울면서 말했다. 딸이 허락한다는 말에 귀가 번쩍 뜨인 아비는 ‘음매 음매’ 하고 소 울음을 울면서 소처럼 기어서 산으로 올라갔다. ‘산 위를 소처럼 기어서 올라오면서까지 나를 탐내러 오시지는 않을 테지!’ 하는 한 가닥 희망을 품었던 옥녀 앞에 소처럼 기어오는 아버지의 모습이 나타났다. 옥녀는 아래로 몸을 던졌다.[37)]

〈옥녀봉 전설〉에 등장하는 아버지는 사람이기를 포기할 수는 있어도 딸에 대한 욕정만은 포기할 수 없었다. 그래서 기꺼이 소가 되기로 작정한다. 어쩌면, 근친상간의 욕망에 내재되어 있는 모순을 해소할 수 있는 방법, 그러니까 근친상간의 욕망을 충족시킬 수 있는 방법은 짐승 행세를 하는 것뿐인지도 모른다.

아버지는 딸이 제안한 방법을 덥석 받아들인다. 딸의 제안은 아버지의 욕망을 충족시키기 위한 것이 아니라 아버지의 욕망을 좌절시키기 위한 것이라는 사실조차 깨닫지 못한 것이다. 아버지는 이미 자기 욕망의 포로가 되어 버렸기 때문이다. 그런데 딸의 제안은 딸 자신의 욕망을 충족시키기 위한 것이었다. 사람 또한 욕망의 대상으로 삼을 수 있다. 그러나 내가 다른 사람을 욕망의 대상으로 삼게 되면, 그 사람은 곧장 나를 자기 욕망의 대상으로 삼게 된다. 누군가 나에게서 자신의 욕망을 충족시키려고 한다면, 그리고 그것이 나에게 해를 끼치는 것이라면, 나는 나 자신을 지키기 위한 욕망을 촉발시키지 않을 수 없다. 남도 나처럼 할 것임은 말할 것도 없다. 이 이야기에서는 아버지의 욕망이 딸의 욕망을 촉발시켰다.

37) 보고자: 김주성(출전:http://kdo.gnnews.co.kr의 ‘경남 문화 답사 2’).

아버지의 욕망이 딸과의 근친상간이라면, 딸의 욕망은 아버지의 욕망을 좌절시키는 것이다.

딸이 생각해 낸 욕망 충족의 방법이 흥미롭다. 아버지가 소처럼 행세한다면 소의 마음으로 아버지의 소원을 풀어 주겠다고 했는데, 이것은 아버지의 소원이라는 것은 짐승이나 원할 만한 것이라는 점을 아버지에게 주지시키겠다는 뜻으로 한 말이다. 그러나 아버지는 그 말의 속뜻을 알지 못했다. 그 말의 겉소리에 혹해서 소처럼 기었다. 결국 딸은 절벽을 이루고 있는 바위 위에서 뛰어내리고 만다. 애초에 딸은 자신의 욕망을 충족시킬 수 있는 방법을 그 나름대로 마련했다고 생각했다. 그러나 그것이 온전치 못했다. 근친상간의 욕망에 눈먼 아버지가 짐승이 되는 것도 마다하지 않으리라는 것을 예측하지 못한 방법이었던 것이다.

근친상간의 욕망은 사람의 의지와 능력으로는 충족시키기가 매우 까다로운 욕망임이 드러났다. 종족 보존이라는 실리가 눈앞에 있어도 하늘의 뜻이라는 명분이 없으면 충족시킬 수 없는 것이 근친상간의 욕망이었다. 그런데 그것이 하늘의 뜻임을 어떻게 밝힐 수 있단 말인가. 이에 대해서 옛이야기는 그럴 듯한 해결책을 제시하지 못했다. 〈맷짝이 합쳐져서 결혼한 남매〉는 운명에 의지하는 방법을 사용하였고, 〈모자 상간〉은 속임수를 씀으로써 근친상간의 본질을 흐려 놓았다. 그래도 근친상간의 욕망은 충족 불가능한 욕망은 아니었다. 역설적이긴 하지만, 우리는 오히려 〈옥녀봉 전설〉에서 근친상간의 욕망을 충족시킬 수 있는 적절한 방법을 찾을 수 있는 가능성을 발견할 수 있었다. 옥녀의 말처럼, 소의 마음을 먹을 수 있게 만들면 되기 때문이다. 이 또한 쉬운 일은 아니지만 불가능한 일도 아니다.

지금까지 살펴본바, 욕망은 충족될 수 있는 욕망과 좌절될 수밖에 없는 욕망으로 나눌 수 있었다. 그리고 같은 욕망이라 할지라도 욕망 주체의 의지와 능력 그리고 목적에 따라서 충족되기도 하고 좌절되기도 하였다. 그러니까 충족될 만한 욕망만 충족되고, 충족시킬 수 있는 욕망 주체만이 충족시킬 수 있는 것이다. 우리는 이를 일러 욕망 충족의 자기 결정성이라 한 것이다.

4) 기회이자 위기인 문제적 상황

촉발된 욕망은 잠재된 욕망보다 더 소중하고, 충족된 욕망은 좌절된 욕망보다 더 아름답다. 충족된 욕망은 선이고, 좌절된 욕망은 악이다. 충족될 욕망을 촉발시키는 것은 선이고, 좌절될 수밖에 없는 욕망을 촉발시키는 것은 악이다. 이것이 옛이야기의 윤리 의식이다. 옛이야기의 윤리 의식에서도 선은 포상하고 악은 징치한다. 욕망을 촉발시키면 욕망을 충족시킬 수 있는 문제적 상황에 맞닥뜨리는 포상을 얻게 된다. 그러나 욕망을 잠재된 상태로 억누르는 것에 대한 별다른 징치는 없다. 그대로 놓아두는 것, 그것이 바로 징치인 것이다.

일단 욕망이 촉발되면 욕망의 충족과 좌절의 결과는 극과 극이다. 촉발된 욕망을 충족시키면, 말할 것도 없이 욕망 주체의 삶은 크게 고양된다. 그러나 촉발된 욕망을 충족시키지 못하면 욕망 주체의 삶은 욕망을 촉발시키기 이전의 삶보다 훨씬 열악한 상태로 전락하게 된다. 충족시키지 못할 욕망을 촉발시킨 대가를 치르는 것이다. 이러한 까닭에 욕망이 충족될 수도 있고 좌절될 수도 있는 문제적 상황은 욕망 주체에게는 기회도 되고 위기도 된다고 말할 수 있다.

'나'와 마찬가지로 '남' 또한 자신이 가지지 못한 것을 가지려고 하게 마련이다. '나'와 '남'은 욕망 주체로는 동격이다. 욕망 주체에 따라서 가지려고 하는 것, 즉 욕망 대상으로 삼는 것이 다르게 마련이다. 그런데 둘 이상의 욕망 주체가 동일한 것을 욕망 대상으로 삼는 경우도 있을 수 있다. 이러한 경우의 욕망 주체를 욕망 상대라 하여 그렇지 않은 다른 욕망 주체와 구별하기로 하자.

욕망 주체는 욕망 상대를 욕망 대상으로 설정할 수도 있다. 특히 욕망 상대에게 제압당한 욕망 주체는 그 자신이 욕망 대상으로 전락하게 된다. 나라를 차지하려고 싸움을 벌이는 두 장수를 생각해 보라. 싸움에 이긴 장수는 나라만 차지하는 것이 아니라 싸움에 진 장수까지 차지하는 것이다. 싸움에 진 장수를 죽이든 살리든, 내쫓든 껴들이든, 그것은 오로지 이긴 장수가 마음먹기에 달려 있다.

우리가 가지려고 하는 것은, 그것이 남의 손에 들어 있든 들어 있지 않든, 원래는 모두 자연의 것이다. 그런데 자연은 우리 모두 가지고 싶어하는 것을 우리 모두 가지게 해주지 않는다. 따라서 자연의 것을 차지하기 위해서는 '나'와 '남'은 경쟁하지 않으면 안 된다. 자연의 것을 차지한다는 것은 다른 이의 몫을 빼앗는 것이나 다름없다. 넓은 의미에서 본다면, 모든 욕망 주체는 서로 욕망 상대가 된다.

욕망의 좌절이란 욕망 대상을 차지하는 데 실패한 것이다. 이것은 욕망 상대에게 욕망 대상을 빼앗긴 것을 뜻하는 것이기도 하다. 이미 말한 바와 같이, 욕망 주체가 욕망 상대에게 욕망 대상을 빼앗기게 되면 자신마저 빼앗기게 된다. 결국 욕망의 좌절은 가지려고 한 것을 가지지 못하는 것을 의미하는 것이 아니라 가지고 있던 것마저 모두 빼앗기는 것을 의미한다.

지금까지 논의한 바를 옛이야기를 통해서 구체적으로 검증해 보기로 하자. 아래에 인용한 옛이야기는 욕망 충족의 이야기 구조와 욕망 좌절의 이야기 구조를 함께 갖추고 있다. 욕망의 문제적 상황에 초점을 맞추어 이 이야기를 즐겨 보자.

(가) 옛날에 한 총각이 있었다. 어머니가 죽자 새어머니가 들어왔다. 새어머니는 이 총각에게 밥을 줄 때, 밥그릇의 맨 아래에는 조밥을 담고 그 위에는 구더기를 담고 맨 위에는 쌀밥을 담아서 주었다. 총각이 밥을 먹다가 구역질이 나서 먹지를 못하니까, 아버지가 너는 집을 나가는 것이 좋겠다고 하고는 떡을 많이 싸 주었다.

(나) ㉠ 총각은 집을 나와서 길을 가다가 중을 만났다. 중이 배가 고파서 죽으려고 하므로 가지고 있던 떡을 다 주었다. ㉡ 그리고 다시 길을 가는데, 이제는 자기가 배가 고팠다. 어떤 부잣집에 가서 밥을 좀 달라고 하니 그 집의 맏딸과 둘째딸은 총각을 보고 더럽다면서 그냥 들어가는데, 셋째딸이 불쌍하다면서 제가 먹던 밥을 주었다.

(다) ㉠ 밥을 다 먹은 총각은 잠을 자려고 뒷동산에 올라갔다. ㉡ 거기에는 조끼 하나를 서로 차지하려고 싸우는 토끼 두 마리가 있었다. 총각은 그걸 자기에게 주고 싸우지 말라고 하니, 토끼들은 그렇게 하겠다고 했다. 총각이 그 조끼가 무엇하는 조끼인가 하고 물으니, 조끼를 입고 단추를 채우면 하늘을 날 수 있고 단추를 풀고 조끼를 벗으면 땅으로 내려앉는다고 토끼가 말했다.

(라) ㉠ 총각은 어떤 부잣집에 가서 하늘을 나는 조끼가 있다고 말했다. 부자 영감이 날아보라고 하자 총각은 하늘로 날아갔다가 땅으로 내려왔다. 부자 영감은 조끼가 욕심이 나서 팔라고 졸랐다. ㉡ 많은 돈을 주고 조끼를 산 부자 영감은 그것을 입고 하늘로 날아올랐다. ㉢ 그런데 내려오는 방법을 배우지 못해서 하늘만 날아다니다가 솔개가 되어 아직도 하늘을 날고 있다고 한다. ㉣ 총각은 부자 영감의 재산을 모두 차지했다. ㉤ 그리고 자기에게 밥을 주었던 셋째딸을 데려다가 색시를 삼아서 잘살았다.[38]

(가)는 타의에 의한 욕망의 촉발을 보여 준다. 우리의 주인공은 새어머니의 참으로 끔찍한 학대를 받지만 스스로 어떻게 해볼 생각을 하지 못한다. 그러다가 아버지의 권유로 마침내 가출한다. 가출은 좀더 나은 삶에 대한 욕망을 구체적으로 드러내는 상징적인 사건이다.

우리의 옛이야기에는 욕망의 자발적 촉발을 보여 주는 것이 드

---

38) 〈하늘을 날 수 있는 조끼〉, ≪임석재 전집 2≫, 220-221쪽 요약.

물다. 그러나 자발적인 선택이든 권유에 의한 떠밀림이든, 이미 촉발된 욕망에 대한 책임은 전적으로 욕망 주체의 몫이다. 이 이야기 속의 주인공 또한 자신의 가출에 대해서 스스로 책임을 져야 한다. 집을 떠나면 하얀 쌀밥을 먹을 수도 있지만, 구더기가 담긴 밥조차 없어서 굶주릴 수도 있다. 이것은 기회이자 위기이다. 가출했기에 맞닥뜨리게 된 문제적 상황이다.

(나)㉠은 주인공이 두 번째로 맞이한 문제적 상황이다. 먼 길을 가는 도중에 굶주린 사람을 만난다면 그냥 지나칠 수도 있고 먹을 것을 나누어 줄 수도 있다. 그냥 지나치면 내가 굶을 일은 생기지 않는다. 그러나 굶주린 사람에게 어떠한 보답을 받을 일도 생기지 않는다. 그것뿐이라면 그래도 괜찮다. 자선을 베풀지 않았다는 이유로 해를 입을 수도 있다. 옛이야기가 먹고살기에 힘들었던 때 지어져서 그런지도 모르지만, 이런 에피소드는 옛이야기에 아주 흔한 것이다. 이 이야기에서도 먹을 것을 나누어 주느냐 마느냐 하는 것이 기회이자 위기인 문제적 상황을 구성한다.

(나)㉡은 우리의 주인공 때문에 다른 사람이 문제적 상황에 놓이게 되는 경우를 보여 준다. 어느 부잣집의 맏딸과 둘째딸은 우리의 주인공에게 먹을 것을 주기를 거절한다. 행색이 더러워서 가까이하고 싶지 않다는 것이 그 이유였다. 그러나 그 집의 셋째딸은 주인공을 불쌍히 여겨서 자신이 먹던 밥을 준다. 이 이야기의 끝에 이르면, 셋째딸은 그 보답을 받게 된다. 큰 부자가 된 주인공이 결혼 상대로 셋째딸을 선택한 것이다.

(다)㉠은 주인공이 뒷동산으로 올라가서 잠을 자려고 했다고 했다. 주인공이 셋째딸에게서 밥을 얻어먹지 못했다면 그럴 수도 없었을 것이다. 또 다른 집을 찾아서 먹을 것을 구걸하여야 했을 테니까. (다)㉠은 (나)㉡을 전제한 것이다. 그런데 (나)㉡은 (나)㉠에서 비롯된 것이다. 주인공이 굶주린 스님에게 먹을 것을 나누어 주지

않았다면, 부잣집의 셋째딸에게 먹을 것을 신세지지 않아도 되었다. 그리고 (다)㉡은 (다)㉠에 이끌린 것이다. 주인공이 뒷동산에 올라갔기 때문에 하늘을 나는 조끼를 두고 서로 다투는 두 마리 토끼를 만날 수 있었다는 것이다.

그런데 토끼가 주인공에게 하늘을 나는 조끼를 준 까닭이 무엇일까. 토끼가 하늘을 대신하여 주인공에게 복을 내린 것이라고 말할 수는 없다. 주인공이 굶주린 스님에게 먹을 것을 나누어 준 것에 대한 보상은 이미 셋째딸에게 받았다. 게다가 주인공이 토끼에게 하늘을 나는 조끼를 얻게 된 직접적인 계기를 마련해 준 것은 오히려 주인공에게 은혜를 베푼 셋째딸이다. 여기에서, 토끼가 하늘을 나는 조끼를 준 것이 주인공의 요청에 따른 것임을 눈여겨볼 필요가 있다. 그리고 하늘을 나는 조끼가 보물인 것은 사실이지만, 이 이야기의 말미에서 볼 수 있듯, 그것을 소유하는 것이 반드시 복이 되는 것도 아님을 고려하여야 한다. 그렇다면 하늘을 나는 조끼는 주인공의 착한 심성에 대한 하늘의 보답을 상징하는 것으로 해석할 것이 아니라 주인공을 또 다른 문제적 상황에 진입시키기 위하여 끌어들인 이야기 장치로 간주하여야 한다.

(라)㉠은 주인공이 하늘을 나는 조끼를 부자 영감에게 팔아먹으려는 장면이다. 주인공이 돈에 대한 자신의 욕망을 충족시키기 위해서 보물에 대한 부자 영감의 욕망을 촉발시키는 장면이다. 하늘을 나는 조끼라면 많은 돈을 들여서라도 사고 싶을 정도로 매력적인 것이다. 주인공과 부자 영감의 거래 자체는 정당하다. 그러나 주인공의 욕망은 조끼의 값어치에 합당한 돈을 받는 것이 아니라 부자 영감의 전 재산을 가로채는 것이었다. 그래서 조끼의 사용법을 정확하게 가르쳐주지 않는다.

옛이야기는 이러한 주인공을 비난하지 않는다. 오히려 어리석은 부자 영감을 조롱한다. 자신의 욕망을 충족시키는 데 급급해서 욕망의 충족 상태를 유지하는 방법에 대해서는 관심이 없었기 때문이다. 그러한 부주의의 대가는 참혹하다. 부자 영감은 하늘을 날 수는 있어도 땅으로 내려올 수는 없었다.

(라)㉣은 또 다른 점에서 흥미롭다. 부자 영감이 하늘을 나는 조끼를 입었다가 솔개가 되어 버렸다고 했다. 하늘을 나는 조끼가 솔개의 날개가 되었다는 뜻으로 이해하여도 좋을 듯싶다. 하늘을 나는 조끼와 같은 보물은 원래 하늘의 것이다. 하늘이 특별한 까닭이 있어서 사람에게 신과 같은 능력을 부여할 때 쓰는 것이 보물이다. 이러한 보물은 사람이 잠시 간직할 수는 있어도 영원히 차지할 수는 없는 것이다. 사람은 사람으로 남아야 하기 때문이다. 하늘을 나는 조끼가 어찌어찌하여 주인공의 손에 들어갔다. 그러나 주인공은 그것을 소유하려고 하지는 않았다. 그 대신 돈을 원했다. 보물이라는 것은 사람이 욕망의 대상으로 삼을 만한 것이 아니라는 것을 알아서라기보다는 제 분수에 맞지 않는다는 것을 알아서 그랬던 것이다. 부자 영감의 불행은 욕심을 부리지 말아야 할 것에 욕심을 부린 데 있었다. 결국 보물도 잃고 나아가서 제 자신까지 잃어버리고 말았다.

이 옛이야기는, 욕망은 그것을 감당할 수 있는 사람에게만 충족된다는 것을 잘 보여 준다. 주인공이 부자 영감의 재산을 차지하고 또 다른 부잣집의 셋째 딸과 결혼까지 한 것은 주인공이 자신의 욕망을 촉발시킬 줄도 알았고, 그 욕망을 충족시키기 위한 방법을 모색할 줄도 알았고, 그 욕망을 적절하게 통제하여 욕망의 충족 상태를 유지할 줄도 알았기 때문이다.

부자 영감은 욕망의 촉발에는 적극적이었다. 단지 그 욕망의 충족이 자신의 삶을 풍요롭게 하는 기회가 될 줄만 알았지, 자신의 삶을 피폐하게 하는 위기가 될 줄은 전혀 몰랐다. 이러한 까닭에 욕망의 충족이 곧 욕망의 좌절로 이어졌던 것이다. 한편 주인공의 욕망이 충족되기 위해서는 부자 영감의 욕망은 반드시 좌절되어야만 했다.

욕망의 문제적 상황이 기회가 되느냐 아니면 위기가 되느냐는 전적으로 욕망 주체의 의지와 능력에 달려 있다. 동일한 욕망 대상을 둘러싸고 경쟁하는 욕망 상대가 있고 없음은 그다지 중요하지 않다. 이를 확인할 수 있는 간단한 방법이 있다. 그것은 욕망의 문제적 상황을 아예 욕망의 충족이 지속되는 상황에서 구성하는 것이다. 이렇게 하면 욕망 상대가 개입할 수 있는 여지를 원천적으로 봉쇄할 수 있다. 욕망의 충족이 지속되는 상황을 문제적 상황으로 만들기 위해서는 욕망의 충족 그 자체가 욕망의 좌절로 이어질 가능성을 열어놓아야 한다. 옛이야기는 이미 이에 관한 이야기 전략을 마련해 두고 있었다. 다음을 보라.

> 여행을 하던 어떤 사람이 주막에 들렀다. 이 사람은 담배를 피우려고 주모한테 담뱃불을 좀 달라고 했다. 주모는 부러진 그릇조각을 주워다가 불을 담아 주었다. 그런데 그릇조각에 담긴 불이 차차 불어나더니 금세 그릇 안을 다 채우는 것이었다. 그것을 본 이 사람은 주모더러 그 그릇조각을 팔라고 했다. 주모는 깨진 그릇조각을 어찌 파느냐 하면서 거저 가져가라고 했다. 집에 돌아온 이 사람은 돈 한 푼을 꺼내어 그 그릇조각에 넣었다. 그랬더니 그릇 안에 돈이 가득 찼다. 이 사람은 매일 한 번씩 돈 한 닢을 넣어서 쓸 만큼 썼다. 하루는 이 사람이 밖에 나간 사이에, 이 사람의 동생이 와서 그 그릇조각에 돈을 넣었다 내었다를 반복해서 돈을 많이 만들었다. 그때 서울에 있는 호조의 전고에서는 돈이 비다시피했다. 관원이 놀라서 추심을 해보니, 호조의 돈이 이 사람의 집에 있는 것을 알게 되었다. 나라에서는 그 돈을 모두 거두어가고 이 사람에게는 엄한 벌을 주었다.[39]

옛이야기에는 돈이나 쌀 같은 것을 끊임없이 얻을 수 있는 보물

39) 〈이상한 그릇 조각〉, ≪임석재 전집 6≫, 341-342쪽 요약.

이 적지 않게 나온다. '화수분'이라는 것도 그러한 보물 가운데 하나이다. 화수분에는 두 가지 종류가 있다. 하나는 그 속에 집어넣은 물건과 똑같은 것을 스스로 복제해 내는 것인데, 이는 무에서 유를 창조하는 것과 같은 것이다. 다른 하나는 그 속에 집어넣은 물건과 똑같은 것을 어디에선가 가져오는 것인데, 이는 다른 시공간에 있는 특정의 물건을 순간적으로 이동시키는 것이라 말할 수 있다.

그 어느 쪽이든 간에, 화수분이라는 것은 우리가 욕망하는 바를 아주 손쉽게 충족시킬 수 있는 보물이라는 점에서 흥미로운 것이다. 이러한 보물을 매개고리로 하고서도, 옛이야기는 욕망의 문제적 상황을 너끈히 구성한다. 화수분 같은 보물도 어떤 사람에게는 복이 되지만 어떤 사람에게는 화가 된다는 것을 보여 줌으로써 욕망의 문제적 상황의 이중성을 간접적으로 일러준다.

인용한 옛이야기에서 말하고 있는 그릇조각이라는 것이 바로 화수분이다. 이 화수분은 시공간 순간 이동술을 부려서 물건을 내놓는 것인데, 이것을 이용하여 욕망을 충족시키고자 할 때는 이것의 고유 특성을 특별하게 고려하지 않으면 안 된다. 이 화수분이 물건을 내놓을 때마다 어디에선가는 물건이 없어질 것이기 때문이다.

이 화수분을 주막에서 발견하여 손에 넣은 사람은 다행스럽게도 돈에 대한 욕망이 그리 크지 않았다. 즉 욕망의 성격이 욕망 충족 방법의 고유 특성에 따른 문제를 야기할 정도의 것이 아니었다는 것이다. 그러나 이 사람의 동생은 달랐다. 돈에 대한 욕망에 치어 분별력을 잃어버렸다. 욕망 주체가 욕망 대상을 통제하지 못하면 욕망 대상이 욕망 주체를 능욕하는 법이다. 이 이야기 속의 화수분은 결국 솜씨 좋은 도둑과 같은 것이다. 화수분으로 큰돈을 만지겠다는 것은 솜씨 좋은 도둑을 부려 부자가 되겠다는 것과 조금도 다를 바 없다. 이것은 잘못된 것이다. 남의 것을 훔치는 것을 나무라는 것이 아니다. 금방 들통이 날 방법이라는 것을 탓하는 것이다.

물론 동생은 이러한 사실을 전혀 몰랐다. 그러나 그는 애시당초 알아보려고 하지도 않았기에 면죄부를 받기는 틀렸다. 동생은 이에 대한 대가를 톡톡히 치러야 했다.

3. 욕망의 이야기 공식

옛이야기는 욕망의 이야기이다. 욕망의 이야기는 욕망의 제로섬 게임을 위한 문제 설정과 문제 해결이라는 이야기틀로 짜이게 된다. 욕망의 제로섬 게임이란 빼앗지 못하면 빼앗기고 얻지 못하면 내놓아야 하는 게임을 말한다. 빼앗은 것과 빼앗긴 것, 얻은 것과 내놓은 것을 각각 합하면 제로가 되기에 이런 이름을 붙인 것이다. 빼앗거나 얻기 위해서는 해결하기 어려운 문제를 설정하거나 그러한 문제를 해결할 수 있어야 한다. 쉽게 해답이 드러나는 문제를 설정하거나 그러한 문제를 쉽게 해결하지 못한다면 빼앗기거나 내놓아야 한다. 그래서 욕망의 제로섬 게임이 벌어지는 문제적 상황은 언제나 기회이자 위기가 된다.

예외는 있다. 빼앗지 못하더라도 빼앗기지 않고 얻지 못하더라도 내놓지 않아도 되는 경우가 있다. 지혜와 용기가 있는 사람에게 빼앗기는 것, 또 그러한 사람에게 내놓는 것, 바로 그 빼앗기고 내놓는 것을 욕망하는 특별한 존재와 게임을 벌이는 경우가 그러하다. 물론 그 특별한 존재는 특별한 문제를 설정하여 도전자의 지혜와 용기를 특별하게 시험하게 될 것이다.

옛이야기에는 일정한 이야기 공식이 있다. 그것은 욕망의 제로섬 게임 공식이기도 하고, 욕망에 의한 문제 설정과 욕망을 위한 문제 해결의 공식이기도 하다. 이야기 공식에서 가장 중요한 것은 누구도 해결할 수 없는 문제나 아무나 해결할 수 있는 문제를 설정하여서는 안 된다는 것이다. 욕망의 제로섬 게임 또한 다른 게임과 마찬가지로 누구나 이기는 것이어서도 안 되고 아무나 지는 것이어서도 안 되기 때문이다. 옛이야기가 문제를 설정할 때는 먼저 해답의 유무를 염두에 두어야 한다. 해답이 있는 문제라면 해답이 없는 것처럼 보이도록 하고, 해답이 없는 문제라면 해답이 있는 것처럼 보이도록 하여야 한다.

문제다운 문제는 해답이 있는 문제이다. 문제 설정자는 문제에 함정을 마련하여 문제 해결자가 오답의 사잇길로 빠지도록 유도하고, 문제 해결자는 문제의 함정을 메워 해답에 이르는 지름길로 삼으려고 한다. 오답과 해답의 갈림길을 많이 품고 있는 미로 같은 문제가 진정 문제다운 문제이다.

문제답지 못한 문제도 있다. 해답이 없는 문제가 그러한 문제이다. 문제답지 못한 문제의 해결 방법은 그것의 문제성을 드러내어 문제 자체를 해소하는 것이다. 해답이 있다고 하더라도 그 해답이 오히려 더 큰 문제가 되는 것도 있는데, 이 또한 문제답지 못한 문제에 속한다. 이를 해결하기 위해서는 해답의 문제성을 규명하여 그러한 해답을 요구하는 문제 자체를 해소하는 것이다. 문제답지 못한 문제를 설정하는 까닭은 모든 문제에는 해답이 있다고 생각하는 편견을 꼬집기 위한 것이다.

이상에서 문제 설정과 문제 해결의 공식 세 가지를 마련할 수 있다. 그것은 다음과 같다. 첫째, 문제가 곧 해답이다. 둘째, 문제의 해소가 해답이다. 셋째, 문제의 해답의 해소가 해답이다. 이러한 이야기 공식은 말 그대로 이야기를 구성하는 공식이다. 옛이야기 중에도 이야기다운 것이 있는가 하면 그렇지 못한 것이 있다. 이야기 공식에 입각한 이야기는 당연히 이야기다운 이야기로 평가받게 된다. 그러나 초월적인 힘에 의지하여 문제 밖에서 해답을 찾아오거나 없던 해답을 새로 만들어 내는 옛이야기도 없지 않은데, 이러한 옛이야기는 결코 이야기다운 이야기라고 할 수 없다.

1) 문제가 곧 해답이다

옛이야기에 설정된 문제는 반드시 그 안에 해답을 찾는 방법을 숨겨 놓고 있다. 문제다운 문제라면 그렇다. 문제 그 자체에서 해답을 구할 수 없는 문제는 해답이 전혀 없는 문제이고, 문제와 관련 없이 해답을 구할 수 있는 문제는 해답이 너무 많은 문제이다. 문제다운 문제는 어떤 조건을 갖추게 마련인데, 그 조건은 곧 해답의 조건이 된다. 욕망의 옛이야기에서는 대부분 문제가 곧 해답인 이야기 공식을 채택하게 된다.

(1) 문제의 조건을 조작한다

〈젊어지는 물〉[40]은 젊어지고 싶어하는 인간의 욕망을 적나라하게 보여 주는 옛이야기이다. 산에 나무하러 간 영감이 젊어지는 샘물을 마시고는 새신랑이 되어 집에 돌아왔다. 만일 이 옛이야기가 여기에서 끝을 맺었다면, 정말 형편없는 이야기로 평가받았을 것이다. 그러나 이 이야기의 주인공은 영감이 아니라 영감의 아내인 할머니이다. 할머니는 하늘이 내려 준 기회를 오히려 위기로 만들어 버린다. 지나친 욕심 때문에 갓난아기가 되었던 것이다.

할아버지는 신비의 샘물을 적당히 마셨는데, 할머니는 그것을 지나치게 마셨다. 왜 그렇게 되었을까. 할아버지가 샘물을 마신 것은 갈증 때문이었다. 일정한 양 이상을 마실 이유가 없었다. 그런데 갈증을 해소할 수 있는 샘물의 양이 딱 알맞게 젊어질 수 있는 샘물

40) ≪임석재 전집 10≫, 325쪽 참고.

의 양이었다. 물론 이것은 우연이었다. 그래서 할아버지는 이 이야기의 주인공이 되지 못한다는 것이다. 그러나 마시는 샘물의 양과 젊어지는 정도의 상관관계를 알 리 없는 할머니는 기대에 부풀어 자신도 모르게 벌컥벌컥 들이켰다. 이 문제가 노리는 바가 바로 이것이다. 해답 안에 오답을 포함시켜 놓았던 것이다. 이 옛이야기가 문제로 삼고 있는 것은 젊어지려는 욕망에 관한 것이 아니라, 젊어지게 해주는 신비의 샘물을 마시려는 욕망에 관한 것이다. 할머니가 문제를 제대로 인식할 수 있는 지혜만 있었다면, 문제의 조건에서 해답의 조건을 찾아낼 수 있었을 것이다.

〈젊어지는 물〉이 문제를 통해서 해답을 의도적으로 드러내었다면 〈소가 된 남편〉[41]은 문제 안에 포함시킬 수밖에 없는 해답을 교묘하게 오답으로 위장했다.

> 부인은 길쌈 등 온갖 일을 하여 어렵게 자식들을 키우며 사는데, 남편이라는 사람은 솥도 떼다 팔아먹고 소도 내다 팔아먹고 모아둔 양식도 져다 팔아먹는, 그런 집이 있었다. 어느 날 이 사내는 부인이 장남 혼수감으로 마련하여 농 밑에 감추어 둔 베를 찾아들고 장에 갔다. 장에 가려면 고개를 넘어야 했다. 고개에서 어떤 영감을 만났는데, 그는 쇠탈을 만들고 있었다. 그 영감은 이 사내에게 쉬어 가라고 했다. 궁금증이 난 사내가 물으니, 그 사람이 말하기를, 머리에 쓰면 세상이 편해지고 걱정이 없어진다고 했다. 노름하고 술 먹다 빚에 쪼들려 걱정이 많았던 사내는 쇠탈을 받아 머리에 썼다. 그러자 소가 되었다. 그 영감은 소를 장에 끌고 가서 팔았다(사는 사람에게 당부하기를, 무밭가에는 매어놓지 말라고 했다). 소가 된 사내는 밭 갈고 논 가는 것이 너무 힘들어 죽을 결심을 했다. 마침, 무밭가에는 매어놓지 말라는 말이 생각났다. 무를 먹으면 죽는 줄 알고 고삐를 끊고 무밭에 들어가 무를 뜯어먹었다. 그러자 쇠탈이 벗겨졌다. 영감에게 복수하려고 찾아갔더니, 그 자리에는 자신이 팔아 먹으려고 집에서 들고 나왔던 베만 남아 있었다.

---

41) ≪대계 8-1≫, 189-192쪽 요약.

사람이 쇠탈을 쓰자 소가 되었다. 쇠탈을 벗으면 사람으로 되돌아갈까? 물론 그럴 것이다. 그러나 쇠탈을 벗을 수가 없다. 어떻게 하면 쇠탈을 벗을 수 있을까. 만일 이것이 문제라면 문제다운 문제라고는 할 수 없다. 쇠탈을 벗을 수 있는 방법은 오직 쇠탈의 원소유자만이 알 수 있지만, 쇠탈을 쓰고 소가 된 사람은 원소유자를 다시 만날 수 없다. 그렇다면 소가 된 사람에게는 이 문제는 해답이 없는 문제가 되는 셈이다.

이 옛이야기는 소가 된 사람이 죽는 방법을 넌지시 알려 준다. 죽는 방법이라면서 사는 방법을 일러 주는 셈이다. 쇠탈을 쓰는 순간에 사람으로는 죽고 소로 다시 태어났다. 반대로, 소가 죽으면 쇠탈도 벗겨지고 사람으로 되살아나지 않을까. 지혜로운 사람이라면, 문제의 조건에서 이러한 해답을 찾을 수 있었을 것이다. 그러나 이 옛이야기의 주인공은 말 그대로 죽기 위해서 무를 뜯어먹었다. 지혜롭지는 못해도 용기는 있는 주인공이다. 만일 지혜로웠다면 어떻게 되었을까. 손쉽게 예전의 사람으로 되돌아갈 수는 있을지언정 결코 새사람으로 거듭나지는 못했을 것이다.

〈젊어지는 물〉과 〈소가 된 남편〉은 방법은 달리 하였지만 문제 자체에 해답을 직접적으로 포함시키고 있다는 점에서는 마찬가지다. 이에 반해서 〈삼년고개〉는 문제의 조건에서 해답을 스스로 구성하도록 하고 있다. 〈삼년고개〉는 초등학교 교과서에 오랫동안 실렸기 때문에 모르는 사람이 없을 것이다.[42] 이웃집 할아버지가 마음의 병을 이기지 못하고 자리에 드러누웠다. 한 번 넘어지면 삼년밖에 살지 못한다는 삼년고개에서 넘어졌던 것이다. 그러나 그 할아버지는 죽지 않았다. 아니, 더 오래 살았다. 이웃집 어린이가 문제로부터 해답을 찾아 주었기 때문에 할아버지는 위기를 기회로

---

42) 7차 초등국어 교육과정에는 ≪읽기 4-1≫에 실려 있다.

전환시킬 수 있었던 것이다. 이웃집 어린이의 지혜란 별난 게 아니다. 한 번 넘어져서 삼 년 산다면, 두 번 넘어지면 육 년 살고, 세 번 넘어지면 구 년 산다는, 단순 계산법을 이 문제를 해결하는 데 적용했을 뿐이다.

〈삼년고개〉가 문제의 조건을 단순 적용하여 해답을 구성하여야 하는 옛이야기라면, 〈거짓말 세 마디〉[43]는 문제의 조건을 변형하여 해답을 구성하여야 하는 옛이야기이다. 어느 욕심쟁이가 자신이 거짓말로 인정하는 거짓말을 하면 딸을 주겠다고 소문을 냈다. 거짓말을 할 수 있는 기회는 세 번뿐이다. 물론 이 내기에 끼어들려면 일정한 액수의 돈을 걸어야 한다고 했다. 이 욕심쟁이는 젊은이에게는 장가들 기회가 될 수도 있고 돈만 날릴 위기가 될 수도 있는 문제를 설정한 것이라고 할 수 있다.

이 문제의 조건에 부합하는 해답은 욕심쟁이가 거짓말로 인정하는 거짓말이다. 그런데 그 조건을 내건 사람이 욕심쟁이 그 자신이다. 따라서 웬만한 거짓말로는 욕심쟁이를 굴복시킬 수 없다. 욕심쟁이는 어떠한 거짓말이라도 참말이라고 할 것이기 때문이다. 바로 여기에 문제의 해답이 있다. 욕심쟁이가 거짓말을 참말이라 우기면 딸을 잃는 것보다 더 큰 손해를 입게 하면 되는 것이다. 이 옛이야기의 주인공은 욕심쟁이에게 다음과 같이 말하여 자신의 욕망을 충족시킬 수 있었다. "내가 바람 장사를 다녔어요. 바람 장사를 다니다가 당신 집에도 와서 바람을 몇 천 냥어치 팔고 간 일이 있는데, 오늘 그걸 줘야 되겠소." 이 말을 들은 욕심쟁이는 딸을 내줬다고 한다. 자식보다 돈이 더 소중했던 모양이다.

〈거짓말 세 마디〉에서는 문제로부터 해답을 이끌어 내기 위해서 두 가지 사유 과정을 거쳐야 했다. 우선 문제의 조건을 조작하여

43) ≪대계 1-4≫, 77-80쪽 참고.

해답의 조건으로 변형시켜야 했다. '욕심쟁이가 인정하는 거짓말'을 '욕심쟁이 자신이 인정하지 않으면 더 큰 손해를 보는 거짓말'로 전환할 수 있어야 했다는 것이다. 다음으로, 이와 같은 해답의 조건에 맞는 구체적 진술을 구성하여야 했다. 여기에서는, 문제는 '거짓말'이라는 일반적 진술로 되어 있는데, 해답은 '바람 외상값 반환 요구'라는 구체적 진술로 되어 있다.

이와 같은 유형의 이야기 공식에 의지하고 있는 옛이야기는 매우 많다. 〈끝없는 이야기〉[44]도 그 가운데 하나이다. 평생토록 이야기를 들으며 살고픈 사람이 끝없는 이야기를 해 주는 사람이 있으면 사위로 삼겠다고 소문을 낸다. 이때, 한 젊은이가 중국의 쥐떼가 가뭄을 피해 압록강을 건너는 이야기를 끝없이 하여 그 집 사위가 된다.

위에서 예로 든 옛이야기와는 달리, 문제의 조건을 스스로 규정한 다음에 그것으로부터 해답을 구성하게 하는 옛이야기도 있다. 물론 문제 설정의 취지와 어긋나게 문제의 조건을 규정하면 곤란할 것이다.

〈무 잎만 가져간 곰〉[45]을 보자. 옛적에 한 사람이 무 밭에서 일을 하고 있는데 산에서 곰이 내려와서 잡아먹으려고 했다. 이 사람은 곰에게 한 가지 제안을 했다. 살려 주면 가을에 무를 거두어 자신은 뿌리만 갖고 잎은 모두 곰에게 주겠다고 했다. 가을이 되자 과연 곰이 내려왔다. 이 사람은 잘 왔다고 하면서 무 잎을 잔뜩 주었다. 곰은 좋아라면서 무 잎을 지고 산으로 올라갔다.

농부는 일단 목숨을 건져야 했다. 그러려면 거래를 할 수밖에 없다. 일 년 동안 애써서 농사 지은 무를 절반이나 내놓기로 했다. 곰이 흡족하게 여길 만한 거래를 위해서는 어쩔 수 없는 일이다. 그

44) ≪대계 1-1≫, 815-818쪽 참고.
45) ≪임석재 전집 10≫, 285-286쪽 참고.

런데 농부는 이를 문제적 상황으로 몰고 간다. 목숨도 구하고 무도 빼앗기지 않으려는 것이었다. 잘못되면 둘 다 잃을 수 있다. 여기서 농부는 문제의 조건을 스스로 규정한다. 그것은 무를 절반을 건네주더라도 자신에게 손해가 되지 않게 하는 것이다.

〈가죽은 포수 차지, 고기는 개 차지〉[46] 또한 이러한 예를 보여주는 옛이야기이다. 어느 주점에서 포수와 주점 주인이 싸우고 있었다. 포수가 쏜 총에 맞아 달아나다가 엉뚱한 곳에서 죽은 여우를 주점의 개가 물고 가버렸던 것이다. 마침 그 주점에는 소년 등과한 어린 원님과 송사 경험이 많은 늙은 원님이 함께 머물고 있어서, 그들에게 재판을 부탁했다. 늙은 원님은 여우를 찢어서 나누어 가지라고 했다. 그런데 어린 원님은 여우의 가죽은 포수가 갖고 여우의 고기는 개가 갖도록 판결했다. 포수는 가죽을 원하고 개는 고기를 원하기 때문이라는 것이다.

늙은 원님은 양적으로 공평한 분배를 통해서 당면한 문제를 해결하려고 했다. 그러나 이것은 문제의 본질을 흐려 놓는 것이다. 포수든 주점의 개든 어느 쪽도 손해를 보려고 하지 않기 때문에 그러한 분배는 오납이 된다. 이에 반해서 어린 원님은 질적으로 공평한 분배를 제안했다. 그것은 어느 쪽에도 손해를 끼치지 않는 것이었다.

(2) 문제를 메타언어적으로 조작한다

앞에서 살펴본 〈거짓말 세 마디〉에 설정되어 있는 문제는 해결하기가 매우 까다로운 것이다. 왜냐하면 거짓말 여부의 판정이 전적으로 문제 설정자의 주관에 달려 있기 때문이다. 이러한 문제는 설정자의 무조건적 승리를 의도하는 것이라서 문제로서의 가치는

46) ≪대계 4-4≫, 618-619쪽 참고.

매우 낮다. 그런데 우리의 주인공은 문제 설정자가 전혀 예기치 못했던 해답을 마련하는 데 성공했다. 문제 자체에 허점이 있었던 것이다. 참말과 거짓말은 논리적으로 구분되게 마련인데, 이를 독단적인 의지로 판가름하려고 한 것이 욕심쟁이의 실수였다.

논리적 판단보다 의지적 판단이 우선되는 문제라면, 그것을 해결하겠다고 나서는 것 자체가 어리석은 짓이다. 문제 설정자는 문제 해결자가 제시하는 어떠한 해답도 해답으로 인정하지 않을 것이기 때문이다. 그러나 어쩔 수 없이 끼어들어야 하는 경우도 있다. 문제 설정자가 힘의 절대적 우위를 믿고 자신이 결코 지지 않을 문제 풀이 게임에 문제 해결자를 억지로 끌어들이는 경우가 그러하다. 이것은 힘으로 욕망을 충족시키는 것을 마치 지혜로 욕망을 충족시키는 것처럼 보이게 하려는 일종의 멋부림이라고 할 수 있다. 그러나 이러한 과신은 곧잘 망신으로 이어진다. 다음은 〈지아(智兒)〉[47]라는 옛이야기이다.

옛날에 어떤 글방에서 선생이 아이들의 재간을 보겠다고, "야, 너희들 누구든지 방 안에 있는 나를 밖으로 나가게 하면 상을 주겠다." 고 말했다. 그래서 여러 아이들은 선생을 밖으로 나가게 하는 말을 여러 가지로 말했으나 선생은 도무지 듣지 않고 나가지 않았다. 그런데 한 아이가, "선생님, 저는 선생님을 밖으로 나가시게 할 수는 없지만 밖에 있는 선생님을 방으로 들어오시게는 할 수 있어요." 하고 말했다. 선생은 이 말을 듣고, "그래, 그럼 밖에 있는 나를 방으로 들어오게 해 봐라." 하면서 밖으로 나갔다. 그러니까 이 아이는 "선생님, 선생님은 밖으로 나가셨습니다. 방에서 밖으로 나가셨지요." 했다. 이 말을 듣고 선생은 "그래, 그래. 밖으로 나갔다." 하면서 그 아이의 재간에 탄복하고 많은 상을 주었다고 한다.

선생이 아이에게 제시한 문제는 방에 있는 자신을 밖으로 나가

47) ≪임석재 전집 3≫, 71-72쪽.

게 하는 것이었다. 물론 선생은 아이들이 어떤 말을 해도 밖으로 나가지 않을 것이라고 스스로 다짐해 두었을 터이다. 여기에서는 〈거짓말 세 마디〉의 문제 해결 방법이 통하지 않는다. 선생이 아이들의 말을 물리치는 것보다 오히려 그것에 따르는 것이 선생 자신에게 더 큰 이익이 되는 경우가 거의 없기 때문이다. 지독한 우연이 개입한다면 모를까, 아이들의 말은 어차피 거짓말일 테니, 선생으로서는 자신의 의지적 판단을 뒤집을 까닭이 없는 것이다.

방법이 없지 않았다. 그 방법 또한 거짓말에 의한 것이긴 하지만, 그 거짓말은 현실에 대한 거짓말이 아니라 문제 자체에 대한 거짓말이라는 점에서 〈거짓말 세 마디〉의 그것과는 구별된다. 한 아이가 선생님을 밖으로 나가시게 하는 것은 불가능하다고 말한다. 그러나 선생님이 밖에 계신다면 안으로 모실 수는 있다고 말한다. 이 아이는 이미 설정된 문제는 해결하기를 포기하는 대신 새로운 문제를 설정해 주기를 요청하고 있는 것처럼 보인다. 문제 그 자체에 관한 이와 같은 말을 문제에 대한 메타언어라고 하자. 선생은 이 아이의 말을 곧이듣고, 서슴지 않고 밖으로 걸어나온다. 그 순간 이 아이는 자신의 말이 문제 그 자체에 관한 메타언어가 아니라 문제를 해결하려는 지시언어임을 고백한다.

한 가지 예를 더 들어보자. 다음은 〈거짓말 잘 하는 사람〉이라는 옛이야기이다.

> 옛날 거짓말 잘 하는 사람이 있었는데, 어느 더운 여름날 나무 그늘 밑에 사람이 많이 모여 있는 데를 지나가더랬는데, 거기 한 사람이, "여보쇼, 거짓말 한 마디 하고 가구려." 했다. 그러니까, 이 거짓말 잘 하는 사람이, "내가 지금 저기 건넛마을의 큰 잔치집에서 떡과 술 먹으러 빨리 오라고 해서 그리로 가야 하겠기에 거짓말하고 있을 짬이 없어요." 하고서 갔다. 거짓말하라는 사람이 그런가 해서 자기도 그 마을에 갔는데, 잔치도 아무것도 없었다. "임자, 왜 거짓말했소?"

하니까, "아, 거짓말하라고 해서 내가 하지 않았겠소?" 했다고 한다.[48)]

거짓말 한 자락 하는 것이 대수로운 일이냐고 할지 모르지만, 사정은 그리 간단치 않다. 문제 해결자가 기껏 거짓말이라고 한 자락 했는데, 그게 무슨 거짓말이냐? 하고 문제 설정자가 되받으면 꼼짝없이 당할 수밖에 없는 것이다. 따라서 이 문제의 해결 초점은 문제 설정자 스스로 문제 해결자의 거짓말을 인정하도록 만드는 데 있다고 할 것이다.

두 가지 방법이 있겠다. 하나는 〈거짓말 세 마디〉에서처럼 문제의 조건을 변형하여 문제 설정자가 거짓말로 인정하지 않으면 더 큰 낭패를 볼 만한 거짓말을 하는 것이다. 다른 하나는 〈지아(智兒)〉에서처럼 문제 자체를 메타언어적으로 조작하는 것이다. 이 옛이야기의 구연자는 후자의 방법을 선택했다. 그런데 그 메타언어가 참으로 교묘하다. 잔칫집에 가야 하기 때문에 바빠서 거짓말을 할 수 없다는 거짓말을 하고 있다. 이를 어찌 믿지 않을 수 있겠는가. 이러한 메타언어는 진정한 의미에서의 메타언어가 아니다. 메타언어 행세를 하는 거짓말에 지나지 않는다. 그러나 그것은 문제 설정자의 의지적 판단을 무력화시키는 정당한 거짓말이다.

문제에 대한 메타언어에 거짓말만 있는 것은 아니다. 문제 설정자의 의지적 판단 그 자체를 정면으로 걸고 넘어지는 진정한 메타언어도 있다. 다음은 판소리 명창 송흥록이 진정한 메타언어를 활용하여 진주병사 이경하와 내기하여 승리를 거둔 일화이다.

이때에 맹렬(孟烈)[49)]이는 송씨(宋氏)가 왔단 말을 듣고 병사(兵使)에게 말하여, "송씨를 불러 소리를 시키되 분부하시기를 '너는 본래 명

---

48) ≪임석재 전집 3≫, 299-300쪽.

49) 원래 대구 감영의 기생이었으나 송흥록과 연분이 나서 살림을 차렸다가 진주로 달아났음.

창(名唱)이니 네가 소리를 하는데 능히 나를 한 번 웃게 하고 또 한 번 울게 하면 상급(賞給)을 후히 하려니와 만일 그렇지 못하면 네의 목숨을 바치리라' 하시고 소리는 밧삭마른 토별가(兎鼈歌)를 시키라" 고 하였다. 병사는 그 말대로 분부하였다. 송씨가 생각한즉 이것은 분명 맹렬의 주촉이나 병사의 분부라 거역할 수도 없어 그대로 소리를 하는데 아모리 웃기랴고 온갓 어리광이짓을 다 하여도 웃기는 고사하고 병사의 얼굴에서는 점점 독살만 안개 피여오로듯 한다. 송씨는 느닷없이 병사의 앞으로 달여들면서, "아저씨 웨 아니 웃으시오. 날를 죽이고 싶어서?" 하였더니 병사가 픽하고 웃섯다… 그리하여 소리판을 마친 뒤에 맹렬이는 병사에게 송씨와의 전일 관계를 숨김없이 말하고 병사의 양해를 얻어 가지고 다시 송씨와 깨어진 거울을 마추웠다.[50]

웃지 않으려고 이를 앙다물고 있는 병사를 송흥록이 제아무리 재주가 뛰어나다고 한들 어떻게 웃길 수 있단 말인가. 그런데 송흥록의 돌발적인 언사, "아저씨 웨 아니 웃으시오? 날를 죽이고 싶어서?"에 병사는 웃음을 터뜨린다. 웃을 만한데도 웃지 않음을 비난하는 메타언어적 진술을 병사가 어찌 예측할 수 있었겠는가. 병사는 어처구니가 없어서 웃음을 터뜨린다. 이것은 문제 설정자의 의지적 판단을 문제 해결자의 의지적 판단으로 극복한 것이라고 할 수 있겠다. 이처럼 문제를 메타언어적으로 조작하게 되면 문제 설정자 스스로 문제 해결자의 고민을 풀어 주게 된다.

2) 문제의 해소가 해답이다

옛이야기 중에는 해답이 없는 문제를 두고 문제 풀이 게임을 벌이는 것이 적지 않다. 대개 문제 설정자의 지위는 문제 해결자보다 우월하고, 문제 설정자의 의도는 문제 해결자를 속이는 것이다. 다

50) 정노식, ≪조선 창극사≫, 조선일보사, 소화 15년, 22-23쪽.

시 말하면, 문제 설정자는 우월한 지위를 바탕으로 문제 해결자에게 불공정한 문제 풀이 게임을 강요하는 것이라고 할 수 있다. 그러나 대부분의 경우 문제 해결자가 승리한다. 문제 해결자는 문제 설정자로 하여금 스스로 자신이 설정한 문제를 해소하게 하는 방법으로 상황을 역전시킨다. 이러한 결과는 옛이야기의 이야기 정신에 따른 것이라고 할 수 있다. 옛이야기는 욕망의 제로섬 게임을 사건으로 구성하기 때문에 이길 수도 있고 질 수도 있는 게임이 아닌 불공정한 게임을 용납할 수 없는 것이다.

(1) 유사 문제로 문제를 해소한다

해답이 없는 문제가 있다고 하자. 그런데 그 문제에 해답이 없다는 것을 어떻게 증명할 수 있는가. 문제 설정자가 해답이 없다고 확신하는 문제에서 문제 해결자는 그것의 해답을 찾아내기도 한다. 문제 설정자가 문제의 정체를 오해한 경우에 이러한 사태가 발생한다. 문제 해결자 또한 문제의 해답 없음을 홀로 증명할 수 없다. 문제의 해답을 찾지 못한 문제 해결자가 문제의 해답이 아예 없다고 우길 수도 있는 일이기 때문이다. 따라서 문제의 해답 유무를 증명하는 데는 문제 설정자와 문제 해결자의 합의가 필수적이다. 물론 문제 설정자와 문제 해결자가 동일한 잘못을 범할 수도 있다. 그러나 잘못에 의한 합의도 유효하다. 문제의 설정과 해결은 두 사람 사이에서 이루어지는 제로섬 게임이기 때문이다.

제시된 문제가 해답이 아예 존재하지 않는 문제라는 것을 문제 해결자가 확신한다고 하더라도 그것을 메타언어적으로 표현해서는 안 된다. 문제 설정자가 이미 문제의 해답이 없음을 알고 있기 때문에 그것은 오히려 역효과를 내게 된다. 가장 바람직한 대응책은 문제 해결자가 제시받은 문제의 문제점을 그대로 껴안고 있는 새로운 문제를 만들어 문제 설정자에게 되돌려 주는 것이다. 이는 문제 설정자로 하여금 자신이 제시한 문제를 스스로 해소하도록 하기 위한 것이다. 여기에서 유의할 점은 원문제와 유사 문제 사이에 인과 관계를 설정하여야 한다는 것이다. 그렇지 않으면 문제 설정자가 문제 해결자로, 문제 해결자가 문제 설정자로 자리바꿈하는 것이 허용되지 않는다.

다음의 옛이야기를 보자.

> 어느 고을 원님이 하루는 이방을 불러 놓고 황소가 낳은 새끼를 구해 오라고 했다. 집에 돌아온 이방이 밥도 안 먹고 걱정을 하자, 아들이 사연을 물었다. 아버지의 이야기를 다 들은 아들은 걱정할 게 없다면서, 원님을 찾아갔다. 애비는 어디 가고 아들이 왔느냐고 원님이 묻자, 아들은 이렇게 말했다. "우리 아버지는 지금 애를 낳고 있습니다." 원님이 야단을 쳤다. "이녀석아, 남자가 어찌 아이를 낳느냐?" 그 말을 아이가 되받았다. "그러면 황소는 어떻게 새끼를 낳습니까?"[51]

황소가 낳은 새끼를 구해 오라는 것은 말이 안 되는 소리이다. 원님이 이러한 문제를 설정하는 이유는 간단하다. 이방을 혼내려는 것이다. 이 옛이야기에서는 그 까닭이 드러나 있지 않지만, 이러한 유형의 다른 옛이야기에는 대부분 그 까닭이 구체적으로 제시된다. 그런데 누구를 혼내려면 구실을 찾아야 한다. 다짜고짜 혼낼 수는 없는 일이다. 원님은 이방에게 이행하지 못할 명령을 내려 명령 불복종의 죄를 짓게 만들기로 한다. 만일 이방이 원님의 명령이 온당치 못함을 지적하면 어떻게 될까? 아마도 상관 모독죄를 뒤집어쓰게 될 것이다. 어쨌든 문제를 해결하지 못한 이방은 자리에 드러눕는다. 그러나 이런 이방에게는 똑똑한 아들이 있게 마련이다.

이 옛이야기에 드러나 있는 문제는 두 가지다. 하나는 원님이 설

---

51) <이방 아들의 지혜>, ≪대계 7-7≫, 564-566쪽 요약.

정한 원문제이고, 다른 하나는 이방의 아들이 설정한 원문제의 유사 문제이다. 두 문제는 완전히 동일한 발상으로 이루어져 있다. 그런데 유사 문제 내부의 사건은 원문제 내부의 사건과 인과관계를 형성하고 있다. 즉 이방이 아이를 낳고 있기 때문에 황소가 낳은 새끼를 데리고 올 수 없다는 것이다. 이 옛이야기에서는 이러한 인과 관계를 통해서 원문제의 설정자인 원님에게 유사 문제를 제기할 수 있었을 뿐만 아니라 원문제의 해결자를 이방에서 이방의 아들로 교체할 수 있었다.

〈어린아이의 꾀〉[52]에서는 원문제 자체와 바로 인과관계를 형성하는 유사 문제를 제시하는 방법으로 해답이 없는 문제를 해결한다. 임금이 호랑이를 그린 병풍을 둘러치고는 어린아이에게 물었다. "얘야, 너는 저 호랑이에게 굴레를 씌울 수 있겠느냐?" 어린아이가 할 수 있다고 대답하고는 밖에 나가 굴레를 짜서 들어왔다. 그러고는 임금에게 말했다. "임금님, 제가 굴레를 씌우겠습니다. 그런데 호랑이에게 굴레를 씌우려면 누가 호랑이를 몰아줘야 합니다. 임금님께서 좀 몰아주시지요." 병풍 속의 호랑이를 몰아주는 원인이 없으면 그 호랑이에게 굴레를 씌우는 결과가 있을 수 없다는 것이다. 이것은 문제 설정자가 감당할 수 없는 원인 행위를 요구함으로써 문제 해결자 또한 자신이 감당할 수 없는 결과 행위에 대한 책임을 모면하고자 하는 문제 해결 전략이다.

(2) 거짓 해답으로 문제를 해소한다

〈거짓 활 잘 쏘는 사람〉[53]이라는 옛이야기가 있다.

---

52) ≪대계 1-7≫, 36-37쪽 참고.

53) ≪임석재 전집 1≫, 106-108쪽 요약.

어느 시골 부자가 서울 구경하러 갔다가 일 년도 못 되어 돈을 다 쓰고는 집에 내려가려고 동무들을 청해서 이별술을 마셨다. 다음날 대장간에 가서 동무들이 준 전별금으로 활촉을 만들어 거기에 자기 이름을 새겼다. 그리고 꿩을 사서 그 꿩에다 활촉을 박았다. 그는 길을 가다가 정승들이 장기를 두고 있는 것을 보고는 그 옆에다 활촉 박힌 꿩을 슬며시 던져 두었다. 한 정승이 활촉에 새겨진 이름을 보고 그를 찾아서 명궁이라면서 이팝과 고기로 잘 대접했다. 그래서 그는 활 잘 쏘는 사람으로 소문이 났다. 이 소문을 들은 또 다른 정승이 그를 불렀다. 그 집에는 밤마다 부엉이가 날아와서 우는데 그럴 때마다 한 사람씩 죽어 나갔다. 그는 한밤중에 까만 보자기를 뒤집어쓰고 나무에 올라가 팔을 뻗은 채로 부엉이를 기다렸다. 부엉이가 자신의 팔에 내려앉자 그놈을 움켜잡고 활촉을 박았다. 이튿날 정승은 그를 명궁이라면서 칭찬하였다. 나라에서 이 소문을 듣고 이 사람을 불렀다. 서울의 산에 있는 범을 잡으라는 것이었다. 범들이 산에서 내려와서 사람을 많이 잡아먹었기 때문이다. 이 사람은 몰이꾼 삼백 명을 달라고 해서 산으로 올라갔다. 며칠 동안 헛수고했다. 어느 날 이 사람 혼자서 산에 갔는데, 여러 날 쫓겨다닌 범이 피곤해서 큰 바위에서 잠을 자고 있었다. 이 사람은 범의 밑구멍에 화살을 콱 박았다. 놀란 범이 뛰어내리다가 벌레 먹은 나무 구멍에 머리를 박고 기절했다. 이때를 이용하여 범의 여기저기에 화살을 꽂아서 죽이고 범을 잡았다 하고 크게 소리쳤다. 이를 알게 된 나랏님이 상으로 군수 자리를 주었다. 군수가 된 이 사람은 활촉으로 자신의 눈을 찔렀다. 그리고 나랏님에게 가서, 외눈박이가 되어서 활을 쏘지 못하게 되었으므로 다른 명궁을 얻어 두라고 말했다.

이 옛이야기의 주인공인 시골 부자는 거짓으로 명궁 행세를 했다. 속임수치고는 위험 부담이 크다. 명궁으로서 훌륭한 대접은 받겠지만 없는 실력을 있는 것처럼 보이는 것은 결코 쉬운 일이 아니기 때문이다. 다행히도 우리의 주인공은 운이 좋았다. 사람을 죽게 하는 부엉이도 잡을 수 있었고 사람을 잡아먹는 범도 잡을 수 있었다. 그 덕분에 군수 자리까지 얻었다. 그러나 언제까지 이와 같은 운이 따라 준다는 보장이 없다. 부엉이나 범보다 더 무서운 동물을 잡으라는 명령이나 요청을 끊임없이 받게 될 터인데, 언젠가는 동물에게 잡아먹히거나 아니면 사람에게 몰매맞아 죽을 것이다.

남을 속이는 것은 일시적으로는 가능하다. 그러나 아무리 치밀하게 대책을 마련한다고 하더라도 언젠가는 들통이 나게 마련이다. 가장 좋은 방법은 더 속이지 않는 것이지만, 속이지 않는 순간에 그 이전에 속인 것이 저절로 드러나는 경우도 있다. 신분이나 능력을 속이는 경우가 그러하다. 따라서 속임수를 쓰려고 한다면 그 속임수를 중단할 수 있는 방법을 따로 마련해 두지 않으면 안 된다.

이 옛이야기의 속임수는 일종의 문제 설정이다. 재물을 탕진한 시골 부자가 돈과 벼슬을 얻기 위한 방편으로 거짓 명궁 노릇을 했다. 임금을 비롯한 모든 사람이 속아 넘어갔다. 그들은 시골 부자가 설정한 문제를 해결하지 못한 것이고, 그에 대한 대가로 돈과 벼슬을 빼앗겨야 했다. 그러나 시골 부자는 자신이 설정한 문제가 매우 심각한 결함을 가지고 있다는 것을 잘 알고 있었다. 따라서 시골 부자는 다른 사람들이 문제의 결함을 알아차리기 전에 문제의 결함을 해소하지 않으면 안 된다. 불행히도 그것은 불가능하다. 어느 날 갑자기 명궁에 걸맞은 실력을 갖출 수는 없는 일이다. 그렇다면 문제 자체를 해소하지 않으면 안 된다. 우리의 주인공은 자신의 눈에다가 활촉을 박아버렸다. 아무리 대단한 명궁이라도 외눈박이가 된다면 사지로 내몰려 활을 쏘게 되지는 않을 것이기 때문이다.

이 옛이야기와 같은 해결 방법으로 문제 자체를 해소하는 것으로는 〈개구리의 출세〉[54]를 들 수 있다. 이것은 잃어버린 물건을 코로 냄새를 맡아서 찾아낸다는 속임수를 써서 출세의 욕망을 충족시키고는 바로 그 코를 잘라 버린다는 옛이야기이다. 충족된 욕망 때문에 야기되는 새로운 문제적 상황에서 목숨을 부지하는 것과 같은

54) ≪대계 1-2≫, 96-98쪽 참고.

더 큰 욕망이 좌절되는 것을 예방하려는 것이다.

〈거짓 활 잘 쏘는 사람〉에서는 문제 해소의 필요성을 인식한 사람이 문제 설정자 자신이었다. 그러나 대부분의 경우에는 문제 해결자가 문제 해결의 방법으로서 문제 해소의 필요성을 인식한다. 이러한 경우라면, 문제 설정자 스스로 문제를 해소하게끔 하는 이야기 전략이 필요하다. 이미 말했듯이, 문제 해결자가 문제에 해답이 없다고 말하는 순간 문제의 해답을 구할 수 없음을 변명하는 것으로 받아들여질 수 있기 때문이다.

〈지혜 있는 어린 사또〉[55]를 보자.

> 열 살 먹은 어린아이가 한 고을의 사또가 되었다. 아전들이 사또가 어리다고 하여 명령을 잘 듣지 않았다. 그뿐만 아니라 사또를 골려주려고 계략까지 꾸몄다. 아전들이 사또를 모시고 어느 과붓집 앞을 지나는데, 한 놈이 그 집에서 뛰어나오더니 달아나는 것이었다. 물론 이것은 아전들이 그렇게 시킨 것이다. 아전들은 이런 못된 놈은 가만둘 수 없다고 했다. 사또는 그놈을 잡아오라고 했다. 아전들이 잡을 리가 없다. 사또는 그놈 모습을 그림으로 그려오라고 해서 형틀에 엎어놓게 했다. 그러고는 사령을 시켜서 매를 치게 했다. 관속들은 지쳐서 용서를 빌었다. 아전들은 또 머리를 짰다. 여승을 시켜서 사또에게 가서 바람에 날려간 고깔을 찾아달라고 부탁하라고 했다. 사또는 북으로 가는 뱃사공과 남으로 가는 뱃사공을 불러오고 대못 다섯 개를 구해오라고 했다. 사또는 두 뱃사공더러 고깔값을 물어주라고 했다. 각자 북풍이 불어라 남풍이 불어라 축원했기 때문에 바람이 어쩔 줄 몰라 돌개바람이 되었고, 그래서 여승이 고깔을 잃어버렸다는 것이다. 그리고 여승에게는 고깔을 머리에 씌운 뒤에 아전들에게 대못 다섯 개를 여승의 머리에 박으라고 했다. 고깔을 잃어버리지 않게 해주겠다는 것이다. 아전들이 이 말을 듣고 잘못을 빌었다.

이 옛이야기에서 어린 사또가 어떻게 하여 아전들이 설정한 문

---

55) ≪임석재 전집 12≫, 109-110쪽 요약.

제가 해답이 없는 문제임을 알 수 있었느냐를 따지는 것은 무의미하다. 어린 사또가 그것을 한눈에 알아볼 정도로 영리했다고 해도 그뿐이고 그렇지 못해서 곤욕을 치르다 보니 서서히 눈치 채게 되었다고 해도 그뿐이기 때문이다. 정작 중요한 것은, 어린 사또가 해답 없는 문제를 어떻게 하여 해결하느냐를 살피는 것이다.

이 옛이야기의 문제 해결자는 일단 문제의 거짓 해답을 구성한다. 물론 그 거짓 해답은 문제의 조건 속에서 구성하고 있다. 문제 설정자가 거부할 수 없는 거짓 해답을 구성하기 위한 것이다. 문제의 조건은 사또에게 부여되어 있는 모든 권한을 행사하여 문제의 해답 없음을 규명하라는 것이다. 사또가 그림을 매질하게 하는 것이나 여승의 머리에 대못을 박게 하는 것을 시비할 수는 없다. 그것은 사또에게 허락된 권한에 따른 것이기 때문이다. 다만 그렇게 해서 문제의 해답을 구할 수 있느냐 없느냐만 따질 수 있을 뿐이다. 물론 그것은 거짓 해답이다. 그러나 거짓 해답이 문제의 해답 없음을 규명할 수만 있다면 문제를 해결하는 방법은 될 수 있는 것이다.

사또는 그 거짓 해답이 문제 설정자 자신에게 오히려 불리하게 작용하도록 구성하였다. 문제 설정자 스스로 문제의 해답이 없음을 고백하도록 하기 위한 것이었다. 아전들은 사또가 시키는 대로 그림을 매질하고 여승의 머리에 대못을 박거나 아니면 모든 것의 전후 사실을 실토하여야 한다. 다른 선택지는 없다. 사또의 문제 해결 방법이 비합리적임을 지적할 수는 없다. 문제 해결자가 문제의 해답 없음을 직접적으로 언급할 수 없는 것과 같은 이유에서이다. 사정이 이러할진대, 아전인들 스스로 문제의 해답 없음을 털어놓고 용서를 빌지 않을 수 있겠는가.

해답이 없는 문제인데도 거리낌 없이 문제랍시고 설정하는 것은 문제 해결자를 만만하게 여기기 때문이다. 물론 만만하게 여길 만한 까닭이 없는 것은 아니다. 〈거짓 활 잘 쏘는 사람〉에서는 우환을 많이 겪어 심약해진 정승이라서 만만하게 여겼고, 〈지혜 있는 어린 사또〉에서는 나이가 어린 사또라서 만만하게 여겼다. 다음에 살펴볼 〈며느리의 시어머니 교육〉[56]에서는 단지 며느리라는 이유만으로 아주 만만하게 여긴다.

> 외아들을 둔 부부가 며느리를 봤다. 그런데 시어머니가 몇 달 되지도 않아 며느리를 구박하여 내쫓았다. 이 아들이 또 장가를 들었는데, 이번에도 시어머니가 내쫓았다. 그러던 차에 중매를 서겠다는 사람이 나타났다. 장가를 보내 주겠다는 데 마다할 이유가 없었다. 문제는 색시 쪽이었다. 그쪽 부모가 한사코 반대했던 것이다. 그런데 색시가 시집을 가겠다고 고집을 부려 어쩔 수 없이 허락을 하고 말았다. 시집온 지 사흘이 되던 날, 시어머니는 며느리에게 쌀을 내주며 밥을 하라고 했다. 그런데 쌀을 씻지도 않고 일지도 않고 솥도 부시지도 않고 그냥 밥을 하는 것이었다. 상을 내라고 하니까 행주질도 하지 않고 그릇도 부시지 않고 막 차려내는 것이었다. 시어머니는 또 며느리 내쫓으려고 한다는 소리를 들을까봐 잔소리도 하지 못하고, 다시 쌀을 내어 밥을 손수 지으려고 했다. 그러자 며느리는 시어머니의 머리채를 잡고 부엌에다가 태질을 했다. 시어머니는 안마당으로 나와서 며느리가 시어머니 친다고 하면서 땅을 치며 울었다. 그런데 아무도 그 말을 믿지 않았다. 오히려 이번 며느리는 한 달도 못 견디겠다면서 혀를 찼다. 동네 사람 보기가 부끄러운 시아버지가 시어머니를 친정으로 내쫓았다. 시어머니를 내쫓은 며느리는 온갖 정성으로 시아버지와 남편을 모셨다. 일 년이 지나자, 며느리는 남편에게 시어머니를 모셔오라고 했다. 시어머니가 오시자 며느리는 공손히 맞아들이고 극진히 보살폈다. 시아버지는 시어머니에게 다시는 며느리에게 참견을 하지 말라고 했다.

어머니가 아들의 아내인 며느리를 한 번도 아니고 두 번이나 내쫓았단다. 굳이 정황을 들추어 보지 않더라도, 오로지 시어머니이

56) ≪대계 1-1≫, 99-109쪽 요약.

기 때문에 내쫓았고 며느리이기 때문에 내쫓겼을 것임을 충분히 짐작할 수 있다. 아마도 시어머니는 며느리에게 사사건건 까탈을 부리고 트집을 잡았을 것이다. 며느리는 시어머니의 구박을 모면할 수 없다. 오직 며느리라는 이유만으로 구박을 당하기 때문이다. 시어머니의 구박을 모면할 수 있는 유일한 방법은 며느리라는 자리를 내놓는 것이다. 이를 문제 설정과 문제 해결의 이야기틀로 정리하면, 시어머니는 며느리로서는 결코 해결할 수 없는 문제를 설정하여 결국 며느리를 내쫓는 것이라고 말할 수 있다.

그런데 세 번째 며느리가 들어왔다. 이 며느리는 저간의 사정을 모두 알고 스스로 들어왔다. 시어머니가 며느리에 대해서 설정하는 문제를 해결할 자신이 없다면 결코 시집오지 않았을 것이다. 새며느리의 생각을 더듬어 보자. 시어머니는 단둘이 있을 때만 며느리를 구박했을 것이다. 다른 사람이 보는 데서 구박하려면 그럴 만한 이유가 있어야 하지만, 단둘이 있을 때는 며느리라는 이유만으로도 얼마든지 구박할 수 있기 때문이다. 그렇다면 며느리로서는 시어머니와 단둘이 있을 때만 며느리 노릇을 하지 않으면 되지 않을까. 그래서 새며느리는 단둘이 있을 때면 오히려 시어머니를 구박한다. 심지어 폭력까지 행사한다. 시어머니와 며느리의 관계에서는 있을 수 없는 일이기 때문에 누구에게도 의심을 사지 않는다.

이 옛이야기는 문제가 곧 해답인 이야기 공식을 채택하고 있다고 말할 수도 있다. 시어머니의 문제 설정 방법을 역으로 이용한 것이 며느리의 문제 해결 방법이기 때문이다. 그런데도 이 옛이야기의 이야기 공식을 거짓 해답에 의한 문제의 해소로 규정하는 것은, 며느리의 문제 해결 의도 때문이다. 며느리가 궁극적으로 바라는 것은 시어머니와 함께 화목한 가정을 꾸리는 것이다. 그러려면 시어머니는 며느리에게 괜한 까탈과 트집을 잡지 말아야 한다. 다시 말해서 문제답지 못한 문제를 며느리더러 해결하라고 해서는 안 된다. 며느리는 시어머니가 이를 깨닫게 하기 위해서 시어머니 스스로 자신이 설정한 문제를 해소하게 했던 것이다.

3) 문제의 해답의 해소가 해답이다

해답이 없는 문제는 문제답지 못한 문제라고 했다. 그런데 해답이 있다고 하더라도 그 해답이 오히려 새로운 문제를 야기하는 문제도 있다. 이러한 문제 또한 문제답지 못한 문제라고 해야 할 것이다. 문제의 해답이 문제가 되는 이유는 두 가지인데, 하나는 문제 해결 방법이 정상적이지 않기 때문이고, 다른 하나는 문제 자체가 풍요로운 삶과 거리가 먼 욕망에 관한 것이기 때문이다. 옛이야기는 전자에 대해서는 유사 해답으로 해답을 해소하고, 후자에 대해서는 거짓 해답으로 해답을 해소한다.

(1) 유사 해답으로 해답을 해소한다

문제에 해답이 있고 또 그 해답을 찾았다고 하더라도 그것이 남의 도움에 의한 것이나 우연에 의한 것일 수 있다. 게으름뱅이 못난이가 새끼 서 발을 들고 길을 나섰는데, 새끼 서 발로 다른 물건을 얻고 그것을 또 다른 물건과 바꾸고 그리하여 마침내 남의 색시까지 차지하여 잘살았다는 〈새끼 서 발로 색시 얻다〉[57]라는 옛이야기가 그러한 경우를 잘 보여 준다. 이러한 옛이야기는 그저 웃자고 하는 이야기이다.

그러나 욕망의 제로섬 게임을 벌이는 옛이야기에서는 얼토당토않은 방법으로 충족된 욕망은 얼토당토않은 방법으로 좌절시킨다.

57) ≪임석재 전집 2≫, 140-141쪽 참고.

예컨대 우연에 의해서 문제의 해답이 구성되면, 또 다른 우연에 따라서 그 해답이 새로운 문제로 전환된다는 것이다. 다음은 위에서 예로 든 옛이야기와 같은 유형에 속하는 〈새끼 서 발〉[58]이라는 옛이야기이다.

옛날에 한 집에 어머니와 아들 둘이 살았다. 어머니는 뼈빠지게 일하는데, 아들은 빈둥거리며 놀았다. 어머니가 보다 못해 야단을 치자, 아들은 짚을 가져다주면 새끼를 꼬겠다고 했다. 그런데 하루 종일 꼬았다는 새끼가 겨우 서 발이었다. 화가 난 어머니는 새끼 서 발을 들려 아들을 내쫓았다. 아들이 길을 가다가 동이짐을 맨 새끼가 끊어져서 쩔쩔매는 동이장수를 만났다. 아들은 새끼 서 발과 동이 하나를 바꾸었다. 다음에, 물 길러 가다가 동이를 깬 각시를 만났다. 동이와 쌀 한 말을 바꾸었다. 해가 저물어 어느 집에서 자게 되자, 주인에게 쌀을 잘 간수해 달라며 맡겼다. 그런데 그 집의 쥐가 쌀을 다 먹었다. 주인은 쌀 대신에 쥐를 주었다. 그 다음날, 잠자러 들른 집에서 고양이가 쥐를 잡아먹었다. 그래서 고양이를 얻었다. 그 다음날, 하루 신세지게 된 집에서는 말이 고양이를 밟아 죽였다. 고양이를 잃은 대신 말을 얻었다. 말을 끌고 가다가 죽은 처녀 시체를 지고 가는 사람을 만났다. 말을 처녀 시체와 바꾸었다. 또 하룻밤을 묵으려고 어떤 집에 들렀다. 그 집에서 내준 방의 벽에 처녀 시체를 기대어 앉혀 놓고 잠시 나간 사이에, 그 집 딸이 들어와 죽은 처녀를 보았다. 딸이 말을 걸어도 대답을 하지 않아 살짝 건드렸는데, 처녀 시체가 넘어졌다. 돌아온 아들이 이를 보고는, 장가들 처녀를 죽였다면서 난리를 쳤다. 그 집에서는 딸을 대신 데려가라고 했다. 딸을 큰 궤짝에 넣어 짊어지고 가는데, 잔칫집이 있어 들렀다. 음식을 얻어먹으려고 잠시 궤짝을 내려놓았는데, 지나가던 두부장수가 궤짝을 열어 딸을 꺼내고 대신 비지를 담아 놓고 갔다. 이를 모르는 아들은 집에 돌아와 장가들게 되었다며 어머니에게 병풍과 차일을 얻어오라고 큰소리쳤다. 뒤늦게 사실을 알게 된 아들은, 병풍하고 차일을 얻어오라고 한 것이 아니고, 비지 끓여먹게 간장하고 김치 얻어오랬다고 능쳤다.

58) ≪임석재 전집 6≫, 440-441쪽 요약.

이 옛이야기 또한 총각이 새끼 서 발로 색시를 얻는 것을 보여 준다. 여러 차례의 물물 교환을 통해서 새끼 서 발이 색시로 바뀌게 되었는데, 그 과정이 전혀 합리적이지 않다. 중간 과정을 잠시 무시해 보자. 새끼 서 발의 물적 가치와 색시의 물적 가치는 전혀 다르다. 그렇다고 해서 물물 교환이 불가능한 것은 아니다. 물적 가치가 기운다 하더라도 그것을 다른 방법으로 보전할 수 있기 때문이다. 그러나 이 옛이야기는 그런 것에는 관심이 없다. 바꿀 수 있기 때문에 바꾸는 것을 보여 주기보다는 바꾸는 것을 보여 주기 위해서 바꿀 수 없는 것조차 바꾸어 버린다.

새끼 서 발과 동이 하나를 바꾸는 것은 납득할 만하다. 동이를 묶은 새끼가 끊어져 동이짐 전체가 깨질 상황이라면 동이 하나를 주고 새끼 서 발을 구할 만한 것이다. 이 대목에서 우리는 물적 가치가 상황에 따라서 달라질 수 있음을 알게 되는 즐거움을 누린다. 동이 하나와 쌀 한 말을 바꾸는 것 또한 그럴 듯하다. 그런데 쌀 한 말과 쥐 한 마리를 바꾸는 것은 어떠한가. 아마도 쌀 한 말이 쥐 한 마리의 뱃속에 들어 있으니, 쥐 한 마리가 쌀 한 말의 값어치가 있다고 본 것이리라. 이어지는 물물 교환도 똑같은 논리에 입각해 있다. 쥐와 그 쥐를 잡아먹은 고양이를 바꾸고, 고양이와 그 고양이를 죽인 말을 바꾼다. 그러나 말과 처녀 시체를 바꾸는 까닭은 전혀 드러나 있지 않다. 나중에야 처녀 시체가 필요했음이 드러난다. 처녀 시체가 있어야 그것을 건드려 살인 누명을 쓸 색시를 얻을 수 있는 것이다.

여기까지 보면 이 옛이야기는 단지 얄팍한 웃음을 야기하기 위해서 어처구니 없는 물물 교환을 보여 주는, 천박한 이야기라고 해도 무방하다. 왜냐하면 욕망 촉발에 의한 문제 설정이 이루어지기만 하면 욕망 충족을 위한 문제 해결이 저절로 이루어지기 때문이다. 그러나 이 옛이야기가 진정으로 말하고자 하는 것은 그것이 아니다. 이 옛이야기는 수많은 물물 교환을 통해서 얻은 색시를 너무 나 간단하게 도둑맞게 함으로써, 문제에서 저절로 구해지는 해답은 진정한 해답이 아님을 역설적으로 말하고자 하는 것이다.

옛이야기에서는 충족시키지 못할 욕망이라면 아예 욕망 자체를 촉발시켜서는 안 된다는 태도를 취한다. 그래서 좌절된 욕망에는 혹독한 대가가 따르게 한다. '안 되면 말고' 같은 어정쩡한 태도를 경계하기 위한 것이다. 여기에서는, 새끼 서 발이 비지가 되어 돌아왔다. 만일 이 옛이야기가 진정으로 욕망의 이야기를 추구했더라면 결말을 그렇게 시시하게 처리하지 않았을 것이다. 어쩌면 새끼 서 발로 총각의 목을 매달게 했을지도 모른다. 그렇게 만드는 것은 일도 아니다. 잔칫집에서 두부 장수를 만나게 하지 말고, 호젓한 산길에서 산적을 만나게 하면 되는, 아주 간단한 일이다. 이왕이면 그 산적은 예전의 동이장수라 하자. 동이장수는 이 총각에게 얻은 새끼로 동이짐을 묶어 장삿길에 나섰다. 그런데 성의 없이 꼰 새끼라서 금방 틀어졌고, 그 바람에 동이가 다 깨져 버렸다. 먹고 살 일이 막막했던 동이장수는 어쩔 수 없이 산적이 되었던 것이다.

〈독장수 구구〉[59] 또한 비합리적 방법으로 문제의 해답을 구성하게 되면 그 해답 때문에 오히려 곤경에 처할 수 있음을 보여 준다. 옹기장수가 잠시 쉬려고 앉았다가 문득 이런 생각을 한다. 일 원에 산 동이를 이 원에 팔고, 그 이 원으로 옹기를 다시 사서 팔면 사 원이 되고, 그 사 원으로 사서 팔면 팔 원이 되고…. 금세 부자가 될 것 같아 일어서서 덩실덩실 춤을 추면서 돌아다녔다. 그러다가 그만 옹기짐을 실은 지게를 받치고 있던 작대기를 발로 차게 된다. 동이를 가지고 가는 족족 모두 팔린다고 생각하는 것도 비합리적이고, 부자가 된다는 생각에 좋아서 춤추다가 지게 작대기를 발로 찬

59) ≪임석재 전집 5≫, 310쪽 참고.

다는 것도 비합리적이다. 그러나 후자의 비합리성에 의해서 전자의 비합리성이 더욱 선명하게 드러나는 것이다.

이와 대조적인 옛이야기가 〈쌀 한 알이 황소된 이야기〉[60]이다. 쌀 한 알을 미끼로 하여 새를 잡고, 그 새를 일 전에 팔아 그 돈으로 병아리를 산다. 병아리를 키워서 알을 얻고, 그 알을 까서 다시 병아리를 얻는다. 이렇게 하여 불어난 닭을 팔아서 마침내 송아지를 산다. 이 옛이야기에서는 가지고 있는 물건의 기능적 가치를 활용하는 지혜와 그 지혜를 실천으로 옮기는 노동이 개입되어 있다. 이러한 까닭에 그 결과가 〈독장수 구구〉와 상반되게 나타나는 것이다.

〈고려장이 없어지게 된 이야기〉[61]는 원해답의 유사 해답으로 문제를 원점으로 되돌려 버리는 옛이야기이다. 아버지가 할아버지를 지게로 져서 산속에 내다버리는 것을 본 아들이 그 지게를 도로 짊어지고 내려온다. 아버지가 늙으면 산속에 져다 버릴 지게가 필요하다는 것이다. 생산력을 상실한 할아버지를 부양할 수 없을 정도로 어려웠던 시절도 있었던 모양이다. 그런데 그 문제를 해결하는 방법이 너무나 비인간적이다. 이를 비판하는 아들의 방법은 매우 간단하다. 단지 아버지와 똑같은 방법으로 앞으로 마주치게 될 문제를 해결할 것임을 암시할 뿐이다. 아버지는 할아버지를 다시 모셔올 수밖에 없다.

우연과 같은 비합리적인 방법으로 문제를 해결하는 것을 모방하는 것은 매우 위험하다. 말 그대로 해답을 얻고 얻지 못함이 비합리적으로 결정되기 때문이다. 〈혹 떼러 갔다 혹 붙인 이야기〉[62]는 이에 대한 경고의 메시지를 담고 있는 옛이야기이다.

마음씨 좋은 어느 혹부리가 산에 나무하러 갔다가 비를 피해 어

60) ≪대개 8-5≫, 345-346쪽 참고.
61) ≪임석재 전집 7≫, 146-147쪽 참고.
62) ≪대계 4-1≫, 292-294쪽 참고.

느 빈집에 들어간다. 밤이 되자 무서움을 털기 위해서 노래를 불렀는데, 마침 도깨비가 그 노래를 들었다. 도깨비는 혹에서 노래가 나온다는 혹부리의 말을 믿고, 혹을 떼어가는 대신 도깨비방망이를 주었다. 이것은 비합리적인 문제 해결의 전형이다. 이를 두고 혹부리가 마음씨가 좋아서 복을 받았다고 해석하는 것은 난센스이다. 이야기 상황 자체가 성급한 도깨비가 밑지는 거래를 하게 되어 있었던 것이다. 이 소문을 들은 욕심 많은 이웃집 혹부리가 그 빈집으로 찾아갔다. 그러나 도깨비방망이는커녕 혹을 하나 더 붙여서 돌아오게 된다. 이 혹부리가 벌을 받은 것은 욕심 때문이 아니고 어리석음 때문이다. 한 번 속은 도깨비가 또다시 속을 만큼 어리석다고 생각한 그 자신의 어리석음 때문이라는 것이다.

이와 유사한 예로 〈송아지하고 무하고 바꾼 사람〉[63]을 들 수 있다. 어느 채소 농사꾼이 사람 몸집만한 무를 수확하자 사또에게 바쳤다. 사또는 그 정성을 갸륵하게 여겨 최근에 들어온 물건을 상으로 주라고 했다. 그것은 송아지였다. 이 소문을 들은 이웃 사람이 송아지를 끌고 가서 사또에게 바쳤다. 사또는 광에 있던 무를 상으로 내렸다. 채소 농사꾼이 무를 바치고 송아지를 얻은 것은 우연이었다. 마침 광에 송아지가 있었기 때문이다. 이를 제대로 간파하지 못한 이웃 사람은, 무를 바치면 송아지를 얻고, 송아지를 바치면 최소한 황소를 얻는다는, 일종의 독장수 구구셈을 했던 것이다.

지금까지 살펴본 옛이야기들은 비합리적인 방법으로 문제의 해답을 구성하게 되면 그 해답이 언제든지 새로운 문제를 일으킬 수 있음을 보여 주는 것이다. 이러한 해답이라면 아예 해소하는 것이 바람직하다. 방법은 간단하다. 원해답을 구성하는 것과 동일한 방법으로 유사 해답을 구성하면 된다. 옛이야기는 이러한 이야기틀을

63) ≪임석재 전집 2≫, 147쪽 참고.

통해서 행운에 의지하는 문제 해결 자체를 경고하는 것이다. 사실 욕망의 제로섬 게임인 옛이야기에서는 우연에 의한 문제 해결을 허용할 수 없다. 문제 설정 자체가 우스워지기 때문이다.

(2) 거짓 해답으로 해답을 해소한다

문제 해결자가 제시된 문제의 성격이나 본질을 제대로 이해하지 못하면, 문제 설정자가 요구하는 해답을 구성할 수 없다. 그런데 문제 설정자 자신이 문제의 성격이나 본질을 오해하는 경우도 있다. 이의 구체적인 양상 중에서 두 가지는 우리가 이미 살펴본 바 있다. 그것은 해답이 없는 문제인데도 해답이 있는 문제로 굳게 믿는다거나 문제로부터 이끌어 낼 수 없는 해답을 해답으로 기대하는 것이었다. 이제 새로이 검토할 것은, 문제에 해답이 있어서 문제로부터 해답을 구성할 수 있다고 하더라도 그 해답이 문제 해결자의 삶을 오히려 피폐하게 한다는 사실을 문제 설정자가 전혀 알지 못하는 경우이다. 이러한 문제는 해답의 구성 가능성 여부와 상관없이 심각한 문제성을 내포하고 있다고 할 수 있다.

문제의 해답이 자신의 삶을 오히려 피폐하게 한다면 문제 해결자로서는 그 문제를 해결할 이유가 없다. 그런데도 문제 설정자가 문제 해결을 강요한다면 문제 해결자는 어떻게 해서든 거부하여야 할 것이다. 문제 해결자의 삶을 일방적으로 피폐하게 만드는 것이라면 진정한 의미에서 욕망의 제로섬 게임이라고 할 수 없기 때문이다. 그런데 문제 설정자와 문제 해결자가 동일하다면 이와 같은 시비에서 벗어날 수 있다. 옛이야기가 주인공 스스로 문제를 설정하고 또 스스로 문제를 해결하는 방식을 곧잘 취하는 까닭이 여기에 있다. 이 경우, 문제 설정자가 곧 문제 해결자가 된다.

이와 같은 이야기들에서는 흔히 원조자가 개입한다. 이 원조자는 문제 설정자를 돕기도 하고 문제 해결자를 돕기도 한다. 원조자의 또 다른 얼굴은 징벌자이다. 해답이 문제가 되는 문제를 설정하여 문제 해결자를 유인하여 징벌한다. 또한 해답이 문제가 되는 문제를 직접 해결하여 문제 설정자를 징벌하기도 한다. 해답이 문제가 되는 문제를 해결하거나 설정하는 데 대하여 책임을 묻는 것이다.

문제 설정자를 징벌하는 원조자를 만나보기로 하자. 다음은 〈손님을 꺼리다가 망한 부자〉64)이다.

> 한 부자가 있었는데, 손님이 너무 많이 찾아오는 것이 귀찮았다. 어느 날 중이 시주를 얻으러 오자, 안부인이 불러서 손님이 오지 않게 하는 방도를 가르쳐주면 달라는 대로 주겠다고 했다. 그러자 마침 눈에 들어오는 바위를 가리키면서 저것을 쓰러뜨리면 된다고 했다. 이 말을 들은 부자는 작인을 불러 바위를 옮기게 했다. 사흘 만에 바위를 한 발자국 옮기게 되었는데, 갑자기 맑은 하늘에 천둥이 울고 벼락이 쳤다. 그 후 그 부자는 망했다.

이와 비슷한 유형의 이야기로 〈묵은 쌀밥이 싫은 스님들〉65)을 들 수 있다. 귀정사라는 절에는 중이 수백 명이 있었지만, 항상 쌀이 남아돌았다. 중들은 언제나 묵은 쌀밥을 먹었는데, 그게 너무 싫었다. 하루는 어떤 도사가 오더니, 법당을 뜯고 그 자리에 삼 미터를 파서 다시 지으면 햅쌀밥을 먹을 수 있다고 가르쳐주었다. 그 말대로 했더니 절이 폭삭 망해 버렸다.

손님이 많이 찾아오는 것이나 묵은 쌀밥을 먹게 되는 것은 생활이 넉넉하기 때문이다. 따라서 그것을 해결해야 할 문제로 설정하는 것 자체가 문제라고 하지 않을 수 없다. 그러나 우리의 주인공들은 그것을 해결하고 싶어한다. 주인공의 또 다른 분신인 중과 도

---

64) ≪대계 1-7≫, 552-553쪽 요약.
65) ≪대계 5-1≫, 668-670쪽 참고.

사가 등장하여 그것을 해결해 준다. 손님이 오지 않도록, 햅쌀밥을 먹을 수 있도록 망하게 해준 것이다. 물론 우리의 주인공이 기대했던 해답은 그것이 아니다. 부자로 있으면서 손님을 치지 않고 햅쌀밥을 먹는 것이었지만, 그러한 해답은 문제로부터 절대로 구성할 수 없는 것이었다. 이처럼 잘못된 해답을 상정하고 문제를 설정하게 되면 그에 대한 대가를 톡톡히 치르게 된다.

이 두 가지 옛이야기에서는 뒤늦게라도 해답의 문제성을 문제 설정자가 인식할 수 있었다. 그러나 어떤 경우에는 그 해답 때문에 삶이 피폐해졌는데도 오히려 삶이 풍요로워졌다고 여기기에 문제 설정과 문제 해결에 스스로 만족하기도 한다. 〈개눈을 얻는 사람〉[66]이 바로 이에 관한 옛이야기이다. 나무를 해다 팔아서 끼니를 때우는 사람이 있었다. 명절 때 먹을 쌀을 사려고 나무 두 짐을 했는데, 그만 한 짐을 잃어버렸다. 나무 한 짐을 팔아서 오늘 먹을 것을 장만했지만 내일 먹을 것을 마련할 방도가 없어 신세 타령을 했다. 이를 딱하게 여긴 옥황상제가 소원을 물으니 배부른 것이 소원이라고 했다. 옥황상제는 부잣집 개의 눈알을 떼어다가 그 사람의 눈에 붙여 주었다. 그 후 그 사람의 눈에는 길바닥에 널려 있는 똥이 술과 밥으로 보여 잘 먹고 잘 살았다.

주인공이 문제 설정자이면서 동시에 문제 해결자이면서, 문제의 해답이 주인공 자신의 삶을 피폐하게 한다고 할 때, 주인공은 딜레마에 빠지지 않을 수 없다. 그런데 이러한 딜레마에서 벗어날 수 있는 방법이 없는 것은 아니다. 거짓 해답으로 해답을 해소하면 되는 것이다. 이것은 주인공이 문제 풀이 게임에서 이탈하지 않으면서 문제 풀이의 결과로부터 자유로워질 수 있는 유일한 방법이다. 거짓 해답이란 문제 설정자의 처지에서는 해답일 수 없는 해답을

66) ≪대계 1-6≫, 50-52쪽 참고.

말한다. 그러나 문제 해결자의 처지에서 볼 때 그 거짓 해답이야말로 참해답이다. 왜냐하면 그 거짓 해답을 통해서 문제 설정자로 하여금 스스로 자신이 기대했던 해답을 포기하거나 부인하게 할 수 있기 때문이다. 〈효부로 된 불효부〉[67]라는 옛이야기를 통해서 거짓 해답에 의한 해답 해소라는 이야기 공식을 확인해 보자.

> 홀어머니와 함께 살던 외아들이 장가를 들었는데, 며느리가 시어머니를 싫어했다. 아들은 마누라의 버릇을 고치기로 했다. 그러기 위해서 거짓말을 했다. 어머니가 없으면 부부만 행복하게 살 수 있으므로 어머니를 죽이자고 했다. 사내의 속을 모르는 마누라는 좋다고 했다. 남편이 그 방책을 말했다. 어머니가 약주를 좋아하니까 보름 동안 하루도 빠짐없이 취하도록 약주를 마시게 한다. 보름이 지나면 어머니를 술 취하게 한 다음 다리에 떨어뜨려 죽인다. 그래도 의심받지 않을 것이다. 늘 술에 취해서 다니다가 다리에서 굴러 떨어져 죽은 줄 알 테니까. 이 말을 들은 마누라는 쌀로 동동주를 담아 나며들며 시어머니에게 드렸다. 시어머니는 며느리가 고마워 아이도 봐 주고 일도 같이 했다. 그러자 며느리는 시어머니를 잘 대접하니까 시어머니가 자신을 도와준다는 사실을 깨닫게 된다. 약속한 보름이 지나자 사내가 술을 들고 들어와서 마누라에게 말하기를, 어머니를 술 취하게 해서 죽이러 나가자고 했다. 그때 마누라가, 이제는 시어머니 없으면 못 산다고 하면서 용서를 빌었다. 사내는 품속에 든 칼을 꺼내 놓고 말했다. 만일 어머니를 죽이자고 말했다면 너를 죽였을 것이다.

이 옛이야기에서 사내가 설정한 문제는 마누라가 설정하려고 했던 문제인데 사내가 선수를 친 것이다. 그리고 문제를 해결하여야 할 사람 또한 마누라이다. 시어머니를 죽이고 살리는 것은 오로지 마누라에게 달려 있기 때문이다. 따라서 이 옛이야기의 문제 설정자도 마누라이고 문제 해결자 또한 마누라라고 해야 할 것이다. 사내는 마누라의 문제 설정을 대신해 줄 뿐만 아니라 문제 해결을 도

---

67) ≪대계 1-4≫, 387-390쪽 요약.

와주는 원조자에 지나지 않는다. 이 사내 역시 원조자이면서 징벌자의 구실을 한다. 마누라가 문제의 해답이 문제가 된다는 것을 깨닫도록 사건을 꾸미지만, 그런데도 문제의 해답을 스스로 해소하지 않는다면, 이 사내는 마누라를 죽이게 된다.

이 옛이야기의 문제 설정은 시어머니 제거에 관한 것이다. 결혼한 여자가 시어머니 없는 가정을 꿈꾸는 것은 당연한 욕망이다. 시어머니의 존재 자체가 며느리의 자유를 제약하는 것이기 때문이다. 따라서 며느리의 문제 설정에 대해서 시비할 수는 없다. 그러나 며느리가 상정하고 있는 해답에 대해서는 이의를 제기하여야 한다. 왜냐하면 며느리가 갈구하는 그 해답이 바로 며느리를 해치게 될 것이기 때문이다. 시어머니를 살해하면 일단 며느리의 문제는 해결된다. 그런데 막상 이를 결행하면 어떻게 되는가. 밖으로는 살인 혐의를 받게 되고 안으로는 죄책감에 시달리게 될 게 뻔하지 않은가. 기존의 문제가 해결되면 그것이 빌미가 되어 새로운 문제가 설정되는 것이다. 그러나 당면한 문제가 다가올 문제보다 언제나 더 심각한 법이다. 며느리는 결코 이를 모르지도 않지만 이에 구애되지도 않을 것이다.

이제 원조자의 개입에 대해서 생각해 보자. 사내가 마누라의 속내를 헤아리고 마누라를 나무랄 수도 있다. 문제 자체를 문제삼을 수도 있고, 그 해답을 문제삼을 수도 있다. 그러면 마누라가 뉘우치고 용서를 빌 것 같은가. 천만의 말씀이다. 오히려 마음을 더 독하게 다잡고 일을 더욱 교묘하게 꾸밀 것이다. 결국 마누라는 시어머니를 죽일 것이고, 사내가 할 수 있는 일이란 단지 그 마누라를 죽이는 것뿐이다. 문제 설정자에게 우호적인 태도를 취하는 원조자라면 문제 설정자 스스로 문제를 해소하거나 문제 해결자 스스로 그 해답을 해소하도록 도와야 한다. 그러려면 원조자는 일단 문제 설정자 또는 문제 해결자의 신뢰를 얻어야 한다. 상대에게 신뢰를 얻는 가장 확실한 방법은 상대의 모든 것을 인정하는 것이다.

이 옛이야기의 사내는 일단 아내의 문제 설정을 긍정한다. 그리고 아내의 문제 해결 또한 적극적으로 돕는다. 그뿐만 아니라 아내가 예상하는 해답이 문제를 일으킬 소지가 있음을 지적한다. 그러나 그 해답을 해소하여야 한다고 말하는 것이 아니다. 그 해답이 문제를 일으키지 않도록 사건 상황을 재조정하자고 말한다. 이렇게 말하는 사내를 신뢰하지 않을 마누라가 어디 있겠는가.

마누라는 시어머니 살해에만 초점을 맞추었다. 그런데 사내는 어머니를 살해하되, 어머니의 죽음이 타살이 아닌 실족사로 보이도록 하기 위해서는 어머니에게 약주를 올려야 한다고 주장한다. 그것도 정성을 다하지 않으면 안 된다고 덧붙였을 것이다. 시어머니가 며느리를 자랑하고 다녀야, 혹여 시어머니의 죽음이 타살로 판명난다고 하더라도, 며느리가 시어머니의 살해 용의자에서 제외될 수 있을 것이라고 설명했을 것이다. 물론 이것은 거짓 해답이다. 마누라가 설정한 문제를 해결하는 것이 아니라 마누라가 예상하는 해답을 해소하려는 것이기 때문이다.

마누라는 사내의 말에 전적으로 동의한다. 그리고 있는 정성 없는 정성으로 약주를 빚어 시어머니에게 올린다. 전후 사정을 알 리 없는 시어머니는 며느리가 그저 고마울 수밖에 없다. 그러한 마음은 감추어 둘 수 없다. 이제 시어머니는 힘든 일까지 나누어 할 정도로 며느리를 진정으로 사랑한다. 남들도 며느리를 칭찬하기 시작한다. 어느새 며느리는 시어머니와 함께 사는 새로운 즐거움을 느끼게 된다. 시어머니를 죽이기 위한 정성이 며느리 자신을 살린 셈이다. 결국 사내는 어머니와 마누라 모두에게 위기인 문제적 상황을 두 사람 모두에게 기회인 문제적 상황으로 바꾸어 놓는 데 성공했다.

이 옛이야기는 일차적으로 사내의 거짓 해답이 마누라의 해답을 해소한다. 해답이 문제가 될 때, 그 해답을 해소하게 되면 또 다른 해답을 찾게 마련이다. 고부간의 갈등이 문제로 대두되는 일반적인 사례에서는 그렇다. 시어머니를 죽여서 제거하는 것이 문제가 된다면, 시어머니를 딸네집으로 보낸다거나 아니면 며느리 자신이 아예 장삿길로 나서 버리는 해답을 모색할 수도 있다는 것이다. 그런데 이 옛이야기에서는 거짓 해답에 의한 해답 해소가 너무나 완벽하여 문제 자체를 해소해 버린다.

여기서 한 가지 덧붙일 것은 해답을 해소하기 위한 거짓 해답은 매우 정교해야 한다는 것이다. 이와 같은 유형에 속하는 어떤 옛이야기는 엉성한 거짓 해답으로도 해답을 말끔하게 해소하는 것을 보여 주기도 하는데, 이는 옛이야기의 치열한 이야기 정신과는 어울리지 않는다.

예컨대 〈불효부를 효부로 만들다〉[68]라는 옛이야기가 그러하다. 아내가 늙은 시아버지에게 불효를 저지르자 남편이 이렇게 말한다. 장에 갔더니 살찐 영감을 사가더라. 우리도 아버지를 팔아서 논도 사고 밭도 사자. 그러려면 먼저 살을 찌워야겠다. 이 말을 들은 아내는 정성껏 시아버지를 살찌웠다. 그러자 동네 사람의 칭송이 자자했다. 아내는 자신의 잘못을 뉘우치고 둘도 없는 효부가 되었다. 이 옛이야기의 문제 해결 과정은 너무나 작위적이다. 살찐 영감을 사는 사람이 있다는 남편의 말을 곧이듣을 정도로 어리석은 아내라면, 어찌 시아버지에게 불효를 저지를 수 있겠는가.

해답이 문제가 될 때, 거짓 해답으로 해답을 해소하는 것이 그 문제를 해결하는 유일한 방법이라고 했다. 이를 극명하게 보여 주는 옛이야기는 도술에 관한 이야기이다. 따지고 보면 도술은 자가당착적인 모순 개념이다. 도술도 분명 문제를 해결하는 방법의 하나이다. 그런데 도술은 해결하지 못하는 문제가 없다. 이 세상에 존재하는

68) ≪임석재 전집 11≫, 99쪽 참고.

각각의 문제를 해결하는 각각의 방법이 따로 있다. 그런데 이를 하나로 묶어 놓은 것이 도술이다. 도술은 방법의 하나이면서 동시에 방법의 전부인 것이다. 이러한 개념 정의는 성립할 수 없기 때문에, 현실세계에서는 도술이라는 것은 존재하지 않는다고 말할 수 있다.

옛이야기 중에는 도술에 관한 이야기가 적지 않다. 왜 그럴까. 욕망 때문이다. 욕망의 무조건적 충족에 대한 욕망 때문이다. 그러나 욕망의 무조건적 충족이란 그 자체가 모순 개념이다. 모순 개념은 모순 개념으로 대응할 수밖에 없다. 그것이 바로 도술이다. 도술을 끌어들이면 무조건적으로 충족되는 욕망에 대해서 이야기하는 것이 가능하다. 그러나 그것은 욕망의 제로섬 게임을 추구하는 욕망의 이야기는 되지 못한다. 문제도 문제성을 내포하게 되고, 문제의 해답도 문제성을 내포하게 되기 때문이다.

욕망의 이야기에서도 도술을 적절하게 활용할 수 있다. 도술은 특히 문제적 상황을 설정하는 데는 아주 유용하다. 현실세계의 제약을 뛰어넘어 상상 가능한 모든 문제적 상황을 이야기 속에 끌어들일 수 있기 때문이다. 〈세 가지 소원〉[69]이라는 옛이야기를 통해서 이에 관한 논의를 구체적으로 해 보자.

> 사내는 나무를 하고 마누라는 방아품을 팔러 다니는 부부가 있었다. 어느 날 사내는 나무를 하러 가서 나무 그늘에 앉아 신세타령을 하다가 잠이 들었는데, 산신령이 꿈에 나타나서 세 가지 소원을 들어주겠다고 했다. 잠에서 깬 사내는 빈 지게를 지고 집으로 돌아왔다. 그런데 마누라가 없었다. 마누라를 기다리는데, 마누라는 통 오지 않았다. 기다리다가 배가 고파서 '빵이나 하나 나와라' 하고 말했다. 이것이 첫 번째 소원이 된 셈이다. 그때 마누라가 돌아왔다. 사내는 마누라에게 빵의 사연을 자랑스럽게 말했다. 마누라가 듣고 보니 분하기가 이를 데 없어서, '에이, 그놈의 빵 그냥 영감의 코에 갖다 붙었

69) ≪대계 1-5≫, 303-304쪽 요약.

으면 좋겠다' 하고 말했다. 그랬더니 두 번째 소원이 이루어졌다. 코에 빵이 붙어 있는 영감을 할멈이 보니, 도저히 함께 살 수 없을 것 같았다. 할 수 없이, '저거나 떨어지게 해주소서'라고 말하여 세 번째 소원을 써 버렸다.

산신령은 나무꾼 부부—직접적으로는 나무꾼—에게 세 가지 소원을 들어주겠다고 했다. 이 자체가 바로 문제적 상황이다. 나무꾼 부부는 그 세 가지 소원으로 행복해질 수도 있고 불행해질 수도 있는 것이다. 그런데 나무꾼 부부는 산신령이 들어주는 소원 때문에 그들 자신이 행복해지거나 불행해지는 것을 못마땅하게 생각할 수도 있다. 따라서 이 부부는 먼저 세 가지 소원을 사용할 것인가 말 것인가를 결정하여야 한다. 그 다음에, 소원을 사용한다면 어떻게 사용할 것인지, 소원을 사용하지 않는다면 산신령의 호의를 어떻게 사양할 것인지 결정하여야 한다. 물론 우리의 주인공은 상식적인 사람이다. 산신령의 제안을 받아들이기로 했던 것이다.

나무꾼은 집으로 가서 방아품을 팔러 간 아내를 기다린다. 너무나 큰 행운을 혼자서 감당할 수 없었기 때문이다. 꿈속의 일이라 조금은 의심스럽긴 하다. 그러나 정말로 세 가지 소원이 이루어질 수도 있는 일이다. 따라서 이 세상에서 가장 훌륭한 소원을 말하지 않으면 안 된다. 그런데 어떠한 소원이 가장 훌륭한 소원일까. 나무꾼은 생각에 생각을 거듭하였을 것이다. 이는 지켜보지 않아도 알 수 있는 일이다.

그러다가 지친다. 배도 고프다. 빵이나 하나 먹었으면 하는 생각이 문득 들고 얼떨결에 그 생각이 말이 되어 입밖으로 나온다. 그랬더니 과연 빵 하나가 나왔다. 꿈속의 약속이 사실이었던 것이다. 나무꾼은 어떤 기분일까. 한편으로는 기쁘고 한편으로는 화가 나지 않을까. 소원이 이루어졌으므로 기쁘고, 소원 하나를 빵 한 개를 얻는 데 써 버렸으므로 화가 날 것이다. 전후 사정을 들은 아내는 화만 날 것이다. 아내로서는 꿈속의 산신령을 의심할 기회가 전혀 없었기 때문이다. 결국 아내가 일을 저지르고 만다. 흥미로운 것은, 소원 그 자체에 대한 생각 때문에 첫 번째 소원을 쓰게 되고, 그 첫 번째 소원 때문에 두 번째 소원을 쓰게 되고, 그 두 번째 소원 때문에 세 번째 소원을 쓰게 되었다는 것이다.

이 옛이야기에서 산신령은 분명 원조자이다. 그런데 문제 설정자이면서 동시에 문제 해결자인 원조자이다. 또한 나무꾼 부부를 문제 설정자로 만들면서 동시에 문제 해결자로 만드는 원조자이기도 하다. 산신령은 나무꾼에게 소원을 말하라고 함으로써 나무꾼 부부에게 해결하여야 할 문제를 던져 준다. 이것은 산신령이 나무꾼 부부를 문제 설정자로 만드는 문제를 설정하고 있는 것이다. 그런데 나무꾼의 소원은 말하기만 하면 이루어지는 소원이다. 따라서 나무꾼 부부는 문제 해결자가 된다. 물론 그렇게 될 수 있도록 도와 주는 존재가 바로 산신령이므로, 산신령 또한 문제 해결자가 된다.

소원이 이루어진다고 하자. 그러면 어떠한 소원을 말하여야 하는가. 이 문제의 해답은 간단하다. 그것은 '어떠한 것도 부럽지 않은 가장 훌륭한 소원'이다. 그런데 과연 그러한 소원을 말할 수 있을까. 남의 떡이 커 보인다고, 아무리 좋은 소원을 생각해 낸다고 하더라도 그것보다 더 좋은 소원이 있을 것 같은 불안감에 사로잡히지 않을까. 따라서 소원을 이루는 순간 행복해지는 것이 아니라 오히려 불행해진다. 그렇다면 소원 자체를 포기하는 것이 가장 현명하다. 그러나 그것은 문제 풀이 게임에서는 용납되지 않는다. 방법은 하나, 소원으로 소원을 해소하는 것이다. 이것은 거짓 해답으로 해답을 해소하는 이야기 공식과도 부합한다. 이 옛이야기는 나무꾼 부부 자신의 위험한 욕망과 불가능한 욕망 충족 방법을 나무꾼 부부 자신들이 슬기롭게 해소하는 것을 상징적으로 보여 준다고 하겠다.

제 3 장

옛이야기의 환상성

1. 환상성의 표지로서 초인적 존재와 보물
2. 환상세계로서 '옛날'의 시간과 공간
3. 환상성의 현실성

제 3 장 옛이야기의 환상성

1. 환상성의 표지로서 초인적 존재와 보물

옛이야기는 옛날에 일어났거나 일어났을 법한 사건을 이야기로 꾸민 것인데, 그 '옛날'에 내포된 의미에 따라서 크게 현실적 옛이야기와 환상적 옛이야기로 나뉜다. 현재와 대립되는 과거로서 '옛날'에 관한 이야기는 현실적 옛이야기이고, 현실세계와 대립되는 환상세계로서 '옛날'에 관한 이야기는 환상적 옛이야기이다.

환상세계로서 '옛날'은 해도 둘이고 달도 둘이고, 사람이 귀신과 함께 살고, 날짐승도 말을 하고 길짐승도 말을 하고, 밥나무에 밥이 열리고 옷나무에 옷이 열리고, 호랑이가 담배 먹는 그러한 시공간이었다. 이러한 시공간의 주인은 인간일 수도 있고 인간이 아닐 수도 있다. 그러나 그가 누구이든 간에 그의 사유와 행위는 현실세계의 우리가 이해할 수 있는 논리에 바탕을 둔 것이어야 한다. 그래야만 우리가 그를 우리와 같은 인격적 존재로 받아들일 수 있기 때문이다.

환상세계란 현실세계의 자연 법칙이 전체적이든 부분적이든 지속적이든 일시적이든 어떻게든 어그러지는 세계이다.[1] 환상세계에

1) 환상세계는 자연 법칙이 현실세계의 그것과 다른 초현실세계와 인간 법칙이 현실세계의 그것과 다른 비현실세계를 아우르는 것이지만, 옛이야기의 '옛날'은 초현실세계로서 환상세계에 국한된다.

서는 자연법칙을 새로 만들고 바꾸고 없애는 특별한 능력을 가진 초인적 존재가 개입하기 때문이다. 현실세계에서는 인간과 자연의 관계가 문제가 되지만, 환상세계에서는 인간과 초인적 존재의 관계가 문제가 된다. 환상세계에서 인간은 초인적 존재에게 핍박을 당하기도 하고 그러한 초인적 존재를 핍박하기도 한다. 그러나 가장 바람직한 것은 현실세계의 인간이 자연과 조화를 꾀하듯이 환상세계의 인간이 초인적 존재와 화해를 꾀하는 것이다.

환상적 옛이야기는 자연법칙을 직접 제어할 수 있는 능력을 가진 초인적 존재가 문제적 상황을 설정하는 데 관여하는 옛이야기이다. 그런데 초인적 존재는 자신이 몸소 자연법칙을 어그러뜨리기도 하지만 어떤 물건에 그러한 능력을 부여하여 그 물건을 가진 인간이 그 일을 대신하게 하기도 한다. 현실세계의 눈으로 보면, 전자는 도술이고 후자는 도술을 부리는 보물이다. 그래서 도술과 보물은 환상적 옛이야기의 표지라고 말할 수 있다.

옛이야기 가운데는 초인적 존재의 도술과 같은 신통력을 발휘하는 보물이 사건의 발단·전개·종결에 개입하는 것이 적지 않다. 즉 보물 때문에 문제가 제기되기도 하고 제기된 문제가 해결되기도 한다는 것이다. 그렇다고 해서 보물 그 자체가 문제적 상황의 요체인 것처럼 생각해서는 안 된다. 이러한 옛이야기 또한 환상적 옛이야기라고 할 수 있다. 왜냐하면 보물의 존재 자체가 환상세계의 논리를 기반으로 하기 때문이다.

초인적 존재의 도술이나 그것과 같은 비중의 의미를 지니는 보물은 원래 환상세계의 것이다. 보물은 현실세계에서도 그 신통력이 사라지지 않는다. 이것은 초인적 존재가 현실세계로 들어와서도 얼마든지 도술을 부릴 수 있는 것과 마찬가지다. 그러나 초인적 존재가 필요에 따라서 현실세계에 잠시 머물다가 다시 환상세계로 되돌아가듯이, 보물 또한 현실세계에서 그 역할을 마치는 순간 환상세계로 되돌아간다. 사람이 이런저런 이유로 보물을 손에 넣을 수는 있지만 영원히 간직할 수 없는 것도 이 때문이다. 사실 보물은 사람에게 어울리는 것이 아니다. 많은 옛이야기에서, 사람이 보물 때문에 오히려 낭패를 보게 되는 사건을 다루는 것도 이 때문이다.

도술도 그러하지만 보물 또한 그 신통력의 성격에 따라서 크게 네 가지로 나눌 수 있다. 첫째, 생명과 관련되는 신통력을 발휘하는 보물이 있다. 이 보물은 늙은이를 젊게 하고, 병든이를 낫게 하고, 죽은이를 살린다. 그런가 하면 사람과 짐승을 돌로 만들어 버리기도 하고 돌이 된 사람과 짐승을 되살려 놓기도 한다. 둘째, 물질과 관련되는 신통력을 발휘하는 보물이 있다. 동일한 물질을 끊임없이 복제해 낸다든가, 원하는 것이면 무엇이든 만들어 주거나 가져다주는 보물이다. 셋째, 신체를 변화시키거나 신체에 특별한 능력을 보태 주는 보물이 있다. 변신을 하게 하고, 모습을 감추게 하고, 힘이 세어지게 하고, 지혜로워지게 하고, 하늘을 날게 하는 보물이 바로 그것이다. 넷째, 언어에 주술적 힘을 부여하는 보물이 있다. 문자언어로 이루어진 글이 의미하는 바가 실제로 이루어진다거나 그림언어로 이루어진 그림 속의 사람과 동물을 현실세계로 내보낸다든지 하는 것이 그 예이다.

보물은 초인적 존재의 도술이 응축된 물체이다. 따라서 보물의 신통력은 그것의 근원이 되는 초인적 존재의 도술력에 좌우된다. 보물이 될 수 있는 것은 매우 다양하다. 도술을 부릴 수 있는 초인적 존재는 그 자체가 보물과 같은 존재라고 할 수도 있다. 그래서 그 신체의 일부는 보물이 되기도 한다. 이러한 예로는, 인간의 해골, 동물의 털과 뼈, 식물의 열매와 잎 같은 것을 들 수 있다. 그런가 하면, 자연의 형상물에 초인적 존재가 자신의 도술을 옮겨 놓은 것도 있다. 흙·돌(보석)·물 등은 물론이고 그것으로 이루어진 구멍·바위·샘물 등도 신통력을 가질 수 있다.

초인적 존재가 직접 만든 물건도 보물이 된다. 그런데 초인적 존재는 사람에게 전혀 생소한 물건을 만드는 법이 없다. 그래서 겉으로 보아서는 사람들이 생활용품으로나 문화용품으로 늘 사용하는 물건과 구별이 되지 않는다. 물론 재료도 흔히 보는 것과 그다지 다르지 않다. 조끼·모자·보자기처럼 천으로 만든 것도 있고, 화로·맷돌·접시·화분·항아리(독)·방망이·상자·퉁소처럼 쇠·돌·흙·나무로 만든 것도 있고, 구슬·병·거울처럼 유리로 만든 것도 있다. 보물 가운데는 보물처럼 보이는 보물이 있는가 하면, 보물처럼 보이지 않는 보물이 있다. 우리의 옛이야기는 뒤의 것을 더 중요하게 여겼다.

1) 초인적 존재

(1) 신적 존재

초인적 존재의 근원은 신이다. 신은 스스로 존재할 뿐만 아니라 다른 어떤 것을 존재하게 할 수 있기 때문에, 자연 법칙 또한 홀로 주재한다. 우리의 옛이야기에 등장하는 옥황상제와 용왕 그리고 염라대왕이 이와 같은 신의 반열에 오를 수 있을 것이다. 옥황상제는 하늘을 다스리고 용왕은 바다를 다스리고 염라대왕은 사후 세계인 저승을 다스린다. 그러나 이들은 절대적인 권능을 지닌 초월적 존재는 아니다.

이들을 대표하는 옥황상제는 자신의 딸과 결혼한 나무꾼에게 목이 잘려 죽기도 했고,[2] 사람을 혼내려고 내려친 불칼(벼락)을 강감찬이 빼앗아 부러뜨리는 것을 지켜봐야 했고,[3] 죽은 남생이의 등껍

2) 〈나무꾼과 선녀〉, ≪임석재 전집 1≫, 58-63쪽 참고.
3) 〈망경대의 벼락 꺾은 강감찬〉, ≪대계 8-3≫, 29-31쪽 참고.

질에서 올라온 대나무 순이 하늘 곳간에 구멍을 내어 쌀이 지상세계로 쏟아지는 것도 몰랐다.[4] 이것만 보면, 옥황상제는 다시 살아날 수는 있다 하더라도 죽는 것을 피할 수 없으며, 탁월한 능력을 지닌 인간에게 굴복할 수도 있으며, 자신이 지배하는 하늘 세계까지 완전히 꿰뚫어보지는 못한다는 것을 알 수 있다.

용왕도 온전한 신으로 대접하기에는 모자라는 점이 있다. 뱃속에 질경이풀이 돋아 죽을 병에 걸렸다가 사람이 일러 주는 대로 백마의 오줌을 받아먹고 나았고,[5] 큰 강 속에 사는 영감의 아들인 두꺼비를 장군으로 떠받들며 그가 시키는 대로 대동강에 다리를 놓았고,[6] 죄를 지어 인간 세상에서 개로 산 자신의 아들을 돌봐 준 양진사의 은혜를 갚는다고 비를 내려 준다는 것이 너무 많은 비를 내려 오히려 피해를 주었다.[7] 이러한 예들은, 용왕이 질병에서 자유롭지 못하고, 특별한 능력을 지닌 두꺼비에게 휘둘리고, 비를 내리는 것조차 실수할 정도로 어설픈 존재임을 잘 보여 준다.

염라대왕도 신에 걸맞지 않기는 마찬가지다. 원님 김치의 명을 받은 사령 강님에게 이끌려 나와서 사람을 죽이고 살리는 일에 대해서 설명해야 했고[8], 살 만큼 살다가 죽어 저승에 온 부자에게 벌금을 내게 하여 다시 살려 주었고,[9] 며느리의 도술을 시기한 곽수의 부탁을 받고 그 며느리를 잡으러 저승사자를 인간 세상에 보냈는데, 염라대왕의 부하인 저승사자는 오히려 며느리의 꾀에 넘어가 곽수를 잡아가는 잘못을 저지르기도 했다.[10] 사람의 목숨을 거둬들

---

4) 〈하늘에서 쌀이 터져 내려와 부자가 된 이야기〉, ≪대계 6-6≫, 251-252쪽 참고.
5) 〈용왕의 병을 고친 이야기〉, ≪대계 6-5≫, 690-691쪽 참고.
6) 〈두꺼비 신랑〉, ≪임석재 전집 1≫, 38-41쪽 참고.
7) 〈용두연 전설〉, ≪대계 8-7≫, 124-126쪽 참고.
8) 〈두꺼비 신랑〉, ≪임석재 전집 1≫, 35-38쪽 참고.
9) 〈덕진 다리 이야기〉, ≪대계 6-6≫, 108-109쪽 참고.
10) 〈곽수 선생과 며느리의 도술 싸움〉, ≪대계 7-10≫, 80-95쪽 참고.

이는 일을 맡은 염라대왕이 그것에 대해서 사람에게 변명을 늘어놓고, 사람과 거래를 하고 사람의 청탁을 받는다는 것을 도대체 어떻게 이해하여야 하는가.

옥황상제와 용왕 그리고 염라대왕과 어슷비슷한 초인적 존재가 있는데, 그는 산신령이다. 산신령은 명산의 수호신으로서, 신성을 지닌 초인적 존재 중에서 사람 앞에 가장 잘 나타날 뿐만 아니라 사람을 가장 잘 도와주는 초인적 존재였다. 아무래도 산신령이 본디 사람이었기 때문이 아닌가 한다. 도술책을 읽고 호랑이로 변한 사람이 아내가 도술책을 태워 버리는 바람에 사람으로 되돌아가지 못해서 울티재 산신령이 되었고,[11] 죽은 처녀와 죽은 도령이 서로 가리산 산신령 자리를 다투다가 혼인하게 되었는데 둘은 결국 골짜기 하나씩 주재하는 산신령이 되었고,[12] 양봉래라는 사람은 혼령이 되어 용궁에 현판을 써 주려고 갔다가 돌아왔더니 후손이 이미 장례를 지내 버린 탓에 금강산 산신령이 되었다.[13] 그런가 하면 산신령은 사람과 혼인을 하기도 했다. 나무꾼 총각과 혼인한 산방산 여산신령이 그 좋은 예다.[14] 산신령 또한 대단한 초인적 능력을 가지고 있지만 사람에게 꼼짝없이 당하기도 한다. 지리산 산신령은 이성계의 왕위 등극을 반대하다가 전라도로 귀양을 가게 되었다.[15]

옛이야기에 등장하는 신적 존재들은 전지전능하고 무소부재한 완전무결한 존재가 아니다. 이들은 인간처럼 죽기도 하고 실수도 한다. 다만 신이라서 죽어도 다시 살고 실수를 해도 만회가 가능할 뿐이다. 신적 존재에게 이와 같은 인간적인 면모를 부여한 데는 그만한 까닭이 있는 것으로 보인다. 신적 존재는 인간이 절대적으로

---

11) 〈울티재 산신의 내력〉, ≪대계 7-6≫, 218-220쪽 참고.
12) 〈가리산 산신 전설〉, ≪대계 2-2≫, 673-676쪽 참고.
13) 〈양봉래〉, ≪임석재 전집 4≫, 145-146쪽 참고.
14) 〈산방산 여산신과 나무꾼 총각〉, ≪임석재 전집 9≫, 203쪽 참고.
15) 〈전라도로 귀양보낸 지리산〉, ≪대계 7-1≫, 55-57쪽 참고.

복종하고 찬양하여야 하는 경외의 대상이 아니다. 인간과 다른 특별한 능력으로 인간이 감당할 수 없는 특별한 임무를 수행할 뿐, 인간과 더불어 하나의 운명 공동체를 이루고 살아가야 할 '옛날'이라는 세계의 한 구성원일 뿐이다. 이러한 사실을 뒷받침하는 것이 있는데, 그것은 신적 존재의 영역 또한 인간 세계 안에 존재한다는 것이다. 인간이 신적 존재의 영역을 들어갈 수도 있고 다시 인간 세계로 나올 수도 있었던 것도 그 때문이었다. 물론 적지 않은 어려움을 겪어야 하고 신적 존재의 도움을 받아야 한다는 조건이 붙긴 했지만.

(2) 초인적 인간

사람의 모습을 하고 있으면서도 사람으로서는 상상도 하지 못할 탁월한 능력을 발휘하는 초인적 존재가 있다. 이들 중 일부는, 옥황상제나 용왕의 자녀 또는 신하가 죄를 지어 인간 세상에 내려와서 사람의 모습으로 살아가는 신이다. 이들은 비록 사람 부부 사이에서 태어났다고 하더라도 언젠가는 자신의 본래 모습으로 되돌아가기 때문에 사람이라고 할 수는 없다. 사람으로 살다가 사람으로 죽어 사람으로 저승으로 가는 사람 중에서 초인적 능력을 가진 존재만이 이 자리에서 논의될 것이다.

인간인 초인적 존재의 한 부류는 특별한 몸을 가지고 있는 사람들이다. '깊으나얕으나'는 결코 물에 빠져 죽지 않으며, '뜨거나차거나'는 뜨거운 물이나 불에 들어가도 죽지 않고, '지나마나'는 아무리 많이 지고 가도 전혀 무거움을 느끼지 않고, '베나마나'는 목을 아무리 베어도 목이 몸에 도로 붙어 살아난다.[16] '줄었다늘었다'

---

16) 〈특재 있는 육형제〉, ≪임석재 전집 9≫, 69-71쪽 참고.
땅속에 사는 어느 괴적은 칼을 맞아 목이 떨어져도 천장에 붙어 말을 하고 다

는 몸이 줄었다 늘었다 한다.[17] 이러한 사람들의 몸은 물에 뜰 정도로 가볍거나, 불에 타지 않을 정도로 단단하거나, 붙고 떨어짐과 줄고 늘어남이 자유로운 특별한 살과 뼈로 이루어져 있다.

몸을 이루고 있는 팔다리나 이목구비가 특별한 기능을 발휘하는 사람들도 있다. 어떤 아이는 높은 산을 손으로 밀어서 평지를 만들 정도로 힘이 세다.[18] 단지에 눈 오줌에서 태어났다고 해서 이름이 '단지손이'인 아이는 열 손가락으로 순식간에 넓은 밭을 갈 수도 있고, 천장에 올라붙을 수도 있으며, '콧김손이'는 숨을 들이쉬어 나무를 눕히고 숨을 내쉬어 나무을 일으키고 콧김을 내쉬어 바다를 얼어붙게 할 수 있으며, '오줌손이'는 큰 강이 되어 흐를 정도로 많은 오줌을 쌀 수 있다.[19] 두 다리로 걸으면 걸음이 너무 빨라 한 다리는 묶고 한 다리로만 걷는 사람도 있다.[20]

그런가 하면, 도술 또는 도술에 가까운 기술이나 재주가 있는 사람들도 있다. '십리만리'는 앉아서도 십 리 만 리 밖의 일을 알 수 있고, '열떼장굴떼'(열쇠자물쇠)는 어떠한 자물쇠라도 다 열 수 있다.[21] 그리고 '먼말듣기'는 아무리 멀리서 나는 소리라도 다 들을 수 있다.[22] '한구묵구행'은 '한구묵구행'이라는 말로 세상의 모든

시 몸에 붙으려고 했다. 이때 괴적에게 잡혀왔던 정승의 딸이 재를 뿌려 붙지 못하게 하여 죽게 만들었다(〈괴적 토벌〉, ≪임석재 전집 7≫, 309-314쪽 참고).

17) 〈특재 있는 팔형제〉, ≪임석재 전집 1≫, 84-86쪽 참고.

18) 〈결의 사형제〉, ≪임석재 전집 6≫, 363-364쪽 참고.

19) 〈결의 오형제〉, ≪임석재 전집 7≫, 258-263쪽 참고.

20) 〈특재 있는 사의형제〉, ≪임석재 전집 5≫, 133-135쪽 참고.
발을 땅에 대기만 하면 눈깜짝할 사이에 만 리를 가기 때문에 발을 하늘로 쳐들고 드러누워서 길을 가는 사람도 있다.(〈특재 있는 육의형제〉, ≪임석재 전집 6≫, 359-363쪽 참고).

21) 〈특재 있는 육형제〉, ≪임석재 전집 9≫, 69-71쪽 참고.
땅속에 사는 어느 괴적의 경우, 칼에 맞아 잘려 나간 머리가 천장에 붙어 말을 하더니 다시 몸에 붙으려고 했다. 이때 괴적에게 잡혀왔던 정승의 딸이 목에 재를 뿌려 머리가 붙지 못하게 하여 죽게 만들었다(〈괴적 토벌〉, ≪임석재 전집 7≫, 309-314쪽 참고).

22) 〈특재 있는 삼형제〉, ≪임석재 전집 1≫, 87-88쪽 참고.

것을 하늘로 올라가게 할 수 있는데, 손가락으로 콧구멍을 막고 '행' 하면 올라갔던 것이 내려온다. 그리고 만리 밖에 있는 새를 활로 쏘아 맞출 수 있는 사람도 있고,[23] 동물의 말을 잘 알아듣는 사람도 있다.[24]

지금까지 언급한 사람들은 정상적인 사람의 모습을 하고 있다. 그런데 초인적인 능력을 가진 사람 중에는, 사람이라면 마땅히 있어야 할 신체 부위가 없거나 없어야 할 신체 부위가 있는 사람도 있다.

'반쪽이'는 손가락으로 튕겨서 호랑이를 잡을 정도로 힘이 천하장사이지만 몸이 반쪽밖에 없었다. 우물에 있는 고기 세 마리를 잡아 먹으면 아들 삼형제를 낳는다는 꿈을 꾼 어머니가 세 마리째 고기를 아버지와 나눠 먹었기 때문에 위의 두 아들은 온전했지만 셋째 아들은 반쪽으로 태어난 것이다.[25] '웃도리'는 아랫도리가 없이 태어난 사람인데, 결국 어머니의 잘못으로 이성계에게 죽임을 당한다. 지리산 산신령이 이성계를 반대했던 것도 이 웃도리가 왕이 되기를 바랐기 때문이다.[26] 반쪽이와 웃도리처럼 초인적 능력이 있는 것은 아니지만 달걀만한 알에서 주먹만한 크기로 태어난 '주머구'도 기억해 둘 만하다.[27] 한편, 사람에게는 없는 날개를 달고 태어난 초인적 존재도 있다. 잘 알려진 아기장수형의 인물이 그러하다.

이상의 예를 보면, 초인적 인간은 특별히 타고난다고 말할 수 있다. 평범한 사람이 신통력을 지닌 보물을 손에 넣거나 신비의 물을 마시거나 하여 초인적 인간으로 거듭나는 경우가 없지는 않지만, 그 또한 예외적인 경우라고 하지 않을 수 없다. 그런데 평범한 사

---

23) 〈특재 있는 육의형제〉, ≪임석재 전집 6≫, 359-363쪽 참고.
24) 〈짐승의 말을 알아 듣는 며느리〉, ≪대계 5-3≫, 405-407쪽 참고.
25) 〈외쪽이〉, ≪임석재 전집 1≫, 118-121쪽 참고.
26) 〈웃도리 전설〉, ≪대계 5-2≫, 347-349쪽 참고.
27) 〈주먹만한 아이〉, ≪임석재 전집 1≫, 257-258쪽 참고.

람이라 할지라도 사람이 아닌 다른 존재를 초인적 존재로 만들어 줄 수는 있다. 이를테면 사람의 몸 전체 또는 일부를 먹은 동물은 초인적 존재가 될 수 있다. 사람 천 명을 잡아먹으면 사람이 되는데 한 명을 못 잡아먹어 사람이 되지 못한 구미호 이야기나, 사람의 손톱을 주워 먹고 사람으로 변신한 쥐 이야기가 이를 뒷받침해 주는 예가 된다.

사람은 말만으로도 사람이 아닌 다른 존재를 초인적 존재로 만들어 놓기도 한다. 〈소금장수와 이상한 뼈〉[28]는 이에 관한 옛이야기이다. 어떤 소금장수가 어느 고개 밑에 앉아서 쉬는데, 무심코 옆을 보니 사람의 정강이뼈 같은 뼈가 있었다. 소금장수는 심심풀이로 그 뼈를 주워 자신의 정강이에 대보고 '내 정강이뼈와 똑같다' 하고는 그 뼈를 도로 그 자리에 두었다. 바로 이 말이 사단이었다. 이 말을 들은 그 뼈는 소금장수의 정강이뼈인 양 소금장수가 걷는 대로 졸졸 따라다니기 시작했다. 날이 저물어 주막에 들면, 그 뼈도 소금장수 옆에 드러누웠다.

하루는 어느 동네를 지나는데, 무슨 잔치를 하는지 사람들이 많이 모여 떠들썩했다. 소금장수가 뼈에게 여기서 소금짐을 지키고 기다리라고 했다. 자기는 뼈랑 나누어 먹을 음식을 얻어 오겠다는 것이었다. 그랬더니 뼈는 소금짐 옆에 붙어 있었다. 그 길로 소금장수는 동네를 거쳐 자기 집으로 가 버렸다. 사람의 말대로만 하는 뼈의 속성을 이용하여 뼈를 떼놓은 것이다. 몇 년이 지나 소금장수가 그곳을 다시 지나게 되었는데, 썩은 소금지게가 서 있는 길 가장자리에 오두막이 있었다. 거기에는 할머니가 혼자 살고 있었는데, 그 할머니가 바로 예전의 그 뼈였다. 하룻밤 신세를 지러 들어간 소금장수는 그 할머니에게 잡아 먹힌다. 잔치 음식을 나눠 먹자

28) ≪임석재 전집 7≫, 248-250쪽 참고.

던 소금장수의 말을 그 뼈는 그런 방법으로 실현했던 것이다. 소금장수가 혼자 잔치 음식을 먹었다면 소금장수를 먹는 것이 뼈가 소금 장수와 잔치 음식을 나눠 먹는 셈이 되는 것이다.

(3) 초인적 동물

옛이야기에는 사람처럼 말하고 행동하면서 사람보다 훨씬 뛰어난 능력을 발휘하는 동물들이 있다. 물론 그 능력은 자연 법칙을 어그러뜨리는 수준에 이른다. 그런데 초인적 동물 중에서 동물의 형상을 하고 있을 따름이지, 본디는 신적 존재였던 것도 있다. 이를테면 옥황상제의 꽃밭을 가꾸던 자가 실수로 꽃을 꺾은 죄로 인간 세상에 내려와 두꺼비의 허물을 쓰고 살기도 한다.29)

이러한 초인적 동물과 사람의 관계 양상은 세 가지 정도로 정리할 수 있다. 하나는 교섭 관계이다. 교섭 관계는 우연한 만남에서 형성되는데, 은혜에 대한 보답과 해꼬지에 대한 보복으로 구체화된다. 적대 관계는 초인적 동물이 일방적으로 사람을 적대시하는 관계이고, 동경 관계는 초인적 동물이 진심으로 사람이 되어서 살기를 바라는 관계인데, 이러한 관계를 지향하는 초인적 동물은 의도적으로 사람과 만남을 꾀한다.

먼저 은혜에 보답하는 초인적 동물에 대해서 알아보자. 팔려 가는 붕어가 눈물을 흘리는 것을 본 한 총각이 신을 판 돈을 주고 사서 물에 놓아 주었다. 그러자 그 붕어는 술잔을 가져다주었는데, 그것은 쌀을 담으면 두 배로 불어나는 보물이었다.30) 은혜에 보답하는 것과 해꼬지에 보복하는 것은, 받은 대로 준다는 점에서 마찬가지다. 아이를 밴 여자가 쟁기질하는 남편의 점심밥을 가지고 갔다

---

29) 〈두꺼비의 보은〉, ≪임석재 전집 7≫, 324-326쪽 참고.
30) 〈살려 준 고기의 보은〉, ≪임석재 전집 1≫, 63쪽 참고.

가 꿩을 잡아먹으려는 구렁이를 보고는 쫓았다. 마침 근처에서 쉬고 있던 소금장수도 그 구렁이를 쫓았다. 얼마 후 이 여자가 아이를 낳았는데, 그 아이는 여덟 살이 되도록 말을 하지 못했다. 그런데 어느 날 예전의 그 소금장수가 집에 들르자, 아이가 갑자기 말문을 열어 소금장수를 재우자고 했다. 그날 밤 아이는 구렁이로 변해 소금장수와 자신의 어머니를 잡아먹어 버렸다.[31]

사람을 적대시하는 초인적 동물을 대표하는 것은 여우이다. 강감찬이 머물고 있던 어떤 집에 몇 천 년 묵은 여우가 사람으로 변신하여 주인을 찾았다. 이 여우는 너구리와 함께 동네 사람을 구름에 싸서 바람에 싸서 잡아다가 먹었는데, 이를 안 강감찬이 혼잣말로 '나는 자는 바람 불 줄 알고 기는 자는 비 올 줄 안다'고 하여 쫓아버렸다. 결국 여우는 강감찬에게 잡혀 죽고 너구리는 겨우 도망쳐 살았다.[32]

여우는 사람으로 태어나기도 했다. 어느 부부가 아들이 삼형제나 있었지만 딸을 간절히 원했다. 서낭신이 이를 밉게 여겨 여우에게 사람 형상을 씌워 딸로 태어나게 하였다. 이 딸은 자라자 집 안에 있는 말과 소의 간을 꺼내먹었다. 이를 알아챈 아들들이 부모에게 말했지만 오히려 모두 집에서 쫓겨났다. 큰아들이 도인에게서 바늘쌈지와 물병과 바람병을 얻어 가지고 집에 돌아와 마침내 여우 누

31) 〈구렁이의 보복〉, ≪대계 6-5≫, 133-135쪽 참고.
구렁이는 은혜를 갚을 줄도 안다. 글방에 다니는 어떤 아이가 점심을 먹을 때 구렁이가 먹으라고 밥 한 숟갈과 반찬 한 숟갈을 바위 아래에 두곤 했다. 이 아이가 커서 장가를 가는데, 꿈에 구렁이가 나타나서 말하기를, 각시네 집에 이상한 것이 있는데 너를 죽이려고 하니, 내가 그놈을 죽이겠다고 했다. 다른 사람 눈에는 안 보이고 네 눈에만 보이게 따라갈 것이라고 했다. 과연 장가가는 날, 구렁이가 따라와서 색시방 병풍 뒤에 숨었다. 한밤중에 개가 방문을 열고 들어와 새서방에게 달려들었다. 그때 구렁이가 개를 물어 죽였다. 그 개는 각시를 사랑했는데, 시집을 가니 화가 나서 새서방을 죽이려고 했던 것이다(〈구렁이의 보은〉, ≪임석재 전집 2≫, 23-24쪽 참고).

32) 〈강감찬 여우 잡기〉, ≪임석재 전집 1≫, 180-181쪽 참고.

이를 죽였다.[33)]

조선의 서울을 세우는 데 도움을 준 특이한 여우도 있다. 송도가 망할 무렵에 송악산의 여우가 사람의 해골을 가지고 재주를 넘더니 사람이 되었다. 이를 본 어떤 사람이 뒤를 따라가다가 어느 집에 들어가는 것을 보고 화살을 쏘니 여우가 그것을 손으로 잡았다. 이 여우는 불에 태워도 죽지 않고 물에 띄워도 가라앉지 않았다. 이 여우는 송도 사람들을 병들게 만들고는 자신이 무녀가 되어 돈을 받고 고쳐주었다. 이리하여 송도의 돈을 다 긁어모은 여우는 새 서울을 짓는 데 그 돈을 모두 내놓았다.[34)]

초인적 동물 가운데는 현실세계에 존재하지 않는 상상의 동물도 있다. 그중 하나가 '조마구'[35)]이다. 이 조마구는 입이 다섯 개이고 꼬리가 다섯 개인데, 사람을 해치기도 한다. 조마구는 강물 속에 집을 짓고 산다.

사람을 해치는 초인적 동물에는 이 이외에도 여러 가지가 있지만, 일일이 살펴보지는 않기로 한다. 그런데 사람에게 이로운 초인적 동물과 해로운 초인적 동물이 정해져 있는 것은 아니다. 사람이 꽤 좋아하는 개나 고양이가 사람을 해코지하기도 하고 사람이 무척 싫어하는 지네나 구렁이가 사람을 이롭게 하기도 한다.

이제 사람을 동경하여 아예 사람이 되려고 갖은 고초를 무릅쓰는 초인적 동물에 대해서 이야기하기로 하자. 이에 관한 예로 여우를 먼저 소개하는 것이 좋을 듯싶다. 대부분의 옛이야기에서는 여우는 사람을 해치는 사악한 초인적 동물로 그려진다. 그러나 진정

---

33) 〈여우 누이〉, ≪임석재 전집 2≫, 55-58쪽 참고.
백고양이가 누이가 되는 이야기도 있다(〈백고양이〉, ≪대계 1-9≫, 438-448쪽 참고).

34) 〈새 서울 짓게 한 여우〉, ≪대계 1-7≫, 758-760쪽 참고.
이 여우와 배극렴을 관련지은 옛이야기도 있다.(〈배극렴을 도운 백여우〉, ≪대계 6-3≫, 577-583쪽 참고).

35) 〈조마구〉, ≪대계 1-4≫, 36-40쪽 참고.

으로 사람을 좋아하는 여우도 있다. 그래서 사람으로 거듭나는 것을 바라는 데서 그치지 않고 아예 사람과 부부의 인연을 맺기를 갈망하기도 한다. 이러한 여우를 보여 주는 옛이야기가 〈여우와 굼벵이의 변신〉[36]이다. 이 옛이야기 속의 백 년 묵은 구미호는 자신의 정체를 밝히고서도 사람의 아내로서 행복하게 잘산다.

다음으로, 을밀대에서 삼천 년 동안 도를 닦은 지네에 관한 옛이야기를 살펴보자. 이 지네는 미녀로 변신하여 자살하려는 김성호라는 사람을 구하여 함께 살림을 한다. 지네 미녀는 패물을 팔아서 집을 사서 술집을 열었는데, 장사가 잘 되어 큰 부자가 된다. 그런데 어느날, 김성호 앞에 이미 죽은 아버지가 나타나 지네 미녀의 정체를 가르쳐주고는 죽이라고 한다. 그러나 김성호는 그럴 수가 없어서 아버지가 준 부적을 버린다. 이런 사정을 이미 알고 있는 지네 미녀는 모든 내막을 털어놓는다. 그리고 죽은 아버지로 나타난 것은 을밀대에서 자기처럼 삼천 년 동안 도를 닦은 지렁이라고 말한다. 김성호는 지네 미녀가 일러 준 대로 부적을 이용하여 지렁이를 죽인 다음 집에 돌아와 지네의 모습을 하고 있는 자신의 아내를 칼로 내리친다. 그러자 지네는 사라지고 아내가 나타났다. 지네 미녀는 김성호 덕분에 완전한 사람이 된 것이다.[37]

우렁이 각시는 처음부터 우렁이의 모습을 한 채 사람에게 함께 살자고 청한다. 밭을 매는 총각의 '이 밭을 매서 누구랑 먹고 살고?' 하는 노래에 '니캉 내캉 먹고 살지' 하고 화답한다. 이런 점에서 볼 때, 우렁이 각시는 인간을 동경하는 정도가 지네 미녀보다 훨씬 더 강했다고 말할 수 있다. 그러나 우렁이 각시는 초인적 동물로 간주하기는 어렵다. 우렁이 각시가 바다에 글을 던져 원하는 바를 이룬다거나[38] 친정에 남편을 보내어 원하는 물건을 가져온다

36) ≪대계 4-2≫, 545-547쪽 참고.

37) 〈지네 미녀〉, ≪임석재 전집 6≫, 106-111쪽 참고.

거나 하는 것을 보면,[39] 특별한 죄를 지어 우렁이의 모습을 하고 있는 용왕 또는 초인적 인간의 딸로 보인다.

초인적 동물은 자신의 도술로 얼마든지 사람으로 변신할 수 있다. 그러나 그 변신에는 한계가 있다. 변신 자체가 완벽하지 않아서 신체의 일부가 여전히 동물의 그것으로 남기도 한다. 구미호는 젊은 여자로 변신할 수는 있지만 꼬리마저 없앨 수는 없어서 치마 속에 감추고 다녀야 한다. 그리고 구렁이는 예쁜 여자로 변신할 수는 있지만, 끝이 두 갈래로 갈라진 혀는 사람의 혀로 바꿀 수 없기 때문에 곧잘 들통이 난다.[40]

그런가 하면, 사람으로 변신하는 도술은 특정한 물건 앞에서는 저절로 그 효력이 풀려 버리는 것도 있다. 특히 동물로서 무서워하거나 싫어하는 물건을 보면 그렇게 된다. 사람으로 변신한 지네라면 담뱃진 냄새를 피우면 본모습으로 되돌아가게 할 수 있다. 그뿐이 아니다. 변신의 효력이 일시적인 것도 있다. 밤에는 사람이 될 수 있지만 낮에는 다시 동물로 되돌아가야 하는 경우도 있다.

이와 같이 초인적 동물은 아무리 그가 사람이 넘볼 수 없는 뛰어난 능력을 가지고 있다고 하더라도 사람으로 변신하는 데는 한계가 있게 된다. 초인적 동물이 사람과 부부의 인연을 맺으려고 하는 까닭이 바로 여기에 있다. 사람과 살을 맞대어 살면 사람의 살내음으로 동물의 허물을 벗어 버릴 수 있는 것이다. 〈지네의 변신〉[41]은, 사람으로 변신하여 소금장수와 함께 사는 지네가 아이까지 낳게 되자 거듭거듭 지네의 허물을 벗어 마침내 진정한 사람이 되더라는 옛이야기이다.

---

38) 〈우렁이 각시〉, ≪대계 8-7≫, 541-545쪽 참고.

39) 〈우렁이에서 나온 색시〉, ≪임석재 전집 1≫, 69-71쪽 참고.

40) 〈공든 탑과 심은 나무〉, ≪임석재 전집 7≫, 216-217쪽 참고.

41) ≪대계 4-2≫, 548쪽 참고.

(4) 기타

옛이야기에 등장하는 초인적 존재 중에는 식물도 있다. 예컨대, 〈구해 준 하루살이 · 돼지 · 사람〉[42]의 배나무가 그러한 존재이다. 이 배나무는 여자와 관계하여 사람의 아들을 낳기도 하고, 서당 앞에 있는 비석에 똥을 바르면 홍수가 난다는 것도 알고, 아들이 구하려는 사람이 아들에게 해를 입힐 사람이라는 것도 알 정도로 신통력을 지녔다.

옛이야기는 한 걸음 더 나아가 생명력을 전혀 가지지 않은 물건까지도 초인적 존재가 될 수 있음을 보여 준다. 이에 해당하는 것이 바로 도깨비이다. 도깨비에 관한 많은 옛이야기들은 도깨비가 빗자루의 화신임을 말해 준다.[43]

〈포수와 도깨비〉[44]도 그러한 옛이야기 가운데 하나이다. 어느 포수가 도깨비와 씨름을 했는데, 할 때마다 씨름에 지자 가지고 있던 칼로 도깨비를 찔러 죽였다. 다음날 아침에 그 자리에 가 보니, 불에 탄 빗자루에 칼이 꽂혀 있었다. 그 빗자루 속에는 책이 들어 있었는데, 그 책은 도깨비의 부하를 부려서 하늘을 날아 세상 구경을 할 수 있는 도술 책이었다. 이와 관련해서 말해 둘 것은 돈이나 보화 같은 물건 또한 사악한 귀신이 되어 초인적 능력을 발휘한다는 것이다.[45]

무엇보다도 흥미로운 것은, 옛이야기는 이야기 그 자체도 사악한 귀신이 되어 인간을 괴롭힐 수 있다고 본다는 것이다. 물론 이들은 인간처럼 말도 하고 행동도 하지만 변신 같은 도술도 부릴 수 있

42) ≪임석재 전집 2≫, 31-33쪽 참고.

43) 조리 또한 도깨비로 변하기도 한다. 어느 장사가 술을 먹고 당산을 지나다가 만난 한 남자를 싸움 끝에 나무에 매달아 놓았다. 이 말을 들은 사람들이 그 자리에 가 보니 조리가 묶여 있었다(〈도깨비 이야기〉, ≪대계 6-5≫, 694쪽 참고).

44) ≪임석재 전집 2≫, 233-234쪽 참고.

45) 〈보화가 사가 된 이야기〉, ≪대계 2-6≫, 582-584쪽 참고.

다. 어떤 사람이 이야기를 들을 때마다 글로 적어 주머니에 넣어 두었다. 그런데 그 이야기를 주머니에만 넣어둘 뿐 다른 사람에게 들려주지 않았다. 그러자 주머니 속의 이야기들은 이 사람이 장가가는 날 죽여서 복수하려고 모의한다. 다행히 하인이 이를 엿들어 위기를 모면할 수 있었다.[46] 이것은 이야기는 남에게 들려주는 것임을 일깨워 주려는 의도에서 만든 옛이야기일 것이다.

2) 도술을 부릴 수 있는 보물

(1) 사람의 해골

우리의 옛이야기에는 신통력을 가진 사람의 해골이 많이 등장한다. 어떤 해골은 그것을 머리에 쓰는 자가 변신술을 부릴 수 있게 해 준다. 주로 여우가 사람으로 변신하기 위해서 해골을 이용한다. 아마도, 여우라야 무덤을 파헤쳐 해골을 얻을 수 있고, 사람의 해골이니까 그것을 쓰면 사람으로 변신할 수 있었던 것 같다.[47] 그런데 그러한 신통력을 가진 해골은 여우가 아닌 다른 짐승도 사람으로 변신하게 할 수 있고, 심지어 사람까지도 다른 사람으로 변신하게 할 수 있다. 다음의 옛이야기를 보자.

〈여우의 해골(개여시 박태구리)〉

어떤 사람이 밭을 갈고 있는데, 여우가 한 마리 오더니 해골을 쓰고는 각시로 변신했다. 그 각시가 머리에 쓴 해골을 벗으니까 여우로 되돌아왔다. 여우는 해골을 돌에 갈아서 써 보고 또 벗어서 돌에 갈

---

46) 〈사가 된 이야기〉, ≪임석재 전집 11≫, 108-110쪽 참고.

47) 해골을 머리에 쓴 여우는 할머니로 변신하기도 하고,(〈할머니로 변한 여우를 죽인 소금장수〉, ≪임석재 전집 4≫, 216-217쪽 참고), 젊은 부인으로 변신하기도 한다(〈여우 잡는 작대기〉, ≪임석재 전집 4≫, 218쪽 참고). 그런가 하면 할아버지로 변신하기도 한다(〈여우 잡은 몽둥이〉, ≪임석재 전집 9≫, 269-270쪽 참고).

> 곤 했다. 이 사람이 몰래 다가가 여우를 때려 주니까, 여우는 해골을 놓아두고 달아났다. 이 사람이 해골을 주워 송아지에게 씌워 보았다. 그랬더니 송아지가 각시가 되었다. 마침, 이 사람의 아내가 밭에 밥을 내가려고 이쪽을 보고 있었다. 아내는 그 각시를 남편의 첩으로 생각하였다. 점심때가 되어도 아내가 밥을 가지고 오지 않자, 이 사람은 송아지 각시에게서 해골을 벗겨 손에 들고 집으로 내려왔다. 밥을 달라고 하는데도 아내가 툴툴거렸다. 그러자 이 사람은 자신이 해골을 머리에 썼다. 이를 모르는 아내는 그 첩이 집에까지 와서 앉아 있는 것으로 여기고, 성을 내서 또 툴툴거렸다. 그러자 이 사내가 설명을 하고, 아내에게 해골을 씌웠다. 아내가 거울을 보니까 자신 또한 딴 각시가 되어 있었다. 아내가 친정에 가서 이 이야기를 하자, 친정에서는 도깨비 날 일이라면서 해골을 버리라고 했다. 그래서 해골을 내다 버렸다.[48]

해골은 그것이 사람이었을 적에 가지고 있던 생각이나 느낌을 살아 있는 다른 사람에게 옮겨 놓기도 한다. 이에 관한 옛이야기로는 〈은혜 갚은 도둑의 해골〉[49]이 있다. 옛날에 어떤 사람이 추운 겨울날 나무를 하러 갔는데, 어디선가 '아 추워, 아 추워. 추워, 추워' 하는 소리가 들렸다. 소리 나는 쪽을 살펴보았더니, 눈 구덩이에 해골이 있었다. 이 사람은 그 해골을 불쌍히 여겨 양지쪽에 묻어 주었다. 해골은 이를 고마워했다.

그런데 이 해골은 죽은 도둑의 해골이어서 그런지 도둑질하는 마음을 심어 주는 것으로 은혜를 갚았다. 이 사람은 도둑이 되어 버렸다. 이 사람은 마침내 해골을 다시 파내기로 했다. 해골을 파내자, 도둑질하고 싶은 마음이 사라지고, 훔쳐온 물건은 모두 돌려 주어야 한다는 마음이 생겼다. 물론 이 사람은 다시 예전처럼 착하고 가난하게 살게 되었다.[50]

---

48) ≪대계 8-2≫, 371-372쪽 요약.
49) ≪대계 2-6≫, 575-577쪽 참고.
50) 이 옛이야기의 해골은 스스로 신통력을 발휘하기 때문에 보물로 간주할 수밖에

해골을 머리에 덮어쓰자, 그전에는 알지 못했던 글을 저절로 줄줄 외게 되더라는 옛이야기도 있다. 아마도 그 해골은 글을 많이 읽었던 사람의 해골이었을 것이다. 옛날에 가난한 어떤 사람이 고개를 넘어가는데 여우가 해골바가지를 긁고 있었다. 이 사람이 여우를 쫓고 나서 해골바가지를 주워서 머리에 썼더니 마치 글을 아는 사람인 양 입에서 글이 줄줄 나왔다. 이 사람은 제사집의 축문을 대신 읽어 주는 일을 하여 부자가 되었다.[51)]

이 옛이야기의 해골은 겨우 축문 정도 외는 글솜씨를 안겨 주지만, 과거에 장원 급제할 정도의 글재주를 부리게 해주는 해골도 있다. 〈백 년 해골 써서 과거한 노인〉은 그에 관한 옛이야기이다.[52)] 산속에서 숯도 굽고 나무도 하면서 살아가는 노인이 있었다. 어느 날 이 노인이 어느 굴에 들어갔는데, 웬 살쾡이 한 마리가 백 년이나 된 해골을 쓰고 앉아서 글을 읊고 있었다. 이 노인은 평소에 과거를 보고 싶어했는데, 이를 보고 잘 됐다 싶어, 살쾡이를 때려서 내쫓고 해골을 차지하였다. 그 해골을 쓰니 일자무식 노인이 글을 줄줄 읊게 되었다. 노인은 이 해골을 믿고 과거장에 들어갔다. 과연 운자가 나오는 대로 글이 절로 이두어지니, 상원 급제를 하시 않을

없다. 그런데 해골의 주인이라고 할 수 있는 영혼이 조화를 부리는 옛이야기도 있다. 〈해골의 보은〉이 그 예가 된다. 옛날 옛적 주녁국에 소사만이라는 사람이 살았다. 이 사람이 하루는 밤길을 걷는데, 발에 자꾸 뭔가 채이는 것이었다. 주워 보니 해골바가지였다. 이를 집에 가져와서 작은 단지 안에 넣어 두고 명절 때면 제사를 지냈다. 그 뒤로 하는 일이 모두 잘 되어 부자가 되었다. 그럭저럭 소사만의 나이가 삼십이 되었는데, 어느 날 꿈에 백발 노인이 나타나 은공을 갚겠다고 했다. 소사만의 정해진 목숨은 삼십이라서 곧 저승사자가 오게 되어 있는데, 상을 잘 차려 저승사자를 대접하면 살 수 있다고 일러 주었다. 과연 그 말대로 했더니, 저승사자가 소사만의 정명을 삼십(三十)에 획을 하나 더해 삼천(三千)으로 고쳐 주었다(≪임석재 전집 9≫, 282-283쪽 참고). 이 옛이야기의 해골은 단지 시신의 일부에 지나지 않는다. 신통한 지혜를 일러 준 것이 이미 귀신이 된 해골의 영혼이었던 것이다.

51) 〈축문 읽어 주고 돈 번 사람과 못 번 사람〉, ≪임석재 전집 2≫, 170-171쪽 참고.

52) ≪대계 9-2≫, 262-266쪽 참고.

래도 하지 않을 수 없는 것이었다.

흥미로운 것은, 이러한 옛이야기에는 반드시 모방담이 덧붙는다는 것이다. 전후 사정을 들은 이웃집 사람이 주인공과 똑같은 행동을 하지만 그 결과는 사뭇 다르게 나타난다. 앞의 옛이야기에서는 이웃집 사람이 여우에게 해골을 빼앗아 제사집을 찾아가게 되지만 술이 너무 취해서 제사상을 뒤엎어서 낭패를 보고, 뒤의 옛이야기에서는 동네 노인이 살쾡이에게 해골을 빼앗아 과거장까지 들어갔는데, 정작 시관의 운자에 대해서는 무당 축원 사설만 하게 되어 곤욕을 치르게 된다. 이러한 모방담은 보물의 임자는 따로 있다는 것을 말해 주기 위한 것이다.

해골의 신통력은 사람뿐만 아니라 사물에도 영향을 미친다. 천 년 묵은 해골에 고인 물은 이끼 낀 물처럼 보이는데, 이 물을 마시면 앞을 보지 못하는 사람이 눈을 뜬다. 이 물을 '천년해골 만년수(萬年水)'라고 한다.[53] 해골의 신통력이 썩은 물조차 명약으로 만든 것이다.[54]

⑵ 동물 또는 동물의 털·뼈

초인적 능력이 있는 동물이라고 하더라도, 자신을 소유한 다른 누군가의 의지에 따라서 도술을 부린다면, 그것은 보물로 간주하게 된다. 〈나무꾼과 선녀〉에서 나무꾼을 태우고 선녀가 있는 하늘로 날아가는 말이 그 예에 속한다. 물론 이 말은 나무꾼의 은혜를 입은 사슴이 준 것이었다.[55] 이러한 관점에서 본다면, 금알을 낳는 남

53) 〈효녀〉, ≪임석재 전집 7≫, 345-347쪽 참고.

54) 천 년된 해골에 고인 물은 지렁이 두 마리가 죽어서 썩은 것이고, 그 효험은 죽을 병도 고치는 데까지 이른다는 옛이야기도 있다(〈천년 두골에 쌍용수〉, ≪대계 2-2≫, 761-762쪽 참고).

55) ≪임석재 전집 1≫, 58-63쪽 참고.

생이도 보물이 된다.[56)]

영약이 되는 동물도 보물이라고 할 만하다. 이무기한테서 떨어지는 물을 받아먹고 사는 몇 천 년 묵은 지렁이가 바로 그것인데, 이 지렁이의 살을 조금 떼어서 끓는 물에 넣었다가 죽은 사람의 입에 떠 넣어 주면 죽은 사람도 살아난다고 한다.[57)]

위에서 예로 든 동물은 몸의 전체가 보물이 된다. 그런데 초인적 동물의 경우에는 몸의 일부가 보물이 된다. 살아 있는 초인적 동물이 보물이 되기 위해서 죽을 수는 없는 일이고, 이미 죽은 초인적 동물은 보물로 내놓을 온전한 몸을 가지고 있을 수 없는 일이다. 초인적 동물의 몸 중에서도 보물이 될 수 있는 것은 털과 뼈이다. 털은 살아 있는 동물을 상하게 하지 않으면서 따로 떼어낼 수 있는 유일한 것이다. 그래서 초인적 동물은 도술의 힘으로 자신의 털을 보물로 만들어 다른 누군가에게 줄 수 있다.[58)]

뼈는 죽은 동물의 몸이 썩어 없어져도 이 세상에서 영원히 남아 있을 수 있는 유일한 것이다. 초인적 동물은 마음을 몸에 실어 도술을 부린다. 그런데 초인적 동물도 죽음은 피할 수 없다. 죽음이란 마음과 몸이 서로 떨어지는 것이다. 마음에서 떨어져 나간 몸은 겨우 뼈만 남기고 아예 없어진다. 따라서 죽음에 이르게 된 초인적 동물은 자신의 도술을 모두 뼈에 집어넣어 보물로 만들려고 한다.

---

56) 밭에서 일하던 며느리가 우연히 얻은 남생이는 금알을 낳는 신통력이 있었다. 욕심 많은 시어머니가 이 남생이를 빼앗아가자, 남생이는 구렁이로 바뀌어 시어머니의 손을 물어 잘라 버린다(〈금알 낳는 남생이〉, ≪임석재 전집 4≫, 72-73쪽 참고).

57) 〈영약〉, ≪임석재 전집 5≫, 172-173쪽 참고.

58) 성서에 나오는 삼손은 오직 머리털로 엄청난 괴력을 발휘한다. 그러나 다른 사람은 삼손의 머리에서 잘려진 머리털을 가지고 있더라도 그러한 괴력을 발휘하지 못한다. 따라서 삼손의 머리털은 도술의 근거가 될 수는 있지만 보물이 될 수는 없다. 이두호의 ≪머털도사≫에 나오는 머털도사의 머리털 또한 같은 이유로 보물이 될 수 없다. 홍길동과 손오공은 자신의 털로 자신의 분신을 만들기도 한다. 이 경우, 털은 도술의 도구일 뿐이다. 다른 누군가가 그 털을 주워 주문을 외다고 해도 그와 같은 결과를 얻을 수 없기 때문이다.

그러면 죽어서도 보물의 형태로 남아 신통력을 발휘할 수 있기 때문이다.

보물이라고 할 수 있는 동물의 털과 뼈가 어떠한 신통력을 발휘하는지 살펴보기로 하자. 동물의 털은 사람이나 동물의 본모습을 밝혀내는 신통력을 지닌다. 전생의 모습을 보여 주기도 하고, 변신 이전의 모습을 보여 주기도 한다.

어느 포수가 날개가 부러진 매를 살리기 위해서 자신의 손가락의 살을 째서 피를 먹인다. 그러자 매가 그 보답으로 자신의 털을 하나 뽑아서 준다. 이 털을 눈에 대고 보면, 범은 범으로 보이고 범이 아닌 범은 원래의 것으로 보이게 해준다는 것이다. 포수가 이 털을 눈에 대고 어느 노인을 보니까 늙은 백호로 보였다. 포수는 백호를 총으로 쏘아 죽이고 그 주변에 있는 범의 굴을 찾아 들어갔는데, 그 속에는 짐승의 뼈가 산같이 쌓여 있었다. 매의 털을 눈에 대고 그것을 보니까, 자기 아버지의 뼈도 있었다. 포수는 아버지의 뼈를 수습해서 집으로 와서 잘 묻었다.[59]

어느 고개에 사람을 잡아먹는 백호가 있었다. 한 중이 이 고개를 넘는데, 길가에 노인이 앉아 있었다. 중은 이 노인이 백호임을 알아차리고 왜 사람을 잡아먹는가 하고 물었다. 노인은 자신은 사람은 잡아먹지 않고 짐승만 잡아먹는다고 했다. 그러면서 눈썹을 하나 뽑아 주면서 이것을 눈에 대고 사람을 보라고 했다. 중이 산 밑에 모여 있는 사람들을 보았더니, 사람은 하나도 없고, 소·말·돼지·개·닭만 있었다. 노인이 중에게 말하기를, 당신은 사람으로 보이니까 안 잡아먹는다고 했다. 중이 백호의 눈썹을 가지고 집에 와서 자기의 부인을 보니 닭으로 있었다. 중은 부인에게 닭으로 보이는 남자를 얻어 주고, 자신은 사람으로 보이는 여자를 얻어서 잘

---

59) 〈명포수와 이상한 매의 털〉, ≪임석재 전집 2≫, 66-68쪽 참고.

살았다.[60)]

동물의 털은 사람의 마음까지 들여다볼 수 있게 해준다. 옛날에 한 사람이 산에 나무를 하러 갔다가 용이 사는 동굴에 찾아들게 되었다. 용은 자신이 승천하는 데 필요한 여의주를 구해 오라고 하면서 털을 하나 내주었다. 이 털로 여자를 보면 그 여자가 깨끗하고 바른 여자인지 그렇지 않은 여자인지 알 수 있는데, 깨끗하고 바른 여자의 불두덩털이 바로 여의주이니까 그것을 얻어오라는 것이었다. 이 사람은 용이 준 털로 깨끗하고 바른 여자를 찾아나섰지만 그런 여자는 좀처럼 만날 수 없었다. 그러다가 어느 산골짜기에 들어가게 되었는데, 젊은 내외가 팥밭을 매고 있었다. 그런데 그 부인이 그렇게 찾던 깨끗하고 바른 여자였다. 사정을 들은 남편이 부인에게 불두덩털을 하나 뽑아 주라고 했다. 이 사람은 그것을 용에게 갖다주고 그 보답으로 큰 땅을 얻게 되었다. 그러자 젊은 내외를 불러 논 쉰 마지기를 주고 옆에서 살게 하였다.[61)]

동물의 털 중에는 사람의 몸에 붙이고 있으면 저절로 소리를 내는 것도 있다. 〈새털 사서 장가간 더벅머리 총각〉[62)]은 이러한 신통력을 발휘하는 신기한 새털로 여자를 속여 장가간 더벅머리 총각에 관한 옛이야기이다.

어느 게으른 총각이 삼년 머슴살이로 받은 새경 삼십 냥을 들고 길을 나섰는데, 풍악 소리를 내는 신기한 새 세 마리를 차례로 만나게 된다. 이 총각은 각각의 새에게 깃털 하나씩을 열 냥씩 주고 샀다. 그 깃털들은 사람의 살과 같이 숨쉬는 것에 붙이면 각각 '비-지, 비-지', '배-지, 배지', '덩더쿵 덩더쿵' 하는 소리를 내는 보물이었다. 이 총각은 이 깃털을 새막에서 새를 보다가 잠이 든 처녀의

60) 〈범의 눈섭〉, ≪임석재 전집 1≫, 155-156쪽 참고.
61) 〈여의주〉, ≪임석재 전집 7≫, 229-231쪽 참고.
62) ≪대계 5-2≫, 508-513쪽 참고.

배꼽에 붙여두었다. 그러자 이 처녀가 발걸음을 뗄 때마다 풍악 소리가 났다. 처녀 아버지는 처녀가 큰 병이 들었다고 생각하여, 처녀의 병을 고쳐 주는 사람을 사위로 삼는다는 방을 붙였다. 총각이 의원 행세를 하여 처녀에게서 깃털을 떼어 병을 고쳐 주었는데, 그 집에서는 약속과는 달리 총각을 그냥 내쫓았다. 기회를 엿보아 처녀에게 다시 깃털을 붙여 놓은 총각은 장가를 먼저 들고 난 뒤에야 처녀에게서 깃털을 떼어 주었다.

이와 유사한 옛이야기가 많다. 대부분의 옛이야기에서는 짐승의 털을 처녀가 오줌 눈 자리에 꽂아서 처녀의 음문에서 소리가 나게 만들거나 음문이 아프게 만든다. 물론 장가를 들게 되는 과정은 거의 비슷하다. 이러한 신통력을 발휘하는 것으로는 곰의 털,[63] 노루의 털,[64] 범의 털 등이 더 있다. 그런데 처녀가 오줌눈 자리에 꽂으면 그 처녀를 병들게 하는 범의 불알털도 있다. 이 털에는 또 다른 신통력도 있었다. 이 털을 북 안에 넣고 그 북의 오른편을 치면, 싸우던 병사(사람)가 싸움을 하지 않고 춤을 춘다. 춤을 멈추고 다시 싸우게 하려면 그 북의 왼편을 치면 된다. 또 그 북의 아래쪽을 치면 그 소리를 들은 부부(남녀)의 엉덩이가 서로 붙는다. 붙은 엉덩이가 떨어지게 하려면 이때도 그 북의 왼편을 치면 된다.[65]

또 어떤 곰의 불알털은 쌀 나오라고 하면 쌀 나오고 돈 나오라 하면 돈 나오는 신통력을 발휘하기도 한다.[66]

한편, 신통력을 발휘하는 동물의 뼈는 대개 죽은 동물의 것이다. 그런데 다음의 옛이야기는 살아 있는 초인적 동물이 자신의 뼈를

63) 〈이상한 곰의 털〉, ≪임석재 전집 2≫, 68-69쪽 참고.
64) 〈노루의 보은〉, ≪임석재 전집 6≫, 102-103쪽 참고.
65) 〈이상한 범의 털〉, ≪임석재 전집 2≫, 72-73쪽 참고.
66) 〈호랑이와 토끼와 곰〉, ≪임석재 전집 1≫, 15-16쪽 참고.

뽑아 보물로 내주는 특이한 것이다. 서당에 다니는 어느 아이가 있었다. 하루는 서당에 가려고 고개를 넘어가는데, 얼굴이 고운 색시가 나와 팔을 끌었다. 이 아이는 색시를 뿌리치고 서당에 왔는데, 선생은 그러한 일을 이미 알고 있었다. 그 색시는 삼천 년 묵은 구미호인데, 같이 따라가서 동품을 하되, 혀를 빨자고 하면 그러자고 하면서 그 색시의 혀를 잘라 먹으라고 했다. 아이가 시키는 대로 하자, 그 색시는 구미호가 되어 죽었고, 아이는 정신이 맑아져서 재주가 많게 되었다.

그런데 이 아이가 장가가는 날, 큰 뱀이 이 아이를 가로막았다. 구미호를 죽여 준 보답으로 산신령이 보물을 하나 주려고 보낸 것이었다. 큰 뱀은 고개를 세 번 주억주억거리더니 한 치 길이의 뼈 하나를 빼 주었다. 그 뼈에는 구멍이 넷이 있는데, 하나는 쌀 나오는 구멍이고, 또 하나는 돈 나오는 구멍이고, 다른 하나는 옷 나오는 구멍이고, 마지막 하나는 반찬 나오는 구멍이었다.

이 옛이야기는 몇 가지 옛이야기가 뒤섞인 것인데, 이 후반부에는 이 보물을 훔쳐 간 이웃집 여자에게서 그것을 되찾아오는 고양이와 개의 활약이 덧붙어 있다.[67]

짐승의 피가 신통력을 발휘하는 것도 있다. 도술 막대기로 사람과 짐승을 돌로 만들어 버리는 노파가 한라산에 살고 있었다. 이 노파에게 당한 어느 포수의 동생이 이 노파를 총으로 쏘아 죽이자, 이 노파는 구미호로 변하면서 피를 뿌리고 죽었다. 그 피를 돌에 바르니까, 돌이 되었던 사람과 짐승이 되살아났다.[68]

---

67) 〈고양이와 개의 보은〉, ≪임석재 전집 1≫, 169-171쪽 참고.
68) 〈쌍동 형제 무용담〉, ≪임석재 전집 2≫, 147-151쪽 참고.

(3) 식물의 열매·잎·뿌리

식물은 동물에 비해서 잘 자란다. 그런데 어떤 식물은 일반적인 식물보다 훨씬 빨리 자라고 훨씬 크게 자란다. 그 자람의 정도가 자연 법칙으로 설명할 수 없는 식물이라면 그것은 보물이라고 할 만하다. 식물은 동물의 먹이가 될 뿐만 아니라 동물의 질병을 치료하는 약초도 된다. 그런데 자연 상태의 식물과 다른 방식으로 사람과 동물을 먹여 살리고, 자연 상태의 식물로는 도저히 감당할 수 없는 사람과 동물의 질병을 치료하는 식물이 있다면, 그 또한 보물이라고 하지 않을 수 없다.

〈나무꾼과 선녀〉에 나오는 박씨[69]는 심은 지 보름만에 하늘까지 뻗어오른다. 또 다른 〈나무꾼과 선녀〉에서는 호박씨가 그러한 신통력을 발휘한다.[70] 오이씨가 그러한 보물이 되는 〈나무꾼과 선녀〉[71]도 있다. 여기에서는 총각과 아무런 상관 관계가 없는 새가 한 마리 날아와 오이씨를 주어 총각이 선녀를 찾아 하늘로 올라갈 수 있게 해준다. 그런데 이 오이씨는 심으면 바로 덩굴이 뻗어나오기는 하지만, 사람이 타고 올라도 끊어지지 않으려면 사흘은 자라야 하는 것이었다. 그러나 나무꾼은 다급한 마음에 사흘을 기다릴 수 없었다. 오이씨를 심은 다음날 오이 덩굴을 타고 하늘로 오르다가 중간에 떨어지고 만다. 나무꾼은 그 새의 도움으로 결국은 하늘로 오르게 되지만, 우리는 이를 통해서 보물을 쓰는 데도 일정한 규칙이 있음을 알 수 있다.

식물의 열매·잎·뿌리는 사람의 음식과 동물의 먹이가 된다. 그 가운데 하나가 벼의 열매인 나락이다. 그런데 아주 오랜 옛날에는 벼에 나락이 아닌 쌀이 열렸던 모양이다. 어떤 여자가 서방의 눈에

69) ≪임석재 전집 1≫, 48-49쪽 참고.
70) ≪임석재 전집 1≫, 49-51쪽 참고.
71) ≪임석재 전집 1≫, 51-53쪽 참고.

들고 싶어서 쌀을 찧고 찧고 해서 맛있는 밥을 지으려고 했다. 그러자 하느님이 이를 보고 아마 할 일이 없어서 저러나보다 싶어 일거리를 만들어 주려고 벼에 나락이 열리게 했다.[72]

나락도 아니고 쌀도 아니고 바로 밥이 열매로 열리는 밥나무가 있었던 때도 있었다. 옥황상제의 아들과 딸이 도를 닦기 위해서 인간 세상에 내려왔는데, 이때 옥황상제는 먹을 것으로 밥이 열리는 밥나무를 주었다. 그런데 옥황상제의 제자와 딸이 바람을 피웠다. 화가 난 옥황상제는 밥나무를 없애고 벼를 주었다. 벼를 심어 곡식을 거두어 쌀로 찧어 밥을 해 먹게 만들어 바람을 피울 시간을 없애기 위한 것이었다.[73] 이러한 밥나무와 마찬가지로, 먹어도 먹어도 없어지지 않는 이상한 쌀[74]도 보물로 전혀 손색이 없는 것이다.

옛이야기 중에는 죽을 병도 고칠 수 있는 식물이 적지 않게 나타난다. 무엇보다도, 효자의 눈에만 발견된다는 불로초를 먼저 들 수 있다.[75] 또 여섯 번째 딸로 태어났다는 이유로 버림을 받은 바리데기가 죽은 부모를 살리기 위해서 깊은 산속에서 구해 온 뼈살이꽃·살살이꽃·숨살이꽃도 그 가운데 하나이다. 뼈살이꽃은 죽은 뼈를 살리고 살살이꽃은 썩은 살을 다시 돋아나게 하고 숨살이꽃은 멈춘 숨을 다시 쉬게 하는 신비의 약초이다.[76] 효험이 이에는 미치지 못하지만, 상처에 붙이기만 하면 상처를 아물게 하는 풀도 있다.[77] 어떤 나무는 독이 되는 열매와 약이 되는 열매를 한꺼번에 맺기도 한다. 그 나무의 빨강 열매를 먹으면 눈이 완전히 멀고, 파랑 열매를 먹으면 보일 둥 말 둥 하고, 노랑 열매를 먹으면 눈앞이

72) 〈벼에 껍질이 생긴 유래〉, ≪임석재 전집 7≫, 161쪽 참고.
73) 〈인류의 선조〉, ≪대계 1-6≫, 28-34쪽 참고.
74) 〈중이 준 이상한 쌀〉, ≪임석재 전집 2≫, 235-236쪽 참고.
75) 〈효성 있는 아우와 나쁜 형〉, ≪임석재 전집 12≫, 97-98쪽 참고.
76) 〈버리덕이〉, ≪임석재 전집 6≫, 312-315쪽 참고.
77) 〈구해 준 노루와 범과 사람〉, ≪임석재 전집 12≫, 63-64쪽 참고.

환해진다.[78)]

또 물에 타서 마시기만 하면 마음이 시원해지고 다음날 눈이 올지 바람이 불지 저절로 알 수 있게 되는 곡식 가루도 있다. 이 선약을 먹으면 밥을 먹지 않아도 되는데, 만일 이 약을 먹은 뒤에 쌀로 된 밥이나 떡을 먹으면 그 자리에서 죽는다.[79)]

식물이라고 해서 식물로서 특성에 맞는 신통력만을 가지는 것은 아니다. 예컨대 어떤 나뭇잎은 이마에 붙이기만 하면 동물이든 사람이든 자신의 모습을 감출 수 있다.[80)] 이마에 붙이는 것이 아니라 입에 물어야 그러한 신통력을 발휘하는 나뭇잎도 있다.[81)] 또 어떤 고목나무는 중간에 구멍이 나 있는데, 아침이면 그 옆에 살고 있는 할머니가 밥을 해 먹을 만큼 쌀이 나오곤 했다. 하루는 이 할머니가 욕심이 나서 그 나무 구멍을 쑤셔서 더 크게 만들었다. 그러면 쌀이 더 많이 나올 줄로 알았던 것이다. 그러나 그 다음부터는 아예 쌀이 나오지 않았다.[82)]

(4) 자연적인 형상물

자연 상태로 존재하는 돌·바위·산(고개)·물 등도 신통력을 발휘하는데, 물론 이것들도 보물이라고 할 수 있다. 구렁이에게 얻은 세 개의 모서리가 있는 돌은 원하는 것은 무엇이든 가지게 해 주는데, 미운 놈을 죽일 수 있는 신통력도 부릴 수 있다.[83)] 또 어느 왕

---

78) 〈삼형제의 보물로 장가가다〉, ≪대계 5-1≫, 675-683쪽 참고. 이 옛이야기에는 원하는 대로 내주는 바구니, 모습을 감추어 주는 지팡이, 하늘을 날 수 있는 두루마기 같은 보물도 함께 나온다.

79) 〈선약을 먹은 사람〉, ≪임석재 전집 2≫, 270쪽 참고.

80) 〈이상한 나뭇잎〉, ≪임석재 전집 2≫, 299-301쪽 참고. 그 나뭇잎이 버드나무의 잎이라는 옛이야기도 있다(〈초시선엽〉, ≪대계 6-6≫, 84-87쪽 참고).

81) 〈입에 물면 안 보이는 나뭇잎〉, ≪대계 6-12≫, 266-269쪽 참고.

82) 〈쌀이 나왔던 고목〉, ≪임석재 전집 6≫, 225쪽 참고.

자의 태를 묻은 탯돌은 가뭄이 심할 때 바닷물에 담궜다 꺼내면 비를 내려 주었다.[84] 밤 열두 시면 스스로 돌아가는 자마석(自磨石)이라는 돌이 있는데, 그 돌의 소유자가 죽게 되면 더 돌지 않았다.[85] 용왕이 자신의 신하인 물고기를 잡아먹지 말라고 하면서 주었다는 어떤 돌은 그것을 쌀독에 넣어 두면 아무리 쌀을 퍼내도 쌀독의 쌀이 줄지 않는다.[86]

먹을 만큼만 쌀이 나오는 바위 구멍에 관한 옛이야기는 매우 많다. 그런데 언제나 욕심이 문제다. 좀더 많은 쌀을 얻으려고 바위 구멍을 쑤시는 욕심장이 때문에 그 바위 구멍은 보물로서의 신통력을 잃어버린다.[87] 쌀 대신에 희뿌연 쌀뜨물이 나오기도 하고,[88] 그냥 물이 흘러나오기도 하고,[89] 아예 피가 흘러내리기도 하고,[90] 심지어 빈대만 잔뜩 기어나오기도 한다.[91]

산이나 고개에 있는 바위에서 술이 저절로 흘러나오는 경우도 있다. 사모주 고개에서는 술이 나왔는데, 오고가는 사람은 누구나 마셔도 되지만 두 잔만 마셔야 했다. 그런데 누군가 석 잔을 마시는 바람에 다시는 술이 나오지 않았다.[92] 어느 고개에 있었다는 주천석도 마찬가지다. 여기에서 흘러나오는 막걸리는 오직 한 잔만 마셔야 했는데, 누군가 두 잔을 마신 이후 주천석은 신통력을 잃어

83) 〈구렁이의 보물〉, ≪대계 4-3≫, 486-488쪽 참고.
84) 〈비 내려 주는 탯돌〉, ≪대계 2-4≫, 672-673쪽 참고.
85) 〈최치원과 자마석 전설〉, ≪대계 4-4≫, 183-185쪽 참고.
86) 〈구무소〉, ≪대계 2-3≫, 353-354쪽 참고.
87) 〈원통암의 우물〉(≪대계 3-3≫, 44-45쪽)은 이와 동일한 유형의 옛이야기라고 할 수 있다. 원통암이라는 절의 칠성암 바위 옆에 맛있는 술이 흘러나오는 샘물이 있었다. 그런데 욕심 많은 중이 술을 너무 먹으니까 부처님이 더는 술이 나오지 않게 했다.
88) 〈쌀구멍〉, ≪임석재 전집 4≫, 105-106쪽 참고.
89) 〈쌀바위〉, ≪임석재 전집 7≫, 29쪽 참고.
90) 〈쌀 나오던 바위〉, ≪임석재 전집 7≫, 28-29쪽 참고.
91) 〈빈대로 망한 법화암〉, ≪임석재 전집 11≫, 23-24쪽 참고.
92) 〈사모주 고개〉, ≪대계 1-8≫, 139-141쪽 참고.

버렸다.[93] 소주봉은 소주가 나오는 봉우리였다. 어느 효자가 술을 좋아하는 아버지를 위해서 소주를 떠갔는데, 그 아버지가 죽자 소주가 더는 나오지 않았다.[94]

보물이 되는 물은 냇물일 수도 있고 샘물일 수도 있고, 바위에서 흘러나오는 물일 수 있는데, 그것의 신통력은 크게 세 가지로 나뉜다. 하나는 마시는 사람을 젊어지게 하는 것이고,[95] 다른 하나는 힘이 세어지게 하는 것이고,[96] 마지막 하나는 변신할 수 있게 하는 것이다.[97]

(5) 인위적인 제작물

초인적 존재가 자신이 만든 물건에 도술을 불어 넣어 보물로 삼는 경우도 있다. 그러한 인위적인 제작물은 대개 사람들이 생활용품이나 문화용품으로 사용하는 물건을 본뜨게 된다. 옛이야기에서는 인간 세상에서 찾아볼 수 없는 물건의 형태를 지닌 보물은 거의 찾아볼 수 없다. 아마도 보물과 보물 아닌 것의 경계를 모호하게 하여, 보물을 인식하지 못하게 하려거나 보물의 의미를 제한하려는 데 그 이유가 있는 듯한데, 이는 현실세계와 환상세계의 관계를 이해하는 데도 중요한 단서가 된다.

---

93) 〈주천석〉, ≪대계 1-8≫, 328쪽 참고.
94) 〈소주봉〉, ≪임석재 전집 5≫, 38-39쪽 참고.
95) 〈젊어지는 물〉, ≪임석재 전집 10≫, 325-326쪽 참고.
96) 〈방사 김강동과 그 누이〉, ≪임석재 전집 2≫, 151-153쪽 참고.
마시면 힘이 세어지는 물에는 특별한 이름이 붙어 있는 것도 있다. '장류수'(≪임석재 전집 10≫, 27-28쪽 참고)나 '가라수물'(≪임석재 전집 2≫, 154쪽 참고) 같은 것이 그 예이다.
97) 〈변신 경쟁〉, ≪임석재 전집 1≫, 74-75쪽 참고.

① 생활용품

생활용품의 형태로 이루어진 보물은 의복류·음식류·그릇 및 도구류로 다시 분류할 수 있다.

의복류로서는 먼저 갓과 감투를 들어야겠다. 갓은 그것을 쓰면 다른 사람의 눈에 보이지 않는 신통력을 부리는 것[98]이 있고, 그것을 쓰고 고개를 주억거리면 그 앞의 사람이나 짐승이 죽는 신통력을 부리는 것[99]이 있다. 감투는 옛이야기 각편에 따라서 그 출처와 이름이 다양하지만, 그것을 쓴 사람을 볼 수 없게 한다는 공통점을 지닌다.[100] 탕건도 있다. 이 탕건을 쓰는 사람은 소가 되어 버린다.[101] 이것은 쓰기만 하면 소가 되어 버리는 탈과 그 신통력을 같이한다.[102] 상투에 꽂던 동곳 또한 보물이 되기도 한다. 이것은 어떤 사람이 깊은 산중에서 갓을 쓰고 춤을 추던 사람한테 얻은 것인데, 이를 상투에 꽂고 축문을 외면 모르던 것도 줄줄 욀 수가 있다.[103]

신기한 조끼도 있다. 이 조끼를 입고 단추를 채우면 하늘을 올라갈 수 있고 단추를 빼고 조끼를 벗으면 다시 아래로 내려온다.[104]

98) 〈보이지 않는 의장〉, ≪임석재 전집 2≫, 230-231쪽 참고. 이 옛이야기에는 또 다른 보물이 나온다. 온몸이 보이지 않게 하는 두루마기, 발이 보이지 않게 하는 신, 손이 보이지 않게 하는 지팡이가 그것이다.

99) 〈짐승 말을 알아듣는 사람〉, ≪임석재 전집 2≫, 123-135쪽 참고. 이 옛이야기에는 이 이외에도, 시체를 긁으면 시체가 다시 살아나게 하는 호미와 후려치기만 하면 산이든 바다든 평지가 되는 채찍이 나온다.

100) 이에는, 도깨비에게서 훔쳐온 '도깨비감투'(〈도깨비감투〉, ≪대계 1-1≫, 265-267쪽 참고) 또는 '능통감투'(〈능통감투〉, ≪대계 7-1≫, 393-395쪽 참고), 무덤 속 귀신에게서 얻어온 '능통감투'(〈능통감투 얻은 사람〉, ≪임석재 전집 8≫, 19쪽 참고), 산신령에게 빌어서 얻었다는 '능청감투'(〈능청감투〉, ≪대계 6-6≫, 445-448쪽 참고) 그리고 여우가 쓰던 감투인 '여우감투'(〈여우감투 쓰고 도적질하다가〉, ≪임석재 전집 2≫, 230쪽 참고) 등이 있다.

101) 〈식진나복〉, ≪대계 2-1≫, 261-262쪽 참고.

102) 〈소가 된 남편〉, ≪대계 8-1≫, 189-192쪽 참고.

103) 〈축문 읽어 주고 돈 번 사람과 못 번 사람〉, ≪임석재 전집 2≫, 171-172쪽 참고.

104) 〈하늘을 날 수 있는 조끼〉, ≪임석재 전집 2≫, 220-221쪽 참고.

이 조끼와 비슷한 신통력을 가지고 있는 보물이 있는데, 그것은 혁대이다. 이 혁대는 하늘을 나는 높이를 그 길이로 조절할 수 있었다.[105)]

보자기는 의복이라고 할 수 없지만, 여기에서 다루기로 하자. 어떤 사람이 용왕의 아들인 잉어를 살려 주자 짐승의 말을 알아듣게 해주는 요술 보자기를 선물로 받는다. 그는 이 요술 보자기를 이용해서 좋은 일을 많이 했다. 그러다 보니 길 떠난 지 이태가 되어서야 집에 돌아오게 되었다. 아내랑 같이 잠을 자려고 할 때 쥐가 하는 말을 듣게 된다. 그것은 자신의 아내가 샛서방과 정을 통했다는 내용이었다. 그는 요술 보자기를 아내의 귀에 대주어 쥐의 말을 들어보게 했다. 쥐의 말을 들은 아내는 문을 열고 요술 보자기를 밖으로 던져 버렸다. 그가 놀라서 컴컴한 곳을 더듬는 사이에 용궁에서 요술 보자기를 가져가 버린다.[106)] 이 옛이야기는 보물이 사람에게 반드시 도움이 되는 것만은 아님을 일러 준다고 하겠다.

음식류에 속하는 보물로는, 한 번 마시면 천 일 동안 깨어나지 못하는 천일주,[107)] 마시면 마실수록 힘이 솟는 술,[108)] 먹기만 하면 나귀로 바뀌어 자신의 힘으로는 사람으로 되돌아오지 못하게 하는 떡[109)] 등을 들 수 있다.

다음으로 그릇류에 속하는 보물을 살펴보기로 하자. 그릇이란 음식이나 물건을 담았다가 꺼내고 또 담았다가 꺼내고 하는 것이다. 그래서 그런지 그릇류의 보물은 그 속에 집어넣기만 하면 그와 똑같은 것을 끊임없이 만들어 내는 신통력을 공통적으로 지닌다. 이

105) 〈명당 쓰고 천자된 아이〉, ≪대계 1-6≫, 448-458쪽 참고.
이 옛이야기에는 후려칠 때마다 하늘로 날아오르는 채찍도 나온다.

106) 〈짐승의 말이 들리는 요술 보자기〉, ≪대계 1-7≫, 520-525쪽 참고.

107) 〈천일주에 취한 유연석〉, ≪대계 2-2≫, 83-84쪽 참고.

108) 〈괴적 토벌〉, ≪임석재 전집 7≫, 309-314쪽 참고.

109) 〈병려지탄〉, ≪대계 2-1≫, 262-264쪽 참고.

러한 것으로는 술잔,[110] 접시,[111] 동이,[112] 뚝배기,[113] 화로,[114] 절구,[115] 표주박[116] 등이 있다. 그런데 어떤 것은 집어 넣은 물건과 같은 것을 내놓는 것이 아니라 마음속으로 간절히 원하는 것을 내놓는 것도 있다. 남자를 그리워하는 과부에게 남자의 양물을 잔뜩 안겨 준 화로[117]와 짚솥[118]이 바로 그러한 것들이다. 그러나 그릇의 용도와 관련한 신통력을 보이는 것도 있다. 화수분 화로가 그러한데, 이 화로에 한 번 불씨를 담아 놓으면 그 불씨는 결코 꺼지지 않는다.[119]

이런저런 조건을 가리지 않고, 사람이 원하는 것은 무조건 내어주는 보물도 있다. 뭘 집어 넣을 필요도 없고 또 간절히 원하지 않아도 된다. 그저 달라고 하기만 하면 내주는 보물로는 방망이,[120] 맷돌[121]과 연적[122]이 대표적이다. 그런데 이 보물에도 함정은 있다. 방망이는 두드릴 때 한하여 물건을 내놓지만, 맷돌과 연적은 일단 물건을 내놓기 시작하면 특별한 방법으로 멈추게 하지 않는 한 결코 그만두지 않는다. 맷돌과 연적에 욕심을 부리다가 돈에 깔려 죽고 소금과 함께 바다에 가라앉는 것도 이 때문이다.

---

110) 〈살려 준 고기의 보은〉, ≪임석재 전집 1≫, 63쪽 참고.
111) 〈보문산〉, ≪임석재 전집 6≫, 206쪽 참고.
112) 〈올챙이의 보은〉, ≪임석재 전집 4≫, 172-173쪽 참고.
113) 〈금척릉〉, ≪임석재 전집 4≫, 157-160쪽 참고.
이 옛이야기에는 죽은 사람을 머리끝에서 발끝까지 재기만 하면 되살릴 수 있는 금자도 나온다. 뚝배기와 금자를 손에 넣은 사람은 이를 귀찮게 여겨 나랏님께 바쳤는데, 나랏님은 백성들이 게을러질까 두려워 관에 그것을 넣어 묻어 버린다.
114) 〈무엇이든지 나오는 화로〉, ≪임석재 전집 1≫, 152-153쪽 참고.
115) 〈무엇이든지 나오는 절구〉, ≪임석재 전집 1≫, 153쪽 참고.
116) 〈짚신 장수와 표주박〉, ≪대계 1-7≫, 512-515쪽 참고.
117) 〈무엇이든지 나오는 화로〉, ≪임석재 전집 1≫, 151-152쪽 참고.
118) 〈중이 만든 짚솥〉, ≪대계 2-2≫, 806-811쪽 참고.
119) 〈화수분과 산삼을 얻은 옷장사〉, ≪대계 1-4≫, 160쪽 참고.
120) 〈도깨비방망이〉, ≪대계 4-2≫, 353-356쪽 참고.
121) 〈바닷물이 짠 이유〉, ≪임석재 전집 3≫, 54-56쪽 참고.
122) 〈바닷물이 짠 이유〉, ≪대계 3-3≫, 383-387쪽 참고.

옛이야기는 재물을 안겨 주는 그릇류의 보물에 대해서 매우 엄격한 태도를 취한다. 우연히 얻은 그러한 보물을 스스로 내다버리게 하는 옛이야기[123]나, 그러한 보물 때문에 나랏돈이 없어지게 만들어 그것을 사용한 사람을 죄인으로 다스리는 옛이야기[124]나, 그러한 보물을 금기러기로 변하게 하여 하늘로 사라지게 하는 옛이야기[125]가 있는 것도 이 때문이다.

그릇 및 도구류에 속하는 보물로는 이 이외에도 안경, 거울, 줄, 지팡이가 있다. 어떤 안경은 사람의 본성이 사람인지 짐승인지 알게 해준다.[126] 그리고 어떤 거울은 보고 싶은 사람을 보여 주기도 하고,[127] 여자가 남자를 겪었는지, 겪었다면 얼마나 겪었는지를 알려 주기도 한다.[128] 길이가 한 발이나 되는 이상한 줄도 있다. 이 줄에서는 예쁜 처녀가 나온다. 이 처녀는 밥 때가 되면 줄에서 나와 밥상을 차려놓고 다시 줄로 들어간다.[129] 신기한 지팡이로는 길쌈 노래를 들으면 스스로 그것을 받아 노래를 하는 지팡이[130]가 있다.

---

123) 〈송우암과 요술접시〉, ≪대계 2-7≫, 194-196쪽 참고.

124) 〈이상한 그릇 조각〉, ≪임석재 전집 6≫, 341-342쪽 참고.

125) 〈착한 선비가 얻은 신비한 바가지〉, ≪대계 7-9≫, 723-726쪽 참고.

126) 〈이상한 안경〉, ≪대계 8-3≫, 190-194쪽 참고.

127) 〈세 신랑감의 공로〉, ≪대계 2-7≫, 201-206쪽 참고.
이 옛이야기에는 죽은 사람을 살리는 배에 대한 이야기도 포함되어 있다.

128) 〈이상한 거울〉, ≪임석재 전집 1≫, 154-155쪽 참고. 이 옛이야기에 나오는 거울은 용왕의 딸이 인간 세상에 나왔다가 잃어버린 것이다. 거울은 스스로 용궁으로 되돌아갔지만, 거울이 없는 용왕의 딸은 용궁으로 되돌아갈 수 없었다. 그러자 용궁에서 사람을 시켜 이 거울로 용왕의 딸을 찾으려고 했던 것이다. 남자를 겪지 않은 여자를 찾다 보면 언젠가는 용왕의 딸을 찾게 된다는 것이다. 흥미로운 것은 거울의 주인을 거울로 찾는다는 것이다.

129) 〈이상한 줄과 개와 고양이〉, ≪임석재 전집 11≫, 54-56쪽 참고.

130) 〈중이 준 이상한 지팡이〉, ≪임석재 전집 3≫, 294-295쪽 참고.

② 문화용품

문화용품으로 만든 보물로는 서화류·악기류·의료기류·노리개류 등이 있다.

서화류에 속하는 것으로는 문자·책·도장·그림 등이 있는데, 우선 문자가 신통력을 발휘하는 예를 보자. 사명당이 쓴 문자인 '얼음 빙(氷)'은 얼음을 얼게 하고, '따뜻할 온(溫)'은 냉기를 몰아내고, '비 우(雨)'는 비를 내리게 했다.[131] 허미수가 썼다는 삼척 퇴조비는 말 그대로 해일이 삼척의 해안가를 덮치지 못하게 했다.[132]

이번에는 문자가 씌어진 책이나 문자를 쓸 수 있는 도판이 신통력을 부리는 것을 보자. 옛이야기에는 읽기만 하면 범으로 변신하는 주문책[133]·술수책[134] 그리고 범 말고도 여러 가지 동물로 변신할 수 있는 요술책[135]이 많이 나온다. 여우의 책이라는 것도 있다. 이것을 가지고 있으면 재물을 얻을 수도 있고, 작은 구멍을 크게 할 수도 있고, 모습이 보이지 않게 할 수도 있다.[136] 또 여우의 책을 가지고 있으면 변신도 할 수 있다.[137] 도판으로는 해인사의 창건에 관한 옛이야기에 나오는 것이 대표적이다. 개로 변한 용왕의 아들을 도와준 대가로 어떤 사람이 용궁에서 얻어온 이 도판은 그 위에다 원하는 것을 써붙여 놓고 때리면 바로 그것이 나오는 보물이다.[138]

---

131) 〈사명당 일화〉, ≪대계 1-8≫, 447-451쪽 참고.

132) 〈삼척 퇴조비〉, ≪임석재 전집 4≫, 116-117쪽 참고.
이러한 퇴조비는 전국 곳곳에 있었고, 그것에 글을 쓴 사람도 여럿이었다.

133) 〈범이 된 사람〉, ≪임석재 전집 1≫, 74쪽 참고.
이 옛이야기의 주인공인 김선달은 범으로 변신한 사이에 그 부인이 주문책을 태워 버리는 바람에 영원히 범으로 살게 된다.

134) 〈장오위장범〉, ≪임석재 전집 3≫, 46쪽 참고.
장오위장 또한 부인이 술수책을 태워 버리는 바람에 사람으로 되돌아오지 못한다. 이러한 경우, 사람을 백 명 잡아먹으면 사람으로 되돌아올 수 있다고 한다.

135) 〈변신 경쟁〉, ≪임석재 전집 1≫, 76쪽 참고.

136) 〈여우의 책을 얻었던 선비〉, ≪대계 7-6≫, 98-108쪽 참고.

137) 〈도술 부리는 도둑 문과일〉, ≪대계 8-3≫, 144-148쪽 참고.

도장을 서화류에 넣은 것은 도장에 새겨 넣는 문자 때문인데, 보물이 되는 도장으로는 용왕의 나무도장이 있다. 이것은 세상에 있는 모든 것을 마음대로 할 수 있고, 또 무엇이든 간에 없애 버릴 수 있다. 이 보물을 어쩔 수 없이 사람에게 내어준 용왕은 딸을 내보내어 미인계를 써서 다시 찾아온다.139)

서화류라고 할 수는 없지만, 요술 봉투도 여기서 언급하고 넘어가기로 한다. 이퇴계는 자신을 붙잡는 과부에게 자신이 보고 싶으면 열어보라고 봉투를 하나 준다. 이퇴계가 떠난 뒤, 과부가 그 봉투를 열었다. 그러자 미남자가 나와서 이 과부를 데리고 잤다. 이 사실을 알게 된 이웃집 과부가 그 봉투를 훔쳐가서 소송이 붙었다. 고을 원님이 그 봉투가 뭔가 싶어 열었는데, 그 미남자가 나와서 원님에게도 그 짓을 했다.140)

서화류의 보물 중에서 가장 많은 비중을 차지하는 것은 아무래도 그림일 것이다. 문학자가 옆집 사람에게 종이에 그려 준 비둘기는 겨릅대로 때리기만 하면 엽전 세 닢을 물어다 준다. 그런데 그 돈은 나랏돈이라서 문학자가 관원에게 붙잡혀 간다. 문학자는 말을 세 마리 그려서 아내와 아들을 태우고 하늘로 날아간다.141)

어느 선비는 스님에게 병풍을 선물로 받았다. 그 병풍을 둘러치면 병풍에 그려진 예쁜 여자가 나와서 평소에 먹고 싶어하던 음식을 차려 준다. 이 선비가 길을 나서면서 병풍을 아들에게 맡기고 갔는데, 아들이 그 여자를 욕심내는 바람에 병풍은 신통력을 잃고 만다.142) 이와 비슷한 옛이야기를 하나 더 하자. 어느 화공이 원님에게 그려 준 미인 그림이 있었다. 이 그림 속의 미인에게 술을 한

---

138) 〈이상한 도판과 노승과 해인사〉, ≪임석재 전집 7≫, 45-47쪽 참고.
139) 〈천하귀보 나무도장〉, ≪임석재 전집 3≫, 296-298쪽 참고.
140) 〈이퇴계 선생의 봉투〉, ≪대계 1-2≫, 232-234쪽 참고.
141) 〈그림을 타고 간 학자〉, ≪대계 1-1≫, 787-791쪽 참고.
142) 〈신기한 병풍〉, ≪대계 5-3≫, 525-526쪽 참고.

잔 달라고 하면 그 미인은 술을 주었다. 그런데 원님의 부인이 석 잔의 술을 받아 마신 이후, 그 그림은 효험을 잃어버린다.[143]

또 어떤 그림에는 남자와 여자가 그려져 있었는데, 남자의 코를 두드리면 벙거지 쓴 사람들이 나와서 일을 도와주고, 남자의 이마를 두드리면 그 사람들이 그림 속으로 들어간다. 그리고 여자의 코를 두드리면 여자가 나와서 맛있는 음식을 차려 주고, 여자의 이마를 두드리면 먹다 남은 음식을 치운다.[144]

우리의 옛이야기에서는 보물이 되는 악기를 찾기가 그리 쉽지 않은데, 고목의 구멍에서 얻은 퉁소는 그래서 귀한 예가 된다. 그것은 한 사람만 들을 수 있게 불 수도 있고, 여럿이 들을 수 있게 불 수도 있고, 고을 전체가 들을 수 있게 불 수도 있는 요술 옥퉁소이다.[145] 범을 춤추게 하는 장구 또한 기억할 만하다.[146]

다음으로, 의료기류를 살펴보자. 변급이라는 사람이 용왕의 병을 고쳐 주고 얻은 침은 크기를 마음대로 조절할 수 있었고,[147] 허준이 호랑이를 구해 주고 나서 얻은 회혼포와 황금자마침은 죽은 사람도 살리고 죽을 병도 고칠 수 있었고,[148] 김영백이라는 사람이 얻었다는 천년암상자화침은 쇠붕치가 바위 위에서 비바람을 맞아 저절로 닳아서 된 침인데, 이것은 그 어떤 병이라도 다 고칠 수 있었다.[149] 그리고 중국 공주와 우리나라 공주를 함께 아내로 맞이할 길몽을 꾼 사람이 쥐에게서 얻었다는 활인척은 죽은 사람을 이리

---

143) 〈그림 속의 미인〉, ≪대계 2-7≫, 577-584쪽 참고.

144) 〈악한에게 잡혀간 누이를 구해 낸 남동생〉, ≪임석재 전집 6≫, 372-377쪽 참고.

145) 〈신기한 퉁소〉, ≪대계 5-4≫, 726-737쪽 참고.

146) 〈3형제〉, ≪임석재 전집 1≫, 88-92쪽 참고.
이 옛이야기에는 귀신을 혼내는 지팡이와 짐승의 혼을 빼놓는 북도 나온다.

147) 〈용왕의 병을 고치고 침을 얻다〉, ≪대계 1-3≫, 54-58쪽 참고.

148) 〈허준이 이야기〉, ≪대계 1-2≫, 60-64쪽 참고.

149) 〈명의 김영백〉, ≪임석재 전집 7≫, 124-127쪽 참고.

재고 저리 재어 되살아나게 할 수 있는 금자이다.150)

옛이야기에서 보물이 되는 노리개류로 가장 많이 등장하는 것은 구슬이다. 이 요술 구슬은 때로는 여의주로 간주되기도 한다. 하늘과 땅 그리고 사람을 꿰뚫어 볼 수 있는 지혜를 주는 구슬이 있고, 또 너 죽어라는 소원을 들어주는 구슬이 있다. 앞의 것은 처녀로 변신한 여우에게서 얻을 수 있고, 뒤의 것은 원한을 품은 구렁이에게서 얻을 수 있다.

젊은 사내의 정기를 빨아들이려고 하는 여우는 처녀로 변신하여 젊은 사내를 유혹하는데, 먼저 동품을 한 다음, 입에서 입으로 구슬을 주고받는다. 이때 젊은 사내가 그 구슬을 삼키고 하늘을 보면 하늘의 이치를 알게 되고 땅을 보면 땅의 이치를 알게 되고 사람을 보면 사람의 이치를 알게 된다. 구슬을 빼앗긴 여우는 그 본색을 드러내거나 아예 죽게 된다. 대부분의 젊은 사내는, 〈이상한 구슬〉151)의 주인공처럼, 여우의 구슬을 삼키고는 땅을 보아서 뛰어난 지관이 된다. 그러나 사람을 보아서 뛰어난 의술을 갖는 경우도 있고,152) 하늘을 보아서 천문에 통달하는 경우도 있다.153)

너 죽어라는 구슬은 신랑을 잡아먹으려는 구렁이가 신랑이 죽어 없어져도 신부가 혼자 살아갈 수 있도록 하려고 신부에게 건네 준 것이다. 구렁이가 신랑을 죽이려고 하는 데는 까닭이 있다. 예전에 어느 부인이 구렁이의 먹이인 꿩을 가로채어 잡아먹고 낳은 아이가 바로 그 신랑이었기 때문에복수하려는 것이다.154) 구렁이는 신부에

---

150) 〈대길몽〉, ≪임석재 전집 5≫, 196-199쪽 참고.

151) ≪임석재 전집 5≫, 60-61쪽 참고.

152) 〈제주 명의 진국태〉, ≪임석재 전집 9≫, 229-232쪽 참고.

153) 〈글방 아이와 백여우〉, ≪대계 8-9≫, 621-624쪽 참고.
이 옛이야기에서 천문을 꿰뚫게 되는 사람은 글방 선생이다. 글방 아이가 여우의 구슬 두 개를 삼키고 똥으로 내놓은 것을 글방 선생이 주워서 삼켜서 하늘을 본 것이다.

154) 〈신묘한 보배〉, ≪임석재 전집 1≫, 160-162쪽 참고.

게 여러 개의 구멍이 뚫린 구슬 하나를 주기도 하고[155] 아예 여러 개의 구슬을 주기도 하는데,[156] 각각의 구멍 또는 각각의 구슬은 그것을 쥐고 있는 사람이 원하는 것이면 무엇이든 내주는 신통력을 가지고 있다. 그 신통력 가운데 하나가 바로 미운 놈을 죽이는 것인데, 이 사실을 구렁이가 신부에게 알려 줌으로써 구렁이 자신이 죽게 된다.

이 유형의 옛이야기는 각편에 따라서 신랑을 잡아먹으려는 짐승이 메기인 것도 있고,[157] 호랑이인 것도 있다.[158] 그리고 신부가 혼자 살 도리로 받게 되는 보물도 각편마다 서로 다르다. 구슬인 것으로는 야광주[159]·세모로 된 구슬[160]·네모로 된 구슬[161]·여덟모로 된 구슬[162] 등이 있다. 구슬이 아닌 것으로는 퉁소[163]·연적[164]·네모로 된 쇠[165]·네모로 된 공이[166] 등이 있는데, 이들의 신통력은 구슬과 그다지 다르지 않다.

유리병도 노리개의 범주에서 언급하기로 한다. 병을 노리개로 삼았던 경우는 극히 드물지만, 구슬만큼이나 귀하게 여겼던 물건이기 때문이다. 유리병이 신통력을 발휘하는 옛이야기로는 여우누이형의 옛이야기를 들 수 있다. 어느 집에서 아들 몇 형제를 두고서도 딸을 낳으려고 애를 썼다. 그런데 기껏 낳은 딸이 여우의 화신이었

155) 〈구렁이가 준 구슬〉, ≪임석재 전집 7≫, 217-219쪽 참고.
156) 〈구렁이에서 얻은 영주〉, ≪임석재 전집 7≫, 219-221쪽 참고.
157) 〈여덟모의 보옥〉, ≪임석재 전집 1≫, 165쪽 참고.
158) 〈신묘한 보배〉, ≪임석재 전집 1≫, 163-164쪽 참고.
159) 〈신묘한 보배〉, ≪임석재 전집 1≫, 160-162쪽 참고.
160) 〈고양이와 개의 보은〉, ≪임석재 전집 7≫, 225-227쪽 참고.
161) 〈네모진 구슬(개와 고양이의 구슬 다툼)〉, ≪대계 1-6≫, 636-640쪽 참고.
162) 〈여덟모의 보옥〉, ≪임석재 전집 1≫, 165쪽 참고.
163) 〈구렁이가 준 퉁소와 피 많은 신부〉, ≪대계 7-13≫, 79-86쪽 참고.
164) 〈여덟모의 보옥〉, ≪임석재 전집 1≫, 165쪽 참고.
165) 〈들쩡 신랑과 구렁이〉, ≪대계 8-3≫, 594-598쪽 참고.
166) 〈신묘한 보배〉, ≪임석재 전집 1≫, 163-164쪽 참고.

다. 이 여우는 집안의 동물을 죽여서 간을 빼먹는데, 막내아들이 이러한 사실을 부모에게 일러주나 부모는 오히려 그를 내쫓는다. 그러자 여우는 부모와 오빠까지 잡아먹고 만다. 신적 존재를 만나 요술병을 얻은 막내아들은 집에 돌아와 이 여우를 물리치게 된다.

요술병으로 소개되는 것으로는 불병 · 물병 · 칼병[167]이 있는데, 이들을 던지면 각각 불이 일어나고 물이 넘치고 수많은 칼이 땅에 박혀 장애물을 이루게 된다. 판본에 따라서 불병 · 물병 · 칼병 대신에 다른 보물이 나오기도 한다. 〈여우누이동생과 두 오빠〉[168]에서는 빨간병 · 파란병 · 흰병이 나오는데, 각각 불 · 물 · 얼음을 만들어 낸다. 바늘쌈지 · 물병 · 바람병이 나오는 옛이야기[169]도 있고, 하얀 단지 · 노란 단지 · 빨간 단지가 나오는 옛이야기[170]도 있고, 불박 · 물박 · 안개박이 나오는 옛이야기[171]도 있다. 〈여우딸과 삼형제〉라는 옛이야기[172]에서는 병 대신 아예 부적이 나오는데, 석 장의 부적은 각각 산고개 · 불 · 바다를 만들어 낸다.

유리병에 담긴 약물로 죽은 사람을 살려 내는 옛이야기도 있다. 하얀 병의 물로 살을 돋게 하고, 빨간 병의 물로 피를 돌게 하고, 파란 병의 물로 숨을 쉬게 한다.[173] 이 유리병에 든 약물의 역할을 구슬이 대신하는 옛이야기도 있다. 죽은 사람의 몸을 흰 구슬로 문지르면 살이 돋아나고, 빨간 구슬로 문지르면 피가 돌고, 파란 구슬로 문지르면 숨을 쉰다.[174]

---

167) 〈여우누이동생〉, ≪대계 2-7≫, 629-640쪽 참고.
168) ≪대계 1-1≫, 500-505쪽 참고.
169) 〈여우누이〉, ≪임석재 전집 2≫, 55-57쪽 참고.
170) 〈여우누이〉, ≪임석재 전집 2≫, 53-55쪽 참고.
여기에서, 하얀 단지는 가시넝쿨을, 노란 단지는 물바다를, 빨간 단지는 불바다를 만들어낸다.
171) 〈여우누이〉, ≪임석재 전집 2≫, 57-58쪽 참고.
172) ≪대계 4-2≫, 424-427쪽 참고.
173) 〈반반버들잎 초공시와 엽엽이〉, ≪임석재 전집 7≫, 245-248쪽 참고.
174) 〈죽은 신부를 다시 살려서 살다〉, ≪임석재 전집 7≫, 252-254쪽 참고.

2. 환상세계로서 '옛날'의 시간과 공간

1) '옛날' 세계의 구조

옛이야기 속의 '옛날' 세계는 크게 삶의 세계와 죽음의 세계로 나뉜다. 이러한 구분은 삶과 죽음의 경계가 분명한 인간을 기준으로 한 것이다. 삶과 죽음을 자유롭게 넘나들 수 있는 신적 존재로서는 삶의 세계와 죽음의 세계를 굳이 나눌 필요가 없다. 삶의 세계는 다시 인간이 직접 경험할 수 있는 영역과 그렇지 않은 영역으로 나눌 수 있다. 앞엣것이 땅 위라면 뒤엣것은 하늘 위·바다 속·산속이다. 물론 공간의 제약을 전혀 받지 않는 신에게는 이러한 영역 구분조차 아무런 의미가 없다. 그런데 신적 존재는 마치 인간의 영역 구분에 따르기로 약속이나 한 듯이 각자 자신의 고유 영역을 지킨다. 하늘 위는 옥황상제가, 바다 속은 용왕이, 산속은 산신령이 그리고 저승은 염라대왕이 각각 지배한다. 이는 '옛날' 세계의 주역이 신적 존재를 포함한 초인적 존재가 아니라 평범한 인간임을 말해 주는 것이다.

옛이야기 속의 '옛날' 세계는 분명 환상세계이다. 밥나무에 밥이 열리고, 짐승이 말을 하고, 사람과 도깨비가 어울려서 함께 산다. 그런데 '옛날' 세계의 자연 법칙은 신적 존재가 언제든지 손을 댈 수 있는 것이기 때문에 매우 가변적인 것이었다. 흥미로운 것은, 자연 이법의 변개와 조정은 반드시 사람의 삶과 관련된다는 것이다.

그 '옛날'에는 해도 둘, 달도 둘이라 낮에는 너무 덥고 밤에는 너무 추웠다. 그리고 사람과 귀신이 뒤섞여 살다 보니 서로 구별이 되지 않았다. 그러자 대별왕은 해와 달을 하나씩 없애서 인간이 편안하게 살 수 있게 만들고, 인간과 귀신의 내왕을 막고 귀신이 인간의 말을 못하게 하여 삶의 세계와 죽음의 세계를 갈라놓는다.[175]

그 당시만 하더라도 산은 자신이 드러앉을 좋은 자리를 찾아서 제멋대로 걸어다녔다. 그러나 인간의 눈에 띄면 그 자리에 눌러붙어야 했다.[176] 이러한 규칙 또한 인간의 삶과 무관하다고 할 수 없을 것이다. 벼락치기의 규칙이 새로 마련된 것도 같은 이유에서이다. 처음에는 사람에게 티끌만한 허물만 있어도 하늘에서 벼락을 쳐서 그 사람을 죽였다. 이를 내버려 두었다가는 사람의 씨가 마를 것을 걱정한 강감찬은 그 벼락을 붙잡아 중동을 꺾어 버린다. 그 뒤 벼락도 사람이 지은 죄의 경중을 가리게 되었다.[177]

자연 법칙의 변개와 조정이 초인적 존재에 의해서 이루어진다고 하더라도 그 원인을 제공하는 것은 언제나 인간이었다. 밥이 열리는 밥나무가 없어진 것은 인간의 게으름 때문이었고, 쌀이 나오는 구멍이 막혀 버린 것은 인간의 욕심 때문이었고, 사람과 귀신의 내왕이 끊어진 것은 인간의 호기심 때문이었다. 그런가 하면 바위에서 술이 솟구친 것은 인간의 효심 때문이었고,[178] 오누이가 각자 산꼭대기에서 굴린 숫맷돌과 암맷돌이 산밑에서 딱 드러맞은 것은 인간의 종족 보존 욕구 때문이었고,[179] 비석에 똥을 묻히자 홍수가 난 것은 인간의 호기심 때문이었다.[180]

이처럼 '옛날' 세계의 주역은 인간이었다. 따라서 '옛날' 세계를 인간을 기준으로 하여 삶의 세계와 죽음의 세계로 나누고, 삶의 세계를 다시 땅 위 · 하늘 위 · 바다 속 · 산속의 영역으로 나누는 것은 지극히 마땅하다 하겠다. 그런데 그 '옛날' 세계가 인간이 주역으로 활동하는 세계라면, 그 세계의 모든 영역은 인간이 자유로이 넘나

---

175) 〈허웅아기〉, ≪대계 9-3≫, 639-642쪽 참고.
176) 〈걸어오다가 멈춘 마이산〉, ≪대계 5-2≫, 81-83쪽 참고.
177) 〈벼락살을 꺾은 강감찬〉, ≪대계 2-6≫, 360-361쪽 참고.
178) 〈소주봉〉, ≪임석재 전집 5≫, 38-39쪽 참고.
179) 〈단양 장씨의 시조〉, ≪대계 3-3≫, 54쪽 참고.
180) 〈구해 준 하루살이 · 돼지 · 사람〉, ≪임석재 전집 2≫, 31-33쪽 참고.

들 수 있어야 하지 않을까. 그러나 우리의 세계 구분을 보라. 인간의 시·공간 여행이 가능한 영역과 그렇지 않은 영역으로 나누어 놓은 것이 아니었던가. '옛날' 세계는 환상세계이다. 이러한 모순은 간단하게 해결된다. 몇몇 인간은 초인적 존재나 그 존재의 도술·보물에 힘입어 하늘 위·바다 속·산 위·땅속뿐만 아니라 저승까지도 넘나드는 특별한 기회를 가졌다.

2) '옛날' 세계의 시간 개념

자연 법칙 가운데서도 가장 중요한 것은 시간 법칙이다. 시간 법칙은 사물의 존재·사건의 전개·현상의 변화 등에 관한 기본 질서에 관한 규칙이라고 할 수 있다. 시간의 흐름이 없으면, 사물의 생성과 소멸도 없고, 사건의 앞과 뒤도 없고, 현상의 원인과 결과도 없다. 게다가 시간의 흐름이 일정하지 않거나 그 방향이 바뀌게 되면 사물·사건·현상은 완전히 뒤죽박죽이 되어 버린다. '옛날' 세계와 같은 환상세계에서도 일관된 시간 법칙을 설정하고, 그것을 무분별하게 소삭하는 것을 경계하였다. 환상세계는 현실세계와 다른 세계일 뿐이지, 무의미의 세계이거나 혼돈의 세계는 아닌 것이다.

'옛날' 세계의 시간은 오늘날의 우리 세계와는 달리 더디 흐르기도 하고 빨리 흐르기도 하고, 거꾸로 흐르기도 한다. 물론 초인적 존재나 그 존재의 도술·보물이 시간의 흐름을 통제하기 때문에 나타나는 일이다. 그런데 이와 같은 시간의 비틀림과 뒤틀림은 매우 제한된 범위 내에서 이루어진다. 특정의 공간이나 특정의 사물·사건·현상에 작용하는 시간만 그 흐름이 왜곡될 뿐이라는 것이다. 따라서 시간의 왜곡으로 '옛날' 세계가 전체적으로 혼란에 빠지는 경우는 절대로 일어나지 않는다. 오히려 제한된 범위 내에서 일어나는 시간의 비틀림과 뒤틀림은 '옛날' 세계를 전체적으로 이끌고 가는 자연 법칙의 모순이나 결함을 보전하는 구실을 한다.

시간의 흐름이 서로 다른 두 영역을 사람이 넘나듦으로써 맞닥뜨리게 되는 사건을 다룬 〈신선봉〉[181]이라는 옛이야기를 보자. 어느 나무꾼이 산에 나무를 하러 갔다가 하늘에서 선녀들이 내려와 목욕하는 것을 훔쳐보았다. 선녀들이 옷을 입고 하늘로 날아가는 것을 보고 마을에 내려왔는데, 집에서는 자신의 삼년상을 치르고 있었다.

〈세 글동무〉[182]는 한편으로는 시간이 더디 흐르고 빨리 흐르는 것을 상대적으로 보여 주고, 다른 한편으로는 시간이 엇갈려 흐르는 것을 동시에 보여 준다. 이 이야기의 대강의 줄거리는 다음과 같다.

> 옛날 시골 서당에서 함께 공부하는 세 아이가 있었다. 한 아이는 신선이 소원이었고, 한 아이는 평양감사가 소원이었고, 다른 한 아이는 큰 부자가 소원이었다. 평양감사가 된 아이는 임지로 내려가는 길에 신선이 된 친구를 찾아갔다. 친구는 신선 세상을 구경시켜 주었다. 동쪽 방문을 여니 봄이었고, 남쪽 방문을 여니 여름이었고, 서쪽 방문을 여니 가을이었고, 북쪽 방문을 여니 겨울이었다. 구경을 마친 뒤, 평양감사가 옛날이야기를 하다가 부자가 소원이라던 친구가 보고 싶다고 하자, 신선은 동자를 시켜 구렁이를 데려왔다. 신선이 주문을 외니 구렁이가 둘로 갈라지는데, 그 안에서 옛 친구가 나왔다. 그 친구는 욕심이 너무 많아 그렇게 된 것이었다. 평양감사가 신선과 작별하고 인간 세상에 나오니 백 년이 넘게 흘러서 손자가 백발 노인이 되어 있었다.

이 이야기처럼 신선과 같은 초인적 존재가 머무는 공간의 시간

181) ≪대계 1-3≫, 298쪽 참고.
182) ≪임석재 전집 4≫, 184-186쪽 참고.

과 인간이 머무는 공간의 시간이 그 흐름이 다르게 나타나는 이야기는 매우 많다. 그런데 그 모든 이야기의 공통점은 초인적 존재의 영역은 시간이 더디 흐르고 인간의 영역은 시간이 빨리 흐른다는 것이다. 그런데 이 이야기에는 서로 다른 시간대의 네 공간이 동시에 나타나 있다. 신선의 영역이라고는 하지만, 하나의 공간에서 엇갈려 흐르는 여러 가지 시간을 비교하며 살필 수 있는 상황을 설정한 것은 옛이야기 가운데서도 극히 드문 예라고 하겠다.

〈신선놀음에 도끼자루 썩는다〉[183]라는 옛이야기에서 볼 수 있는 시간의 흐름은 더 특이하다. 초인적 존재와 그와 함께 있는 인간이 겪는 시간의 흐름은 매우 더디지만, 그들이 머물고 있는 영역 자체는 시간의 흐름이 극히 빠르기 때문이다. 어떤 사람이 산에 나무하러 갔는데, 널따란 반석 위에서 노인 넷이서 바둑을 두고 있었다. 나무꾼은 도끼를 짚고 서서 바둑판을 들여다보고 있는데, 주위를 둘러싸고 있는 산천이 금세 파래졌다 누래졌다 허얘졌다 하는 것이었다. 나무꾼이 짚고 있던 도끼 자루가 금세 썩어내렸다. 이를 굳이 설명하자면, 주체 자신의 시간과 주체가 자리 잡고 있는 공간의 시간이 분리되었다고 하여야 할 것이다.

시간이 거꾸로 흐르는 것을 보여 주는 옛이야기로는 〈젊어지는 샘물〉이 대표적이다. 이것은 보물의 힘을 빌려 시간을 되돌려 놓는 것인데, 흥미로운 것은 샘물을 마신 인간의 시간만 거꾸로 흐를 뿐, 그 인간이 머물고 있는 공간의 시간은 정상적으로 흐른다는 것이다. 〈버리데기〉[184]를 보면, 바리데기는 이미 썩은 시신이 된 아버지를 사람 살리는 꽃과 피를 돌게 하는 꽃과 살이 생기게 하는 꽃으로 되살려 놓는다. 그런데 살아난 아버지는 "봄잠을 오래 잤구나!" 하고 말한다. 아버지가 병든 후 약을 구하러 나섰던 바리데기

183) ≪임석재 전집 4≫, 242쪽 참고.
184) ≪임석재 전집 10≫, 137-142쪽 참고.

는 어쩔 수 없이 결혼을 하여 아들 삼형제까지 낳은 후에 돌아온 터였다. 바리데기가 어렵게 구한 약꽃은 적어도 아버지의 시간만큼은 죽음 이전으로 완벽하게 되돌려 놓은 것이라고 하겠다.

옛이야기 중에는 시간을 완전히 멎게 했다가 다시 흐르게 하는 것도 있다. 인간을 돌로 변하게 하였다가 다시 인간으로 되살아나게 하는 이야기가 이에 속한다.

한라산에 사는 구미호는 노파로 변신하여 자신을 잡으러 오는 포수와 개를 '대설캉 같은 막대기'로 문질러 돌로 바꾸어 버린다. 그래서 한라산에 들어가는 포수는 살아나오는 사람이 없었다. 그러던 어느 날 이 구미호에게 동생을 잃은 어느 포수가 이 구미호를 잡겠다고 한라산에 올라갔다. 마침내 구미호는 포수가 쏜 총에 맞아 피를 흘리며 죽는다. 그때 포수는 구미호가 뿌린 피를 뒤집어쓴 돌이 개로 되살아 나는 것을 보게 된다. 포수는 돌마다 일일이 피칠을 하여 동생을 포함한 모든 사람을 살려낸다.[185]

인간이 돌이 되었다는 것은 인간으로서의 삶이 끝나 죽음에 이르렀다는 것이다. 그런데 그 돌이 인간으로 되돌아온다는 것은 인간으로서의 삶이 재개되었다는 것이다. 물론 앞의 인간과 뒤의 인간은 달라진 바가 전혀 없다. 그렇다면 그것은 인간으로서의 시간이 멈추었다가 다시 흐른 것으로 보아야 할 것이다. 이 이야기는 인간으로서의 삶이 완전히 끝나는 망부석류의 이야기와는 구별된다.

3) '옛날' 세계의 공간 이동

'옛날' 세계는 일단 삶의 세계와 죽음의 세계로 나뉘고, 삶의 세계는 다시 땅·하늘·바다·산의 영역으로 나뉜다. 물론 죽음의 세

185) 〈쌍동 형제 무용담〉, ≪임석재 전집 2≫, 147-151쪽 참고.

계는 저승의 영역이다. 삶의 세계와 죽음의 세계는 공간 개념으로 이해할 수 있는 것이 아니다. 그런데 하늘·바다·산의 영역은 그 성격이 모호하다. 공간 개념으로 이해할 수도 있지만 그것만으로 충분하지 않은 점도 있기 때문이다.

〈양봉래〉[186]라는 옛이야기를 보면, 양봉래라는 도학자는 자신의 살아 있는 육신은 그대로 땅의 영역에 남겨둔 채 영혼만 용궁을 다녀온다. 두 번째 용궁 나들이에서는 일주일이 걸렸는데, 양봉래가 죽은 줄로 안 그의 아들이 장례를 치러 버렸다. 그러자 양봉래의 영혼은 '금강산 신선이 되어 가노라' 하고 외치고 집을 떠난다.

사람이 죽어서 용궁에 갔다가 때가 이르지 않았다 하여 다시 삶의 세계로 되돌려 보내진 사람에 관한 옛이야기도 있다.[187] 어느 옛이야기 속의 주인공은 죽은 지 사흘이나 되어 시신이 반이나 상했는데도 되살아났다.[188] 그리고 사람이 죽어서 신선이 된다는 옛이야기는 참 많다.

이러한 옛이야기는 삶의 세계에서 죽음의 세계로 그리고 때로는 죽음의 세계에서 삶의 세계로 나아가는 시간을 다루는 것이므로, 공간의 차원에서 논의할 것이 아니다. 전형적인 예가 죽어서 저승에 갔다가 다시 살아나오는 옛이야기가 될 것이다. 물론 〈양봉래〉처럼, 살아 있는 육신은 놓아 두고 영혼만 들어갈 수 있는 용궁의 경우에도, 결코 삶의 세계에서 다룰 만한 공간은 되지 못한다. 그러나 다행히도 〈양봉래〉와 같은 성격의 옛이야기는 그다지 흔치 않

186) ≪임석재 전집 4≫, 145-146쪽 참고.

187) 삶의 세계와 죽음의 세계를 연결하는 세계도 있는 것으로 보인다. 옛이야기에서는 죽음의 세계인 저승에서도 또다시 죽을 수 있다고 생각했다. 옛날 중국의 어떤 천자가 죽어서 저승에 갔는데, 저승 재판관이 아직 죽을 때가 아니라며 돌아가라고 했다. 그런데 옥황상제가 이승으로 나가는 도중에 만날 벌과 구렁이를 조심하라고 했다. 그 벌과 구렁이는 천자가 살아 있을 때 죽였던 짐승이었다(〈벌과 구렁이를 죽인 천자〉, ≪임석재 전집 6≫, 368-369쪽 참고).

188) 〈죽어서 용궁에 다녀온 사람〉, ≪대계 7-10≫, 559-560쪽 참고.

다. 대부분의 옛이야기는 살아 있는 육신이 직접 하늘·바다·산의 영역에 들어갔다가 되돌아 나오는 사건을 다룬다.

하늘·바다·산은 분명 현실세계의 공간에 자리 잡고 있지만, 현실세계의 자연 법칙에 따른 물리적 수단과 방법으로 그곳을 가로지를 수 있는 것은 아니다. 날 수 있다고 해서 하늘로 들어갈 수 있는 것이 아니고, 물속에서 숨을 쉴 수 있다고 해서 용궁으로 들어갈 수 있는 것이 아니고, 깊은 골짜기와 가파른 절벽을 건너뛸 수 있다고 해서 산으로 들어갈 수 있는 것이 아니다. 인간이 하늘·바다·산의 영역을 넘나들 때, 초인적 존재나 그 존재의 도술·보물에 의지하지 않으면 안 되는 이유도 바로 여기에 있다. 하늘·바다·산은 현실 영역에 있는 환상 영역인 것이다.

(1) 초인적 존재의 초대에 따른 공간 이동

인간이 가장 쉽고 안전하게 하늘·바다·산의 영역으로 들어가는 방법은 그 영역을 지배하는 초인적 존재의 초대장을 들고 그 심부름꾼의 안내를 받는 것이다. 초인적 존재가 현실 영역의 인간을 초대하는 경우는 두 가지이다. 하나는 현실 영역의 인간에게 초인적 존재가 환상 영역에 관한 일을 부탁하는 경우이고, 다른 하나는 현실 영역에 나온 초인적 존재가 인간에게 큰 은혜를 입었을 때이다.

앞에서 언급한 바 있는 〈양봉래〉의 양봉래는 동해 용왕으로부터 새로 지은 비룡각의 현판을 써 달라는 부탁을 받는다. 양봉래는 용왕의 사자를 따라 용궁에 들어와 현판을 썼다. 그런데 한자 '날 비(飛)'에 점을 찍지 않았고, 뒷날에도 점을 찍지 말라고 당부하고 돌아온다. 용왕이 양봉래의 말을 무시하고 점을 찍으라고 했더니, 현판이 떨어지며 하늘로 올라가 버렸다. 용왕은 또다시 사자를 보내어 양봉래에게 새 현판을 부탁하여야 했다.

이 옛이야기에서도 잘 드러나듯이, 하늘·바다·산의 영역에 관한 일을 떠맡아서 할 인간이라면, 그는 초인적 인간에 버금가는 탁월한 능력을 가진 인간이다. 이러한 인간이라면 신적 존재의 스승 노릇도 할 수 있다. 용왕의 아들을 가르친 율곡이 그 예이다.189)

율곡의 제자 중에 집도 모르고 이름도 모르는 영리한 소년이 있었다. 삼년이 지난 어느 날 율곡이 집을 물었다. 그러자 소년은 율곡을 데리고 큰 용못을 찾아갔다. 거기에 풀잎을 하나 던지니 물이 갈라지면서 용궁으로 가는 길이 나타났다. 용궁에 이르자 용왕은 아들의 스승이라는 이유로 율곡을 극진히 대접했다. 이에서 알 수 있듯이, 양봉래나 율곡처럼 특별한 능력을 가진 인간이라야 초인적 존재의 초대를 받아 하늘·바다·산의 영역을 여행하는 것이 가능하다.

평범한 인간이라도 초인적 존재에게 도움을 줄 수 있다. 이를테면 신선도 외로움을 탈 때는 인간마저도 큰 위로가 된다. 어떤 방물장수가 날이 저물자 길가의 장승 옆에서 자고 가기로 했다. 그런데 한밤이 되자 장승이 '승승' 하는 소리를 내는 것이었다. 이 방물장수도 장승을 따라서 '승승' 하고 맞장구를 쳤다. 그러자 꿈에 신선이 나타나 자신의 동무 노릇을 해주어 고맙다며 그 보답으로 인삼밭을 일러 준다.190)

또 다른 옛이야기를 들어보자. 성품이 후덕한 양진사는 자신의 집에 찾아든 개를 삼년 동안이나 잘 보살폈다. 이 개는 죄를 짓고 인간 세상에 나온 용왕의 아들이었다. 용왕이 이를 고맙게 여겨 양진사 마을의 가뭄을 해결해 준다. 그런데 비를 너무 뿌리는 바람에 홍수가 나게 되자, 용왕의 아들이 밤나무를 심어 비 피해가 없도록 해주었다.191)

---

189) 〈용왕 아들 가르친 율곡〉, ≪대계 4-5≫, 711-713쪽 참고.
190) 〈장승 동무해 주고 인삼 얻은 사람〉, ≪임석재 전집 2≫, 308-309쪽 참고.

이러한 유형의 옛이야기 대부분에서는, 초인적 존재가 자신에게 큰 은혜를 베푼 인간을 자신의 영역인 하늘·바다·산으로 초대하여 융숭하게 대접하고 귀한 보물을 선물한다. 인간의 영역에서 귀양살이할 때 인간의 도움을 받지 못하면 자신의 영역으로 되돌아갈 수도 없을 뿐만 아니라 목숨까지 위태로워지기 때문이다.

하늘나라의 선녀가 죄를 지어 지네의 모습으로 이 땅에 내려왔는데, 효자와 부부가 되어 삼년을 지내야 다시 하늘로 올라갈 수 있었다. 이 지네 선녀는 여자로 변신하여 어느 효자 앞에 나타난다. 그 효자는 겨울에 딸기를 먹고 싶어하는 어머니를 위하여 길을 나선 참이었다. 지네 선녀는 딸기를 구해 주는 대가로 부부가 되기를 요구하고, 효자는 이를 받아들인다. 부부가 되어 살던 어느 날, 효자는 아내가 지네 모습을 하고 있는 것을 목격한다. 그러자 아내는 하늘이 내리친 벼락을 맞아 그 자리에서 죽는다.[192] 지네 선녀가 인간의 도움을 받긴 했지만 그것이 온전치 못했기 때문에 결국 비극적인 결말을 맞이할 수밖에 없었던 것이다.

초인적 존재가 자신의 영역에서 죄를 짓게 되면 인간 세상에 내려와 그 죄닦음으로 특정의 과제를 수행하거나 견디기 힘든 고난을 겪어야 한다. 그런데 그 특정의 과제는 인간과 직접 관련되고, 그 힘든 고난은 인간에게 시달리는 것이다. 따라서 이 땅에 귀양온 초인적 존재에게는 인간의 도움이 매우 절실할 수밖에 없고, 그러한 인간에 대한 보답은 극진할 수밖에 없다. 이에 관한 좋은 예가 〈해인의 유래〉[193]라는 옛이야기이다.

무주 구천동의 노부부가 강아지를 거둬 길렀는데, 이 강아지는

191) 〈용두연 전설〉, ≪대계 8-7≫, 124-126쪽 참고.

192) 〈천상에서 귀양온 지네 여자가 효자를 의지하다〉, ≪대계 5-1≫, 151-155쪽 참고.

193) ≪대계 4-4≫, 232-235쪽 참고.

용왕에게 죄를 지어 인간 세상으로 쫓겨나온 용왕의 딸이었다. 속죄 기간이 끝나고 원래의 모습으로 돌아온 용왕의 딸은 자신을 보살펴 준 할아버지를 용궁으로 초대했을 뿐만 아니라 용왕이 보답을 하겠다고 할 때 해인(海印)을 달라고 하라고 일러주기까지 한다. 해인은 원하는 것이면 무엇이든 내놓는 용궁의 보물이다.

인간 세상에서 귀양살이하는 초인적 존재만큼 절실하게 인간의 도움을 필요로 하는 것이 인간 세상에서 노닐다가 인간에게 붙잡혀 생명이 위태로워진 초인적 존재이다. 이러한 초인적 존재를 대표할 만한 것이 물고기 또는 자라의 모습으로 인간의 그물에 걸려드는 용왕의 아들이다.

〈살려 준 고기의 보은〉[194]을 보자. 인간에게 잡혀 눈물을 흘리고 있는 고기를 구해 준 어떤 이는 다음날 이 고기의 잔등에 타고 용궁으로 들어가게 된다. 용왕은 자신의 아들을 살려 줬다고 보물을 주려고 한다. 이때 용왕의 아들이 귀띔을 한다. 다른 건 다 그만두고 고양이를 달래라는 것이다. 이 고양이는 집으로 돌아오자마자 예쁜 색시로 변했다.

초인적 존재에게도 인간의 영역인 이 땅은 이런저런 쓸모가 있었던 것 같다. 옥황상제는 마고할미를 시켜 영일의 옥계에다 조선 땅에 내려가 놀 만한 선경을 만들라고 했다.[195] 또 하늘나라에서는 금강산의 물을 두레박으로 길어다 먹었고 선녀들은 직접 금강산에 내려와 목욕을 했다. 그런가 하면 단양의 어느 깎아지른 절벽 중턱에 있는 깊은 굴은 하늘의 선녀가 내려와 베를 짜던 곳이라고 한다.[196] 이 땅에는 하늘나라에서는 볼 수 없는 아름다운 곳이 있고, 하늘나라에서는 구할 수 없는 좋은 물이 나고, 하늘나라에서는 찾

194) ≪임석재 전집 1≫, 64쪽 참고.
195) 〈옥계천의 진주석〉, ≪임석재 전집 12≫, 24쪽 참고.
196) 〈단양촌〉, ≪임석재 전집 4≫, 114-115쪽 참고.

기 어려운 베짜기 좋은 곳이 있다는 것이다.

(2) 인간의 의지에 따른 공간 이동

지금까지 살펴본 옛이야기는 초인적 존재의 부름을 받아 인간이 초인적 존재의 영역인 하늘·바다·산으로 여행하는 것들에 관한 것이었다. 그런데 인간 스스로 그러한 영역으로 나들이할 필요를 느낄 때가 있다. 〈바리데기〉 유형의 옛이야기에서는 부모의 죽을병을 고칠 약을 구하기 위해서, 〈구복 여행〉 유형의 옛이야기에서는 말 그대로 복을 얻기 위해서, 〈나무꾼과 선녀〉 유형의 옛이야기에서는 달아난 아내를 만나기 위해서 초인적 존재의 영역을 찾아 나선다. 어떠한 경우에도 인간 자신의 능력으로는 결코 초인적 존재의 영역을 찾을 수조차 없다. 초인적 존재를 감동시켜서 자발적인 도움을 받거나, 초인적 존재에게 적절한 대가를 치러 그의 도술·보물을 이용하거나, 그것도 아니면 초인적 존재 몰래 초인적 존재의 물건에 숨어 들어가는 방법을 강구하는 수밖에 없다.

먼저 초인적 존재를 감동시켜서 자발적인 도움을 받는 유형의 여행에 대해서 살펴보자. 초인적 존재가 가장 크게 감동하는 것은 다른 사람을 위하여 스스로 고난을 무릅쓰는 사람의 마음이다. 이러한 마음의 으뜸은 효심이다. 아버지의 병을 고치려고 불로초를 구하러 나선 사람이 있었다. 이 사람이 서쪽 강가로 가니 말 한 마리가 있었는데, 그 말을 탔더니 이 세상이 아닌 딴 세상으로 들어갔다. 그곳에 있는 여자가 말하기를, 효성이 지극한 사람이라야 불로초를 찾을 수 있다고 했는데, 이 사람은 대번에 불로초를 알아보았다.[197]

197) 〈효성이 있는 아우와 나쁜 형〉, ≪임석재 전집 2≫, 97-98쪽 참고.

자신의 욕망을 충족시키기 위한 정성 또한 초인적 존재를 감동시킬 수 있다. 〈천도복숭 따온 총각〉[198]은 임금의 병을 고치는 사람에게는 큰 벼슬을 준다는 말을 듣고 천도복숭을 따러가는 총각의 이야기이다. 그러나 이 총각의 욕망은 개인적인 것에 그치는 것이 아니었다. 임금뿐만 아니라 눈 먼 어머니에게도 주고 모든 백성에게 나누어 줄 목적으로 천도 복숭을 따러 나선 것이다. 과연 이 총각의 정성은 초인적 존재인 세 처녀를 감동시켰다. 세 처녀는 이 총각을 천도 복숭이 있는 하늘로 안내했을 뿐만 아니라 인간 세상까지 따라나온다. 병이 나은 임금이 총각의 색시가 된 세 여자를 욕심내다가 자신이 죽게 되고, 이 총각은 마침내 임금의 자리에 오르게 된다.

초인적 존재에게 적절한 대가를 치르는 유형의 여행은 〈구복 여행〉 유형의 옛이야기에서 흔히 볼 수 있다. 지지리도 복이 없는 사람이 자신의 복을 구하러 하늘나라로 찾아가는데, 도중에 제각기 걱정과 근심을 가지고 있는 초인적 존재를 만나게 된다. 이들의 궁금증을 풀어주는 조건으로 도움을 받아 마침내 하늘나라에 다다르게 된다.

〈가난한 도령의 구복 여행〉[199]에서는 사다리를 빌려서 하늘나라로 올라가고, 〈하늘로 복 타러 가다〉[200]에서는 용의 등에 올라타서 하늘나라로 올라간다. 〈게으름뱅이 총각의 구복 여행〉[201]에서는 용의 등에 올라타긴 하는데, 하늘나라로 가지 않고 강을 건넌다. 옥황상제가 강 건너의 산기슭에 있기 때문이다. 이 유형의 옛이야기 중에는 아무 대가를 치르지 않고 쉽게 하늘로 올라가는 것도 있다.

---

198) ≪임석재 전집 10≫, 109-112쪽 참고.
199) ≪대계 7-16≫, 139-144쪽 참고.
200) ≪임석재 전집 10≫, 115-117쪽 참고.
201) ≪대계 7-13≫, 388-393쪽 참고.

〈구복 여행〉[202]에서는 아무 부탁도 하지 않은 호랑나비의 날개 속에 들어가서 하늘나라로 올라가고, 또 다른 〈구복 여행〉[203]에서는 산꼭대기에서 우연히 만난 선녀의 도움으로 하늘로 올라간다. 예외도 있다. 〈복 받으러 간 사람〉[204]에서는 누구의 도움 없이 스스로 바다 속에 있는 돌부처를 찾아간다.

〈나무꾼과 선녀〉 유형의 옛이야기는 인간이 초인적 존재에게 베푼 은혜를 빌미삼아 하늘나라로 올라가는 방법을 알아내는 유형의 옛이야기이다. 이 또한 초인적 존재에게 적절한 대가를 치르고 그 존재의 도술·보물을 이용하는 유형이라고 할 수 있다. 〈천국의 시련〉[205]에서는 두레박을 타고 하늘로 올라가고,[206] 〈닭이 높은 데서 우는 유래〉[207]에서는 용마를 타고 하늘로 올라가고, 그런가 하면 초인적 존재인 동물이 건네 준 박씨[208]·호박씨[209]·오이씨[210]를 심어 그 덩굴을 타고 올라가기도 한다. 〈나무꾼과 선녀〉 유형의 옛이야기 중에는 하늘에서 저절로 줄이 내려와 그것을 타고 하늘로 올라가는 것도 있다.[211]

〈바리데기〉 유형의 옛이야기에서는 철저한 거래가 이루어진다. 바리데기는 아버지의 병을 고칠 약을 구하기 위하여 서천서역국을 찾아나선다. 그런데 아무도 그냥 길을 가르쳐주지 않는다. 그리고 아무도 서천서역국을 바로 가르쳐주지 않는다. 그래서 바리데기는

---

202) ≪대계 5-4≫, 483-488쪽 참고.

203) ≪대계 7-8≫, 739-741쪽 참고.

204) ≪임석재 전집 2≫, 302-304쪽 참고.

205) ≪대계 4-5≫, 302-316쪽 참고.

206) 대부분의 이야기에서는 두레박을 타고 하늘로 올라간 나무꾼을 선녀가 반긴다. 그런데 〈나무꾼과 선녀〉(≪대계 6-1≫, 81-88쪽 참고)에서는 선녀가 두레박의 줄을 잘라서 나무꾼을 떨어뜨려 죽여 버린다.

207) ≪대계 3-2≫, 250-258쪽 참고.

208) 〈나무꾼과 선녀〉, ≪임석재 전집 1≫, 48-49쪽 참고.

209) 〈나무꾼과 선녀〉, ≪임석재 전집 1≫, 49-51쪽 참고.

210) 〈나무꾼과 선녀〉, ≪임석재 전집 1≫, 51-53쪽 참고.

211) 〈나무꾼과 선녀〉, ≪대계 3-2≫, 411-414쪽 참고.

어떤 노인을 대신하여 들판의 밭을 모두 갈아야 했고, 어떤 나무꾼을 위하여 나무를 태산처럼 해주어야 했고, 빨래하는 어떤 사람이 시키는 대로 검은 빨래는 희게 씻고 흰 빨래는 검게 씻어 주어야 했고, 숯을 씻는 어떤 사람의 부탁대로 숯이 희도록 씻어 주어야 했고, 어떤 초립동이의 요구대로 아들을 셋이나 낳아 주어야 했다.[212] 이처럼 인간이 자신의 힘으로 초인적 존재의 영역으로 들어가려고 하면 수많은 고초를 겪어야 하는 것이다.

초인적 존재가 그 나름의 이유로 인간의 영역에 있는 물건을 가져가는 경우가 있다. 이러한 물건을 이용하면 초인적 존재도 모르게 초인적 존재의 영역으로 숨어들 수 있다. 어떤 가난한 사람이 있었는데, 이 사람의 복은 나무 석 짐 정도밖에 되지 않았다. 그래서 아무리 나무를 많이 해 놓아도 자고 일어나면 석 짐밖에 남아 있지 않았다. 밤 사이에 나무짐이 하늘로 올라가 버리기 때문이다. 이 사람은 나무짐에 숨어서 하늘로 올라가서 옥황상제에게 따진다. 그러자 옥황상제는 다른 사람의 복을 빌려 준다.[213]

(3) 그 밖의 공간 이동

인간이 우연히 초인적 존재의 영역인 하늘·바다·산으로 여행하게 되는 옛이야기와 초인적 존재에게 붙잡혀 가서 어쩔 수 없이 여행하게 되는 옛이야기도 있다.

어느 나무꾼이 산에 나무를 하러 갔는데, 나무가 뚜벅뚜벅 걸어가는 것을 보게 되었다. 이 나무를 따라 깊은 산속으로 들어갔더니 거기에 산신령이 있었다.[214] 또 어떤 노인은 어부인데, 용왕의 신하

---

212) 〈오구천왕과 버리덕이〉, ≪임석재 전집 11≫, 66-73쪽 참고.
213) 〈남의 복을 빌어서 잘 산다〉, ≪임석재 전집 4≫, 189-193쪽 참고.
214) 〈김석순의 복주머니〉, ≪대계 4-5≫, 316-321쪽 참고.

인 물고기를 너무 많이 잡아먹은 죄로 용궁에 끌려간다. 용왕은 다시는 자신의 신하를 잡아먹지 말라면서 쌀독의 쌀이 떨어지지 않게 해주는 돌을 내준다. 이 어부는 용왕이 붙여 준 강아지의 등을 타고 뭍으로 나온다.[215)]

공간 여행과 관련하여 흥미로운 옛이야기가 하나 있다. 물고기를 시도 때도 없이 잡아먹는 사람이 있었다. 이 사람이 어느 날 물고기를 잡고 있는데 호랑이가 다가왔다. 이 사람은 호랑이를 피하려고 물속으로 들어갔다. 그런데 자신도 모르게 어딘가로 끌려가는 것이었다. 느낌이 이상한 것이, 마치 물고기의 허물을 뒤집어쓰고 있는 듯했다. 강가로 헤엄쳐 나오니까 아이들이 자신을 일러 잉어라고 하면서 잡으러 왔다. 그때부터 이 사람은 물속에서 물고기로 살아갔다. 그러던 어느 날 새벽 가만히 땅으로 올라와 보니 사람의 모습을 되찾은 것을 알게 되었다. 집으로 돌아와보니 자신의 제사를 지내고 있었다. 물고기로 일 년을 산 것이었다.

이 사람이 물속으로 끌려들어가 물고기가 된 것은 물고기를 너무 많이 잡아 먹은 죄 때문이겠지만, 우리가 관심을 가지는 것은 그 때문이 아니다. 이 옛이야기에서는 인간이 다른 영역으로 들어가면 겉모습까지도 그 영역에 걸맞게 바뀐다는 옛어른의 생각을 읽을 수 있는 것이다.

3. 환상성의 현실성

1) 환상의 비현실성과 그 논리의 현실성

환상은 터무니없는 것이다. 바리데기가 죽을병에 걸린 아버지를

215) 〈구무소〉, ≪대계 2-3≫, 353-354쪽 참고.

위해서 불사약을 구하려고 저승을 찾아간다는 것도 터무니없고, 호랑이에게 쫓긴 오누이가 동아줄을 타고 하늘에 올라가 해와 달이 된다는 것도 터무니없고, 욕심 많은 사람이 맷돌이 끝없이 쏟아내는 돈에 깔려 죽는다는 것도 터무니없고, 도깨비감투를 쓰고 다른 사람 눈에 띄지 않고 돌아다닌다는 것도 터무니없다.

그런데 이 터무니없음에도 그럴 듯함이 내재되어 있다. 바리데기가 인간 세상에 없는 저승을 찾아가는 길을 알아내는 대가로 남의 아내가 되어 아이까지 낳아 주어야 했던 것도 그럴 듯하고, 부끄럼 많은 누이동생이 사람들이 자신을 쳐다보지 못하도록 사람들의 눈을 콕콕 찌를 수 있는 해가 되기를 원했다는 것도 그럴 듯하고, 욕심 많은 사람이 돈이 불어나는 데 넋을 놓고 있다가 돈에 치여 죽을 수 있음을 잊어버린 것도 그럴 듯하고, 도깨비감투를 태운 재를 몸에 바르고 남의 물건을 훔치던 사람이 땀이 흘러 재가 씻겨 내려가는 바람에 모습이 드러나서 혼줄이 난 것도 그럴 듯하다.

이에서 알 수 있듯이, 환상의 전제와 결과는 터무니없지만, 그 전제로부터 결과가 도출되는 논리 전개 과정은 아주 그럴 듯하다. 이에 관한 논의를 〈나무꾼과 선녀〉를 통해서 좀더 진전시켜 보자. 인간 세계와 또 다른 세계인 하늘나라의 설정은 환상의 전제에 해당한다. 이 전제는 비현실적이다. 하늘나라가 있다면 그곳에서 살아가는 특별한 존재도 있을 수밖에 없다. 그 특별한 존재 가운데 하나가 바로 선녀이다. 따라서 선녀의 등장은 전제에 따른 결과라고 할 수 있다. 물론 이 결과 또한 비현실적이다. 그러나 전제에서부터 결과를 이끌어내는 논리는 현실적이다.

한편, 하늘나라의 선녀는 스스로 날지 못하고 날개옷을 입어야 날 수 있고, 금강산의 계곡에서 목욕하는 것을 즐긴다. 이것은 〈나무꾼과 선녀〉에서 도입한 두 번째 전제이다. 이 전제에 따르면, 목욕하고 있는 선녀의 날개옷을 감추면 선녀를 인간 세계에 붙들어

둘 수 있다. 선녀가 인간 세계에서 산다는 것은 비현실적이지만, 그렇게 하지 않으면 안 되는 까닭은 현실적이다. 그런데 선녀의 날개옷을 인간이 입으면 인간 또한 하늘을 날 수 있는지 없는지 그것은 전혀 알 수 없다. 이에 대한 판단의 근거가 될 만한 별도의 전제가 〈나무꾼과 선녀〉에 포함되어 있지 않기 때문이다.

하늘나라의 선녀가 인간 세계의 나무꾼과 결혼한다는 것은 분명 비현실적인 결과이다. 그러나 선녀가 잃어 버린 날개옷을 되찾기 위해서 나무꾼과 결혼하여야 한다고 생각한 것은 어떤가. 이러한 논리는 지극히 현실적인 것이라고 하지 않을 수 없다. 어떤 판본에 따르면, 나무꾼과 살기로 작정한 선녀는 그날 밤에 바로 도술을 부려 날아갈 듯한 훌륭한 집을 짓는다. 또 하나의 전제를 끌어들인 것이라고 할 수 있다. 그런데 이 전제에서부터 다음과 같은 결과를 예상할 수도 있지 않을까. 선녀가 도술로 나무꾼을 제압하여 날개옷을 빼앗는 것 말이다. 그러나 좋은 결과를 장담할 수 있는 것은 아니다. 선녀가 하룻밤에 큰 집을 지어내는 도술을 부릴 수 있다고 해서 나무꾼에게 완력을 행사하는 도술까지 부릴 수 있다고 단정할 수 없고, 또 설사 그런 도술까지 부릴 수 있다고 하더라도 나무꾼이 지레 겁먹고 날개옷을 내어 줄 것으로 판단할 수 없기 때문이다.

환상이 터무니없는데도 우리가 그것을 이해할 수 있는 것은 환상 논리가 그럴 듯하기 때문이고, 환상이 비현실적인데도 그것이 현실적 가치를 지니는 것은 환상 논리가 현실적이기 때문이다.

2) 환상의 현실적 근거로서 욕망

(1) 환상의 유희적 욕망

환상은 그 자체로 즐거운 유희가 될 수 있다. 다시 말하면 환상 그 자체를 목적으로 하는 환상이 있다는 것이다. 〈방귀 시합〉[216] 같은 것이 그 예가 된다. 강을 사이에 두고 방귀를 잘 뀌는 여자와 중이 마주섰다. 먼저 여자가 자기 똥구멍에 절구공이를 대고 방귀를 뀌니, 절구공이가 강을 넘어가 중의 볼기짝을 쳤다. 그러자 중이 절구공이를 주워 자기 똥구멍에 대고 방귀를 뀠다. 그 절구공이도 강을 날아넘어가 여자의 볼기짝을 쳤다. 한나절이 지나도 승부가 나지 않았다. 둘은 방귀 시합을 그만두기로 했다. 이 옛이야기의 목적은 오로지 특별한 방귀 그 자체를 만들어 내는 즐거움을 누리기 위한 것뿐이다.

환상의 표지가 되는 도술·보물을 등장시켜서 주어진 문제를 해결하는 옛이야기가 있다. 이러한 옛이야기 중에는 오로지 도술·보물의 놀라운 능력과 기능을 새로이 창안하는 데 초점을 맞추고 있는 것이 적지 않다. 그렇다면 그것은 단지 유희의 욕망을 위한 환상적 옛이야기라고 할 수밖에 없다. 다음과 같은 옛이야기가 이에 속한다.

> 옛날에 만리보기천리보기, 진둥만둥, 자른둥만둥, 여니딸깍, 줄었다늘었다, 깊으니얕으니, 더우니차니, 오르치기내리치기라는 팔형제가 살았는데, 이들은 모두 얼굴 생김새가 같았다. 이들은 먹을 것이 떨어지자, 금은보화가 많이 있는 집에 진둥만둥을 보내어 금은보화를 힘껏 지고 오게 했다. 팔형제가 갑자기 부자가 되자, 관청에서 진둥만둥을 잡아다가 옥에 가두었다. 만리보기천리보기가 내다보고는 여니딸깍을 보내어 옥문을 열어 진둥만둥을 빼내고 대신 자른둥만둥을 옥에 넣었다. 다음날 사또가 관원을 시켜 칼로 목을 쳤다. 그런데 목이 떨어지면 새로 돋아났다. 목을 자를 수 없음을 안 사또는 연자방아에 넣어 갈아서 죽이겠다고 하고는 다시 옥에 가두었다. 그러자 만리보기천리보기는 밤에 여니딸깍을 보내어 옥문을 열어 자른둥만둥과 줄었다늘었다를 바꾸었다. 그리고 사또가 벼랑에서 굴려서 죽이겠다고

216) 《대계 1-4》, 850-851쪽 참고.

> 하면 오르치기내리치기를 보냈고, 끓는 콩기름에 넣어서 죽이겠다고 하면 더우니차니를 보냈고, 깊은 바다에 빠뜨려 죽이겠다고 하면 깊으니얕으니를 보냈다. 그런데 깊으니얕으니가 살아서 나오는 걸 보고 사또가 얕은 줄 알고 바다에 들어갔다가 그만 빠져 죽고 말았다.[217)]

이 옛이야기는 팔형제의 도둑질과 그것에 대한 사또의 징벌 그리고 그 징벌에 대한 팔형제의 저항을 그 내용으로 하고 있다. 그러나 정작 말하고자 하는 것은 사건 그 자체가 아니라 사건을 지배하는 팔형제의 탁월한 능력이다. 그러한 능력이 실제로 존재하는가 존재하지 않는가는 전혀 문제가 되지 않는다. 누구도 생각해 낼 수 없는 독특한 능력을 형상화한다는 것, 그것이 바로 이 환상적 옛이야기의 유일한 관심사인 것이다. 물론 팔형제가 각각의 상황에 가장 잘 대처할 수 있는 형제를 고르는 것도 눈여겨볼 만하다. 그러나 그것은 그리 대수로운 것이 아니다. 누구든지 이 옛이야기와 같은 선택을 할 것이 분명하기 때문이다.

(2) 환상의 설명적 욕망

환상은 인간과 인간을 둘러싼 자연을 설명하고자 하는 욕망도 충족시킬 수 있다. 우리는 우리 자신과 우리를 둘러싸고 있는 세계를 합리적으로 설명하고자 하는 욕망을 가지고 있지만, 그 욕망이 쉽게 충족되는 것은 아니다. 인간과 인간을 둘러싼 자연에 대한 지식이 절대적으로 부족하기 때문이기도 하지만, 인간과 인간을 둘러싼 자연을 지식으로 설명할 수 없는 것이 허다하기 때문이기도 하다. 이를테면 운명이나 우연과 관련한 것이나, 태어나기 이전의 세계와 죽은 이후의 세계와 관련한 것은 과학으로 설명할 수 있는 것

217) 〈특재 있는 팔형제〉, ≪임석재 전집 1≫, 84-86쪽 요약.

이 결코 아니다. 과학에 의한 합리적 설명이 불가능하다고 해서 우리가 설명에 대한 욕망을 포기하는 것은 결코 아니다. 왜냐하면 환상에 의한 초합리적 설명이 가능하기 때문이다.

다음의 옛이야기를 보자.

옛날 어느 가난한 부부가 하루는 점쟁이를 찾아가서 언제나 잘살겠는지 알고 싶어 점을 쳤다. 점쟁이는 아무 달 아무 날 천복(天福)을 받겠다고 했다. 이 부부는 집에 돌아와 그날이 오기만을 기다렸다. 하루는 사내가 낮잠을 자는데, 꿈에 신령님이 나타나서 아무 데 가면 보물이 묻혀 있으니, 파 가라고 말했다. 이 사내는 신령님이 일러 준 데로 가서 땅을 파니, 커다란 금덩이가 여러 개 나왔다. 사내는 금덩이를 다시 땅에 파묻고 집으로 돌아왔다. 땅속에서 얻은 금덩이는 지복(地福)일 수는 있어도 천복일 수는 없다는 이유에서였다. 그런데 이를 숨어서 지켜보는 이웃사람이 있었다. 이 사람은 밤에 그 자리로 다시 가서 그 금덩이를 모두 파내어 자루에 담아서 집으로 가져왔다. 그런데 자루 속에 든 것을 방바닥에 쏟으니, 금덩이는 온데간데없고 뱀이 꾸역꾸역 기어나왔다. 이 사람은 뱀을 자루에 다시 집어 넣어서 그 사람의 집으로 갔다. 이게 다 그놈 때문이라면서 지붕에 올라가 뱀을 쏟아 부었다. 그러자 뱀은 다시 금덩이가 되어 지붕을 뚫고 내려가 그 사람의 방으로 떨어졌다. 그 사람은 이제야 천복을 받게 되었다 하고, 그 금덩이를 가지고 잘 살았다고 한다.[218]

우리 현실에서도 땅에 파묻힌 금덩이를 우연히 손에 넣는 행운은 있을 수 있다. 그런데 그 행운을 설명하기란 결코 쉽지 않다. 이 옛이야기에서는 그것을 점쟁이와 신령님을 등장시켜 환상적으로 설명하고 있다. 그런데 그 금덩이는 누군가 파묻어 놓았다고 보는 것이 현실적이다. 따라서 내가 찾아낸 금덩이라고 하더라도 내 것일 수 없다. 그러나 주인이 있다고 하더라도 나설 수 없는 어떤 사정이 있을 수 있다. 그러한 경우, 주인에게 돌려주려고 해도 돌려줄

218) 〈천복(天福)〉, ≪임석재 전집 2≫, 302쪽 요약.

수 없으니, 자연스럽게 내 것이 될 수밖에 없다. 그 또한 대단한 행운이라고 하지 않을 수 없다. 이 옛이야기에서는 그러한 행운을 환상의 논리로 설명한 것이다.

(3) 환상의 현실 개입적 욕망

유희적 욕망과 설명적 욕망 또한 우리가 현실에서 해결하지 않으면 안 될 욕망이다. 그런데 이와 같은 욕망은 관념적인 것이다. 이와는 달리 현실에 실제적으로 개입할 수 있는 욕망 또한 환상을 통해서 충족시킬 수 있다. 환상은 현실의 해체와 재구성을 통해서 창조된다. 현실을 자르고 붙이고 비틀고 헝클고 뒤집어 놓은 것이 환상이라는 것이다. 따라서 환상은 일종의 왜곡된 현실이라고 할 수 있다. 현실을 왜곡하면 가려져 있던 현실의 모순이 드러나는 수가 있다. 물론 그 모순은 어떠한 방식으로든 제거하지 않으면 안 되는데, 이 과정에서 자연스럽게 환상은 현실에 개입하게 된다.

현실 왜곡을 통해서 현실에 개입하는 환상이 지향하는 바는 현실 전복·현실 개선·현실 유지·현실 강화 등으로 나눌 수 있다. 현실 전복은 환상이 지적한 현실의 모순을 현실 자체를 아예 해체함으로써 해소하는 것이다. 현실 전복은 현실 개혁으로 이어지지는 못한다. 환상은 말 그대로 환상일 뿐, 현실의 이상적인 대안일 수는 없기 때문이다. 현실 개선은 환상이 지적한 현실의 모순을 현실 안에서 능동적으로 해소하도록 하기 위해서 현실 자체의 체질을 바꾸어나가는 것이다.

현실 전복의 환상과 현실 개선의 환상에서는 환상의 논리가 현실의 논리를 완전히 압도한다. 그러나 현실 유지의 환상과 현실 강화의 환상에서는 환상의 논리가 오히려 현실의 논리에 압도당한다. 결과적으로 환상이 현실에 봉사하는 역할을 하게 된다. 현실 유지는 환상이 일단 현실의 모순을 지적하기는 하지만 그 논리를 끝까지 고수하지 못하고 해소되기 때문에 현실을 변화시키는 데까지 이르지는 못한다. 이 환상은 현실의 잠재된 모순을 환기한다는 점에서 보면 현실에 적대적이지만 현실의 정체성을 재확인시켜 주는 결과를 낳는다는 점에서 보면 현실에 우호적이라고 할 수 있다. 현실 강화는 환상이 현실 자체에서 드러나거나 다른 환상에 의해서 지적된 모순을 적극적으로 해소함으로써 오히려 현실의 논리를 보호하는 것을 말한다.

그러면 현실 전복의 환상적 옛이야기의 예를 살펴보자.

> 왜적이 쳐들어왔다는 소식을 들은 김덕령이 전쟁에 참여하려고 하자 어머니가 말렸다. 더욱이 아버지의 상중에 어미 혼자 남겨두고 갈 수는 없다는 것이었다. 김덕령은 전쟁터로 나가는 것은 포기하고 대신 근처에 진을 치고 있는 왜적을 내쫓기로 했다. 김덕령이 왜적 진지에 가서 내일 아침에 모든 왜적의 모자에 태극기를 꽂을 테니, 막을 수 있으면 막고 그렇지 못하면 물러나라고 했다. 김덕령의 재주에 놀란 왜적은 깨끗이 물러갔다. 그런데 어떤 사람이 김덕령을 모함하는 상소를 올렸다. 왜적을 물리칠 재주가 있으면서 집에 숨어 있었다는 것이다. 나라에서 사람을 보내어 김덕령을 잡아다 목을 쳤다. 그러나 목이 떨어지지가 않았다. 김덕령은 나라의 족보에 '만고 충신 김덕령'으로 올려 주면 스스로 죽겠다는 제안을 했다. 이 제안을 임금이 수락하자, 김덕령이 자신의 다리에 붙어 있는 세 개의 비늘을 떼어내고 스스로 죽었다. 김덕령이 죽고 나자 나라에서는 나라의 족보에 적은 '만고 충신 김덕령'이라는 글을 지우려고 했다. 그런데 지우려고 하면 할수록 글자가 더욱 또렷해졌다.[219]

김덕령은 충신이면서도 역적으로 몰려 죽게 되었다. 현실의 모순이 아닐 수 없다. 이와 같은 현실의 모순이 드러나게 한 것은 전적으로 김덕령에 관한 환상의 힘이다. 그런데 이 옛이야기에서 설정

219) 〈김덕령 장군 일화〉, ≪대계 1-7≫, 835-838쪽 요약.

하고 있는 환상의 논리는 현실의 논리를 완전히 압도한다.

역적이라는 이유로 김덕령을 죽이려고 했으나 도무지 죽일 수 없었다. 이와 같은 상황이 실제로 벌어졌다면, 김덕령은 역적이 아니라 영웅으로 대접받았을 것이다. 여기서 일차적으로 현실의 논리는 무너진다. 그런데 역적이 스스로 죽을 테니, 자신을 충신으로 불러달라고 한다. 이 또한 받아들이지 않을 수 없는 것이 이 옛이야기 속의 현실이다. 충신으로 부르면서 역적의 죄를 묻겠다는 것, 이 지점에서 또 한번 현실의 논리는 무참하게 망가진다. 마지막으로 충신의 이름을 지워서 역적임을 확인하고자 했던 현실의 논리는 그 이름을 지우면 지울수록 더욱 또렷하게 드러나게 만드는 환상의 논리 앞에 완전히 무릎을 꿇게 된다. 이쯤 되면 현실은 완전히 전복되었다고 말할 수 있을 것이다.

다음으로 현실 개선의 환상적 옛이야기를 〈방귀 잘 뀌는 며느리〉를 예로 들어 살펴보기로 한다.

> 시집 온 며느리가 얼굴이 노래지니까 시아버지가 그 까닭을 물었다. 방귀를 뀌지 못해서 그렇다고 며느리가 말하니까, 시아버지는 대수롭잖게 여기고 방귀를 뀌라고 했다. 그러자 며느리는 식구들에게 기둥이나 솥뚜껑 같은 것을 잡고 있으라고 하고 방귀를 뀌었다. 이 방귀가 보통 방귀가 아니었다. 식구들이 방귀 바람에 날려 이리 넘어지고 저리 넘어지고 빙빙 돌고 하였다. 시아버지가 집이 무너지겠다면서 방귀를 그만 뀌라고 했다. 식구들은 며느리와 도저히 같은 집에서 살 수 없을 것 같아서 며느리를 친정에 데려다 주기로 했다. 시아버지가 며느리를 가마에 태워 아들과 함께 친정에 데려다 주러 가는 길에, 벌겋게 익은 감을 주렁주렁 달고 있는 감나무를 보았다. 시아버지와 남편은 감이 먹고 싶었지만 높은 곳에 달려 있어 딸 수 없었다. 그러자 며느리가 방귀를 뀌어 감을 땄다. 이를 본 시아버지는 쓸모있는 방귀라면서 며느리를 도로 집으로 데리고 와서 함께 살았다.[220]

220) ≪대계 1-2≫, 371-373쪽 요약.

집을 무너뜨릴 정도의 파괴력을 가진 방귀는 환상의 표지가 될 만하다. 그런데 이런 방귀를 뀌는 며느리를 시아버지는 친정집으로 내쫓기로 한다. 무시무시한 방귀도 감당하기 어렵지만 그러한 방귀를 뀌는 며느리는 더욱 용납할 수 없는 것이 바로 시가의 현실이었던 것이다. 그런데 친정집 식구들과는 함께 살 수 있을 테니 데려다 주겠다고 하는 것은 분명 현실의 모순이다. 방귀라는 환상 때문에 시가와 친정 사이에서 여자가 달리 겪어야 하는 삶의 모순이 드러난 것이다.

그러나 이러한 모순은, 며느리의 방귀가 시가에 도움이 될 수 있음을 시아버지가 깨닫는 순간 저절로 해소된다. 이제 며느리는 시가에서도 마음껏 방귀를 뀔 수 있을 것이다. 물론 집이 무너지지 않도록 조심은 해야겠지만 말이다. 며느리의 처지에서 보면, 시가라는 현실이 그만큼 개선된 것이라고 할 수 있다.

현실 유지의 환상적 옛이야기에 속하는 것으로는 '아기장수'에 관한 옛이야기를 들 수 있다. 날개가 달린 아기장수는 이미 그 자체로 왜곡된 현실, 즉 환상이다. 이 환상은 곧장 현실과 대립하고 갈등한다. 아기장수가 가장 먼저 부딪친 현실은 다른 누구도 아닌 바로 그 자신의 부모이다. 부모는 아기장수가 역적이 될 것을 두려워한다. 미천한 신분이면서 탁월한 능력을 가지고 있는 사람은 현실의 지배 이데올로기에서는 역적이 될 수밖에 없다는 것이다. 물론 이것은 현실의 모순이다. 이와 같은 현실의 모순은 아기장수라는 환상이 없었다면 결코 자각할 수 없는 것이었다.

그런데 아기장수는 제거된다. 아기장수는 일단 죽음을 통해서 현실의 예봉을 피한 다음에 재기를 노리는 길을 택했기 때문에 그 죽음을 순순히 받아들인다. 그러나 환상의 논리가 미숙했다. 자신을 죽음으로 이끈 부모에 의지하여 죽음에서 부활을 꾀했기 때문에 그 부활이 온전할 리가 없는 것이다. 결국 아기장수에 의해서 표면으로 떠오른 현실의 모순은 아기장수의 제거와 함께 다시 바닥으로 가라앉게 된다.

다음의 옛이야기를 보자. 이것은 현실 강화의 환상적 옛이야기에 해당한다.

> 어느 산골에 하루에 나무 한 짐을 해서 장에 팔아서 먹고 사는 사람이 있었는데, 섣달 스무여드렛날에는 나무 두 짐을 해다 놓았다. 그믐날에는 쉬려던 것이었다. 그런데 다음날 일어나 보니, 나무 한 짐이 없어졌다. 나무 두 짐을 팔아야 정월 초하룻날까지 먹을 수 있는데, 그럴 수 없게 된 것이다. 이 사람이 타고난 복이 나무 한 짐밖에 안 되었던 것이다. 길바닥에 주저앉아 울고 있는 이 사람을 불쌍히 여긴 옥황상제가 무지개를 타고 내려와서 소원을 물었다. 이 사람은 배불리 먹고 사는 게 소원이라고 했다. 그러자 옥황상제는 늘 배불리 먹고 다니는 부잣집 개의 눈알을 뽑아서 그 사람의 눈에 박아주고 그 사람의 눈알은 개에게 박아 주었다. 이 사람이 눈을 비비고 보니까, 온통 먹을 것이었다. 똥을 개의 눈으로 보니까 떡이나 술 또는 밥으로 보였던 것이다. 이것도 복이었다. 그 뒤로 이 사람은 잘 먹고 잘 살았다.[221]

우리가 현실에서 아무것도 하지 않고 배불리 먹고 살 수 있을까. 당연히 불가능하다. 따라서 그러한 욕망을 가진 사람이 현실에 존재한다면, 그 사람의 존재 자체가 현실의 모순이다. 다시 말하면 현실에 모순이 있는 것이 아니라 현실에 모순이 있다고 하는 것이 모순이라는 것이다. 따라서 현실을 정당화하기 위해서는 그러한 욕망을 가진 사람을 제거하지 않을 수 없다. 가장 좋은 방법은 그러한 욕망을 충족시켜 줌으로써 그러한 욕망을 가진 사람이 스스로 현실에서 사라지게 하는 것이다.

이 옛이야기에서는 그러한 사람이 사람의 먹거리가 아닌 개의

221) 〈개 눈을 얻은 사람〉, ≪대계 1-6≫, 50-52쪽 요약.

먹거리로 배를 채우게 하여 이 문제를 간단하게 해결한다. 그 사람의 욕망도 충족되는 순간, 그 사람은 개가 되어 현실에서 사라지게 된다. 즉 환상이 직접 현실의 모순을 제거하여 현실을 더욱 강화한다는 것이다.

제 4 장

옛이야기 속의 어린이

제 4 장 옛이야기 속의 어린이

1. 어른과 어린이의 경계

옛이야기에서는 어른이 되는 나이를 열다섯 살로 잡고 있는 듯하다. 다음을 보라.

(가) 그서 한참 일곱 살, 열 살, 열 다섯 먹고 으런(어른)이 됐어.1)

(나) 애가 가만 생각하이께로 나이 열 다섯 살 먹도록 길러준 공이 고맙다 말이야. 그 날부터 보따리를 해 질머지고 나갔어.2)

(다) 열 다섯 살 밑이는 그저 그냥 그저 심바람 해주구서 밥 읃어먹구 쌍뫽이루루 이렇게 작고오, 열 다섯 살부터는 새경을 주야 한다.3)

(라) 남자란 건 열 다섯 살 먹어야 호패를 차고 나라를 섬기고, 여자는 십오세를 넘어 시가(媤家)를 섬기랬어. 열 다섯 살 안 된 걔를 털끝도 건디리지 말어라.4)

(마) 저 옛날 동요시를 보게 되면은 삼오이팔 아해들아 너희마저 뭐 뭐하는 이런 노래가 있어. 여자는 삼오십에 열다섯에 청춘에 속하고 남자는 이팔이 십육 열다섯이 청춘에 속한다 이거여. 제 열 다섯에 성인(成人)여. 여자는. 제 남자는 십오세에 호패를 차게 되. 그래 한가지 문젯점이 뭐냐면은 열다섯이면 장가를 가야 돼.5)

(바) 옛날은 스믈 전에 결혼을, 열 몇 설(살)에 ᄒᆞ민, 옛날 상투를

---

1) 〈도사와 고구려 멸망〉, ≪대계 5-4≫, 1085쪽.

2) 〈첫날밤에 낳은 아들〉, ≪대계 7-8≫, 95쪽.

3) 〈명판관〉, ≪대계 4-5≫, 885쪽.

4) 〈배나무 임자·다시 찾은 병부(외)〉, ≪대계 1-4≫, 521-522쪽.

5) 〈막을 수 없는 천생연분〉, ≪대계 3-2≫, 92-93쪽.

찼는디. 열 다섯을 넘으민 상투를 차서 장가를 갔는디.[6)]

(사) 치마를 벗어놓고 속곳가래를 탁 내리고 탁 벌리고, "이 구녁을 좀 디려다 봐. 이건 내가 열 다섯 살 먹었을 적에 그 반 방쯤 맞았어."[7)]

(아) 그래서 인저 사람 살이를 하는디— 옛날에 그 쉽지 뭐— 머심애두 열다섯 살이구 시약씨두 열 다섯 살이구 동갑여. 그런디 옐(열) 여섯 살 먹었어. 임신이 돼가지구 아들을 떡 나놨단 말여, 그것들이.[8)]

(자) 그래 일곱 살 먹어서버텀 글을 배우는디 일추월장(日就月將)이라. 한 자를 일러 주먼 열 자썩을 알어. 그르키 재주가 좋아서— 그리해 가지구 열다섯 살으 과거를 봤는디[9)]

(가)는 열다섯 살이 된 사람은 어른으로 간주한다는 것을 직접적으로 언급하고 있다. (나)는 어른이란 자립할 수 있는 사람이고, 그러한 어른으로 간주되는 사람의 나이가 열다섯 살이라는 것을 말해준다. (다)는 (나)의근거를 마련해 준다. 새경을 받는다는 것은 자신의 힘으로 자신이 먹고 입는 것 이상의 것을 생산한다는 것이다. 결국 어른은 재화를 생산할 수 있는 사람이라는 것이고 그 나이는 열다섯 살이라는 것이다.

(라)는 열다섯 살이라는 나이를 어른의 기준으로 삼는 까닭을 호패 제도에서 찾고 있지만, 이것은 믿을 만한 것이 못 된다. 왜냐하면 역사적 사실을 들추어 보면, 호패를 차기 시작하는 나이는 열다섯 살이 아니라 열여섯 살이었기 때문이다. 그러나 (라)는 어른과 어린이의 차이를 잘 말해 준다. 우선 어른이라면 나라를 위한 일을 하여야 할 의무를 진다.

어른이라면 결혼을 하는 것이 당연하다. 결혼과 관련된 언급은 (마)-(아)에서 계속된다. (바)는 결혼을 하면 상투를 틀었다고 말한

6) 〈홍리 고대각〉, ≪대계 9-3≫, 382쪽.

7) 〈조총에 놀란 금강산 호랑이〉, ≪대계 5-2≫, 60쪽.

8) 〈사람은 사주팔자 속으로 산다〉, ≪대계 4-2≫, 97쪽.

9) 〈경상감사로 환생한 정안동〉, ≪대계 1-4≫, 549쪽.

다. 이는 외모로 어른과 어린이를 분별했음을 의미한다. (사)는 할머니가 호랑이에게 겁을 주느라고 돌려서 하는 말에서 따온 것인데, 이 말 속에는 열다섯 살이라는 나이는 성관계를 할 수 있는 나이라는 옛어른의 인식이 그대로 노출되어 있다. (아)는 결혼을 하면 아이를 낳는다고 했다. 이것은 어른이란 자식을 낳을 수 있는 사람임을 일러 주는 것이라 하겠다.

다시 (나)로 돌아가 보자. '열다섯 살 안 된 개를 털끝도 건디리지 말어라'라는 것은 자신의 부모에게 모욕을 주었다는 이유로 어린이에게 벌을 주려는 양반 자제에게 상감이 한 말이다. 열다섯 살이 되지 않은 어린이에게는 공적인 형벌뿐만 아니라 사적인 징벌도 가해서는 안 된다는 경고의 말이다. 한편 (아)에서는 열다섯 살이 되어야 과거를 볼 수 있다고 말한다. 이는 나라를 위한 일을 하여야 하는 의무를 지는 사람이 어른이라는 (나)의 진술과도 관련된다.

열다섯 살에 과거를 볼 수 있다면, 열다섯 살에 벼슬도 할 수 있을 것이다. 옛이야기에는 똑똑한 소년 벼슬아치가 많이 등장한다. 그런데 그 나이가 한결같이 열다섯 살이다. 수류산의 산세를 받으러 온 강원도 어느 고을의 관장에게 수류산을 도로 가져가라고 호통을 친 충청도 어느 고을의 소년 관장도 열다섯 살이었고,[10] 바람에 날아가 버린 감투를 찾아달라고 거짓으로 청을 넣은 사람을 멋있게 혼을 내주는 소년 감사도 열다섯 살이었고,[11] 임금의 꿈을 해몽하여 풍년 때 흉년을 대비하는 일을 도맡아 한 소년도 열다섯 살이었다.[12]

이쯤 되면, 옛이야기에서는 열다섯 살이라는 나이를 경계로 하여

10) '열닷 살인가 열여섯 살인가 묵는 관장'으로 구술되어 있다(〈산세를 받는 관장〉, ≪대계 8-9≫, 503-504쪽 참고).

11) 〈어린 감사의 슬기〉, ≪임석재 전집 1≫, 263-264쪽 참고.

12) 이 소년은 나중에 임금의 자리에까지 오른다(〈흉년을 점친 지혜로운 소년〉, ≪대계 5-2≫, 645-650쪽 참고).

어른과 어린이를 구분하였다고 말할 수도 있을 것이다. 그런데 나이가 열다섯 살이라고 해서, 그래서 결혼도 하고 벼슬도 한다고 해서 무조건 어른으로 대접받는 것은 아니다. 왜냐하면 남들 눈에는 열다섯 살의 나이로는 부부 사이에서 성행위를 하는 것이나 아랫사람을 다스리는 것이 결코 수월하지 않을 것으로 비치기 때문이다. 따라서 열다섯 살짜리 어른은 스스로 자신의 어른스러움을 입증하지 않으면 안 된다. 다음을 보라.

〈어린 신랑의 신부 길들이기〉

열다섯 살인 김정승의 아들과 열여덟 살인 이정승의 딸이 혼인을 했다. 초례청에서 신랑을 처음 본 신부는 신랑이 변변찮아 보여서 영 못마땅했다. 첫날밤, 그래도 사내라고 신랑이 신부의 배 위에 올라왔다. 그러자 신부가 발로 신랑을 차 버렸다. 벽으로 튕긴 신랑이 일어서면서 한마디 했다. "배는 크고 사공은 작고, 동남풍이 불어 벽상에 떨어졌네." 신랑은 그 길로 자기 집으로 돌아가 버렸다. 자기 집으로 돌아간 신랑은 십 년을 기약하고 절로 가 버렸다. 십 년만에 집에 돌아온 신랑은 집에서 그동안 자기를 기다리며 시집살이를 한 신부를 거들떠도 보지 않았다. 어쩔 수 없이 한 방을 쓰긴 했지만 동침을 허락하지 않았다. 신랑은 자기와 신부 둘 사이에 물을 가득 담은 대야를 놓고 신부가 넘어오지 못하게 한 것이다. 이 사실을 안 아버지가 야단을 쳤다. 그러자 신랑은 십 년 전에 신부가 자신에게 한 짓을 상기시키고는, 신부더러 직접 회초리를 해 와서 종아리를 맞든지 아니면 친정으로 돌아가라고 했다. 신부는 신랑에게 회초리를 맞기로 했다. 그뒤 둘은 아들 셋을 낳고 잘 살았다.[13]

신랑은 열다섯 살이고 신부는 열여덟 살이라고 했다. 신부의 나이가 신랑의 나이보다 많은 것이 문제가 된 것이 아니다. 신랑의 나이가 성행위를 감당하기에는 너무 어린 것이 아닌가 하는 신부의 의구심이 문제가 된 것이다. '배는 크고 사공은 작고'라는 은유적

13) ≪대계 8-7≫, 104-107쪽 요약.

표현으로 신랑이 첫날밤 상황을 묘사한 것을 보면, 신부가 못마땅해한 것은 당연한 것이었음을 알 수 있다.

신부가 미심쩍어 하는 데도 신랑이 성행위를 시도한다는 사실은 꽤 흥미로운 것이다. 왜냐하면 신랑이 자신의 신체적 조건과 상관없이 정신적으로는 성행위를 할 수 있는 어른으로 자각하고 있음을 보여 주기 때문이다.

신랑의 어른 의식으로는 자신의 성행위 능력을 무시하는 신부를 용서할 수 없었을 것이다. 신부에 대한 반격으로 신랑이 가출을 선택한 것도 의도적이다. 부부 관계에 대한 불만을 감추지 않은 신부에게 신랑은 부부 관계 그 자체를 원천 봉쇄하는 방식으로 맞대응했다. 결국 신부는 신랑에게 굴복하게 된다. 신랑이 가출한 상태에서 시집살이를 한다는 것 자체가 굴복인 것이다. 그러나 그것으로 끝나지 않았다. 십 년 뒤, 신랑이 집으로 돌아왔을 때, 신부는 스스로 마련한 회초리로 신랑에게 매를 맞는다.

다시 첫날밤으로 되돌아가 보자. 신랑은 신체적으로는 결코 어른이라 할 수 없는 상태였다. 그러나 그것을 극복하고도 남을 만큼 정신적으로는 충분히 어른스러웠다. 일단 신랑은 성행위가 혼인 생활에서 중요한 몫을 차지한다는 사실은 잘 이해하고 있었다. 성행위를 시도했던 것도 그 때문이고, 성행위가 실패하자마자 가출을 결행했던 것도 그 때문이다. 가출은 성행위가 가능한 신체적 조건을 갖추기 위하여 시간을 확보하려는 목적도 함께 겨냥한 것이다. 이렇게 볼 때 신랑의 가출은 치기어린 행동이 아니라 어른스러운 행동이었다고 평가할 수 있다.

벼슬도 마찬가지다. 열다섯 살 소년이 벼슬을 차지했다고 해서 무조건 어른으로 대접받는 것은 아니었다.

〈나이 어린 원님〉

옛날 어떤 양반집의 열다섯 살 먹은 어린 아들이 어느 고을의 원님으로 왔다. 나이가 많은 아전들이 어린 원님을 주먹에 넣고 우물쭈물하려고 했다. 하루는 원님이 관속들을 불러 모아놓고, 일 년 동안 가장 크게 자라는 것이 무엇이냐고 물었다. 관속들은 수숫대라고 대답했다. 그렇다면 가장 큰 수숫대를 뿌리째 뽑아서 머리에 이고 방으로 들어오라고 했다. 단, 수숫대가 꺾어지면 큰 벌을 주겠다고 덧붙였다. 그러나 관속들은 수숫대를 이고는 방에 들어올 수 없었다. 이것을 본 원님이 말했다. "당년에 자란 수숫대 하나를 제대로 이고 들어오지 못하는 물건들이 열다섯 해를 자란 나를 주먹에 쥐고 우물쭈물하려고 하느냐?" 그러고는 매를 때렸다. 그 뒤로 관속들은 어린 원님에게 꼼짝을 못했다.[14]

이 이야기는 서두부터 눈길을 끈다. 열다섯 살 소년이 원님이 된 까닭이 가문의 힘 덕분이란다. 참 그럴 듯한 상황 설정이다. 그런데 소년 원님에 관한 옛이야기는 대개 그 벼슬의 내력을 밝히지 않는다.[15] 이야기꾼으로서는 그것을 굳이 밝힐 필요성을 느끼지 못했을 것이다. 이 유형의 옛이야기는 소년이 얼마나 똑똑한지 보여 주는 것을 목적으로 하는데, 원님 노릇을 얼마나 잘 하는지 보여 주는 것만으로도 그 목적은 충분히 달성할 수 있는 것이다.

열다섯 살 소년이, 그것도 가문의 위세를 빌려 원님 자리를 꿰차고 내려왔으니, 어느 누군들 그를 가소롭게 여기지 않겠는가. 나이

14) ≪임석재 전집 8≫, 170쪽 요약.

15) 〈경상감사가 된 정안동〉(≪대계 1-4≫, 549-553쪽 참고)은 열다섯 살에 과거에 급제하여 바로 평양감사를 제수받았으나 경상감사를 자원했다는 정안동에 관한 옛이야기이다. 여기에서는 단순히 과거에 급제했다는 사실만 말하고 있을 뿐이다. 한편 〈이완 대장의 어린 시절〉(≪대계 4-6≫, 61-65쪽 참고)은 열다섯 살 소년이 원님 벼슬을 하게 된 까닭을 구체적으로 밝히고 있다는 점에서 특별한 옛이야기라 할 만하다. 그런데 그 방법이 너무나 비현실적이다. 주인공 또한 과거를 보았다. 과거는 오뉴월에 있었다. 그런데 주인공은 솜으로 된 바지와 저고리를 입고 그 속의 겨드랑이 밑에다가 죽어서 썩은 강아지를 끼고 과거장에 들어간다. 과거 시험은 글을 외는 것인데, 주인공이 글을 외는 동안 시험관은 당최 코를 들 수 없었다. 시험관은 주인공을 어서 내보내려고 과거에 급제시켰다. 과거에 급제한 주인공은 어느 고을의 원님이 된다.

가 어리니 세상 물정을 모를 것이고, 과거 시험을 보느라 책을 읽은 것도 아니니니 문자 속도 어두울 것이라고 이방과 호방 등이 지레 짐작했다고 해서 그들을 어찌 탓할 수 있겠는가. 열다섯 살짜리 어른은 그처럼 위태위태한 어른인 것이다. 언제든지 어린이의 자리로 굴러 떨어질 수 있는 경계선상에 자리 잡고 있는 어른이라는 것이다. 그래서 자신이 어른으로서 손색이 없다는 것을 스스로 보여 주지 않으면 안 된다. 다행히 이 소년 원님은 마흔 살, 쉰 살이 된 이방과 호방의 속을 꿰뚫어보고 있었고, 그들을 혼내 줄 지혜를 가지고 있었다. 바로 그 지혜가 이 소년을 진짜 어른으로 만들어 주었다.

옛이야기는 열다섯 살이라는 나이로도 어른이 될 수 있는 길을 열어 놓았다. 그래서 열다섯 살짜리 신랑도 생겨났고 열다섯 살짜리 원님도 생겨났다. 그런데 막상 혼인 생활과 벼슬살이를 함께 하는 상대역의 어른들은 열다섯 살이라는 나이를 어리게 보았다. 그래서 비웃고 무시했다. 따라서 열다섯 살짜리 신랑과 원님은 혼인 생활과 벼슬살이를 하는 동안에 스스로 자신이 어른의 자격이 있음을 입증하여야 했다.

열다섯 살 먹은 소년이 자신의 의지와 능력으로 혼인을 하고 벼슬을 땄다고 가정해 보자. 그런 경우에도 상대역의 어른들이 여전히 소년 신랑과 소년 벼슬아치를 어린이로 취급할까. 그렇지는 않을 것이다.

〈삼정승의 세 딸 얻어 호환(虎患)을 면한 총각〉

한 부잣집에 스님이 동냥을 하러 왔다. 그 집 아이가 쌀을 한 바가지 퍼주었다. 스님은 이를 고맙게 여겨 아이의 관상을 보았다. 삼대 독자인 아이는 열여섯 살 되는 내년에 호환을 당할 상이었다. 이 말을 듣고 놀란 아이의 아버지가 스님을 불러 방액을 물으니, 서울로 가서 김정승, 박정승, 이정승의 딸과 상관하면 호환을 면할 수 있다고 가르쳐주었다. 아이는 이 문제를 스스로 해결하겠다면서 노자를 얻어 서울의 김정승댁을 찾아갔다. 아이는 근처를 배회하면서 틈만 나면 그 집에 들어가 잔심부름을 했다. 마침내 김정승의 딸과 친하게 지내게 되었는데, 김정승의 딸 덕분에 그 집에 와서 글공부를 하던 다른 두 정승의 딸들과도 자연스럽게 얼굴을 익히게 되었다. 그러던 어느 날, 아이는 김정승의 딸에게 자신의 사정을 털어놓았다. 평소에 이 소년에게 호감을 가지고 있던 김정승의 딸은 아무 걱정하지 말라며 소년을 위로했다. 그리고 김정승의 딸은 다른 두 정승의 딸들에게 아이의 운명을 옛이야기처럼 꾸며 들려 주면서, 너희들이라면 그 아이를 그냥 죽게 내버려 두겠느냐고 물었다. 두 정승의 딸들도 도와줄 것이라고 말하자, 김정승의 딸은 벽장에 숨어 있던 아이보고 내려오라고 했다. 그날밤 이들은 함께 잤다. 마침내 이 아이는 세 여자와 혼인하여 죽을 고비를 넘겼다. 이들은 삼정승 육판서를 낳고 행복하게 잘 살았다.[16)]

이 옛이야기의 주인공은 나이가 열다섯 살인 소년인데, 열여섯 살에 호랑이에 물려갈 팔자를 타고난다. 그러나 방액책이 있었다. 그것은 세 정승의 세 딸과 상관하는 것이다. 상관한다는 것은 성관계를 한다는 것이다. 정승의 딸과 성관계를 한다는 것은 혼인을 한다는 것과 같은 것이다.

그런데 시골의 부잣집 도련님이 서울의 정승댁 따님, 그것도 세 정승의 세 따님과 혼인하는 것이 과연 가능한 일일까. 적어도 중매 같은 상식적인 방법으로는 성사시킬 수 없는 혼인이다. 그렇다고 해서 도술을 부리는 신적인 존재의 도움을 받아서 성사시키는 것도 생각할 수 없다. 따라서 주인공 자신이 세 정승의 세 딸을 직접 설득할 수밖에 없다. 결국 이 유형의 옛이야기가 까다로운 방액책을 설정한 것은 철저하게 주인공 자신의 의지와 능력을 시험하기 위해서였던 것이다.

우리는 열다섯 살이라는 나이가 어른과 어린이의 경계인으로서

16) ≪대계 3-3≫, 245-250쪽 요약.

살아가는 나이임을 확인한 바 있다. 어른 노릇을 하면 어른으로 인정받고 그렇지 않으면 어린이로 취급되는, 어른과 어린이의 경계선상에 놓여 있는 나이라는 것이다. 그리고 혼인은 어른 노릇의 한 표지임도 확인한 바 있다. 물론 그 혼인은 성행위가 가능한 혼인이라야 한다. 이 옛이야기에서 '혼인'이라는 우회적 표현 대신에 '상관'이라는 직접적 표현을 쓴 것도 눈여겨볼 만하다. 따라서 '상관'이 전제된 '혼인'을 한다는 것은 상대역의 어른에게 진정한 어른으로 인정받는 것을 뜻하게 된다.

열여섯 살이 되도록 혼인을 하지 못했다는 것은 어른이 될 수 있는 조건을 갖추었는데도 진정한 어른으로 거듭나지 못했다는 것과 같은 말이다. 그러한 사람은 어른 같으면서도 어른답지 않은 어른이니, 적어도 어른으로서는 죽은 사람과 다를 바가 없다. 이 옛이야기에서의 혼인은 진정한 어른으로 거듭나기 위해서 반드시 거쳐야 하는 통과 제의에 해당한다. 통과 제의 그 자체를 회피하면 영원히 어른과 어린이 사이의 경계인으로 살아야 한다. 통과 제의에 도전했다가 실패하여도 같은 결과를 맞이한다. 그것이 바로 이 옛이야기에서 말하는 죽음에 내포되어 있는 속뜻이다.

이 유형에 속하는 옛이야기는 많은 각편을 가지고 있는데, 각편에 따라서 혼인을 하지 않으면 죽게 되는 나이를 조금씩 다르게 제시한다. 열다섯 살이라 한 것도 있고, 스무 살이라 한 것도 있다. 이 차이는 그리 중요하지 않다. 어른으로 거듭나기 위한 통과 제의를 완수하여야 할 기간이 많으냐 적으냐를 의미할 뿐이기 때문이다.

그러면 우리의 주인공이 통과 제의를 성공적으로 완수할 수 있었던 까닭에 대해서 살펴보자. 이미 지적한 바와 같이, 우리의 주인공이 부여받은 통과 제의의 과제는 참으로 까다로운 것이었다. 그러나 우리의 주인공은 포기하지 않았다. 그리고 용기를 내어 김정승의 딸과 접촉하려고 애를 썼다. 진정한 어른이라면 마땅히 갖추어야 할 의지와 용기를 우리의 주인공은 통과 제의 과정에서 스스로 발견했다고 말할 수 있다.

이 옛이야기의 서사적 완성도는 그리 높지 않다. 김정승의 딸에 대한 설득이 너무 쉽게 이루어졌기 때문이다. 주인공의 딱한 처지에 대한 동정과 주인공의 잘생긴 외모에 대한 호감만으로 인륜지대사를 결정했다는데, 이에 공감할 사람이 얼마나 되겠는가. 그러나 김정승의 딸이 다른 두 정승의 딸을 설득하는 방법은 그럴 듯했다. 사실을 허구라 하여 경계심을 누그러뜨린 뒤 동참 약속을 받아내었던 것이다.

인용한 옛이야기에는 세 정승의 세 딸이 자신의 가족을 설득하는 내용은 포함되어 있지 않다. 그러나 이 유형에 속하는 다른 각편을 보면, 그것 또한 소홀하게 처리하지 않는다. 우리의 주인공과 세 정승의 세 딸은 집에 불을 내고 소란한 틈을 타서 담을 넘어 달아난다. 그리고 장성한 아들을 앞세워 친정으로 찾아와서는 호랑이에게 물려갔는데, 지금의 남편이 자신을 구해 줘서 같이 살게 되었다고 둘러댄다.[17] 이것을 보면 우리의 주인공은 부인이 될 여자에게도 어른으로 인정받았음을 알 수 있다.

벼슬의 경우도 혼인과 같다. 열다섯 살이라 할지라도 자신의 힘으로 벼슬을 차지했을 때는 바로 어른으로 인정받았다.

이에서 알 수 있듯이, 옛이야기가 어른과 어린이의 경계지점에서 가장 중요하게 고려한 것은 어른스러움이다. 겉으로 보면 가장 먼저 나이를 따지는 것 같다. 나이 다음에는 혼인이나 벼슬처럼 외형적으로 드러나는 어른의 표지를 따졌다. 그러나 그 속을 들여다보면 어른 노릇을 가장 중요한 잣대로 들이댄다는 것을 어렵지 않게

17) 〈호식(虎食)할 팔자를 고친 사람〉, ≪대계 6-4≫, 705-711쪽 참고.

알 수 있다. 나이가 몇 살인지, 혼인을 했는지 하지 않았는지, 벼슬을 했는지 하지 않았는지는 단지 참고 사항으로 점검해 보는 데 지나지 않는 것이다. 옛이야기는 어른 노릇을 하는 사람은 어른으로 대우하고 어린이짓을 하는 사람은 어린이로 취급했다.

옛이야기는 대부분 소년 신랑과 소년 벼슬아치의 나이를 열다섯 살로 설정했다. 그러나 그 나이를 열다섯 살 아래로 설정한 것도 적지 않다. 어차피 어른 대접을 받느냐 못 받느냐는 어른 노릇을 하느냐 못 하느냐에 달려 있기 때문이다.

열다섯 살 아래의 나이로 혼인하는 경우는 역사적으로 실재했던 조혼 풍습과도 상관 관계가 있는 듯하다. 옛이야기 구연자의 말로도 이를 확인할 수 있다. '옛날에는 아들딸을 일찍 장개보내고 시집보내고 했어요. 그렁께 아들이 여나문 살 먹으면 부모는 중매를 내세우서 메누리감을 구하고 딸은 열댓 살 되면 사웃감을 구하느라고 애를 썼어요'[18]라든가, '그때는 열세 살 열두 살이면 다 장가들이고 저기했거든'[19]이라든가 하는 것이 그런 것이다. 그런데 나이가 아주 어린 소년 신랑에 대해서도 옛이야기는 종종 어른스러움을 찾는다.

꼬마 신랑과 혼인한 색시가 있었다. 어느 날 색시가 밭에서 김을 매고 있는데 신랑이 밥을 가지고 왔단다. 그런데 신랑이라는 것이 어찌나 작은지, 밥을 담은 광주리 하나도 제대로 감당하지 못해 비칠거리며 오는 것이 아닌가. 이것을 본 색시는 자신도 모르게 화가 나서 신랑을 밀쳐 버렸다. 그러자 신랑이 곁에 있던 우물에 빠져 버렸다. 울면서 기어나온 신랑이 어머니께 이른다며 집으로 갔다. 시어머니께 혼이 날까 겁이 난 색시가 일부러 저물도록 김을 매고 천천히 집으로 돌아왔다. 그런데 시어머니가 아무 말도 하지 않는

18) 〈신방 엿보기〉, ≪임석재 전집 6≫, 162쪽.
19) 〈열(烈)·불효(不孝)〉, ≪대계 1-6≫, 475-482쪽 요약.

것이 아닌가. 알고 봤더니 신랑이 이르지 않은 것이었다. 그래도 신랑이랍시고 자기 색시를 위할 줄은 아는구나 싶어서 그 뒤로는 신랑을 잘 섬겼단다.[20]

소년 벼슬아치의 나이를 열다섯 살 이하로 떨어뜨린 것은 서사 전략에 따른 것으로 보인다. 어차피 소년 벼슬아치라는 것은 그 자체가 주인공의 영민함을 강조하기 위한 과장의 산물이다. 따라서 나이를 더 낮춘다고 해서 새삼스럽게 잃을 것도 없다. 그러나 주인공의 영민함은 그만큼 더 두드러진다. 이러한 예로는, 열세 살에 경쟁자인 호방을 물리치고 아버지가 하던 이방 자리를 물려받은 소년,[21] 열두 살에 과거에 급제하여 해남 군수로 부임하여 이방과 호방의 인물됨을 평가한 소년,[22] 열 살 나이로 사또 노릇을 하면서 관속들을 지혜로 굴복시킨 소년[23] 등을 들 수 있다.

이런 점에서 보면, 고창녕에 관한 옛이야기는 흥미롭다. 고창녕은 현명하고 공정한 벼슬아치로서 이름이 높은 실존 인물이었다. 그런데 옛이야기에서는 그를 어른 사또로 그리기도 하지만 소년 사또로 그리기도 한다. 옛이야기 속의 소년 사또 고창녕은 그 나이가 들쭉날쭉이다. 열다섯 살이라 하기도 하고,[24] 열네 살이라 하기도 하고,[25] 열세 살이라 하기도 한다.[26] 어른인 고창녕을 열다섯 살 소년으로 바꾸어 놓고, 그것도 성이 안 차서 열세 살 소년으로 다시 고쳐 놓았다. 구전 과정에서 고창녕의 지혜가 점점 더 크게 부풀려졌던 것이다.

이제 어린이와 어른의 경계에 관한 결론을 내려야 하겠다. 옛이

---

20) 〈어린 신랑의 마음씨〉, ≪임석재 전집 1≫, 254-255쪽 참고.
21) 〈지아(智兒)〉, ≪임석재 전집 10≫, 216-217쪽 참고.
22) 〈이방의 현답〉, ≪대계 6-5≫, 402-406쪽 참고.
23) 〈지혜 있는 어린 사또〉, ≪임석재 전집 12≫, 109-110쪽 참고.
24) 〈고창녕의 살인범 잡기〉, ≪대계 8-8≫, 200-204쪽
25) 〈어린 원의 명판결〉, ≪임석재 전집 12≫, 112-113쪽 참고.
26) 〈고창녕의 소 찾아주기〉, ≪대계 8-7≫, 160-163쪽 참고.

야기에서 어린이와 어른의 경계를 나누는 데 사용한 표지는 여러 가지이다. 우선 나이를 들 수 있고, 다음으로 혼인과 벼슬을 들 수 있다. 이 가운데 나이는 혼인과 벼슬을 할 수 있는 기본 조건으로 사용하였기 때문에 이를 절대적인 기준으로 삼을 수는 없었다. 그리고 벼슬이라는 것은 아무나 할 수 있는 것이 아니기 때문에 그것을 일반적인 기준으로 설정하지도 않았다. 따라서 옛이야기에서는 혼인 여부를 가지고 어린이와 어른으로 나누었다고 할 수 있다.

어른이라고 해서 모두 똑같은 어른인 것은 아니다. 어른다운 어른이 있는가 하면 전혀 그렇지 않은 어른도 있다. 따라서 어른의 내적 표지를 생각하지 않을 수 없다. 이것은 어른다운 어른과 그렇지 않은 어른을 갈라 세우는 기준이기도 하다. 이에 대해서는 옛어른의 어린이관을 살필 때 본격적으로 거론하기로 하겠다.

2. 어른과 어린이의 관계

1) 억압받는 어린이

(1) 연령에 따른 억압

옛어른은 나이가 들수록 더 많은 존경과 우대를 받았다. 웬만했으면 나이를 부풀리기까지 했을까. 〈두꺼비의 나이 자랑〉[27]은 호랑이가 사람에게서 빼앗아 온 떡을 두꺼비에게 고스란히 바치는 이야기이다. 나누어 먹기에는 떡이 모자랄 듯하니 내기를 한 것이었는데, 내기에서 두꺼비가 이겼던 것이다. 그런데 내기의 규칙이 재미있다. 내용은 나이 자랑이고 방법은 거짓말이다. 즉 누가 더 나이가 많다고 거짓말할 수 있는지를 가지고 내기를 했다는 것이다. 도대

27) ≪대계 6-5≫, 45-48쪽 참고.

체 나이가 무엇이기에 거짓으로라도 나이를 더 먹기를 바랐을까.

옛이야기에는 노인을 존경하고 우대하는 이야기가 참 많다. 특히 자신의 부모가 되는 노인은 효도라는 이름으로 극진히 모셨다. 그런데 그 효도라는 것이 오늘날의 우리로서는 상상하기조차 힘이 든다. 한겨울에 병든 어머니가 먹고 싶다는 죽순과 딸기를 기도로서 구해 오고,[28] 친어머니도 아닌 의붓어머니의 병을 고치려고 자신의 넓적다리살을 베어 구워 드리고,[29] 아들이 장가가는 것을 못 보고 죽은 어머니의 한을 풀어 주려고 어머니의 제사상 앞에서 부부가 동침하는 시늉으로 제사를 지내는 것[30]은 그래도 괜찮다. 오로지 효심으로 하는 것이고, 그 효심이 누구에게 피해를 주는 것이 아니기 때문이다. 그런데 옛이야기는 이 정도의 효심으로는 성에 차지 않았던 모양이다.

〈효부(孝婦)〉

옛날에 어떤 내외가 늙은 어머니를 모시고 사는데, 늦게야 아들 하나를 두었다. 하루는 이 두 내외가 밭에서 일하는데, 어느새 점심때가 되었다. 남편이 아내에게, 집에 가서 어머니한테 무엇 좀 끓여 드리고 어린애도 젖을 먹이고 밥도 가져오라고 시켰다. 아내가 집에 와서 방문을 여니, 시어머니가 어린애 머리를 확 비틀어서 내주면서, 이웃집 흰 닭이 들어왔기에 잡았다며 빨리 고아 달라고 했다. 아내는 기가 막혔지만, 시어머니가 한 일이라 아무 소리도 않고, 죽은 자식을 나무 곁에 묻고, 동네로 나가서 씨암탉 한 마리를 구해서 시어머니께 고아 드렸다. 이러다 보니 시간이 꽤 흘렀다. 아내를 기다리다 지치고 화가 난 남편은 아내를 때려 주려고 집으로 뛰어갔다. 집에 와 보니, 아내는 불을 때고 있었다. 남편은 밥이나 얼른 가져오라고 소리를 질렀다. 그러자 아내는 이러저러해서 지금 닭을 삶고 있는 중이라고 말했다. 남편은 아내에게 고맙다면서 절을 했다. 아내도 남편에게 절을 했다.

---

28) ≪대계 1-7≫, 772-773쪽 참고.
29) ≪대계 3-4≫, 691-692쪽 참고.
30) ≪대계 4-1≫, 108-112쪽 참고.

그러자 남편이 다시 절을 하고 아내도 또 절을 했다. 이렇게 내외는 계속 절을 주고받고 했다. 마침 박문수 어사가 지나다가 이 모습을 봤다. 하룻밤만 쉬고 가자고 했다. 부부는 박문수의 청을 거절하지 않았다. 박문수가 저녁밥을 먹으며 낮의 일을 물으니, 남편은 자초지종을 이야기했다. 박문수는 이 일을 나라에 상주하였고, 나라에서는 효자문을 세워 주었다.[31]

정신이 오락가락하는 늙은 할머니가 손자를 죽였던 모양이다. 비극적인 일이지만 있을 수 있는 일이다. 며느리는 자식을 잃은 어미로서 슬픔을 참기 어렵겠지만 어쩔 수 없는 일이다. 그렇다고 하더라도 그러한 시어머니를 위해서 씨암탉을 삶고 있는 며느리의 행동은 놀라운 것이다. 아무나 할 수 있는 일이 결코 아니다. 그러나 이해하지 못할 일도 아니다. 시어머니는 환자가 아니었던가. 그런데 그것이 모두 시어머니에 대한 효성 때문이란다.

남편이 아내에게 큰절을 할 때만 해도 우리는 남편의 정신 상태를 의심하게 된다. 죽은 아이를 애통해하고, 자신의 아이를 죽인 시어머니의 밥상을 차려야 하는 숨막히는 운명에 맞닥뜨린 아내를 위로하여야 할 장면에서, 시어머니를 탓하지 않고 오히려 챙기고 있다는 이유로 아내에게 고마움을 표시하고 있기 때문이다. 그런데 이러한 남편에게 아내는 답례의 맞절을 올린다. 남편이 고마워하는 까닭을 알아들었다는 뜻이고, 그러나 해야 할 일을 한 것뿐이니 치하를 사양하겠다는 뜻이다. 결국 아내 또한 남편과 생각이 같았던 것이다. 아내는 환자인 시어머니를 보호자의 처지에서 보살핀 것이 아니라 환자 이전의 시어머니를 며느리의 효심으로 모셨던 것이다. 시어머니밖에 모르는 남편을 시어머니보다 더 원망했을 아내를 상상했던 우리로서는 남편보다 아내의 정신 상태가 더 당혹스럽다.

이 이야기 속의 할머니와 그의 아들과 며느리는 잃은 것도 적지

---

31) ≪임석재 전집 7≫, 342-343쪽 요약.

않지만 얻은 것도 참 많다. 할머니는 손자를 죽이는 어처구니없는 일을 저지르고도 효자 아들과 효부 며느리를 얻었다. 아들과 며느리는 어머니의 손에 자식을 잃었다고는 하나, 바로 그것 때문에 살아서는 효자문을 통해서, 죽어서는 이 이야기를 통해서 영원토록 칭송받게 되었다. 그러나 죽은 어린애는 어떠한가. 할머니에게는 어이없는 죽음을 당했고 아버지와 어머니에게는 연민의 대상조차 되지 못했다. 그리고 이 이야기를 통해서 아버지와 어머니가 효자와 효부로 칭송받을 때, 죽은 어린애는 그 행적의 증거물로 전락하고 만다. 살아서도 그랬지만 죽어서도 인간으로서 또는 생명체로서 그 존엄성을 전혀 인정받지 못했다.

이 이야기보다 더 끔찍한 이야기도 있다.

〈효성이 지극한 사람〉

옛날에 효성이 지극한 사람이 있었다. 늙은 어머니가 병이 들어서 죽게 되었는데, 약이란 약은 모두 구해서 써 봤지만 아무 효험이 없었다. 하루는 중이 와서 동냥을 달라고 했다. 이 사람은 동냥을 주고서 어머니의 병을 낫게 할 약이 있으면 가르쳐 달라고 했다. 중은 어머니의 병을 보더니, 약이 없는 것은 아니지만 그 약은 쓰기가 매우 어렵다고 했다. 이 사람이 그 약을 어떻게든 구해 볼 테니, 무슨 약인지 가르쳐 달라고 했다. 중이 말하기를, 한 열 살쯤 되는 동자아이를 손발을 끊어내고 몸둥이만 푸욱 삶아서 국물을 내서 그 국물을 어머니에게 먹이면 당장 병이 낫는다고 했다. 그러자, 이 사람의 마누라가 집의 아이도 괜찮겠느냐고 물었다. 중이 괜찮다고 하자, 마누라는 우리 아이를 삶아서 약으로 드리자고 남편에게 말했다. 사내가 머뭇거리자 마누라는 어머니는 한번 가시면 다시 뵐 수가 없으나 자식은 다시 낳으면 된다고 말했다. 이 부부는 절에 공부하러 간 아이를 데려와서는 손발은 끊어서 두엄자리에 묻고 몸뚱이는 삶았다. 아이를 삶은 국물을 마신 어머니는 과연 병이 깨끗이 나았다. 그런데 다음날 아침, 아들이 와서 부모님께 절을 하고 할머니 병환이 어떠시냐고 묻는 것이 아닌가. 부모는 불효 막심한 놈이라고 야단을 쳤다. 부모 가슴 아프게 하려고 죽은 놈이 나타났다는 것이다. 그날 밤 이 사람의 꿈에 전날에 왔던 중이 나타났다. 자신은 산신령의 심부름으로 약을 가르쳐주었는데, 어머니가 드신 것은 동삼이라고 했다. 그것을 알고 싶으면, 가마솥을 열어 보고 아이의 손발을 묻은 곳을 파 보라고 했다. 이 사람이 아침에 일어나서 가마솥을 열어 보니 아들만큼 큰 동삼이 있었고, 두엄자리를 파 보니까 산삼 뿌리 잘라낸 것이 나왔다. 이 부부는 어머니를 모시고 오래오래 잘 살았고, 그 아들도 잘 커서 훌륭한 사람이 되었다.[32]

여기에서는 어린이가 정신이 병든 할머니의 손에 죽임을 당하는 것이 아니라 육신이 병든 할머니 때문에 아버지와 어머니의 손에 죽임을 당한다. 그러나 이 때문에 이 이야기를 앞의 이야기보다 더 끔찍한 이야기라 한 것이 아니다. 효도에 대한 보상이 문제라는 것이다. 어머니를 살리려고 아들을 죽였더니 어머니가 살아난 것은 물론이려니와 아들까지 되살아났다고 했다. 그런데 이러한 보상은 매우 위험하다. 부모를 위해서 자식까지 죽이는 것을 정당화하는 보상이기 때문이다.

이 이야기의 주인공은 아들이 되살아날 줄을 몰랐다. 아들의 목숨을 빼앗아 어머니의 목숨을 잇는다고만 생각했다. 따라서 아들에 대한 잔인한 폭력을 비난할 수는 있어도 어머니에 대한 효성을 부정할 수는 없다. 그러나 우리는 다르다. 우리는 이 이야기의 끝에 이르면 그 아들이 되살아난다는 것을 잘 안다. 이 옛이야기에 심취하게 되면, 우리도 극단적인 행동을 서슴지 않을 수 있다.[33] 어쨌든 되살아날 아들이니 말이다. 그런데 이 옛이야기가 과연 그것까지 보장해 줄 수 있을까. 이 옛이야기는 이러한 문제 제기에 대해서도

---

32) ≪임석재 전집 5≫, 287-288쪽 요약.

33) 이를 비현실적인 가정으로 몰아붙일 수만은 없다. 조선 후기에 옛이야기를 전문적으로 들려주던 이야기꾼이 청중의 칼에 찔려 죽은 사건이 있었다. 작중 인물의 딱한 처지가 이야기꾼의 몰인정에서 비롯된 것으로 착각한 청중이 흥분을 억제하지 못해서 일으킨 사건이었다.

이미 대비책을 마련해 두었을 것이다. 정성 부족 또는 계산된 효성 운운 하면서 불행한 결과를 정당화할 것만 같다.

옛이야기가 그 자체의 서사 목적을 달성하기 위해서 마련하는 서사 전략은 치밀하기 짝이 없다. 이 옛이야기도 예외는 아니다. 부부의 효성을 기리기 위해서 일단 그 어머니를 오래오래 살게 해주었고, 다음으로 이 부부까지 오래오래 살게 해주었다. 어디 그뿐인가. 이 부부의 아들도 외면하지 않았다. 훌륭한 사람으로 자라게 해주었다. 물론 이 부부를 기쁘게 해주기 위한 방편이었으리라.

그런데 그 아들의 처지에서 보면 다르게 말할 수도 있다. 이 옛이야기에서 그 아들이 담당한 역할이란 사실상 아무것도 아니다. 그 아들은 죽지도 않았고 되살아나지도 않았다. 집에서 엄청난 소동이 벌어졌을 때 그는 절에서 태평스럽게 공부하고 있었다. 그래도 그는 훌륭한 사람으로 자랐다. 부모의 효성을 빛나게 하는 소품 구실을 한 데 대한 보상도 그만큼 컸던 것이다. 이만하면 이 옛이야기는 효성에 대한 모든 유인책은 다 썼다고 평가할 만하지 않겠는가.

내친 김이니 이보다 더 흉악한 옛이야기도 하나 소개하기로 한다. 어떤 아버지는 단지 자식들의 효성을 시험하기 위해서 손자를 죽이기를 요구하기도 한다. 늙어서 밥을 먹지 못하니 손자를 죽이고 손자가 먹던 며느리의 젖을 자신이 먹을 수 있도록 해달라는 것이다. 옛이야기는 이와 같은 무지막지한 요구에 순종하는 것도 효성이라 말하고, 그에 대한 보상을 운운한다.

막내아들이 아버지의 뜻을 따르기로 결심한다. 자식을 죽이면 묻으려고 앞산의 고목나무를 파다가 아버지가 묻어둔 금종(金鐘)을 발견하게 된다.[34] 막내아들은 자식을 버리려고 했기에 자식을 잃지 않고도 큰 재물을 얻게 되었다. 이 경우에도 위기는 기회라는 말을

34) 〈효자 시험〉, ≪임석재 전집 10≫, 202-203쪽 참고.

할 수 있을까.

옛이야기라고 해서 한결같은 것은 아니다. 다음과 같은 이야기도 있다.

〈내 병 다 나았다〉

어떤 사람이 아들 삼형제를 두었는데, 모두 효자였다. 그래도 어느 아들이 가장 효성이 지극한지 알고 싶어서, 할멈더러 아프다고 하고 드러누워 있으라고 했다. 영감은 약을 지으러 간다며 집을 나가 하룻밤을 자고 들어와서는 아들들을 불러 말하기를 이리저리 알아보니 할멈의 병에는 불알이 약이 된다고 하더라고 했다. 큰아들이 이 말을 듣고 제 불알을 내놓고 어머니 약으로 쓰자고 했다. 그러자 큰며느리가 반대하고 나섰다. 둘째 아들 또한 제 불알을 쓰자고 했지만 둘째 며느리 또한 반대했다. 이번에는 막내아들을 불러 네 불알을 어머니 약으로 쓰자고 했다. 그때 막내 며느리가 나서서 말했다. "아버님 불알은 씨를 다 했으니까 아버님 불알을 약으로 쓰지요." 이 말을 누워서 듣고 있던 할멈이 벌떡 일어나 앉으며, "어라, 그만둬라. 약이고 뭐고 소용없다. 난 안 아프다"고 했다.[35)]

이 옛이야기의 주인공 또한 자식의 효성을 확인하고 싶어하는 노인이고, 부모에 대한 맹목적인 순종을 효도의 본질로 인식하고 있는 노인이다. 아들들은 이미 효자로 알려진 사람들이라서 웬만하면 아버지의 말을 들어주려고 할 것이다. 따라서 아들이 들어주고 싶어도 들어줄 수 없는 특별한 요구를 하지 않으면 아들의 효성을 제대로 시험할 수 없게 된다.

아버지가 아들에게 요구한 것은 아들의 불알이었다. 이것은 아들의 아들, 그러니까 손자의 목숨을 내놓으라는 것보다 훨씬 더 심한 것이다. 아예 대를 끊어 놓겠다는 것과 다를 바 없기 때문이다. 자식의 생명을 끊어내어 부모의 생명을 이어주겠다고 결심한 효자 부

35) ≪임석재 전집 8≫, 394쪽 요약.

부의 논리는 간단했다. 자식은 또 낳으면 되지만 부모는 한번 돌아가시면 그뿐이라는 것이었다. 이제 그 논리로서는 효성을 정당화할 수 없게 되어 버렸다. 그러나 우리의 아들들은 주저하지 않는다. 아버지의 요구에 따르기로 결심한다. 이것은 맹목적이다. 왜 그랬을까. 그동안 쌓아온 효자의 명성을 놓치게 될까 두려워서일까, 아니면 말 그대로 효성이 지극해서일까.

이에 반해서 며느리들은 냉정한 태도를 취했다. 남편들의 불알을 내놓을 수 없다고 단호하게 거절한다. 그리고 막내며느리는 그 까닭을 당당하게 밝힐 뿐만 아니라 도발적인 대안까지 구체적으로 제시한다. 자식 생산 능력이 없는 시아버지의 불알을 약으로 쓰라는 것이었다. 이 대목에서 반전이 일어난다. 시어머니가 병이 다 나았으니 누구의 불알도 필요 없다는 것이다. 시어머니에게도 남편의 불알이 중요했던 것이다. 막내며느리가 지적했듯이, 시부모는 이미 자식 생산 능력은 상실했다. 그렇다면 시어머니가 걱정할 만한 것은 남편의 성행위 불능일 수밖에 없다.

이 옛이야기는 효도에 내재되어 있는 어른의 위선을 정면으로 고발하고 있다. 부모를 살리기 위해서라면 자식 하나를 죽이는 것은 눈도 깜짝 하지 않는 어른들이었다. 그러나 자식을 아예 보지 못하게 하는 효도라면, 어른들은 전혀 주저하지 않고 그 효도를 포기한다. 그것은 밑지는 장사이기 때문이다. 이 이야기에 따르면, 옛 어른에게 효도는 일종의 보험 같은 것이 된다. 부모에게 효도하는 것은 자식에게 효도를 받을 수 있기 때문이다.

지금까지 자식을 죽여서 부모를 살리는 아들과 며느리에 관한 옛이야기를 살펴보았다. 그런데 자식을 죽여서 남편을 살리는 아내에 관한 옛이야기도 있다. 옛이야기에서는 그들을 각각 효자, 효부, 열녀라 일컬어 동등하게 대우했다. 우선 그 비정한 어머니에 관한 옛이야기부터 들어보기로 한다.

〈나병환자와 열녀〉

옛날에 한 여자가 부모가 주선한 혼인을 하여 시집을 갔다. 그런데 남편이 보이지 않았다. 하루는 시어머니가 부르더니 남편이 언덕 밑의 움막에 있으니 밥을 가져다주라고 했다. 남편은 나병환자였다. 그렇게 왔다갔다하다 보니 동품도 하게 되고 아이도 낳게 되었다. 그러던 어느 날, 어떤 사람이 문둥병에는 사람으로 담은 술이 좋다는 말을 했다. 여자는 대담하게도 자기의 허벅지살을 도려내어 남편에게 구워 주었다. 그것을 먹은 남편은 통증이 없어지고 잠에 빠졌다. 이것을 본 여자는 사람의 고기가 효험이 있다는 것을 확신하고는 세 살 난 자기 아이를 술독에 집어넣어 술을 빚었다. 자식은 다시 낳으면 된다는 생각에서였다. 집에서 아이를 찾자, 여자는 외가에 갔다고 둘러댔다. 아이로 빚은 술을 남편에게 먹였더니 과연 남편은 병이 나았다. 이 부부는 그 뒤에 다시 자식을 보게 되었는데, 여자는 그때서야 부모에게 아이를 죽인 사실을 밝혔다. 시부모는 크게 감동하여 그 죄를 용서해 주었다.[36]

이야기 속의 여자가 열녀인 것은 분명해 보인다. 자신의 허벅지살을 베어내어 남편의 약으로 쓸 정도로 남편에게 헌신적이었다. 그것까지는 좋았다. 그런데 이 여자는 자식까지 죽여서 남편의 약으로 쓴다. 자식은 또 낳으면 된다는 논리로 자신을 합리화하면서 말이다. 부부는 일심동체라 했다. 그렇다면 이 여자는 자신과 한몸이나 다름없는 남편을 살리기 위해서 자식을 죽인 셈이다. 물론 이 여자도 죄책감을 가지고 있었다. 그러나 그 죄의식은 천륜을 해친 죄책감치고는 너무 약했다. 시부모가 죄를 용서하니까 아무 일도 없었다는 듯이 잘 살아간다.[37]

36) ≪대계 8-9≫, 30-32쪽 요약.

37) 각편에 따라서 결말이 다르다. 여자가 죄의식을 못 이겨 자살하는 각편이 대부분이다. 그 죄의식은 크게 둘로 나눌 수 있다. 하나는 사람을 죽인 데 대한 죄의식이다. 어떤 각편에서는, 여자는 이웃집 아이나 이웃집 총각을 유인하여 죽여서 약으로 쓴다. 다른 하나는 이부종사에 대한 죄의식이다. 여자는 남편과 헤어져 남의 후실이나 첩실이 되어 자식을 낳고, 그 자식을 죽여서 전 남편의 약으로 쓰는 각편도 있다. 이 경우 여자는 남편이 아닌 다른 남자에게 몸을 허락한 것을 자식을 죽인 것보다 더 큰 죄로 여긴다.

이 여자는 남편과 자식 가운데 남편을 선택할 수밖에 없었다고 항변할 수도 있다. 그리고 시부모도 아들과 손자 가운데 아들을 선택하는 것이 인지상정이므로 며느리의 죄를 용서할 수밖에 없었다고 우길 수 있다. 그러나 남편은 어떻게 말할까. 자식을 죽여서 자신이 살아난 것을 무엇으로 정당화할 수 있을까. 주변에서 아내를 열녀로 일컫는 것을 묵인하고 있는 것을 보면, 굳이 정당화할 필요조차 느끼지 못했는지도 모른다. 이처럼 옛어른은 자신이 살기 위해서 자기 자식을 죽이는 것도 서슴지 않았다.[38)]

부모를 살리기 위해서, 남편을 살리기 위해서 자기가 배를 앓아가면서 낳은 자식까지 죽일 수 있는 사람이 옛사람이었다. 이러한 옛어른이 자신이 낳은 자식을 시주거리로 내놓을까 하고 입방정을 떤다고 해서 우리가 놀랄 까닭이 없다. 다음을 보라.

〈봉덕사종〉

옛날 신라 때 일이었다. 어느 집의 여자가 아기가 귀하고 예뻐서 어르고 있는데, 중이 시주를 얻으러 왔다. 그런데 이 집에서는 시주할 게 없었다. 여자가 말하기를, "우리 봉덕이를 주면 줄까, 아무것도 줄 게 없다"라고 했다. 중은 그냥 나올 수밖에 없었다. 그 무렵 경주에서 큰 종을 만들었는데, 아무리 두드려도 소리가 나지 않았다. 그때 누군가 그 중에게 묻기를, 종 만들려고 시주 얻으러 가니, 누가 우리 아무개를 줄까 하는 소리를 하지 않더냐고 했다. 중은 그런 사람이 있었다고 대답했다. 그러자 그 사람은 그 아이를 데리고 오라고 했다. 나라에서 사람을 보내 아이를 잡아왔다. 그리고 종을 만드는 데 아이를 집어넣었다. 다 만든 종을 치니까, '에밀레 에밀레' 하는 소리가 났다. 에미의 입바람 때문에 죽게 된 아이 때문에 그런 소리가 났던 것이다.[39)]

---

38) 〈학자님의 선행과 그 보은〉(≪대계 2-2≫, 624-631쪽)에 등장하는 비정한 아버지는 흉년이 들어 며칠 굶어 실성하자 자신의 갓난아기까지 잡아먹으려고 한다.

39) ≪대계 7-2≫, 298-300쪽 요약.

이 옛이야기는 일단 부모의 입방정을 문제로 삼는다. 우리로서도 이 여자의 입방정이 마뜩지 않다. 표현의 의도는 알겠다. 가진 것이 아무것도 없다는 것을 강하게 전달하자는 것이었지, 자식을 내놓겠다는 것은 아니었다. 그러나 우리가 문제로 삼는 것은 여자의 말에는 자식을 시주거리와 같은 범주로 바라보는 시각이 내재되어 있다는 것이다. 그런데 어린이에 대한 어른의 횡포로 치자면, 아기를 빼앗아간 쪽이 더 심하다. 그들은 부모의 말실수를 빌미로 하여 아기를 빼앗아가서 종을 만드는 데 집어넣어 버렸다.

우리는 이 옛이야기에서 종교의 이름으로 이루어진 어린이의 억압을 직접 목격하게 된다. 종교라는 것이 과연 그런 것일까. 이 옛이야기와 같은 유형에 속하는 〈에밀레 종소리〉[40] 라는 옛이야기를 보면, 어른들이 어린이를 죽인 것은 천상도사의 지시 때문임이 드러난다. 천상도사가 누구이겠는가. 종교적 숭배 대상 또는 종교적 숭배 대상의 수호자였을 것이다. 그리고 죽임을 당하는 어린이도 봉덕이뿐만 아니다. 유금이라는 어린이도 죽임을 당한다. 두 쪽으로 만든 인경이 하나로 합쳐지지 않자 봉덕이를 죽이고, 하나로 합쳐진 인경이 소리를 내지 않자 유금이를 죽인다.

한편, 〈에밀레 종소리〉에는 경주감사와 봉덕이 어머니의 거래 내용이 덧붙여져 있다. 경주감사가 평생 먹고 살 보물을 줄 테니 봉덕이를 달라고 하자, 봉덕이 어머니는 '이 아이를 언제 키워서 생전 먹고 살 것을 벌겠나' 하고 봉덕이를 내줬다는 것이다. 이 대목이 있으면, 이 이야기의 구성은 훨씬 자연스러워진다. 사실 봉덕이 어머니의 입방정을 빌미로 하여 봉덕이를 끌고 간다는 것은 억지에 가까운 것이다. 그런데 봉덕이 어머니의 말이 참 놀랍다. 봉덕이를 키우는 것이 먹고 살 것을 벌기 위해서란다. 생계의 수단으로

40) ≪임석재 전집 11≫, 107-108쪽 참고.

자식을 키웠다는 뜻이다. 이러한 생각을 하는 부모라면 자식을 죽음의 길로 내몰아 돈을 챙기는 것도 서슴지 않을 것 같다.

지금까지 우리가 살펴본 옛이야기에서는, 부모가 부모 자신을 위해서 자식을 죽이거나 죽임을 당하게 만들었다. 이것은 어른에 의한 어린이의 억압이 얼마나 극단적으로 이루어졌는가를 잘 보여 주는 사례들이다. 부모와 자식의 관계는 어른과 어린이의 관계 중에서도 가장 따뜻하고 가장 끈끈한 관계이다. 그리고 어른에 의한 어린이의 억압 가운데 가장 심각한 것이 어른에 의한 어린이 살해이다. 옛어른은 이 두 가지를 서로 결합하여 수도 없이 많은 이야기를 만들어서 즐겼다. 이것만 가지고도 옛어른의 어린이관을 어느 정도는 짐작할 수 있을 것 같다.

(2) 성별에 따른 억압

옛이야기는 어린이와 어른만 차별한 것이 아니라 여자와 남자도 차별했다. 그 차별을 선명하게 보여 주는 옛이야기가 〈여자는 어머니부터 남이다〉[41]이다. 이것은 제목만 봐도 여자와 남자의 차별 정도를 짐작할 수 있는 옛이야기이다. 아들이 자신을 낳은 어머니를 남으로 돌린다는 것은 아들 자신이 어머니를 자기보다 못한 사람으로 취급한다는 것이 아니겠는가. 〈딸 열이 양아들 하나만 못하다〉 또한 그 제목만으로도 여자와 남자를 차별했던 옛어른의 모습을 그려 볼 수 있는 옛이야기이다.[42] 아들이 어머니를 무시할 수 있고, 아버지가 친딸을 외면할 수 있는 옛이야기의 세계에서는, 남자 어린이를 배려하기 위해서 여자 어린이를 억압하는 상황도 그다지 낯

41) ≪대계 3-2≫, 53-55쪽 참고.

42) 제목과는 달리, 친딸 셋이 양아들 하나보다 못하다는 내용으로 되어 있다(≪대계 3-2≫, 64-67쪽 참고).

설지 않을 것이다.

지혜로운 어린이가 주인공으로 활약하는 이야기가 있다. 이것은 어른에 의한 어린이의 억압이 일반화되어 있는 옛이야기의 세계에서는 매우 이채로운 이야기라 하지 않을 수 없다. 왜냐하면 어린이와 어른의 지위가 역전되는 이야기이기 때문이다. 그런데 지혜로운 어린이는 대부분 남자 어린이로 설정된다. 남자 어린이가 지혜로운 주인공일 때는 자신이 직접 문제적 상황과 맞부딪친다. 그러나 여자 어린이는 다르다. 지혜로운 어린이로 설정되는 경우도 드물지만, 자신이 직접 문제적 상황과 맞부딪치는 일은 더욱 드물다.

명재판의 경우를 보자. 남자 어린이는 자신이 직접 소년 사또가 되어 재판을 진행한다. 그러나 여자 어린이는 그럴 수 없다. 사회적 분위기가 그것을 허용하지 않기 때문이다. 그래서 아버지 또는 다른 남자를 대리인으로 내세우고 자신은 그 뒤에 숨어서 조종한다.

성별에 따른 어린이의 차별이 이렇게 소극적이었던 것만은 아니다. 옛이야기는 남성 중심적 세계관을 가지고 있기 때문에 아주 적극적인 방법을 사용하여 남자 어린이와 여자 어린이를 차별한다. 그것은 남자 어린이와 여자 어린이를 대립시킨 다음, 남자 어린이를 살리고 여자 어린이를 죽이는 것이다. 어린이끼리 성대결을 벌이게 하는 것도 극단적인 것이지만 그 결과에 따라서 삶과 죽음으로 갈라 세우는 것도 극단적인 것이다.

그러나 이러한 의도를 이야기로 구성하는 것은 결코 쉬운 일이 아니다. 우선 성대결의 동기를 마련하는 것이 쉽지 않다. 어린이가 어린이에게 품을 만한 욕망, 그것도 목숨을 걸고서라도 이루고 싶은 욕망이라는 것이 어디 있겠는가. 다음으로 성대결의 방법을 찾아내기가 간단치 않다. 일반적인 어린이의 능력으로는 재미있는 게임을 벌일 수 없기 때문이다. 마지막으로, 성대결의 결과에 대한 책임 추궁이 어렵다. 이긴 어린이가 진 어린이를 죽이게 하거나, 진 어린이가 스스로 죽게 하여야 하는데, 어린이의 조건에 잘 들어맞는 그럴 듯한 방법을 구안하기가 어렵다는 것이다.

옛이야기는 현실의 어린이를 직접 이야기 속으로 끌어들이는 것은 포기한다. 그대신 신화 속의 어린이를 내세운다. 그렇게 해서 만든 것이 '오누이 힘내기' 유형의 이야기이다. 또 다른 방법을 사용하기도 하는데, 그것은 아예 비현실적인 상상의 어린이를 창조하는 것이다. 이러한 어린이를 등장시킨 것이 바로 '여우누이' 유형의 이야기이다.

먼저 '오누이 힘내기' 유형의 이야기를 살펴보기로 하자.

〈금마탑에 얽힌 전설(오뉘 힘내기)〉

오누이가 있었는데 서로 힘자랑을 했다. 막상 둘이 대결을 해보니 동생이 누이를 따라갈 수가 없었다. 그래도 둘의 다툼은 끊이지 않았다. 그러자 어머니가 탑 쌓기 내기를 시켰다. 먼저 쌓는 사람이 나중 쌓은 사람을 죽이기로 하였다. 둘이 열심히 탑을 쌓는데, 어머니가 보기에 딸이 이길 것 같았다. 어머니는 딸에게 흰죽을 끓여 주었다. 딸이 그 죽을 먹는 동안에 아들이 탑을 다 쌓았다. 딸은 엄마를 원망하면서 죽었다.[43]

이 유형의 이야기를 신화로 규정하는 첫째 이유는, 오누이의 힘내기는 바로 그 자체를 목적으로 한다는 것이다. 이 유형의 이야기 가운데 상당수는 힘내기의 동기조차 언급하지 않는 것도 이 때문이다. 그 밖에도 다음과 같은 이유를 들 수 있다. 둘째, 오누이의 능력이라는 것이 사람한테는 절대로 기대할 수 없는 신적인 능력이다. 셋째, 오누이의 힘내기가 목숨을 담보로 한다. 이것은 절대자는 하나이어야 한다는 유일신관과도 관련된다. 사람의 세계에서도 형제 사이에 죽고 죽이는 사례는 많다. 그러나 그것은 형제를 죽이고

43) ≪대계 5-2≫, 389-390쪽 참고.

자기 혼자 살아남는 것을 목적으로 하지는 않는다. 형제를 죽이는 것은 최악의 선택으로만 고려되는 것이기 때문이다. 넷째, 목숨을 걸어야 하는 힘내기를 오누이의 어머니가 제안한다. 결국 어머니가 맡은 역할은 우열의 다툼을 끝내어 최후의 승자를 가리는 것인데, 이 또한 인간 세상에서는 생각하기 어려운 어머니상이다.

이 이야기에서 주목할 만한 것이 또 하나 있는데, 오누이가 수행하여야 할 과제가 똑같다는 것이다. 이 이야기와 같은 유형에 속하는 다른 이야기에서는 오누이의 과제가 서로 다르다. 대부분의 경우, 동생은 어디에 다녀와야 하고 누이는 그 자리에서 무엇인가 하여야 한다. 이러한 과제 배분은 남자는 바깥일을 하고 여자는 집일을 한다는 생각이 바탕에 깔려 있는 것이다. 그런데 여기에서는 오누이의 과제가 똑같이 절에서 탑 쌓기이다. 이것만 보면, 어머니는 오누이의 능력을 같은 기준에서 평가할 생각이었음을 알 수 있다.

어머니는 결국 딸을 속여서 아들에게 지게 만들었다. 물론 이 이야기만 가지고는 우리는 전혀 그 까닭을 알 수 없다. 어머니의 최종 결정은 남성 우월적 신화관과 관련될지도 모른다. 이 이야기는 남녀 평등석 신관이 남성 우월적 신관으로 교체되는 과정을 보여주고 있는 것일 수도 있다.

'오누이 힘내기' 유형의 이야기는 신화에만 머물러 있는 것은 아니었다. 이미 전설화 과정에 돌입한 이야기도 있다. 이러한 이야기에서 오누이의 힘내기가 영웅의 덕목을 갖추기 위한 통과 의례로 전락한다.

〈김덕령 남매의 힘내기〉[44]에서는 동생의 교만을 누이가 지적하자 동생이 발끈해서 힘내기가 이루어진다. 김덕령은 무등산을 한 바퀴 돌고, 누이는 베를 짠다. 누이가 베를 다 짰는데도 김덕령은

---

44) ≪대계 5-3≫, 120-123쪽 참고.

돌아오지 않았다. 누이는 자신이 짜놓은 베를 스스로 잘라 버렸다. 그런데 무등산을 돌고 온 김덕령은 주저하는 기색도 없이 누이를 죽여 버리고 만다.

〈동생과의 내기에서 져 준 이몽학(李夢學)의 누이〉[45]를 보자. 이몽학의 누이는 동생보다 영특했다. 누이가 보기에 동생은 자라면 장차 반란을 일으킬 것 같았다. 누이는 그것을 염려했다. 그런데 이몽학은 누이를 그냥 뒀다가는 자신의 꿈을 이루지 못할 것 같았다. 그래서 누이에게 내기를 제안한다. 이몽학은 나막신을 신고 서울을 다녀오고 누이는 성을 쌓는 것이었다. 어머니가 보기에 누이가 이길 것 같았다. 그래서 팥죽을 쑤어서 딸에게 먹으라고 했다. 누이는 자신이 이기더라도 동생을 죽일 생각은 없었다. 그러나 어머니의 뜻에 따랐다. 누이가 뜨거운 팥죽을 먹는 사이에 동생이 돌아와서 누이를 죽였다.

잘 알다시피, 김덕령이나 이몽학은 실제 역사상의 인물로서 보통 사람과는 다른 특별한 자질과 능력을 가졌던 사람이다. 한마디로 말해서 영웅이라는 것이다. 그런데 김덕령은 교만스러웠고, 이몽학은 역심을 품었다. 이를 두 사람의 누이는 바로잡아 주고 싶었다. 김덕령이나 이몽학으로서는 고마워하여야 할 누이이다. 그러나 그들은 오히려 분개하거나 경계했다. 김덕령은 누이가 자신의 자존심을 건드렸다고 생각했고, 이몽학은 누이가 자신의 앞날에 방해가 된다고 생각했던 것이다.

이 두 편이 이야기에서 누이는 모두 죽었다. 이것은 필연이었다. 동생은 누이를 미워했고 누이는 동생을 아꼈기 때문이다. 김덕령의 누이는 다 이겨 놓은 힘내기에서 지는 쪽을 택했다. 그것은 이몽학의 누이처럼 동생을 죽일 생각이 전혀 없었기 때문이다. 그러나 김

45) ≪대계 4-5≫, 723-726쪽 참고.

덕령과 이몽학은 달랐다. 그들은 자신의 누이를 각각 죽였다. 그들이 진정한 영웅으로 비상하지 못한 것도 이와 같은 그들의 좁은 소견머리와 무관하지 않을 것이다.

여기서 한 가지 짚어둘 것이 있다. 바로 누이의 위상이 어머니의 그것과 별로 다르지 않다는 것이다. 자식을 위해서 목숨까지 버릴 수 있는 사람을 어머니라 한다면, 동생의 성품을 바로잡아 주기 위해서 자신의 목숨까지 내놓을 수 있는 누이는 어머니 같은 누이라 하여야 할 것이다. 어머니 같은 누이는 동생을 위한 희생과 헌신이 내면화되어 있는 누이이다. 이 또한 성별에 따른 차별의 결과임은 말할 것도 없다.

그런데 동생을 위한 희생과 헌신에 대한 강박 관념이 지나치면 누이는 심리적 공황 상태에 빠질 수도 있다. 이를 보여 주는 것이 바로 '달래나보지' 유형의 이야기이다. 그 대강의 줄거리는 다음과 같다. 남매가 길을 가다가 소나기를 만났다. 앞서가던 누이의 옷이 비에 젖어 속살이 훤히 비치자 뒤따라가던 동생은 이를 보고 자신도 모르게 음기가 발동했다. 이를 자책한 동생은 자신의 양물을 돌로 찧어 죽어 버렸다. 이 사실도 모른 채 길을 가던 누이는 동생이 따라오지 않자 되돌아와서 보고는 그제서야 전후 사정을 짐작했다. 그러고는 '달래나 보지' 하며 통곡했다.[46] 이 누이는 동생이 원한다면 근친상간도 못할 것 없다는 생각을 한다. 동생을 위한 희생과 헌신 때문에 성 정체성까지 무너져 내리고 있는 것이다.

'오누이 힘내기' 유형의 이야기는 신적인 능력을 가진 오누이를 주인공으로 하고 있고, 또 그 오누이의 힘내기를 진지하게 다루고 있기 때문에, 전설로 전환되기는 쉬워도 민담으로 전환되기는 어렵다. 그러나 이 이야기 또한 민담의 영향에서 완전히 자유로울

46) 〈달래보지고개〉, ≪임석재 전집 6≫, 226쪽 요약.

수는 없었다. 다음과 같은 이야기에서 그러한 증거를 발견할 수 있다.

〈구녀성(九女城)의 전설〉

어느 어머니가 딸 아홉과 아들 하나를 두었다. 그런데 딸 아홉이 아들 하나를 얼마나 못살게 구는지, 멸명지환(滅命之患)을 당할 것 같았다. 그래서 아들을 살릴 계책을 꾸미기로 했다. 딸 아홉에게는 각각 성을 쌓으라 하고 아들에게는 쇠나막신을 신고 송아지를 끌고 서울에 다녀오라고 했다. 그런데 성이 다 쌓아지고 있는데도 아들이 오지 않았다. 어머니는 딸들에게 팥죽을 끓여 주었다. 딸들이 뜨거운 팥죽을 먹는 도중에 아들이 돌아왔다. 아들은 딸들의 목을 쳤다.[47]

이 이야기 속의 아들은 딸들의 오빠였다. 그러니까 아홉이나 되는 여동생이 오빠 하나를 못살게 굴었다는 것이다. 이쯤 되면 이 어머니의 아들 사랑과 딸 미움이 어느 정도일지 짐작할 수 있는 일이다. 그렇기로서니, 딸들을 죽이려고 흉계까지 꾸밀까. 남아 선호 사상과 장자 우선주의를 극단적으로 전면에 내세운 이야기라 하겠다. 남존여비 사회에서 흔히 발견되는 인간적 욕망이 이야기의 흐름을 추동해 나가는 이야기라고도 말할 수 있겠다.

다음에 제시하는 '오누이 힘내기' 유형의 이야기는 조금 색다르다.

〈오누이 힘 경합〉

옛날에 어느 곳에 오누이가 살았는데, 이 오누이는 모두 힘이 장사여서 둘이 무슨 일을 해도 서로 지는 일이 없었다. 하루는 이 오누이가 내기를 했다. 누이는 동산을 쌓고 오라비는 십층탑을 쌓기로 하고, 다 쌓은 사람이 북을 치자고 했다. 누이는 사흘만에 흙 한 치마만 부으면 다 쌓게 되었다. 그래서 잠시 쉬기로 했는데, 그때 북소리가 들렸다. 동생이 십층탑을 다 쌓아 놓고 있었다. 누이는 자신이 진 것이

47) ≪대계 3-2≫, 721-722쪽 참고.

부끄러워 그만 죽고 말았다.[48)]

〈오누이의 신선지(神仙地) 오르기 시합〉

오누이가 신선의 땅에 올라갈 공부를 했다. 공부란 것이 차돌을 삶는 것이었다. 누님 솥과 동생 솥을 나란히 걸어놓고 오누이가 번갈아 가면서 불을 땠다. 동생이 불을 땔 때는 누님 솥이나 제 솥이나 불을 똑같이 땠다. 그런데 누님이 불을 땔 때는 제 솥에는 많이 때고 동생 솥에는 적게 땠다. 얼마가 지나자, 두 사람은 솥에 넣어 삶던 자신의 차돌을 꺼내다가 쇠젓가락을 찔러 보았다. 누님의 차돌은 쇠젓가락이 들어가지 않았다. 그런데 동생의 차돌은 쇠젓가락이 푹 들어갔다. 동생은 그것을 들고 신선의 땅으로 올라가 버렸다.[49)]

앞엣것은 오누이의 힘내기에서 패배한 누이가 스스로 자살한다는 이야기이고, 뒤엣것은 힘내기나 진배없는 마음내기에서 패배한 누이가 신선의 땅에 올라가지 못한다는 이야기이다. 신선의 땅에 올라가지 못했다는 것은 죽음을 맞이했다는 것과 결국 같은 의미이다. 그런데 이 두 편의 이야기는 누이가 일부러 져 주거나 제삼자의 계략에 빠져서 패배한 것이 아니라 능력이 모자라서 패배하는 것으로 그리고 있다는 점에서 다른 이야기와 사뭇 다르다.

겉으로 보면 이 두 편의 이야기는 합리적인 문제 해결을 꾀했다고 말할 수 있다. 누이가 동생에게 이길 수 있는데도 지게 만든 것이 아니라 이길 수 없으니까 지게 만든 이야기이기 때문이다. 그러나 속을 조금만 들춰 보면 그 비합리성을 쉽게 찾아낼 수 있다. 누이가 이길 수 없었던 것은 이길 수 없도록 만들어 놓았기 때문이라는 것을 알아차릴 수 있다는 것이다. 누이의 모자란 점이라 하여 초들어 놓은 것을 보라. 앞엣것에서는 상황을 판단하는 능력이 미숙하다고 했고, 뒤엣것은 심성이 곱지 못하다고 했다. 물론 여자이

---

48) ≪임석재 전집 4≫, 24-25쪽 요약.

49) ≪대계 5-4≫, 482-483쪽 요약.

기 때문에 그렇다는 것이다. 이것은 결정론적 성차별이다. 그렇다면 이 두 편의 이야기는 결정론적 성차별을 합리론적 성차별로 호도하고 있는 셈이다.

지금까지 '오누이 힘내기' 유형의 이야기를 통해서 남자 어린이와 여자 어린이의 차별을 살펴보았다. 그 어느 것이든 성별에 따른 차별은 있었지만, 그 정도와 양상은 이야기에 따라서 사뭇 달랐다. 신화적인 것은 이유 없는 차별을 보여 주었고, 전설적인 것은 모성애적 희생이 강요된 차별을 나타내었고, 민담적인 것은 합리성으로 포장된 차별을 드러내었다.

'오누이 힘내기' 유형의 이야기는 남자 어린이를 우대할 것을 은연중에 조장한다. 이에 반해서, '여우누이' 유형의 이야기는 여자 어린이를 바라지 말 것을 직접적으로 경고한다.

'여우누이' 유형의 이야기는 대략 다음과 같은 내용으로 되어 있다. 아들 여럿을 둔 집에서 딸을 하나 얻기 위해서 치성을 드리는데, 치성 덕분인지 딸을 낳게 된다. 그런데 그렇게 해서 낳은 딸이 여우의 화신이었다.

이 여우딸은 태어나자마자 또는 한참 자란 뒤에 본색을 드러낸다. 소나 말의 내장을 꺼내먹는 것이었다. 소와 말이 자꾸 죽어 넘어지자, 아버지는 큰아들에게 밤에 자지 말고 지켜보라고 했다(큰아들이 과거보러 갔기 때문에 둘째아들이 이 일을 맡기도 한다). 큰아들이 자기가 본 것을 아버지에게 말했다(큰아들은 너무 무서워서 아버지께 아무 말도 못 하고 혼자 달아나기도 한다). 아버지는 믿지 않았다. 부모가 동생만 귀여워하니까 동생을 죽이고 싶어서 그런다는 것이었다. 아버지는 큰아들을 내쫓았다. 다른 아들들도 큰아들과 똑같이 말하다가 모두 내쫓기게 된다(아버지가 직접 딸의 정체를 알아내고 딸만 그 집에 두고 이사를 가기도 한다. 어떤 각편에서는, 막내아들을 제외한 다른 아들들은 졸음을 이기지 못해서 여우딸이 하는 짓을 못보는 것으로 만들어 놓기도 한다).

쫓겨난 큰아들 또는 막내아들은 결혼을 하고 잘 살았다. 그런데 집이 궁금해서 가 보려고 했다. 그러자 아내가 색색의 단지 또는 색색의 물병 세 개를 주면서 위급할 때 던지라고 하였다(우연히 만난 도인이 바늘쌈지 · 물병 · 바람병을 주는 경우도 있고, 역시 우연히 만난 스님이 불박 · 물박 · 안개박을 주는 경우도 있다).

여우딸은 가족을 다 잡아먹고 기다리고 있었다(동네 사람까지 다 잡아먹기도 한다). 겁이 난 큰아들 또는 막내아들은 도망쳤다. 여우딸은 끝까지 따라왔다. 큰아들 또는 막내아들은 가지고 온 요술 물건을 던져 겨우 달아나거나 여우딸을 죽이게 된다(아들의 부인이 비루먹은 당나귀를 보내 여우딸을 물어죽이기도 한다. 어떤 각편에서는 어디에선가 나타난 조그만 강아지가 여우딸을 물어죽이기도 한다).

이 줄거리에서 가장 인상적인 것은, 아버지가 아들의 말을 믿지 않았다가 자신은 말할 것도 없고 가족까지, 심지어 마을사람까지 모두 죽게 만든다는 것이다. 그러나 이 유형의 이야기는 남자 어린이에 대한 어른의 신뢰를 보여 주는 것이 아니다. 남자 어린이 역할을 하는 큰아들 또는 막내아들이 한 일이라곤 기껏해야 자기 목숨 하나 살리는 일이었다. 따라서 이 이야기는 여자 어린이 노릇을 하는 여우딸에 초점을 맞추어 읽지 않으면 안 된다.

아들은 여럿 두었지만[50] 딸은 하나도 없는 어느 부잣집 부부가 딸을 소원하여 치성을 드렸다. 그런데 그 치성에 대한 산신 또는 서낭신의 응답이 여우딸의 점지였다. 딸을 소원했다는 것, 바로 그것이 그다지도 큰 죄였던 것일까. 다음은 이 유형에 속하는 이야기

---

50) 아들의 수는 주로 셋, 다섯, 일곱, 아홉으로 되어 있다. 이렇게 볼 때, 아들이 하나로 되어 있는 〈여우누이〉(≪임석재 전집 5≫, 127-128쪽)는 매우 이례적인 각편이라 할 수 있다.

의 서두 몇 가지이다.

〈여우딸〉

한 사람이 있었는데 아들을 오형제를 뒀는데, 장가까지 다 들였다. 그런데 이 사람은 딸을 두는 것이 소원이어서 백일 기도를 드렸다. 마지막 날 꿈에 한 노인이 나타나서, 너는 살기도 넉넉하고 자식들도 많은데, 무슨 소원이 또 있느냐고 물었다. 이 사람은 딸을 낳는 것이 소원이라고 말했다. 꿈속의 노인은, 나이도 많으니 낳을 것 뭐 있느냐고 했다. 그러고는 자신이 하나 점지해 줄 테니 데려가 키우라고 했다.[51]

이 사람은 샘가에서 포대기에 싸인 아기를 하나 얻게 된다. 그 아기가 바로 꿈속의 노인이 점지해 둔 여우딸이었다. 그런데 꿈속의 노인은 이 사람의 욕심을 비난하고 있다. 살림도 넉넉하고 자식도 많은데, 무슨 소원이 또 있느냐 하는 말에서 그 뜻을 읽을 수 있다. 사실 이 사람의 자식 욕심은 특별나다. 나이가 많아서 아이를 낳을 수 없는데도, 다만 딸이 없다는 이유만으로 자식을 하나 더 원하고 있기 때문이다. 이 이야기 속의 여우딸은 그러한 자식 욕심에 대한 징벌의 상징으로 이해하는 것이 마땅하다.

〈여우누이〉

옛적에 어떤 곳에 한 부부가 살았는데, 아들이 삼형제나 있었지만 딸은 하나도 없었다. 딸 낳기가 소원인지라 서낭님에게 빌었다. 아들 낳게 해달라고 비는 사람은 있어도 딸 낳게 해달라고 비는 사람은 없었는데, 이 부부는 달랐다. 서낭님은 이 부부가 밉상스러워서 여우에게 사람 형상을 입혀서 딸로 태어나게 해주었다.[52]

서낭신이 노한 까닭이 무엇이겠는가. 그것은 이 부부가 딸을 원

51) ≪대계 4-5≫, 329-336쪽 요약.
52) ≪임석재 전집 2≫, 53-54쪽 요약.

했기 때문이 아니라 딸까지 원했기 때문이다. 아들을 셋이나 두었으면 그것으로 만족할 일이다. 다른 사람은 아들 하나를 얻기 위해서 온 치성을 다 드리는 형편이니까 말이다. 서낭신이 여우를 딸로 주어 있던 자식을 죽이도록 한다. 그것은 자식 욕심에 대한 가장 잔인한 벌이었다.

우리는 지금까지 '여우누이' 유형의 이야기 두 편의 서두를 살펴보았다. 그런데 이 두 편의 서두가 전달하고자 하는 가장 두드러지는 메시지는 자식 욕심에 대한 경계이다. 물론 그 메시지의 바탕에는 성별에 따른 어린이 차별이 짙게 깔려 있다. 그런데 이 유형의 이야기는 전승되는 과정에서 본말이 전도된다. 우선 문제적 상황을 구성하는 욕망이 달라진다. 자식에 대한 욕망이 딸에 대한 욕망으로 바뀐다는 것이다. 그리고 그 욕망을 잔인하게 짓밟아 버림으로써 딸에 대한 욕망 그 자체를 죄악으로 몰아붙인다. 다음은 그것을 잘 보여 주는 서두이다.

〈여우누이〉

옛날에 한 부잣집이 있었는데, 아들은 삼형제니 있는데 딸은 없었다. 그래서 이 집에서는 아들을 다 잡아가더라도 딸 하나만 낳게 해 달라고 항상 삼신할머니에게 빌었다. 삼신할머니는 이 집이 하는 짓이 밉살스러워서 불여우를 하나 딸로 태어나게 해주었다.[53)]

이 서두는 '여우누이' 유형의 이야기가 남자 어린이를 역차별하는 부모에 대한 경고의 이야기로 완전히 전환되었음을 보여 준다. 그런데 딸에 대한 집착이 병적인 부모를 등장시키는 발상은 참으로 교묘한 것이다. 아들 셋을 딸 하나와 바꾸겠다는 부모라면, 그에 대한 대가를 치르게 하는 것이 마땅하다는 생각을 누구든지 하게 된

---

53) ≪임석재 전집 7≫, 199쪽 요약.

다. 이야기꾼도 이러한 반응을 기대하고, 삼신할머니로 하여금 여우딸을 점지하게 한 것이다.

그렇다고 해서 여우딸의 악행이 정당화되지는 않는다. 여우딸에 대한 청중의 두려움과 혐오는 그대로 남는 것이다. 결국 이 이야기는 아들을 미워하고 딸을 예뻐하게 되면, 집안에 어떠한 불행이 생기게 되는지를 보여 줌으로써, 아들 선호 사상을 강화한다고 평가할 수 있겠다.

지금까지, 우리는 '오누이 힘내기' 유형의 이야기와 '여우누이'형 이야기를 통해서 성별에 따른 어린이 차별을 살펴보았다. 성별에 따른 어린이 차별이란 결국 여자 어린이에 대한 억압이다. 어른은 이중으로 여자 어린이를 억압한다. 어린이기 때문에 억압하고 여자 어린이기 때문에 한 번 더 억압하는 것이다.

어른은 여자 어린이를 자신이 직접적으로 억압하기도 하고 남자 어린이를 대리인으로 내세워 간접적으로 억압하기도 한다. 여자 어린이에 대한 어른의 억압이 여자 어린이에 대한 남자 어린이의 억압으로 전환되는 것도 이 때문이다. 그런데 그러한 노릇을 마다하지 않는 어른이 남자 어른인 것만은 아니다. 오히려 여자 어른이 더 적극적으로 나선다는 것을 눈여겨볼 필요가 있다.

2) 저항하는 어린이

(1) 어린이다움에 의한 저항과 그 패배

억압이 있으면 저항이 있게 마련이다. 어린이 또한 어른의 억압에 저항하게 마련이다. 어린이는 두 가지 방법으로 저항할 수 있다. 하나는 어린이다움으로 저항하는 것이고, 다른 하나는 어른스러움으로 저항하는 것이다. 어린이다움이란 어린이 고유의 생각과 느낌

그리고 그에 따른 행동이 두드러지는 것을 뜻하고, 어른스러움이란 어른 고유의 그것들이 두드러지는 것을 뜻한다.

상식적으로 생각하면, 어린이다움은 어른스러움을 극복할 수도 있다. 약함이 강함을 이길 수도 있고, 부드러움이 억셈을 이길 수도 있고, 정서가 논리를 이길 수도 있고, 주술이 과학을 이길 수도 있는 것과 마찬가지다. 7차 교육과정의 초등학교 4학년 읽기 교과서에 〈삼년고개〉라는 옛이야기가 실려 있는데, 어린이다운 생각이 어른스러운 생각보다 나을 수 있음을 잘 보여 준다. 이러한 옛이야기는 좀처럼 찾기 어렵기 때문에,[54] 〈삼년고개〉는 꽤 소중한 옛이야기라고 평가할 수 있다.

〈삼년고개〉는 다음과 같은 내용으로 되어 있다. 넘어졌다 하면 삼 년밖에 살지 못한다고 알려진 고개에서 어느 할아버지가 어쩌다가 넘어지게 되었다. 할아버지는 크게 상심한다. 그 상심 때문에라도 삼 년 안에 죽을 지경이었다. 이때 옆집 소년이 할아버지를 찾아와서는 삼년고개로 가서 다시 넘어지라고 말한다. 한 번 넘어지면 삼 년을 산다고 하니, 두 번 넘어지면 육 년, 세 번 넘어지면 구 년을 산다는 게 그 소년의 설명이었다. 할아버지는 이 말을 듣고 신이 나서 삼년고개에서 구르고 또 굴러 정말 오래오래 살았다고 한다.

이 어린이의 문제 해결 방법은 셈법 가운데서도 가장 간단한 더하기 셈법이었다. 할아버지가 이러한 셈법을 몰랐을 리 없다. 다만 이 상황에 적용할 줄을 몰랐을 뿐이다. 이유는 한 가지이다. 어른이

---

54) 〈호랑이를 방아 찧게 한 어린이〉(≪임석재 전집 2≫, 122-123쪽 참고)에 나오는 5세와 6세의 남매는 저들을 잡아먹으려고 지붕을 뜯고 내려온 호랑이가 방바닥에 발이 닿지 않아 오르락내리락하자, 그것이 호랑이의 발인 줄도 모르고 거기에 절구공이를 매달아 좁쌀을 찧게 한다. 호랑이가 뭔지도 모르는 순진한 어린이를 그리고 싶었던 것 같으나, 흥미를 노린 지나친 과장이 오히려 흠이 되었다.

기 때문이다.

할아버지는 어른이 곧잘 그러듯이, 당면한 문제적 상황을 논리 조건에 따라 추상적인 명제로 정리했다. 전제는 '넘어지면 죽는다'이고, 결론은 '넘어졌으니 죽을 것이다'이다. 전제가 참이라면 결론도 참일 수밖에 없다. 따라서 할아버지는 죽음에 대한 공포를 떨칠 방법을 찾을 수 없다. 전제를 부정하는 것도 생각해 볼 수 있지만, 그것은 곤란하다. 문제적 상황 자체가 무너지기 때문이다. 할아버지와 달리, 소년은 문제적 상황을 구성하는 구체적인 숫자에 관심을 가졌다. 그래서 더하기 셈법으로 문제를 해결할 수 있었다.

그러나 옛이야기의 세계는 어른의 세계이고, 어른의 욕망이 구성한 세계이고, 어른의 욕망을 둘러싼 투쟁이 이루어지는 세계이기 때문에 그 세계에서 어린이다움으로 버티는 것은 한계가 있다. 어른의 억압에 대해서 어린이는 어린이다움으로 저항할 수밖에 없지만, 그 결과는 애시당초 뻔한 것이었다.

한편 옛이야기 속의 어린이 가운데는 어른보다 더 어른스러운 어린이도 있다. 이처럼 어린이의 탈을 쓴 어른 같은 어린이라면 자신을 억압하는 어른과 정면으로 맞설 수 있을 것이다. 어른스러운 어린이를 등장시키는 데는 그만한 까닭이 있게 마련이다. 따라서 그 결과는 어린이의 승리일 수밖에 없다. 이에 대해서는 절을 달리하여 살펴본다.

어린이에 대한 어른의 억압이 가장 노골적으로 드러나 있는 옛이야기가 바로 '해와 달이 된 오누이' 유형의 이야기이다. 그리고 어른의 억압에 어린이가 어린이다운 방법으로 저항하는 것이 얼마나 부질없는 것인지가 잘 나타나 있는 이야기도 바로 이것이다.

〈해와 달이 된 남매〉

옛날 어느 산골에 한 여자가 살았는데, 젖먹이와 대여섯 살 난 아들과 딸이 있었다. 집이 가난하여 남의 집에 품을 팔아서 살고 있었다. 어느 날 이 여자가 부잣집에 가서 방아품을 팔고 개떡을 얻어 밤 늦게 집으로 돌아오는데, 고개를 하나 넘으니 범이 길을 막고 개떡을 주면 안 잡아먹겠다고 했다. 개떡을 주니 범은 사라졌다. 그런데 고개를 하나 넘을 때마다 또 그 범이 다시 나타나서, 머리에 쓴 수건을 벗어 달라, 저고리를 벗어 달라, 치마를 벗어 달라, 속곳을 벗어 달라 하면서 하나씩 요구하는 것이었다. 여자는 잡아먹히지 않으려고 범이 원하는 것을 하나씩 내주었다. 또 한 고개를 넘으니 이번에는 팔을 떼어 달라고 했다. 팔까지 떼어 주었지만, 다음 고개에서 범은 이 여자를 잡아먹어 버렸다. 범은 여자한테 빼앗은 옷을 입고 여자의 집으로 가서 어머니가 왔으니 문을 열어 달라고 했다. 아이들은 목소리가 엄마 목소리가 아니라고 했다. 범은 먼길을 오다 바람을 많이 쐬어 목이 쉬어서 그렇다고 둘러댔다. 아들이 손 좀 만져보자고 하니 범이 제 손을 디밀었다. 손이 너무 깔깔하다고 했다. 범은 부잣집에 베틀을 매주다가 풀이 말라붙어서 그렇다고 능쳤다. 아이들이 문을 열어 주자, 범은 젖먹이에게 젖을 물리겠다며 아기를 안고 윗목으로 갔다. 그런데 오도독 오도독 하는 소리가 났다. 젖먹이를 씹어먹는 소리였다. 아이들이 뭐 먹느냐고 물으니, 부잣집에서 가져온 콩을 먹는다고 했다. 아이들이 좀 달라고 하니, 범이 젖먹이의 손가락을 던져 주었다. 아이들은 집에 온 것이 범이라는 것을 눈치 채고 똥이 마렵다고 했다. 범이 방에서 누라고 하자 구린내가 나서 안 된다고 했다. 범이 뜰에서 누라고 하니 밟으면 어떻게 하느냐고 했다. 그러면 변소에서 누라고 하니, 아이들은 방을 나와서 멀리 뛰어서 우물 옆에 있는 나무에 올라갔다. 아이들이 돌아오지 않자 범이 찾으러 나왔다. 마침내 우물가에 이르렀다. 우물을 들여다보니 그 속에 아이들이 있어서, 얼른 나오라고 했다. 범이 하는 짓을 보고 아이들이 히히 하고 웃었다. 범이 아이들에게 나무에 어떻게 올라갔느냐고 물었다. 아들은 앞집에서 기름을 얻어다 나무에 바르고 올라왔다고 했다. 범이 그렇게 했더니 미끄러지기만 했다. 범이 다시 묻자, 이번에는 딸이 건넛집에서 도끼를 얻어다 그것을 나무에 찍어 올라왔다고 말했다. 범이 그렇게 해서 나무를 기어올라오자, 아이들이 하늘에 빌었다. "우리를 살리려면 새 동아줄을 내려 주시고 죽이려면 썩은 동아줄을 내려 주세요." 하늘에서 새 동아줄이 내려오자 아이들은 그 줄을 타고 하늘로 올라갔다. 범도 아이들과 똑같이 말했다. 그런데 범에게 내려온 것은 썩은 동아줄이었다. 범은 추수를 끝낸 수수밭에 떨어져서 죽었다. 수숫대의 붉은빛은 범의 피가 묻어서 그렇다고 한다. 하늘에 올라간 오누이 가운데 아들은 달이 되고 딸은 해가 되었다고 한다.[55]

이 이야기는 크게 두 부분으로 나눌 수 있다. 전반부는 범과 어머니의 대결이 이루어진 부분이고, 후반부는 범과 대여섯 살 먹은 오누이의 대결이 이루어진 부분이다. 다시 말해서 전반부는 어른과 어른의 대결이 이루어진 부분이고, 후반부는 어른과 어린이의 대결이 이루어진 부분이라는 것이다. 결과부터 보자. 범은 어머니는 잡아먹을 수 있었지만, 오누이는 잡아먹지 못했다. 그러나 오누이도 잡아먹힌 것이나 진배없다. 하늘로 올라갔다는 것은 이승에서의 삶이 마감되었음을 의미하는 것이기 때문이다.[56] 더욱이 그것조차도 하늘의 도움이 있었기에 가능했다.

그런데 이 이야기는 다음과 같은 사실을 일러 준다는 점에서 흥미롭다. 첫째는 욕망의 문제적 상황을 놀이 상황으로 인식하는 어른도 있다는 것이고, 둘째는 그러한 어른과 맞설 때는 놀이에 익숙하지 않은 어른보다는 놀이에 익숙한 어린이가 더 유리하다는 것이다.

범은 배를 채우는 것만이 목적이 아니었다. 만약 그것만 목적으로 했다면, 개떡과 어머니 정도만 잡아먹어도 충분했을 것이다. 그러나 범은 어머니와 오누이를 상대로 놀이까지 즐기고 싶었던 것이다. 이 범처럼 욕망의 문제적 상황을 놀이 상황으로 여기는 옛이야기의 주인공은 어렵지 않게 찾을 수 있다.

옛날 어떤 양반이 처가의 제사에 참석하러 가는 길에 도적을 만나 부인을 빼앗기게 된다. 양반이 도적에게 사는 곳과 성과 이름을

55) ≪임석재 전집 2≫, 125-127쪽 요약.
56) 〈도둑놈에게 빼앗긴 마누라〉, ≪대계 6-2≫, 698-702쪽 참고.

물었다. 그러자 도둑은 '사는 곳은 가장 먼저 생겨난 산이고, 성은 저녁 동자참이고, 이름은 제사 이튿날'이라고 말하고 사라졌다. 이 양반은 어떤 아이의 도움을 받아 그 도둑이 '곤륜산 밑에 사는 박파제'라는 것을 알아내어 그곳을 찾아간다. 그런데 그 도둑은 부인을 그냥 내준다. 자신이 낸 수수께끼를 풀었다는 이유만으로.[57] 이 도둑뿐만 아니라 수수께끼 형태의 과제를 걸고 내기를 벌이는 주인공은 모두 이 범주에 넣을 수 있다.

〈해와 달이 된 남매〉의 어머니는 범이 목숨을 걸고 놀이를 벌이고 있다는 사실을 몰랐다. 범은 어머니를 바로 잡아먹지 않았다. 어머니가 첫째 고개를 넘을 때는 개떡을 달라고 했고, 둘째 고개를 넘을 때는 수건을 달라고 했고, 셋째 고개를 넘을 때는 저고리를 달라고 했다. 이쯤 되면 어머니는 넷째 고개를 넘을 때는 범이 치마를 달라고 할 것임을 짐작했어야 했고, 어머니에게 달라고 할 것이 더 없을 때는 목숨을 달라고 할 것임을 짐작했어야 했다. 그리고 범에게서 달아날 계책을 꾸며야 했다. 범이 놀이를 즐기고 있는 것을 역이용했더라면 살아날 수 있었을지도 모른다. 그러나 어머니는 너무 안심을 했던 것 같다. 범에게 잡아먹히게 될 것이라는 것을 전혀 몰랐던 것이다. 범은 바로 그것을 놀이로 즐겼다.

범의 놀이는 계속된다. 빼앗은 옷가지로 오누이의 어머니 모습으로 변장했다. 그런데 놀이라면 그것은 본질적으로 어린이의 것이다. 어린이는 모든 것을 놀이로 변형시키는 타고난 재주를 가지고 있기 때문이다. 오누이가 처음에 범의 목소리를 문제로 삼은 것 또한 놀이였다. 어머니의 목소리가 평소와 다른 것을 가지고 심문 놀이를 펼쳤다는 것이다. 오누이로서는 목소리의 주인공이 범일 수 있다는 의심을 할 까닭이 없었다. 오누이가 범의 목소리와 손에 대

57) ≪임석재 전집 2≫, 125-127쪽 참고.

해서 지나치게 까탈을 부리지 않은 것도 같은 맥락에서 설명할 수 있다. 놀이가 지나치면 야단만 맞게 된다는 것을 오누이는 알고 있었던 것이다.

범의 놀이는 아직 끝나지 않았다. 그래서 오누이가 문을 열어 주어도 바로 잡아먹지 않았다. 범은 오누이 스스로 자신의 정체를 알아차릴 때까지 기다렸다. 겁에 질린 아이들, 그런 아이들을 잡아먹는 것을 놀이로 생각했는지도 모른다. 오누이가 눈치를 채도록 단서를 주기도 한다. 젖먹이를 소리내어 씹어먹고, 젖먹이의 손가락을 던져 주는 것도 그 때문이다. 드디어 오누이가 범의 정체를 알아차렸다. 이제 이 상황은 오누이한테는 놀이 상황이 아니다. 그러나 놀이 상황이 계속되고 있는 것처럼 연기하지 않으면 안 된다는 것쯤은 알았다. 그래서 똥이 마렵다고 거짓말을 한다. 이것을 둘러싼 입씨름에서 오누이가 범을 이겼기 때문에 잠시나마 범에게서 벗어날 수 있었다.

그러나 어린이는 어린이였다. 범이 우물 속에 비친 자기들 모습을 보고 나오라고 하자 오누이를 웃음을 터뜨린다. 실제 상황과 놀이 상황을 착각한 것이다. 이와 같은 어린이다움이 그들을 다시 위험에 빠뜨렸다. 오빠는 한 살이라도 더 먹어서 그런지 금방 이 상황을 실제 상황으로 되돌린다. 범을 다시 속인 것이다. 그런데 나무에 기름을 바르고 기어오르는 범의 모습을 보고 동생은 나무에 올라올 수 있는 방법을 사실대로 일러 준다. 대여섯 살 되는 어린이는 자신이 알고 있는 것을 모르는 척하고 숨기는 데 서툰 법이다. 이러한 어린이가 범의 탈을 쓴 어른의 마수에서 벗어나기는 애당초 어려운 일이었다.

우리는 이 이야기에서, 어린이는 어린이다움으로 어른과 맞설 수 있다는 것도 알았고, 그 결과는 참담한 패배일 수밖에 없다는 것도 알았다. 사실, 어린이다운 어린이가 어른의 억압에서 벗어날 수 있는 유일한 길은 어른의 동정을 얻는 길뿐이다. 〈나쁜 어미와 아들 형제〉[58]가 그러한 사례를 보여 준다.

어느 어머니는 간부와 짜고서 자신이 배를 앓아서 낳은 친아들 형제를 죽이기로 한다. 정작 간부는 울면서 애걸하는 두 형제를 차마 죽이지 못한다. 그래서 개의 간을 그 어머니에게 가져다주고 두 형제를 죽였다고 거짓말한다. 해와 달이 된 오누이도 마찬가지다. 하늘의 동정을 얻었다는 점이 다르다면 다른 것이다.

'해와 달이 된 오누이' 유형의 이야기만큼이나 어린이에 대한 어른의 억압이 노골적인 것이 바로 '아기장수' 유형의 이야기이다. 아기장수는 특별한 능력을 타고난 어린이였다. 바로 그것이 어른의 억압을 받는 빌미가 되었다. 아기장수에 대한 억압의 본질은 권력이었다. 그것은 기존의 사회 제도에 의해서 창출된 권력이었고 기존의 사회 제도를 유지하려는 권력이었다.[59] 그런데 아기장수에게 실제적인 위해를 입히는 데 결정적인 구실을 하는 어른은 다름 아닌 가족이었다. 그 가운데서도 어머니가 가장 큰 구실을 했다. 아기장수가 가장 믿었던 어른이 어머니라는 점을 생각하면, 꽤나 역설적인 셈이다.

어른의 억압과 관련하여 볼 때, '아기장수' 유형의 이야기는 다시 두 부류로 나눌 수 있다. 하나는 권력에 대한 막연한 두려움 때문에 가족이 아기장수를 죽이는 것이고, 다른 하나는 권력을 손에 쥐고 있거나 손에 쥐려고 하는 사람이 직접 전면에 나서서 가족을 회유하거나 협박하여 아기장수를 죽이는 것이다. 앞엣것부터 살펴

---

58) ≪임석재 전집 10≫, 296-297쪽 참고.

59) 꼭 그런 것만은 아니었다. 새로운 사회를 창출하려는 신진 세력의 권력이 아기장수를 걸림돌로 여겨 죽이기도 했다. 발해를 건국한 대조영(〈우투리와 대조영〉, ≪대계 5-2≫, 433-434쪽 참고), 조선을 건국한 이성계(〈이성계와 지리산 산신령과 우뚜리〉, ≪대계 5-1≫, 591-594쪽 참고) 그리고 왕위를 노리고 있던 어느 장군(〈왕이 못 된 아기장사〉, ≪대계 6-4≫, 609-614쪽 참고) 등이 그러한 권력을 대변한다.

보기로 한다.

〈말미산의 유래〉

옛날 어느 움막집에서 사내아이를 낳았는데, 겨드랑이에 날개가 붙어 있었다. 아이가 자라서 역적이 될까 두려워한 부모는 아이의 날개를 잘랐다. 그러면 보통 아이가 될 줄 알았던 것이다. 날개를 파내니 아이가 죽지 않을 수 없었다. 아이는 죽으면서, 사흘 후에 까만 생콩서 홉을 무덤 위에 뿌려 달라고 했다. 그러나 아이의 부모는 볶은 콩을 뿌렸다. 석 달 후 산꼭대기에서 용마가 나왔는데, 아이의 무덤 앞에서 죽었다. 아이의 부모가 생콩을 뿌렸으면 싹이 나와서 아이가 되살아났을 텐데, 볶은 콩을 뿌리는 바람에 아이와 용마가 죽은 것이다.[60]

아기장수의 부모는 자식을 두 번이나 죽였다. 한 번은 날개를 도려내는 방법으로 죽였고, 또 한 번은 자식의 부탁을 거짓으로 들어주어 부활하지 못하게 하는 방법으로 죽였다. 자식을 그렇게 두 번씩이나 죽인 까닭은 오로지 부모 자신의 안위를 걱정했기 때문이다. 부모는 아기장수가 역적이 될 것을 걱정했다. 이것은 기존의 사회 질서가 바뀌는 것을 두려워하는 것이기도 했다.

아기장수는 부모의 걱정을 덜어 주기 위해서 스스로 죽음을 택하기도 했다. 다른 각편을 보면, 부모는 어떠한 방법으로도 아기장수를 죽일 수 없었다. 그러자 아기장수는 자신을 죽일 수 있는 방법을 부모에게 가르쳐준다. 겨드랑이에 박혀 있는 일곱 개의 비늘 가운데 세 번째 비늘을 떼면 자신이 죽는다는 것이다.[61]

아기장수의 첫 번째 죽음은 부모를 거듭나게 하기 위한 죽음이었다. 자식의 죽음 앞에서 애통해하지 않을 부모는 없다고 믿었던 것이다. 그리고 부모 자신의 안위를 위해서 자식을 죽음으로 내몬

---

60) ≪대계 3-4≫, 667-669쪽 요약.

61) 〈아기장수의 죽음〉, ≪대계 7-7≫, 786-787쪽 참고.

것을 후회하리라고 믿었던 것이다. 그러나 그것은 아기장수의 착각이었다. 부모는 자식이 부활하는 것조차 원치 않았다. 아기장수는 어린이다운 판단으로 부모에게 자신의 목숨을 맡겼다. 그것은 부모의 억압에 대한 저항이기도 했다. 그러나 결과는 어떠했는가. 영원한 죽음이었다.

이번에는 아기장수의 죽음에 외부에서 들어온 권력 당사자가 개입하는 경우를 살펴보자. 이 경우에는 어머니가 가족을 대표하게 되는데, 어머니는 자신이 고문에 이기지 못해서,[62] 남편이 매를 맞는 것을 지켜볼 수 없어서,[63] 돈의 유혹을 뿌리칠 수 없어서,[64] 새 남편이 된 사람의 청을 거부하지 못해서[65] 자식이 죽어서 묻힌 자리를 가르쳐주어 자식의 부활을 방해한다.

아기장수는 이런 일이 있을 줄 알고 죽기 전에 어머니께 신신당부한다. 어머니가 죽게 되면 그 원수를 갚겠다고도 하고,[66] 석 달만 입을 다물고 버티면 어머니를 용상에 앉혀 주겠다고도 한다.[67] 그러나 어머니에게 자식의 정은 멀고 권력의 힘은 가까웠다.

'해와 달이 된 오누이' 유형의 이야기와 '아기장수' 유형의 이야기와는 달리, 대부분의 옛이야기에서는 어린이에 대한 어른의 억압은 곧잘 은폐되거나 호도된다. 어린이에 대한 어른의 억압이라는 것은 욕망의 촉발과 충족을 둘러싼 어린이와 어른의 경쟁에서 비롯된다. 이 자체가 어른으로서는 떳떳하게 드러낼 만한 것이 못 된다. 어린이에 대한 어른의 억압이 직접적이고 구체적이면 어린이의 정면 저항을 유발할 수도 있다. 어른의 속셈을 읽을 수 있는 어른스

62) 〈용아들의 말 안 들어 죽은 어머니〉, ≪대계 8-6≫, 465-468쪽 참고.
63) 〈아기장수(1)〉, ≪대계 1-8≫, 358-360쪽 참고.
64) 〈장수바위〉, ≪대계 8-1≫, 204-209쪽 참고.
65) 〈웃도리 엄마와 소금장수〉, ≪대계 8-5≫, 919-921쪽 참고.
66) 〈어머니 때문에 장수가 못 된 어린애〉, ≪대계 3-4≫, 316-318쪽 참고.
67) 〈왕이 못 된 아기장사〉, ≪대계 6-4≫, 609-613쪽 참고.

러운 어린이가 아니면, 어린이는 자신이 억압당하고 있다는 사실조차 모를 수 있다. 이러한 경우, 어린이 스스로 어른의 억압을 적극적으로 수용하기도 한다.

어떤 계모는 남편이 귀양을 가자 전처 소생의 아들이 귀찮아졌다. 내다버리는 것은 해결책이 될 수 없었다. 자기 발로 집에 찾아올 수 있기 때문이다. 그래서 눈을 뽑은 다음에 강물에 떠내려 보내기로 했다. 이 계모는 자신이 직접 폭력을 행사하지 않아도 되었다. 아들 스스로 두 눈을 뽑아서 바치게 할 수 있었기 때문이다. 그것은 '귀양살이를 하고 있는 아버지가 죽을병이 들었고, 약이라고는 산 사람의 눈뿐인데, 구할 방도가 없다'라고 아들 앞에서 중얼거리기만 하면 되는 일이었다. 아들은 효심이 발동하여 즐거운 마음으로 계모의 뜻을 따랐다.[68]

지금까지 살펴본 것은 어른이 자신을 위하여 의도적으로 어린이를 억압하는 것이었다. 그런데 어른이 어린이를 위해서 한다고 한 것이 결과적으로 어린이를 억압하는 것이 되기도 한다. 이러한 경우에 관한 이야기가 그 유명한 '청개구리'이다. 오늘날의 어린이관으로 볼 때, 우리의 옛이야기에 등장하는 어린이 가운데 가장 어린이다운 어린이로 꼽을 수 있는 어린이가 바로 이 '청개구리'이다.

〈말 안 듣는 청개구리〉

어머니 말을 참 안 듣는 청개구리가 있었다. 동쪽으로 가라 하면 서쪽으로 가고 서쪽으로 가라 하면 동쪽으로 가는 청개구리였다. 어머니가 죽게 되었을 때, 자신이 죽으면 물가에 묻어 달라고 했다. 물가에 묻어 달라고 하면 산에 묻어 줄 줄 알았기 때문이다. 청개구리는 자신이 어머니 말을 너무 안 들어서 어머니가 죽었다고 생각했다. 이제부터라도 어머니 말을 잘 듣겠다고 결심하고는 어머니를 물가에 묻었다. 그런데 비만 오면 어머니 무덤이 떠내려갈 것 같아서 걱정이

68) 〈우목낭상(寓目囊箱)〉, ≪임석재 전집 7≫, 170-172쪽 참고.

었다. 그래서 비가 오려고 하면 청개구리는 개굴개굴 하고 울었다.[69]

어린이는 자신이 원하지 않거나 감당할 수 없는 것을 어른이 시키면 어른이 자신을 억압하는 것이라고 생각한다. 어른으로서는 억울할 수도 있겠다. 어린이를 학대하거나 착취하려고 그런 것이 아니라 바람직한 어른으로 성장시키기 위해서 그런 것일 수도 있기 때문이다. 그러나 그것 또한 어른의 욕망일 뿐이다. 어린이의 욕망을 억압하면서까지 어른의 욕망을 충족시키려고 하는 것 바로 그 자체가 어린이 억압이라는 것이다.

이 이야기 속의 청개구리는 어머니의 말을 듣지 않았다. 어머니의 말을 억압의 말로 간주하여 저항했던 것이다. 이에 대해서 어머니는 아무런 대책을 세우지 않았다. 청개구리가 자신의 말을 왜 안 듣는지 알아보려고 하지도 않았다. 청개구리가 자신의 말을 잘 듣게 하는 방법을 찾아보려고 하지도 않았다. 이 어머니가 한 일이라곤 한 가지뿐이다. 그것은 청개구리를 나쁜 어린이로 몰아붙이는 일이다. 어린이에 대한 어른의 무지가 어린이에 대한 어른의 억압으로 이어지는 것이다.

어머니가 몰랐던 사실이 하나 더 있는데, 그것은 어린이는 늘 자라고 있다는 것이다. 어린이가 어린이로 살아가는 한 순간 한 순간은 바로 어른으로 자라나는 순간이다. 특히 어른의 역할을 맡기기라도 할라치면 어른으로 자라는 속도가 훨씬 빨라진다. 소년소녀 가장이 지나치게 어른스러운 것도 그 때문이다. 청개구리는 어머니의 죽음과 맞닥뜨리게 됨으로써 어린이로서 삶이 마감된다. 어머니가 살아 있을 때의 청개구리와 어머니가 죽어서 없어진 때의 청개구리는 전혀 다른 청개구리인 것이다. 그러나 어머니는 이를 예상하지 못했다.

69) ≪대계 9-3≫, 655-656쪽 참고.

어머니가 청개구리에게 물가에 무덤을 쓰라고 유언한 것은 어린이에 대한 어른의 두 번째 억압이다. 그것은 청개구리가 변하지 않을 것을 전제로 한 유언이다. 청개구리가 변하는 것을 강압적으로 저지하는 유언이기도 하다. 아마도 청개구리는 어머니의 무덤을 물가에 쓰기 전에 크게 갈등했을 것이다. 부모의 유언을 따를 것인가 아니면 그 유언의 불합리성을 들어 유언을 따르지 않을 것인가. 그러나 청개구리는 어머니의 뜻을 따르기로 한다. 아니나 다를까, 청개구리는 그 유언 때문에 고통을 겪게 된다. 부모의 유언을 지키려고 강가에 무덤을 썼다가 비만 오면 무덤이 떠내려갈까 걱정하게 되었다는 것이다. 청개구리는 어머니의 억압에 스스로 굴복함으로써 그러한 고통을 자초했다.

우리는 이 이야기에서 어린이에 대한 어른의 억압이 이중적이라는 것을 알게 되었다. 어린이로서 살아가야 할 때는 어른스러운 판단과 행동을 요구하고, 어른으로서 살아가야 할 때는 오히려 어린이다운 판단과 행동을 요구하는 것이 어른이라는 것이다. 물론 이것은 의도적인 것은 아니다. 어린이의 삶을 어른 기준으로 가늠하고 재단하다 보니 이러한 결과가 나온 것일 뿐이다. 이에 대해서 어린이는 어린이다운 방법으로 저항할 수밖에 없다. 그러나 청개구리를 보라. 어른의 말을 듣지 않았을 때는 버릇없는 어린이로 매도되고 어른의 말을 들었을 때는 어리석은 어린이로 매겨진다. 어린이에 대한 어른의 억압은 이렇게 교묘하고, 그것에 대한 어린이의 저항은 이렇게 무력한 것이다.

(2) 어른스러움에 의한 저항과 그 승리

우리는 옛어른이 욕망하는 바를 성·돈·힘으로 정리한 바 있다.

여기에서는 그것을 어린이와 관련한 어른의 욕망으로 재규정해 보기로 한다. 이것은 어른의 내적 속성인 어른스러움을 찾아내기 위한 작업이다.

성에 대한 어른의 욕망은 종족 보존의 본능과 관련된 욕망이다. 쾌락을 추구하는 성적 욕망도 강력하지만 그것보다 훨씬 강력한 것이 자손을 보기 위한 성적 욕망이다. 따라서 성에 대한 어른의 욕망은 어린이를 이 세상에 태어나게 하려는 어른의 욕망이라고 말할 수 있다.

돈에 대한 어른의 욕망은 어린이가 이 세상에서 살아가게 하려는 어른의 욕망이다. 어린이는 스스로 먹고 입고 자는 문제를 해결할 수 없다. 따라서 어린이를 태어나게 한 어른은 어린이가 살아갈 수 있도록 돌보지 않으면 안 된다. 물론 그러기 위해서는 어른 자신이 먼저 살아 있어야 한다. 이것을 가능하게 하는 것이 바로 돈이다.

힘은 크게 체력과 권력으로 나눌 수 있다. 체력이란 성에 대한 욕망과 돈에 대한 욕망을 충족시키는 데 필요한 힘이다. 다시 말하면, 성행위를 할 수 있는 힘과 일을 할 수 있는 힘이 있어야 어른 구실을 할 수 있다는 것이다. 성행위는 어린이를 태어나게 하고 일은 태어난 어린이를 부양하게 한다. 한편 권력은 다른 어른 또는 다른 어른의 욕망을 통제할 수 있는 힘이다. 체력과 관련하여 권력을 정의하자면, 권력은 다른 어른에게 어린이를 태어나게 하는 성행위와 어린이를 부양하게 하는 일을 강요할 수도 있고 억제할 수도 있는 힘이다. 어른은 이 두 종류의 힘을 모두 욕망의 대상으로 삼는다.

어른이 욕망의 대상으로 삼는 것이 성·돈·힘이라면, 성·돈·힘을 욕망의 대상으로 삼는 사람은 어른이라고 말할 수 있다. 물론 성·돈·힘은 어린이를 태어나게 하고 어린이를 살아가게 하는 것과 관련지을 수 있는 것이라야 이와 같은 가역적 판단이 성립할 것이다. 왜냐하면, 어린이도 이성의 손을 잡고 싶은 욕망, 과자를 더 사고 싶은 욕망 그리고 달리기를 잘 하고 싶은 욕망 같은 것은 가질 수 있기 때문이다. 그런데 성 · 돈 · 힘에 대한 욕망만 가진다고 어른스러운 어른이라고 말할 수는 없다. 그러한 욕망을 충족시킬 수 있는 의지와 능력을 가져야 진정으로 어른스러운 어른이 될 수 있을 것이다.

어른스러운 어린이도 생각해 볼 수 있다. 나이로는 어린이라 할 수밖에 없지만, 욕망으로는 어른과 구별하기 어려운 어린이도 있을 수 있다는 것이다. 옛이야기에서는 이와 같은 어른스러운 어린이를 곧잘 이야기의 주인공으로 등장시킨다. 상식적으로 생각하면, 어른스러운 어린이는 어른스러운 어른보다는 덜 어른스럽고 어른스럽지 못한 어른보다는 더 어른스러워야 할 것 같다. 그러나 옛이야기는 그런 상식을 무시한다. 어른스러운 어린이는 어른스러운 어른보다 더 어른스럽게 형상화된다. 그 어떤 어른과 욕망의 대결을 벌여도 패배하지 않는 어린이라야 비로소 어른스러운 어린이로 인정받을 수 있기 때문이다. 어른스러운 어린이는 대개 지혜로운 어린이로 그려진다.

성 · 돈 · 힘은 그 자체가 수단이면서 목적이 된다. 다시 말해서 성 · 돈 · 힘 가운데 어느 것 한 가지는 가지고 있어야 다른 어떤 것을 가질 수 있다는 것이다. 그런데 어린이는 연령적 조건과 그것에 따른 신체적 조건 때문에 가지고 있는 성 · 돈 · 힘이 어른에 비해서 열악할 수밖에 없다. 이를 보완할 수 있는 것이 바로 지혜이다. 지혜가 있으면 성 · 돈 · 힘을 빼앗거나 얻을 수 있다. 그러나 성 · 돈 · 힘이 있다고 해서 지혜라는 것은 빼앗거나 얻을 수 있는 것이 아니다. 지혜는 타고나거나 스스로 터득해야 하는 것이기 때문이다.

이제, 어른의 억압과 그것에 대한 어린이의 저항을 생각해 보자.

어른은 그가 어른스러운 어른이든 어른스럽지 않은 어른이든, 자신이 마음만 먹으면 어린이를 간단하게 억압할 수 있다고 여긴다. 그러나 어린이는 그냥 당하지 않는다. 때로는 어린이다움으로 때로는 어른스러움으로 저항한다. 옛어른은 어린이가 어린이다움으로 어른의 억압을 극복하는 이야기는 그다지 좋아하지 않았던 것 같다. 그러한 옛이야기는 찾아보기가 쉽지 않다. 옛어른의 어린이관과 어긋나기 때문일 것이다. 옛이야기에서 어린이의 저항을 이야기할 때는 어린이의 어른스러움을 내세운다. 그리고 그 저항은 반드시 승리를 거두게 한다.

어른스러운 어린이는 어른의 억압에 즈음해서야 비로소 그 어른스러움을 드러내는 것이 아니다. 그러한 어린이는 자신의 어른스러움을 어른의 억압에 저항할 때만 써먹는 것이 아니라는 것이다. 어른스러운 어린이는 어른이 어린이를 돌보는 것과 마찬가지로 어른스럽지 못한 어른은 말할 것도 없고 어른스러운 어른까지 돌보기도 한다. 그런가 하면, 몹쓸 짓을 하는 어른을 따끔하게 혼을 내기도 한다. 따라서 억압과 저항의 관점에서만 어른스러운 어린이를 바라볼 것이 아니다.

그러면 어른스러운 어린이를 상징적으로 보여 주는 지혜로운 어린이부터 찾아본다.

〈꼬마한테 멸시당한 박문수〉

박문수가 산을 넘어가고 있었다. 어느 초립동 하나가 달려오더니 박문수 곁에 이르러 길 밑으로 내려가 덤불 속에 숨었다. 잠시 뒤, 칼 든 사람들이 쫓아오더니, 초립동을 보지 못했느냐고 물었다. 사실대로 말하지 않으면 죽이겠다고 위협했다. 박문수가 겁이 나서 초립동의 행방을 일러 주었다. 그 사람들은 초립동을 찾아내어 칼로 죽이고는 되돌아갔다. 일곱 살쯤 된 동자가 어디선가 내려오더니, 사람을 죽게 했다고 박문수에게 욕을 해댔다. 박문수는 살릴 도리가 없었다고 변명했다. 그러자 동자가 말했다. "바보 같은 녀석. 아, 지팡이 짚고 눈 감고 소경 노릇 하지. 병신 노릇 하지."[70]

암행어사 박문수는 옛이야기에서 지혜로운 어른으로 자주 등장하는 인물이다. 그러한 박문수가 지혜롭지 못한 처신으로 한 어린이를 죽게 하였고, 바로 그것 때문에 또 다른 한 어린이에게 조롱당하고 있다. 박문수에 관한 이야기 가운데는 박문수 자신이 죽을 위기에 빠졌다가 어린이의 지혜를 빌려 살아나는 이야기도 꽤 많다. 이 이야기는 지혜로운 어린이가 지혜로운 어른보다 더 지혜로울 수 있음을 보여 주는 것이다.

옛이야기가 어린이를 지혜롭게 그린 것은 현실세계의 어린이가 지혜로워서가 아니라 현실세계의 진정한 주인공이 될 수 있도록 지혜로워지기를 옛어른이 염원했기 때문이다. 다시 말하면, 지혜로운 어린이는 옛어른의 어린이관이 만들어낸 상상의 어린이라는 것이다. 이것은 어린이를 어른으로 대우하는 방법으로 어린이를 어른으로 성장시키려는 어린이관과 밀접한 상관 관계가 있다.

〈고려장이 없어지게 된 이야기〉

옛날 어느 두메 산골에 여든 살 먹은 할머니하고 아버지하고 엄마하고 일곱 살 먹은 아들하고 이렇게 네 식구가 살고 있었다. 여든 살 먹은 할머니가 늙도록 죽지 않으니까 아버지하고 엄마는 할머니를 옹기 항아리에 담아 갖고 지게에다 지고 집을 나섰다. 일곱 살 먹은 아들이 따라갔다. 아버지하고 엄마가 할머니를 고려장하고 옹기 항아리와 지게를 그 자리에 두고 집으로 돌아가려고 하니까, 아들이 옹기 항아리랑 지게를 갖고 가자고 했다. "그까짓 것 뭣 하게 가져 가니. 그냥 내다버리고 가자." 아버지가 이렇게 말하니까, 아들은 어머니가 늙어서 고려장할 적에 담아 갖고 가야 할 테니 가지고 가야 한다고 말했다. 이 말을 듣고 보니 자기들도 늙으면 저놈이 틀림없이 자기들

70) ≪대계 4-5≫, 286-287쪽 요약.

을 죽기 전에 갖다 내버릴 것 같아서 다시 돌아서서 늙은 어머니를 집으로 모셔왔다. 그래서 그 뒤부터 죽기 전에 고려장하는 법이 없어졌다.[71]

생산력이 없는 어른은 어른으로 대접하지 않는 경향이 있다. 오늘날이라고 해서 별반 다를 것도 없다. 그러나 생산력이 없는 어른을 아예 사람으로 취급하지 않는다는 것은 문명 사회에서는 상상하기가 쉽지 않다. 이런 점에서 볼 때, 고려장은 고려의 풍습이 아니라 생존 자체에 허덕일 수밖에 없었던 아주 오랜 옛날의 풍습이라 해야 할 것이다. 그러나 고려장에 관한 이야기는 생존의 문제가 완전히 해결된 것은 아니지만 생활의 문제가 부각되던 시대의 산물이다.

인용한 옛이야기에서는 고려장을 둘러싼 어른과 어린이의 대립과 갈등이 흥미롭다. 아버지는 현재 시점에서 어른의 구실을 하지 못하는 과거의 어른인 할머니를 인습에 따라서 제거하려고 한다. 이러한 아버지를 징치하러 나선 것이 그 아버지의 아들 즉 할머니의 손자이다. 할머니에 대한 억압은 힘 없는 사람에 대한 억압이다. 그런데 힘 없는 사람을 대표하는 것은 어린이가 아닌가. 손자는 할머니의 일을 외면할 수 없었다. 손자의 개입을 도덕과 윤리의 관점에서 설명하는 것은 온당치 않다. 아버지한테 없던 도덕과 윤리가 그 아들한테 갑자기 생길 수는 없기 때문이다.

이 옛이야기에서는 아버지가 자신 또한 고려장을 당하게 될까봐 두려워서 할머니를 되모셔왔다고 했지만, 그것은 표면적인 이유일 뿐이다. 아버지가 그것을 조금도 예상하지 못했다고 할 수 없기 때문이다. 그것보다는 자신의 행위를 그대로 모방하려는 아들을 통해서 고려장 그 자체를 근본적으로 다시 생각하게 되었다고 하는

71) ≪임석재 전집 7≫, 1988, 146-147쪽.

것이 사태의 본질에 좀더 부합할 것이다. 즉 아버지는 생존의 문제에서 조금은 자유로운 시대에 살면서도 그렇지 않았던 먼 옛날의 인습을 맹목적으로 답습하고 있는 자신의 모습을 바라보게 되었다는 것이다.

위에서 보듯, 지혜로운 어린이는 어른 사이의 대립과 갈등을 조정하는 역할을 떠맡기도 한다. 어린이의 지혜는 어른으로 하여금 어른 세계의 구조적 모순을 바로잡게도 하는 것이다. 흥미로운 것은, 성과 관련한 어른 사이의 대립과 갈등조차도 옛이야기는 어린이의 지혜를 빌려 해소하려고 했다는 것이다. 다음을 보라.

〈아들이 어머니 음행(淫行)을 고치다〉

옛날에 앞뒤로 사는 사람이 있었다. 앞집 남자는 일하러 갈 때 뒷집에 와서 오늘은 어디 가서 일한다고 말하고 간다. 그러면 뒷집 여자가 저녁 때 없어지곤 했다. 이런 일이 자주 있어서 뒷집 아이가 어머니의 음행을 눈치챘다. 하루는 앞집 남자가 오늘은 일하러 가는 길에 풀을 매 놓겠다고 말했다. 뒷집 여자는 저녁 때 떡을 해서 가지고 나갔다. 뒷집 아이는 제 어머니를 앞질러서 앞집 남자가 있는 곳으로 가는 길에 매어져 있는 풀을 모두 풀어 놓고, 자기 아버지가 일하는 곳으로 가는 길에 있는 풀을 매어 놓았다. 뒷집 여자는 매어져 있는 풀을 따라갔는 데, 가다 보니 자기 남편이 있는 곳이었다. 뒷집 여자는 어쩔 수 없이 떡을 내놓았다. 그리고 앞집 남자가 요즘 앓고 있으니 떡을 좀 주자고 말했다. 아무것도 모르는 남편은 그렇게 하자고 하면서 아이에게 떡을 가져다주라고 말했다. 아이는 떡을 가지고 가면서 조금씩 떼어 길에 떨어뜨리면서 앞집 남자에게 갔다. 앞집 남자와 만나자, 야단났다고 말했다. 아버지가 도끼를 들고 쫓아온다는 것이었다. 아버지에게 돌아와서는, 앞집 남자가 보습을 고쳐 달라고 하면서 도끼와 못을 가지고 오라고 하더라고 말했다. 아버지는 그 말을 듣고 도끼를 둘러메고 뛰어갔다. 아버지를 본 앞집 남자는 부들부들 떨면서 다시는 그렇지 않겠다고 하면서 그동안 있었던 일을 털어놓았다. 아이는 다시 제 어머니 있는 데로 달려갔다. 그리고 아버지가 돌로 어머니를 때리려고 한다고 말했다. 아이의 아버지는 돌아오는 길에 떡이 떨어져 있는 것을 보았다. 그것을 줍느라고 허리를 구부렸다 폈다 했다. 아이의 어머니는 그것을 보고 남편이 돌을 하나씩 줍는 줄 알았다. 남편이 가까이 오자 울면서 잘못을 빌었다. 그 뒤 다시는 나쁜 짓을 하지 않았다.[72]

이 이야기 속의 어린이는 말 그대로 어린이의 탈을 쓴 어른이다. 지혜도 지혜려니와 성의식 자체가 이미 어른의 수준에 도달해 있다. 이 어린이는 친어머니가 바람을 피우는데도 전혀 당황하지 않는다. 어머니가 어머니이기 전에 어른 여자이고, 어른 여자라면 어른 남자를 찾게 마련이고, 그 어른 남자가 아버지가 아닌 다른 남자일 수도 있다는 사실을 이미 이해하는 것이다. 그러나 어머니의 욕망은 가정을 해체시킬 수도 있는 위험한 욕망이었다. 그것은 부부 관계뿐만 아니라 모자 관계와 부자 관계까지 해칠 수 있는 것이니 눈감고 있을 수 없다.

이 어린이가 찾아낸 문제의 해결 방법도 참 교묘하다. 잘못을 저지른 어머니와 앞집 남자는 두려움에 떨게 하여 스스로 자신들의 잘못을 털어 놓게 했고, 반면에 아버지는 아무것도 모르게 하여 회복 불가능한 불상사를 일으키지 않도록 했을 뿐만 아니라 어머니와 앞집 남자를 용서할 수 있게 만들었다. 가정을 팽개치고 자신의 쾌락만 좇은 어머니와 가정이 무너지고 있는 것조차 모르고 있는 아버지는 어린이 같은 어른이다. 그러한 어머니와 아버지가 서로 화해하고 포용할 수 있도록 자신이 먼저 어머니와 아버지를 이해하고 용서하고 바른 길로 이끈 어린이는 어른 같은 어린이이다.

지금까지 살펴본 것은 어린이와 어른의 관계가 우호적인 경우였다. 그러나 욕망의 대결이 횡행하는 어른의 세계에서는 어린이와 어른의 관계 또한 적대적일 경우가 적지 않다. 그러한 경우, 지혜로

72) ≪임석재 전집 1≫, 249-250쪽 요약.

운 어린이는 단순히 자신을 방어하는 데 그치지 않고 자신을 억압하려 든 어른을 가차 없이 응징한다.

〈죽을 목숨을 살린 아이〉

옛날 소장수가 아들과 함께 장에 소를 팔러 갔다. 아버지는 볼일이 있다면서 아들에게 소 판 돈을 주면서 먼저 집으로 가라고 했다. 그런데 이 아이가 집으로 오는 길에 도둑을 만났다. 도둑은 어두운 밤에 돈을 들고 가면 큰일난다면서 자기 집에서 자고 가라고 하면서 억지로 끌고 갔다. 이 아이는 그 집에서 자다가 밖에서 들려오는 칼 가는 소리에 잠에서 깨어났다. 자기를 죽이고 돈을 빼앗으려나 보다 하고 생각했지만 도망갈 수가 없었다. 마침 그 방 아랫목에서 도둑의 아들이 자고 있었다. 이 아이는 도둑의 아들을 자기가 자던 자리로 옮겨 놓고 도둑의 아들이 자던 자리에는 자기가 누웠다. 잠시 뒤 도둑이 방에 들어와 자기 아들을 찔러 죽이고는 이 아이를 깨워 멍석을 가져오라고 했다. 이 아이는 일어나서 밖으로 나가 달아났다.[73)]

소를 판 돈이라면 거금일 터, 그러한 돈을 맡길 수 있는 아들이라면 아버지는 이미 이 아들을 어른으로 대우하고 있는 것이다. 그런데 이 아이가 어두운 밤길을 걷는 것을 보고 도둑은 염려스럽다고 했다. 남의 눈에는 이 아이는 아직은 어린이로 보이는 것이다. 도둑은 이 어린이를 죽여서 돈을 빼앗으려고 한다. 즉, 어린이를 희생시켜 어른의 이익을 도모하겠다는 것이다. 그러려면 도둑은 좀더 신중했어야 했다. 어린이의 저항을 염두에 두어야 했다는 것이다. 이 아이의 저항은 단순히 자기 방어만을 목적으로 하지 않는다. 도둑의 계략을 역이용하여 오히려 도둑을 공격하는 적극적인 저항이었다. 결과적으로 도둑은 어린이에게서 돈을 빼앗으려다가 자기 아들만 죽인 꼴이 되었다.

지혜의 또 다른 얼굴은 위계라는 것을 유의할 필요가 있다. 지혜

---

73) ≪임석재 전집 1≫, 183쪽 요약.

는 우리 모두의 삶을 풍요롭게 한다면 위계는 나의 삶을 풍요롭게 하기 위해서 다른 사람의 삶을 위태롭게 한다. 위계는 거짓말과 속임수로 구체화되는데, 이 또한 지혜와 마찬가지로 참신하고 대담한 발상을 필요로 한다. 우리는 종종 너나 할 것 없이 거짓말을 하고 속임수를 쓴다. 그러나 일시적으로 자신을 보호하기 위한 방어적 목적으로 사용하는 경우가 대부분이다. 옛이야기 속의 어린이는 그렇지 않다. 자신이나 자신이 아끼는 사람의 삶을 영위하는 수단으로 사용한다. 다음을 보라.

> 〈개구리의 출세〉
> 같은 글방에 잘 사는 집 아이인 돌이와 못 사는 집 아이인 개구리가 있었다. 돌이는 개구리를 돕기 위해서 제 아버지 수저와 밥그릇을 훔쳐서 땅에 묻어 놓고는 개구리가 냄새를 잘 맡으니 그 아이를 불러 찾도록 하자고 했다. 개구리는 냄새맡는 흉내를 낸 다음 돌이가 가르쳐 준 곳을 돌이의 아버지에게 일러 주고 쌀말을 얻었다. 중국에서 천자가 잃어 버린 옥새를 찾으려고 조선에 도움을 청했다. 나라에서 개구리의 소문을 듣고 불러서 시험을 하는데, 돌 속에 개구리를 집어 넣고 냄새를 맡아보라고 한다. 개구리는 어찌 할 방도가 없어 "허, 돌이 때문에 개구리가 죽는구나"라고 했는데, 우연의 일치로 알아맞추게 되었다. 중국에 간 개구리는 한 달간 말미를 달라고 하고는 '이제 냄새를 다 맡아 간다'고 소문을 내었다. 제 발 저린 도둑이 살려만 달라면서 연못에 옥새를 숨겼다고 자백한다. 개구리는 옥새를 찾아 주고 큰 상을 받고 돌아와서 잘 살았다. 돌이는 개구리의 코를 베어 버리고, 코가 없어서 냄새를 못 맡는다고 하라고 했다.[74]

이 옛이야기 속의 거짓말과 속임수는 친구의 삶 자체를 뒤바꾸어 놓는 것이어서, 어린이의 소행으로 믿기가 쉽지 않은 위계이다. 물론 이 옛이야기는 웃자고 하는 것이다. 그러나 웃다 보면 자신도 모르는 사이에 짜릿한 메시지와 마주치게 된다. 그것은 친구 사이

---

74) ≪대계 1-2≫, 96-98쪽 요약.

의 우정도 아니고 위기를 극복하게 한 우연이나 지혜도 아니다.

무엇보다 먼저 읽어야 할 것은, 거짓말과 속임수가 아니면 어린이는 어른을 넘어설 수 없다는 냉혹한 현실이다. 돌이는 개구리를 도와줄 방법을 찾다찾다 이러한 거짓말과 속임수를 사용했다. 아버지는 아들의 가난한 친구에게는 아무런 관심이 없지만, 자신을 위해서 일을 한 그 누군가에게 대가를 지불할 정도의 양식은 있는 사람이라는 것을 돌이는 잘 알고 있었다.

거짓말과 속임수가 거듭되면 위계로 발전하게 마련이고 위계는 일신을 망칠 수 있다. 우리는 이에 대한 이 옛이야기의 강력한 경고를 읽어내어야 한다. 위계에 행운이 따를수록 위계를 사용하고자 하는 유혹은 더 커지고 그만큼 불행의 나락으로 곤두박질칠 가능성도 더 커지는 법이다. 뿌린 자가 거두러 나설 때가 이때이다. 돌이는 위계로 개구리에게 냄새 맡는 재주를 부여했다. 이제는 그 재주를 빼앗아야 한다. 그렇지 않으면 개구리는 결국 제 명대로 살지 못할 것이기 때문이다. 방법은 하나뿐이다. 냄새를 맡는 코를 베어버리는 것이다. 위계는 위계로 해소하지 못한다는 것이 이 옛이야기의 또 다른 교훈이다.

어린이가 위계를 사용하는 것을 옛이야기로 꾸며낸 옛어른의 의도는 어린이에게 자유로운 성적 결합을 허용하는 것과 그다지 다르지 않다. 옛날 어른은 어린이를 어른으로 대우함으로써 어린이가 자연스럽게 어른으로 성장하도록 이끌었다. 거짓말과 속임수 같은 위계도 마찬가지이다. 어린이이기 때문에 그것을 금지하는 것이 아니라 어린이라는 이유로 그것을 허용했다. 어른은 거짓말과 속임수를 밥 먹듯이 한다. 그렇다면 어린이가 어른이 되려면 어른만큼이나 거짓말과 속임수를 능숙하게 구사할 수 있어야 할 것이다. 그러나 거짓말과 속임수가 위계로 발전하고 그것이 자신을 병들게 하여 마침내 죽음에 이르게 한다는 것 또한 어린이는 명확하게 깨달아야 한다. 옛어른은 옛이야기를 통해서 어린이에게 그것을 가르치고자 했던 것이다.

지혜로운 어린이만 어른스러운 어린이로 평가되는 것은 아니다. 어른과 같은 성적인 자유를 누리는 어린이, 어른만큼 돈에 욕심을 부리는 어린이, 그리고 어른 못지않게 힘의 권세를 믿는 어린이 또한 어른스러운 어린이로 규정하는 것이 마땅하다.

어른과 같은 성적 자유를 누리는 어린이는 이미 확인한 적이 있다. 어린이와 어른의 경계를 혼인을 통해서 넘어서던 어린이가 바로 그러한 어린이이다. 그런데 어린이는 자신이 아닌 어른의 성에 개입하기도 한다. 어머니의 음행을 고쳐 준 어린이도 그러한 어린이 가운데 하나이다. 그 어린이와 달리, 부모의 잘못된 성생활을 꾸짖고 나서는 어린이도 있다. 서자의 서러움을 이기지 못하고 집을 떠나려던 한 어린이는 동백나무로 방망이를 만들어 아버지에 달려가서는, "아버지, 좆을 내놓으시오. 좆을 부수러 들어왔습니다. 잘못한 것은 아바지 좆, 그때만 조금 참았으면 내 인간에 태어나지 아니하여 가지고 이렇게 압박을 아니 받을 건디, 왜 거 나쁘게 좆을 놀려 가지고 나를 만들었소? 좆 내놓으면 좆 부수고 떠나겠습니다" 하고 대든다.[75)]

〈선생님을 장가들인 학동〉[76)]은 어린이가 아예 위계를 써서 어른의 혼인을 주선하고 나서는 이야기이다. 학동들은 이웃집 과부를 홀아비 글방 선생님의 방으로 유인하기 위하여 이웃집 과부의 닭을 훔쳐 글방 선생님의 방에 갖다 둔다. 그렇게 해서 두 사람이 만나자 이제는 바로 그 만남을 소문낸다고 이웃집 과부를 협박하여 술과 떡을 글방에 가져오게 한다. 그리고 동네로 가서 글방에서 책씻이를 한다고 모두 오라고 한다. 이웃집 과부가 술과 떡을 해 가지

75) <파경노(破鏡奴)>, ≪대계 9-1≫, 75-85쪽 참고.
76) ≪대계 1-6≫, 468-473쪽 참고.

고 오자, 학동들은 "에이- 잘 모르실 거예요. 저번 저녁에 선생님하고 그 어른하고 저기 살기로 했대요"라고 하여 이웃집 과부가 어쩔 수 없이 홀아비 글방 선생님과 함께 살게 만든다.

이 옛이야기에 등장하는 이웃집 과부는 이러한 결과가 그다지 싫지 않았던 모양이다. 그러나 이것이 그녀가 전혀 원치 않은 결과였다면? 참으로 끔찍한 일이 아닐 수 없다. 그래도 이 옛이야기에서는 학동들이 자신의 이익을 챙기지는 않았다. 이와 비슷한 방법으로 자기 집 머슴을 돈 많은 과부에게 장가들게 해준 어린이도 있었다. 이 어린이의 관심사는 오로지 돈이었다. 그 머슴에게 몇 년치의 새경을 주지 않는 대신 그 머슴을 돈 많은 과부에게 장가들게 해주기로 했던 것이다.[77]

어른만큼 힘의 권세를 믿는 어린이 또한 우리는 이미 살펴본 적이 있다. 소년 사또를 두고 하는 말이다. 소년 사또가 아전들을 마음껏 호령할 수 있었던 까닭이 무엇이겠는가. 바로 권력이 아니겠는가.

여기서 잔인한 어린이에 대해서 한마디 하지 않을 수 없다. 잔인한 어린이 또한 어른스러운 어린이의 한 표상이다. 옛이야기 속의 어린이 가운데 가장 잔인한 어린이로 기억되는 어린이는 콩쥐와 팥쥐[78]이다. 콩쥐는 계모한테 학대와 구박을 받으면서도 불평하는 법이 없다. 물론 콩쥐도 눈물을 흘린 적이 있다. 그러나 그것은 계모가 시킨 일을 다 하지 못한 것을 자책하는 눈물이지 계모를 원망하는 눈물이 아니었다. 이런 콩쥐가 아버지에게 고자질하거나 도움을 구하지 않는 것은 당연하다. 어른도 이런 어른이 있을 수 없다.

콩쥐는 하늘의 도움으로 사또의 부인이 된다. 그런데 그 전후 과정에서 콩쥐와 팥쥐가 한 행동을 보면 이 또한 어린이의 행동으로

---

77) 〈머슴 장가 보내기〉, ≪대계 6-10≫, 285쪽 참고.
78) 〈콩쥐 팥쥐〉, ≪임석재 전집 11≫, 57-60쪽 참고.

는 믿기 어려운 것이었다.[79] 콩쥐가 잃어버린 신발을 주운 사또는 신발의 주인을 찾아나선다. 이때 팥쥐 어머니는 팥쥐의 발을 자르면서까지 팥쥐에게 신발을 신기는데, 팥쥐는 무서워하지도 않고 어머니의 뜻에 따른다. 그뿐이 아니다. 팥쥐는 사또 부인이 된 콩쥐를 연못에 빠뜨려 죽이고 만다. 그러고는 콩쥐처럼 꾸며서 사또 부인 노릇을 한다. 죽은 콩쥐는 연꽃으로 환생했다가 팥쥐한테 발견된다. 팥쥐는 연꽃을 뽑아 불태워 버리지만 콩쥐는 구슬로 변해서 또 한번 위기를 벗어난다. 그러다가 마침내 콩쥐로 환생하여 사또와 해후한다. 이어서 사또의 잔인한 복수가 시작된다. 팥쥐를 난도질해서 젓을 담아 팥쥐 어머니에게 보낸 것이다.

이를 되짚어 보자. 팥쥐는 자신의 발을 자르는 것도 마다하지 않는다. 긴 영화를 위한 짧은 고통은 어른이라면 참고 견딜 만한 것이다. 그리고 팥쥐는 콩쥐를 죽이면서까지 사또의 거짓부인 행세를 하려고 한다. 자신의 행복을 위해서 살인조차 서슴지 않는 것은 콩쥐도 마찬가지다. 여기에서는 자신의 남편이 팥쥐를 죽이는 것을 방관하는 것으로 나타나지만 판본에 따라서는 자신이 직접 팥쥐를 죽이기도 한다. 죽이기만 하는 것도 아니다. 토막을 쳐서 섯살을 남아 자기 어머니에게 보낸다. 계모도 부모인 것을. 그러나 콩쥐는 아랑곳하지 않는다. 오히려 그 부모의 억장이 무너지는 것을 보고 싶어한다. 이를 어찌 어린이의 판단과 행위라고 할 수 있을 것인가.

어린이가 주인공이고 어른이 어린이의 상대역인 옛이야기라면 어린이의 지위가 어른과 대등하지 않으면 안 된다. 어린이가 어른과 대등해지려면 어린이의 언어·사고·행위의 가치가 어른의 그것과 대등해지지 않으면 안 된다. 그런데 이러한 방법으로 어린이

---

79) 대부분의 옛이야기 자료는 콩쥐와 팥쥐를 같은 나이라고 할 뿐 구체적인 나이는 알려주지 않는다. 그런데 〈콩쥐 팥쥐〉(≪대계 5-1≫, 269-273쪽 참고)에는 구술자가 콩쥐의 나이를 10-12세 정도로 인식하고 있음이 기술되어 있다.

와 어른이 대등해지면 양자는 상대를 극복하거나 상대와 조화를 이루는 방향에서 관계를 설정할 수밖에 없다. 그러나 이것은 옛이야기의 이야기 정신과 어긋난다. 옛이야기에서는 어른 같은 어린이를 찬양하고 어린이 같은 어른을 경멸하기 때문이다. 따라서 옛이야기에서는 어린이에게 어른의 언어·사고·행위를 강제적으로 부여하는 방법으로 어린이를 어른의 위치로 끌어올리는 쪽을 선택할 수밖에 없었다. 이것은 어린이에게 어른이 누릴 수 있는 권리를 모두 부여함과 동시에 어른이 감당해야 할 의무를 함께 짐지우는 것이다.

3. 옛어른의 어린이관

우리의 현실세계를 지배하는 것은 어른이다. 그러나 어른이 지배하는 것은 현실세계의 현재일 뿐이다. 그것의 미래는 현재의 어린이가 담당하게 될 것이다. 따라서 현실세계에 대한 어른의 책임과 의무는 현재적인 것과 미래적인 것으로 나눌 수밖에 없다. 앞엣것은 현재의 주역인 어른 자신의 몫이고 뒤엣것은 미래의 주역인 어린이의 몫이다.

어른 가운데는 어른스러운 어른이 있는가 하면 어른스럽지 못한 어른도 있다. 옛이야기에서는 생산성이 있는 성·돈·힘을 가진 어른을 어른스러운 어른으로 규정한다. 옛이야기가 가진 것이라고는 몸뚱아리밖에 없는 민중의 이야기이고, 민중 가운데서도 자신의 욕망을 허구적 상상을 통해서 충족시킬 수밖에 없는 어른의 이야기이기 때문에 이러한 어른관이 배태된 것이다. 생산성이 있는 성·돈·힘은 자신의 삶을 향상시키거나 다른 사람의 삶까지 책임질 수 있다. 그러나 생산성이 없는 성·돈·힘이라면 자신의 삶을 현상

유지하는 데도 벅찰 것이다. 결국 생산력이 문제가 된다는 것이다.

옛이야기에서는 어른스럽지 못한 어른에게는 설 자리를 내놓지 않는다. 욕망의 대결 자체를 회피하거나 거기에서 패배한, 그래서 어른스럽지 못한 어른으로 판명이 난 사람에게는 죽음만이 기다릴 뿐이다. 그러한 어른으로 첫손에 꼽히는 사람이 바로 병든 어른과 노인이다. 병든 어른은 치료를 통해서 어른의 구실을 회복할 가능성이 있기 때문에 일단 격리하여 그 예후를 지켜볼 수도 있다. 옛이야기에는 문둥병에 걸린 남편을 살려낸 아내에 관한 이야기만 해도 여러 유형이 있다. 그러나 늙은 어른은 그럴 가능성이 전혀 없기 때문에 인위적으로라도 제거해 버리려고 한다. 우리는 그러한 이야기를 '고려장' 유형의 이야기에서 확인할 수 있다.[80]

그러나 노인이라고 해서 무조건 배척하는 것은 아니다. 나이로는 노인이라 할지라도 젊은이 못지않은 능력을 갖춘 노인은 진정한 어른으로 대접받았다. 이를 보여 주는 것이 〈노인의 정력 시험〉[81]이라는 이야기이다. 집안에 전염병이 퍼져 가족이 다 죽고 노인 혼자만 남았다. 재산은 많지만 물려 줄 자식이 없어서 고민하던 중 젊은 여자를 만나게 된다. 젊은 여자는 노인에게 모래를 담은 사발을 주고 오줌을 누게 했다. 사발의 모래 가운데가 움푹 파였다. 노인의 정력을 확인한 젊은 여자는 그제야 노인에게 시집갈 것을 허락했다. 돈도 있고 힘도 있는 노인이니까 성도 얻게 되더라는 이야기이다. '고려장' 유형의 이야기는 생산력을 상실한 노인이 사회에서 제거되는 것을 보여 주기도 하는 것이지만, 감추어진 생산력이 확인된 노인이 사회로 복귀하는 것을 보여 주는 것이기도 하다.[82]

---

80) 늙은 부모를 지극 정성으로 모시는 아들 부부에 관한 이야기도 꽤 많다. 그러나 이러한 이야기는 지배 계급의 이데올로기에 영향을 받은 것으로 보인다. 충·효·열·우애를 강조하는 이야기는 모두 그러한 부류의 것으로 간주할 수 있다. 옛이야기의 순수 이야기 정신에서는 인위적인 도덕 윤리를 배제하기 때문이다.

81) ≪대계 1-1≫, 228-230쪽 참고.

노인은 다른 어떤 이유보다도 노인이라는 사실 그 이유로 존경받고 우대받는 것이 노인 자신으로서도 떳떳하다. 그러려면 노인은 젊은이나 어린이가 갖추지 못한 그 무엇을 가지고 있어야 한다. 옛날에는 그럴 가능성이 매우 높았다. 그때는 삶에 대한 직접적 경험을 통해서 지혜로워질 수 있는 시대였고, 노인만큼 누적된 경험이 많은 사람이 없던 시대였다. 지혜로운 노인이 재물과 권력을 지배하는 것 또한 지극히 당연한 시대였다. 시대가 그러하다면, 젊은이와 어린이가 노인을 공경하고 대접하지 않는 것이 오히려 이상할 것이다.

어린이 또한 생산력이 없다. 그러나 어린이는 단순한 소비자가 아니다. 생산 잠재력을 키워 나가기 위해서 소비하는 특별한 소비자이다. 어린이가 어른답지 못한 어른보다 훨씬 더 높게 평가되는 것도 이 때문이다. 그런데 이것이 내포하는 또 다른 의미가 있다. 어린이는 단지 어린이라는 이유만으로 어른의 일방적인 보호와 배려를 기대해서는 안 된다는 것이다. 어린이는 자신이 미래에 어른다운 어른으로 성장할 가능성이 있음을 보여 주지 않으면 안 된다. 옛이야기에서 말하는 어른스러운 어린이란 바로 이러한 어린이이다. 종족 보존의 본능과 적자 생존의 법칙이 지배하는 사회에서는 어른 또한 어른의 구실을 하지 못하면 격리되거나 제거된다. 하물며 어른다운 어른으로 성장할 가능성이 전혀 없는 어린이라면 말할 것도 없다. 어른이 되기 전에 격리하거나 제거하는 것이 개인적으로는 더 인간적이고 사회적으로는 더 경제적이다.

옛이야기에서 가장 바람직하게 여겼던 어린이는 어른스러운 어린이이다. 이러한 어린이는 장차 어른스러운 어른이 될 것이다. 어

82) 공작의 먹이가 낮거미라는 것을 알려 주어 나라의 근심을 없애 준 노인 덕분에 고려장이 없어졌다고 한다(〈고려장이 없어진 이유〉, ≪임석재 전집 4≫, 125-126쪽 참고). 각편에 따라서 나라의 근심 내용은 조금씩 달라진다.

른스러운 어른이라면 갖추어야 할 요건이 하나 더 있다. 그것은 기존의 어른관과 어린이관을 존중하는 자세를 지니는 것이다. 그래야만 어른 중심의 옛날 세계가 지속될 수 있고 더 발전할 수 있기 때문이다. 그런데 어린이의 어른스러움이 어른의 어른스러움을 부정하는 차원까지 고양된다면, 기존의 어른 중심의 사회 질서를 뿌리째 흔들지도 모른다. 이러한 어른스러움이라면 그 잠재적 위험성 때문에 제거의 대상이 된다. 아기장수의 죽음은 이를 상징적으로 보여 준다. 옛이야기는 분명 민중의 이야기이다. 그러나 그것이 지향하는 바는 이처럼 반민중적이다.

위의 내용을 정리하면, 옛이야기를 통해서 옛어른이 옛어린이에게 전하고자 하는 세 가지 메시지를 이끌어낼 수 있다. 첫째, 어린이는 어른스러워야 한다. 둘째, 어린이는 어른스러워지기 위해서 어른으로 대우받는 것을 감수하여야 한다. 셋째, 어린이는 어른이 원하는 방향과 내용으로 어른스러워야 한다.

제 5 장

오늘날의 어린이를 위한 옛이야기의 선택 준거

1. 재미 지향의 옛이야기
2. 교훈 지향의 옛이야기
3. 재미있는 교훈 지향의 옛이야기

제 5 장 오늘날의 어린이를 위한 옛이야기의 선택 준거

옛이야기는 그것의 전파와 전승을 구연에 의존하였다. 구연의 성공 여부는 청중의 반응에 달려 있었다. 청중이 심드렁해하는 순간 이야기꾼은 힘이 빠질 수밖에 없고 청중이 자리라도 뜰라치면 구연 자체가 아예 중단되는 것이었다. 이러한 까닭에, 오늘날까지 전해 내려오는 옛이야기는 일단 옛이야기의 주된 청중이었던 옛어른이 재미를 크게 느꼈던 이야기라고 말할 수 있다.

재미있는 옛이야기는 다시 둘로 나눌 수 있다. 재미만 있는 옛이야기와 재미도 있는 옛이야기이다. 앞엣것은 청중의 말초적 감각을 자극하거나 청중의 기대 심리를 역이용하는 방식으로 재미를 추구한다. 이러한 옛이야기도 청중을 즐겁게 하기 때문에 그 나름의 가치는 충분히 인정된다고 하겠다. 뒤엣것은 청중이 재미도 즐기고 교훈도 얻을 수 있는 옛이야기이다. 이와 같은 흥미로운 교훈성을 확보하기 위해서 옛이야기가 온 힘을 기울이는 것이 바로 문제적 상황의 설정이다.

문제적 상황은 위기가 기회가 되고 기회가 위기가 되는 상황이기 때문에, 그 자체가 제삼자인 청중에게는 재미있는 상황으로 인식된다. 그런데 문제적 상황이란 문제를 해결하기 위하여 어떤 판단을 내려야 하는 상황이기도 하다. 그것은 작중 인물의 몫만은 아니다. 청중 또한 작중 인물의 분신이 되어 문제에 몰입하게 된다.

이 과정에서 청중이 큰 교훈을 얻게 됨은 말할 것도 없다.

옛이야기 가운데는 읽어낼 것이라고는 교훈밖에 없는 것도 있다. 이렇게 말하는 것은 온당치 못할 수도 있다. 교훈만을 겨냥한 옛이야기도 있는 것처럼 들릴 수 있기 때문이다. 물론 그렇지 않다. 교훈과 흥미를 뒤섞는다는 것이 제대로 되지 않아서 빼쩍마른 교훈이 도드라져 보이는 결과가 나타났다는 것뿐이다. 그러나 분명한 사실이 하나 있다. 이러한 옛이야기를 만들거나 그것의 전파와 전승에 관여한 이야기꾼은 교훈에 대한 집착이 남다르다는 것이다. 우리는 이야기를 끝맺고 난 뒤에 이야기의 내용과 관련되는 교훈을 직설적으로 덧붙이고 있는 옛이야기를 종종 만나게 되는데, 이러한 옛이야기가 교훈에 대한 이야기꾼의 집착을 단적으로 보여 주는 것이다.

그러면 오늘날의 어린이에게 추천할 만한 옛이야기로는 어떤 것이 적절할까. 다시 말하면, 어린이문학의 범주에서 논의하기에 충분한 미학적 자질을 갖춘 옛이야기는 어떠한 옛이야기일까. 어린이문학의 미학적 자질로 가장 먼저 생각할 수 있는 것이 흥미성과 교훈성이기 때문에, 이 둘을 모두 갖춘 두 번째 옛이야기를 우선적으로 선택하여야 할 것이다. 그리고 옛이야기가 흥미로운 교훈성을 확보하기 위해서 얼마나 애를 많이 쓰는지도 함께 알아보기로 하겠다.

1. 재미 지향의 옛이야기

재미에도 다양한 수준이 있다. 가장 낮은 수준의 재미는 말초 감각이 자극받을 때 느끼게 되는 심리적 흥분일 것이고, 가장 높은 수준의 재미는 영혼이 자극받을 때 느끼게 되는 깨달음의 희열일 것이다. 이를 억지로 교훈과 관련짓는다면, 앞엣것은 교훈을 전혀 얻을 수 없는 재미이고, 뒤엣것은 교훈과 구별할 수 없는 재미이다. 일반적으로 가장 바람직한 재미로 여기는 것은 뒤엣것이지만, 앞엣것도 그 나름의 의미는 있다. 교훈은 미래의 삶을 풍요롭게 하는 데 도움이 되는 것이지만, 재미는 현재의 삶을 윤택하게 하는 데 도움이 되는 것이기 때문이다.

다음을 보라. 재미 지향의 옛이야기가 어떠한 것인지 그 전형을 확인할 수 있을 것이다.

〈내가 뀐 방귀〉

옛적에 어떤 집에서 안사돈이 될 사람끼리 첫인사를 나누고 있었다. 그런데 그집의 안주인이 방귀를 뿡 하고 뀌었다. 참 무안했다. 그래서 옆에 있던 댓살 된 아이를 보고, 어른 앞에서 그게 무슨 짓이냐 하면서 나무랐다. 아이가 한다는 말이, "어머니가 뀌고서 왜 나한테 그래?"였다. 어머니는 더 무안했다. 소금 있나가 어머니는 아이를 밖으로 데리고 나와서, "이놈아, 너는 어찌 그리도 눈치가 없느냐? 내가 뀐 방귀라도 네가 뀐 것처럼 하고 있어야지."라고 말했다. 이 말을 들은 아이는 급히 방으로 뛰어 들어가서 "아까 뀐 방귀는 내가 뀐 방귀입니다" 했다[1]

이 이야기의 재미는 두 가지이다. 하나는 어린이의 어린이다운 말을 엿듣는 재미이고 다른 하나는 어린이를 이용하여 난처한 상황을 수습하려다가 더 난처해진 어머니의 딱한 처지를 엿보는 재미이다. 이 두 가지 재미는 어른과 어린이가 함께 즐길 수 있는 공통의 재미이다. 왜냐하면 작중의 어른과 어린이는 우리가 현실세계에서 쉽게 마주칠 수 있는 어른과 어린이와 그다지 다르지 않기 때문이다.

이 이야기에서는 교훈이라고 할 만한 것을 찾아내기는 어렵다.

1) ≪임석재 전집 8≫, 273쪽 요약.

이렇게 말하는 사람이 있을지도 모르겠다. 어린이의 천진함과 어른의 능청스러움을 배울 수 있었다, 어설픈 잔꾀를 부리다가 오히려 된통 당할 수 있음을 알았다, 어리다고 얕보다가는 큰 코 다친다는 것을 깨우쳐 주었다, 어린아이에게는 함부로 말할 게 못 된다는 것을 알았다고. 그러한 것도 교훈이라면 교훈이다. 그런데 그러한 것은 우리가 이미 알고 있는 것이다. 물론 우리가 이미 알고 있는 것을 다시 한 번 상기시켜 주는 것도 가르침이 될 수 있다. 그러나 이 이야기의 의도는 그런 데 있는 것이 아니다. 우리가 알고 있는 것을 이용하여 우리를 한 번 웃게 만들겠다는 것뿐이다.

우리가 살아가려면 일을 하여야 한다. 그런데 일만 하고 살 수는 없다. 쉬기도 하여야 한다는 것을 말하자는 것이 아니다. 놀이도 하여야 한다는 것이다. 일은 다른 어떤 것의 수단이지만 놀이는 놀이 그 자체가 목적이다. 그래서 일은 재미가 없어도 할 수 있지만 놀이는 재미가 없으면 할 수 없다. 놀이의 중요성은 새삼 말할 필요도 없을 것이다. 옛이야기를 읽거나 듣는 것도 놀이가 될 수 있다. 따라서 옛이야기에서 재미만 찾는다고 해서 이상하게 여길 일이 아니다.

앞에서 살펴본 옛이야기는 옛어른이 즐겼던 이야기이고 오늘날의 어른뿐만 아니라 오늘날의 어린이까지도 즐길 수 있는 이야기였다. 그러나 이런 옛이야기만 있는 것은 아니다. 옛어른은 어렵지 않게 즐겼다 하더라도 오늘날의 어른은 즐기는 데 어려움을 겪는 옛이야기도 있다. 그리고 오늘날 어른은 재미를 느낄 수 있지만 오늘날의 어린이는 전혀 재미를 느낄 수 없는 옛이야기도 있다.

〈기지(奇智)〉

손순효라는 사람이 있었다. 하루는 술에 취해서 대궐로 들어가다가 그만 물에 빠져 버렸다. 그러나 시간이 없어서 옷을 갈아입지 못하고 그대로 조정에 들어갔다. 임금이 어찌된 일이냐고 물었다. 손순효는 굴원(屈原)을 만나고 오다 보니 이런 꼴이 되었다고 했다. 임금이 굴원이 뭐라고 하더냐고 다시 물었다. 손순효는 이렇게 대답했다. "굴원이 말하기를, '나는 암군(暗君)을 만나서 여기로 왔는데, 그대는 명군(明君)을 만나고서 어찌 여기로 왔느냐?'고 합디다"라고 했다. 임금은 손순효의 재치에 그냥 웃고 말았다.[2)]

이것도 웃자고 하는 이야기임은 말할 것도 없다. 그런데 이 이야기의 뜻을 이해하는 데는 굴원에 관한 배경 지식이 절대적으로 필요하다. 오늘날에는 어른조차도 굴원의 이름을 잘 알지 못한다. 굴원의 고사만 안다고 해서 이 이야기의 묘미를 찾을 수 있는 것도 아니다. 손순효의 화법을 또 이해하여야 한다. 굴원은 세상이 혼탁한 것을 비관하여 스스로 물에 뛰어들어 목숨을 끊은 사람이다. 이런 굴원이 자신을 만나러 온 손순효를 꾸짖었다고 한다. 그런데 그 꾸짖음의 핵심은 손순효가 모시고 있는 임금이 성군이라는 것이었다. 젖은 옷을 입고 온 것을 해명하라고 했더니 엉뚱하게도 임금을 한껏 치켜세운다. 이야기 속의 임금이 웃고 말았듯이, 이 이야기를 듣는 어른도 웃고 말 수밖에 없다. 그러나 어린이는 그렇지 않다. 내용조차 제대로 이해할 수 없는데, 무슨 흥이 나서 웃고 말고 하겠는가.

어린이를 위해서 재미 지향의 옛이야기를 고를 때 어린이의 수용 가능성을 먼저 고려하여야 한다는 것은 재론의 여지가 없다. 이것 이외에도 고려하여야 할 것이 또 있다. 그것은 위해성이다. 재미 지향의 옛이야기는 재미를 극대화할 수 있다면 그 어떤 것도 가리지 않는다. 이야기 제재가 무엇이든 간에, 그것을 음란하거나 잔인하게 처리하는 것은 옛이야기에서 가장 즐겨 사용하는 이야기 기법이다. 음란성과 잔인성만큼 손쉽게 우리의 말초 감각을 자극하는

2) ≪임석재 전집 8≫, 194쪽 요약.

것도 흔치 않다. 그런데 어른에게는 아무렇지도 않은 내용도 이에 대한 면역력이 크게 떨어지는 어린이에게는 탈을 일으킬 수도 있다. 다음을 보라.

〈촌부(村婦)와 가축의 소리〉
시골 여자 하나가 소 여물을 주고 소 구유 앞에 앉아서 오줌을 쌌다. 황소가 이 여자가 오줌 싸는 것을 물끄러미 쳐다보며 눈을 꿈벅꿈벅거리며 새김질하느라고 '씹, 씹' 했다. 그때 병아리떼가 모이를 주우러 왔다가 이 소리를 듣고 '털이 송송 털이 송송' 했다. 암탉이 알을 낳고 내려오면서 '거 어데? 거 어데?' 하고 우는데, 수탉이 뒤를 쫓아와서 '고 데, 고 데' 했다. 오리가 옆에 있는 돼지우리에 목을 휘휘 내두르면서 '박아, 박아' 하니까 돼지는 '꾹, 꾹' 했다. 이런 소리를 듣고 있던 거위는 점잖은 짐승이 돼 놓아서 '에끼 놈, 에끼 놈' 하며 꾸짖고 있었다고 한다.[3)]

〈노파와 토끼〉
옛날에 어떤 산골에 집이 하나 있었다. 그 집의 울타리 구멍으로 토끼가 들락거리니까, 그 집의 할머니가 토끼를 잡겠다고 그 구멍에 올가미를 걸어 놓았다. 어느 날 토끼가 올가미에 걸렸다. 할머니는 기뻐하며 토끼를 솥에 넣어 두고 앞집에 불을 얻으러 갔다. 그 짬에 토끼는 얼른 솥뚜껑을 열고 나와서 아랫목에 누워 있는 아기를 솥에 넣고 자기는 방에 들어가서 포대기를 덮고 있었다. 할머니는 솥에 불을 땠다. 아이가 죽겠다고 울어도 할머니는 방에서 우는 줄 알고 토끼를 삶아서 주겠다며 달랬다. 불을 다 때고 솥을 열어본 할머니는 슬퍼서 너무 울다가 죽었다.[4)]

〈촌부와 가축의 소리〉는 어른이라면 누구라도 재미를 느낄 만한 옛이야기이다. 무엇보다도 이야기의 발상 자체가 재미있다. 집에서 기르는 짐승의 울음소리에서 그것과 비슷한 소리를 가진 사람의 말

---

3) ≪임석재 전집 2≫, 237쪽 요약.
4) ≪임석재 전집 1≫, 24쪽 요약.

을 이끌어 낸 것도 흥미롭고, 또 그것을 가지고 어른 여자의 성기를 묘사하고 나아가서는 성행위를 연상시키는 특정 동작을 지시하는 것도 재미있다. 〈노파와 토끼〉의 핵심은 토끼를 삶고 있는 줄로 안 할머니가 열심히 불을 땐 것이 결국 자기 아들(또는 손자)을 삶아 버리는 결과를 낳았다는 것이다. 이 이야기는 토끼의 잔꾀에 넘어간 할머니의 어리석음을 조롱의 눈빛으로 바라보는 재미를 즐길 수 있다.

그런데 〈촌부와 가축의 소리〉는 성행위를 구체적으로 드러내고 있다는 것이, 〈노파와 토끼〉는 어머니(또는 할머니)가 자신의 아기를 솥에 삶아서 죽인다는 끔찍한 상황 설정이 각각 문제로 지적될 수 있다. 이와 같은 음란성과 잔인성은 오로지 재미를 위한 것일 뿐임은 말할 것도 없다. 다시 말하면, 음란성과 잔인성 그 자체가 각각의 이야기가 존재할 수 있는 이유가 된다는 것이다. 어린이도 음란하거나 잔인한 이야기에서 얼마든지 재미를 느낄 수 있다. 그러나 어린이가 그러한 재미를 즐기게 되면 치러야 하는 대가가 너무 커진다. 음란한 성은 어린이의 성 정체성을 왜곡시킬 수 있고, 잔인한 폭력은 어린이에게 폭력을 위한 폭력을 정당화시킬 수 있기 때문이다.

한편 재미 지향의 옛이야기는 정신적으로나 신체적으로 결함이 있는 사람을 곧잘 이야기 제재로 채택한다. '바보 신랑' 또는 '바보 사위'에 관한 옛이야기는 일일이 예거할 수 없을 정도이다. 〈속아 넘어간 장님〉5)은 앞이 보이지 않는 사람을 실컷 골려 주는 이야기이고, 〈머리에 헌데 난 아이와 눈앓이와 코흘리기〉6)는 병 때문에 생긴 버릇을 웃음거리로 비하하는 이야기이고, 〈얽은 사람과 외눈박이〉7)는 병치레를 한 사람과 눈이 하나 안 보이는 사람이 서로

5) ≪임석재 전집 1≫, 276-277쪽 참고.
6) ≪임석재 전집 3≫, 248-249쪽 참고.

욕하게 만든 이야기이다. 여기에 내재되어 있는 이야기 전략은 간단하다. 바보, 성격 이상자, 병자, 불구자 등을 희화적으로 그려서 청중에게 우월감을 즐기는 재미를 선사하겠다는 것이다.

그런데 옛이야기는 정상인이 아닌 사람, 어딘가 부족한 점이 있는 사람들에 관한 이야기에서도 음란성과 잔인성을 덧칠하는 것을 마다하지 않는다. 그러한 예들을 살펴보겠다.

〈장님 남편과 벙어리 부인의 대화〉

옛적에 서방은 봉사이고 마누라는 벙어리인 부부가 살았다. 둘은 같이 산 지 오래되어서 마누라는 서방의 입술을 보고 서방의 말을 알아들었다. 하루는 어디에선가 불이 난 것을 안 서방이 마누라보고 나가보고 오라고 했다. 마누라는 돌아와서는 서방의 손을 끌어다가 자기 사타구니에 대주었다. 서방은 "응, 진골에서 불이 났군" 했다. 그리고 진골 누구네 집에서 불이 났는지 물었다. 마누라가 제 입을 남편 입에 쪽 맞췄다. "응, 여(呂)서방네 집에서 불이 났구나. 그런데 얼마나 탔어?" 하고 남편이 다시 물었다. 마누라는 서방의 자지를 꽉 쥐었다. 그러자 서방이 이렇게 말했다. "어, 다 타고 기둥만 남았어? 거 안 됐구만."[8]

〈성급한 사람, 우둔한 사람, 잊기 잘 하는 사람〉

옛날에 성급한 사람, 미련하지만 힘이 센 사람 그리고 잊어 버리기 잘 하는 사람이 길을 갔다. 갑자기 벌 한 마리가 날아와서 성급한 사람의 머리를 쏘았다. 그러니까 성급한 사람은 화가 나서 벌을 좇아갔다. 벌이 고목나무의 구멍으로 들어갔다. 이 사람은 벌을 잡겠다고 그 구멍으로 머리를 틀어박았다. 구멍이 좁아서 머리가 더 들어가지 않았다. 그래서 머리를 빼려고 하는데, 이번에는 머리가 빠지지 않았다. 이것을 본 미련하지만 힘이 센 사람이 성급한 사람을 힘껏 잡아당겼다. 그러자 성급한 사람의 머리는 떨어지고 몸만 나왔다. 잊어버리기 잘 하는 사람이 이것을 보고, '이 사람이 우리랑 같이 올 때도 머리가 없었던가?' 하고 말했다.[9]

---

7) ≪임석재 전집 1≫, 179쪽 참고.

8) ≪임석재 전집 8≫, 322쪽 요약.

먼저 〈장님 남편과 벙어리 부인의 대화〉를 보자. 앞을 보지 못하는 장님과 말을 할 수 없는 벙어리라면, 설사 그들이 부부라 할지라도 의사소통에 상당히 큰 어려움을 겪게 되리라는 것은 쉽게 짐작할 수 있는 일이다. 그리고 그러한 모습을 지켜보는 것만으로도 우리는 안타까움을 넘어서는 고통을 느끼게 될 것이다. 그러나 이 이야기에서는 생존을 위한 그들의 의사소통까지도 성적으로 희화화하여 정상인의 재밋거리로 내놓는다.

이 이야기를 제대로 이해하려면, 한자 '呂'가 입을 뜻하는 '口'가 나란히 붙어 있는 형상을 하고 있음을 알아차릴 수 있는 한자 지식이 있어야 하고, '진골(질퍽한 골짜기)'과 '기둥'이 각각 여자의 성기와 남자의 성기를 은유하고 있음을 알아차릴 수 있는 성지식이 있어야 한다. 그러나 그러한 것을 모른다 하더라도 이 이야기의 음란성을 즐기는 것이 불가능하지는 않다. 입을 맞대고 성기를 만지고 하는 행위가 이야기의 표면에 그대로 노출되어 있기 때문이다.

〈성급한 사람, 우둔한 사람, 잊기 잘 하는 사람〉의 경우, 이야기의 주인공들은 정신적인 측면에서 조금 모자라는 구석이 있는 사람들이다. 이 이야기는 이들을 웃음거리로 만들기 위해서 그 모자라는 점을 한껏 과장하는 방법을 선택했다. 그런데 그 과장의 결과가 가관이다. 사람을 죽여서까지 웃음을 유발하려고 하는 그 천박함도 문제이지만, 웃음의 유발이 사람을 죽이는 방법의 잔인함에서 비롯된다는 것이 더 큰 문제이다.

정신적으로나 신체적으로 결함이 있는 사람을 이야기 제재로 삼은 것이 문제가 되는 것은 아니다. 정작 문제가 되는 것은 그러한 사람의 결함을 과장하거나 희화화하는 것이다. 이러한 옛이야기를 오늘날의 어린이에게 추천할 수는 없다. 어린이가 이야기의 재미에

---

9) ≪임석재 전집 2≫, 161-162쪽 요약.

빠지게 되면 자신도 모르게 그러한 사람에 대한 편견을 가지게 될지도 모른다.

재미 지향의 옛이야기는 말 그대로 재미만 즐길 수 있는 옛이야기이어야 한다. 그것만으로도 이야기로서의 의의와 가치는 충분히 인정받을 수 있다. 그러나 재미 지향의 옛이야기는 재미를 극대화하기 위해서 이야기 제재를 왜곡해서 전달하거나 말초 감각을 자극하는 방식으로 전달하는 경향을 보인다. 이러한 것은 어린이의 심성을 해칠 수 있을 뿐만 아니라 가치관의 혼란을 초래할 수도 있다. 따라서 재미 지향의 옛이야기를 굳이 어린이에게 소개하려고 애쓸 것은 없다. 재미와 교훈을 함께 즐길 수 있는 옛이야기도 얼마든지 있기 때문이다.

2. 교훈 지향의 옛이야기

교훈과 재미의 관계는 복잡하다. 어떤 사람은 교훈 그 자체에서 재미를 느낀다. 그러나 어떤 사람은 교훈과 재미는 반비례한다고 생각한다. 교훈이란 결국 상대의 잘잘못을 가려서 상대가 잘 하는 것은 더욱 잘 하게 하고 잘못하는 것은 잘 하게 하는 것이다. 이에 따른다면, 교훈을 들려주는 쪽과 교훈을 들어야 하는 쪽은 교훈에 대한 반응이 다를 수밖에 없다.

교훈을 들려주는 쪽은 상대의 잘잘못을 가려내는 판단력을 과시할 수 있다. 그리고 상대를 가르치거나 상대에게 도움을 베푼다는 자기 만족감을 즐길 수 있다. 교훈을 들어야 하는 쪽은 어떨까. 자신의 잘잘못이 무엇인지, 어떠한 것인지 전혀 몰랐던 사람이라면 그것을 깨닫는 즐거움이나 누릴 수 있다. 그러나 대부분의 교훈은 상대의 잘잘못을 처음으로 깨우쳐 주는 것이 아니라 상대도 이미 알고 있는 것을 다시 한 번 상기시켜 주는 것이다. 자신의 잘잘못을 너무나 잘 알고 있으면서도 더 잘 하지 못하거나 같은 잘못을 반복하는 데는 그만한 까닭이 있는 법이다. 따라서 상대는 교훈에 대해서 방어적인 자세를 취할 수밖에 없다. 교훈을 받아들인다는 것은 자신의 능력 없음과 의지 박약을 자인하는 것이나 마찬가지이기 때문이다.

교훈 지향의 옛이야기는 잔소리를 큰소리로 내지르는 이야기이다. 이로운 말이지만 따를 수 없는 말이기에 잔소리가 되는 것이고, 따를 수 없는 조건과 형편인데도 따라야 한다고 윽박지르는 말이기에 큰소리가 되는 것이다. 이러한 옛이야기에서 재미를 느끼는 것은 결코 쉬운 일이 아니다.

교훈 지향의 옛이야기가 재미가 없는 또 다른 까닭은 그것의 허술한 서사 논리에서 찾을 수 있다. 이러한 옛이야기는 교훈을 전달하려는 의도가 너무나 상렬하기 때문에 교훈이 명시적으로 드러나는 방향으로 이야기를 구성하게 된다. 서사 논리는 아예 무시하기도 한다. 이 경우에는 주제 의식이 사건을 완전히 통제한다.

〈며느리 몰래 해신 안 된다〉10) 같은 옛이야기에서 이런 예를 볼 수 있다. 이전에 어떤 사람이 있었는데, 시집간 딸이 너무나 못 사니까 며느리 몰래 보리쌀 닷 되를 주었단다. 그런데 그게 죄가 되어 개가 되었다. 딸을 보고 눈물을 뚝뚝 흘리자, 딸은 모든 것을 알게 되었다. 딸은 동냥을 다녀서 보리쌀 닷 되를 구했다. 그러자 친정어머니는 다시 사람이 되었다. 이 이야기의 끝에는 이런 말이 붙어 있다. "그라이 메누리 몰리 못 주라 카넌 이바구입니다."

이것은 이야기꾼 스스로 자신의 의도에 압도당해서 서사 논리라는 것은 아예 처음부터 끼어들 여지가 없게 만들어 놓은, 한 마디

10) ≪임석재 전집 11≫, 54쪽 참고.

로 말해서 밑도 끝도 없는 이야기이다. 이러한 옛이야기가 애초에 의도했던 교훈을 제대로 전달할 수 있을지도 의문이다.

교훈 지향의 옛이야기도, 재미 지향의 옛이야기처럼 오늘날 어린이에게 해를 끼칠 수 있다. 어른에게 교훈이 된다고 해서 어린이에게도 교훈이 되는 것은 아니며, 옛어린이에게 교훈이 된다고 해서 오늘날의 어린이에게 교훈이 되는 것은 아니기 때문이다. 교훈 그 자체가 해를 끼치기도 하지만 교훈을 구성하는 사건에 부수적으로 끼어든 특정의 인간관이나 세계관이 해를 끼치기도 한다. 다음에 선보이는 옛이야기는 꽤 널리 알려져 있는 것이다.

〈도깨비 방망이 얻은 사람〉

옛적에 어떤 사람이 산에서 나무를 하는데 개암 한 알이 떨어졌다. 그 사람은 개암을 주우며 '이건 우리 부모님 드리고' 했다. 또 개암 한 알이 떨어지니, 이번에는 '이건 마누라 갖다주고' 하면서 주웠다. 세 번째 개암이 떨어지니까 그제서야 '이건 내가 먹겠다'고 말하며 주웠다. 그런데 나무를 하는 사이에 날이 저물어서 산에서 자게 되었다. 마침 다 쓰러져 가는 외딴집이 있어서 거기 들어갔다. 한밤이 되자 도깨비들이 몰려왔다. 이 사람은 무서워서 대들보 위에 올라가서 숨었다. 도깨비들은 방망이를 두드려 원하는 것을 내놓았다. 이 사람은 이것을 보고 개암을 깨물었다. '딱' 하는 소리가 크게 나니까 도깨비들은 방망이를 내던지고 달아났다. 날이 밝자 이 사람은 방망이를 가지고 집으로 돌아왔다. 이 사람은 큰 부자가 되었다. 그 동네에 사는 다른 한 사람이 이 사람의 소문을 듣고 자신도 산에 나무하러 가기로 했다. 산에서 나무를 하는데 개암이 한 알 떨어졌다. '이건 내가 먹고' 하면서 주웠다. 또 개암이 하나 떨어지니까, '이것도 내가 먹고' 하면서 주웠고, 개암이 또 하나 떨어지자 '이것도 내가 먹고' 하면서 주웠다. 이 사람은 날이 저물지도 않았는데 다 쓰러져 가는 집을 찾아갔다. 한밤이 되자 도깨비들이 몰려왔다. 도깨비들은 사람 냄새가 난다면서 집을 뒤져 대들보 위에 숨어 있는 그 사람을 찾아냈다. 자기네 방망이를 가져가 놓고 또 왔다면서 방망이로 두들겼다. 그 사람은 방망이에 맞아 몸이 늘어나서 서지도 못하게 되었다. 결국 병이

나서 죽고 말았다.[11]

인용한 이야기에 대한 논의를 하기 전에, 이와 비슷한 이야기 구조를 가지고 있는 옛이야기 〈혹 떼러 갔다가 혹 붙이다〉[12]를 먼저 들여다보기로 한다.

혹부리영감이 산에 나무하러 갔다가 비를 만나는 바람에 어느 외딴집에 들어가게 된다. 혹부리영감은 심심해서 노래를 불렀는데, 그 노래를 들은 도깨비들이 노래가 좋다면서 몰려왔다. 혹부리영감은 자신의 혹에서 노래가 나온다고 둘러댔다. 그러자 도깨비가 무엇이든 나오게 할 수 있는 홍두깨와 바꾸자고 했다. 혹부리영감은 혹도 떼고 홍두깨도 얻었다.

같은 마을에 사는 또 다른 혹부리영감이 이 소문을 들었다. 그도 행운을 기대하면서 도깨비를 찾아갔다. 그러나 그는 홍두깨는 고사하고 혹도 떼지 못했다. 아니, 혹을 하나 더 달고 집으로 돌아왔다. 그것은 그의 어리석음 때문이었다. 도깨비가 같은 거짓말에 두 번이나 속을 정도로 어리석을 것으로 생각한 그의 어리석음 때문이었다.

도깨비가 첫 번째 혹부리영감에게 속은 것은 그럴 만한 이유가 있었다. 도깨비의 홍두깨가 무엇이든 나오게 할 수 있으니까, 사람의 혹이 노래를 부른다는 것을 의심할 생각을 할 수 없었던 것이다. 〈혹 떼러 갔다가 혹 붙이다〉는 모방할 것인가 말 것인가 하는 문제적 상황에서 판단을 잘못한 주인공이 그 대가를 톡톡히 치르는 것을 보여 주는 옛이야기이다.

앞에서 요약하여 인용한 〈도깨비 방망이 얻은 사람〉은 어떠한 옛이야기일까. 과연 이것도 이른바 '본뜬 사람 못 되기'[13] 유형의

---

11) ≪임석재 전집 6≫, 343-345쪽 요약.
12) ≪임석재 전집 6≫, 442-443쪽 참고.

옛이야기라고 할 수 있을까. 그렇지 않다. 도깨비에게 맞아 죽은 사람은 도깨비방망이를 얻은 사람을 제대로 본뜨지 못했기 때문이었다. 즉 뒷사람은 가장 먼저 주운 개암은 부모를 드리고 그 다음에 주운 개암은 마누라 주고 마지막 개암을 자신이 먹겠다고 한 앞사람을 그대로 따라하지 않았기 때문에 비참한 죽음을 맞이했다는 것이다.

개암에 대한 욕심 차이가 아니면 앞사람과 뒷사람의 달라진 운명을 설명할 길이 없다. 뒷사람이 외딴집에 숨어 있을 때, 도깨비가 사람 냄새를 맡아서 그를 찾아내었다고 했다. 이것은 억지로 가져다 붙인 것이다. 그렇게 볼 수밖에 없는 것이, 도깨비는 앞사람이 숨어 있을 때는 사람 냄새를 맡지 못했기 때문이다.

결국 이 이야기는 가족을 자신보다 먼저 생각하는 사람은 복을 받고 가족은 안중에도 없고 저밖에 모르는 사람은 벌을 받는다는 교훈을 구성하기 위해서 서사 논리를 희생시킨 것이라고 말할 수 있다.

그런데 이 교훈이 누구를 겨냥한 것인지 생각해 볼 필요가 있다. 어른이라면 개암 세 톨을 가지고 그렇게 호들갑을 떨지는 않을 것이다. 더욱이 개암 세 톨 때문에 큰 부자가 되거나 목숨을 잃을 수도 있다고 한다면 오히려 코웃음을 칠 것이다. 따라서 이 이야기는 어린이를 겨냥한 것이 틀림없다. 어린이는 개암 한 톨에도 울고불고 할 수 있고, 그렇기 때문에 개암 한 톨 때문에 복을 받을 수도 있고 벌을 받을 수도 있다는 것을 믿을 수 있다.

오늘날의 어린이도 이 이야기에서 감동을 받을 수도 있고 겁을 집어먹을 수도 있다. 어린이는 이야기 속의 주인공이 어린이든 어

---

13) 조동일 등은 ≪한국구비문학대계≫의 별책부록(Ⅰ)인 ≪한국설화유형분류집≫에서 〈도깨비 방망이 얻은 사람〉과 구조와 성격이 같은 〈부자 방망이〉(≪대계 8-1≫, 127-129쪽 참고) 등을 '본뜬 사람 못 되기' 유형으로 분류했다.

른이든 그들을 곧잘 자신과 동일시하기 때문이다. 그런데 그와 같은 감동과 공포가 어린이에게 무슨 도움이 될까. 어린이가 산속에서 주운 것까지 제 마음대로 먹지 못하게 하는 것이 과연 어린이를 위하는 것이라고 말할 수 있겠는가 하는 의문이 든다는 것이다. 결국 어린이관이 관건이 된다.

옛어른의 어린이관에서는 이 이야기를 어린이를 위한 것으로 간주할 수 있다. 가족을 자신보다 앞세워 생각할 수 있는 어린이는 어른스러운 어린이이고, 어른스러운 어린이는 그 자체로 이미 미래를 훌륭하게 준비해 둔 어린이로 평가받을 수 있기 때문이다. 그러나 어린이는 어린이답게 살 수 있어야 한다는 생각을 중시하는 오늘날의 어린이관에서는 태도를 달리할 수밖에 없다. 어린이라면 먹을 것을 충분히 먹을 수 있어야 한다. 그리고 어린이라면 어른보다 먼저 먹을 것을 먹을 수 있어야 한다. 또한 어린이는 자신의 잘못된 행동을 지나치게 자책해서는 안 된다. 물론 어른 또한 어린이의 잘못된 행동을 지나치게 나무라서는 안 된다. 이와 같은 오늘날의 어린이관에서 볼 때, 인용한 옛이야기는 결코 어린이에게 추천할 만한 이야기가 되지 못한다.

3. 재미있는 교훈 지향의 옛이야기

이미 살펴본 바와 같이 옛이야기는 극단적으로 재미에 치우치기도 하고 노골적으로 교훈을 심어놓기도 한다. 그러나 옛이야기가 궁극적으로 지향하는 것은 재미와 교훈의 통합이다. 다시 말하면, 재미 지향의 옛이야기와 교훈 지향의 옛이야기는 재미있는 교훈 또는 교훈적인 재미를 모색하는 과정에서 생겨난 옛이야기라는 것이다. 재미있는 교훈과 교훈적인 재미는 같은 뜻이다. 즉 재미와 교훈은 선후 또는 우열 관계에 있는 것이 아니라는 것이다.

옛이야기는 재미있는 교훈 또는 교훈적인 재미를 구현하기 위해서 욕망의 문제적 상황에서 사건을 마련한다. 욕망의 문제적 상황은 기회가 위기가 되고 위기가 기회가 되는 상황이기 때문에 그것을 지켜보는 사람은 누구든지 긴장감이 넘치는 재미를 느끼게 된다. 그런가 하면, 욕망의 문제적 상황은 욕망이 충족되거나 좌절이 욕망 주체의 판단에 따라서 결정되는 상황이기도 하다. 우리는 욕망 주체를 모방의 대상으로 삼거나 경계의 대상으로 삼게 되는데, 이 과정에서 현실세계에서 살아가는 데 필요한 다양한 교훈을 자신도 모르게 내면화하게 된다.

재미와 교훈을 아우르기 위한 옛이야기의 노력은 상당하다. 일단 재미와 교훈을 아우를 수 있는 문제적 상황을 구성하는 데 주력한다. 이때 재미가 교훈을 해친다면 재미의 수위를 떨어뜨리고 교훈이 재미를 해친다면 교훈의 내용을 조정한다. 그러나 그것으로 끝을 내는 것이 아니다. 그 문제적 상황을 끊임없이 다듬는다. 옛이야기는 두 가지 방법을 생각해 냈다. 하나는 이야기의 서사 구조를 질적으로 변개하는 것이고, 다른 하나는 서사 구조를 양적으로 확장하는 것이다. 서사 구조의 변개와 확장이 새로운 이야기 유형의 창안으로 이어지기도 한다. 재미와 교훈을 아우르려는 옛이야기의 노력은 옛이야기의 다양한 각편을 생산하는 원동력이 되었다.

1) 교훈과 재미의 관계

먼저 옛이야기를 하나 소개한다.

〈형제 투금(兄弟投金)〉
두 형제가 길을 가다가 금덩어리를 발견했다. 형제는 서로 양보하다가 마침내 나누어 가지기로 하였다. 그런데 길을 가다가 형이 생각해 보니, 동생이 없었다면 금덩어리를 홀로 차지할 수 있었을 것 같았다. 그러자 동생에 대해서 자꾸 나쁜 마음이 생겼다. 이래서는 안 되겠다 싶어 형은 자기 몫의 금덩어리를 물속으로 던져 버렸다. 동생도 그런 생각을 하고 있었던 터라 주저 없이 형처럼 자신의 금덩어리를 물속에 던져 버렸다.[14]

이 옛이야기는 두 형제가 길을 가다가 금덩이를 발견하여 서로 나누어 가졌지만, 욕심 때문에 형제를 해치게 될 것이 두려워, 나누어 가진 금덩이를 버렸다는 이야기이다. 이를 두고 우애를 지키기 위해서 재물까지 포기할 수 있음을 보여 주는 옛이야기로 평가하는 것은 정당하지 못하다. 왜냐하면 이 형제의 우애란 기껏 나누어 가진 금덩이조차 제 것으로 만들지 못할 정도로 허약하기 짝이 없는 것이기 때문이다. 이 유형에 속하는 옛이야기는 다양한 각편을 가지고 있는데, 〈형제 투금〉과 뚜렷하게 대비되는 것 두 가지를 더 살펴보기로 하자.

〈재물에 눈 어두운 친구〉[15]는 두 친구가 낚시하러 갔다가 강가에서 동삼 한 무더기를 발견하는 것으로 이야기가 시작된다. 한 친구가 끈을 잡고 강에 들어가 동삼을 캐어 오자 다른 한 친구가 잡고 있던 끈을 놓아 죽게 만들고는 동삼을 독차지한다. 그러나 물에 빠진 친구는 우여곡절 끝에 살아나오게 되고, 자신을 죽이려고 했던 친구를 찾아간다. 부자가 된 친구는 용서를 빌면서 재산을 나누어 준다. 이 옛이야기는 횡재한 재물을 독차지하기 위해서 친구를 죽이는 것도 서슴지 않는 비정한 친구를 보여 준다. 나중에는 이 친구가 자신의 잘못을 뉘우치면서 그 친구에게 합당한 몫을 나누어 주었다지만, 이것은 보복의 두려움을 재물의 풍족함으로 무마한 것

14) ≪대계 4-5≫, 438-440쪽 요약.
15) ≪대계 6-5≫, 376-377쪽 참고.

이기 때문에 그다지 의미 있는 행위는 아니다.

우연히 얻은 재물을 두 친구가 사이 좋게 나누어 가지는 옛이야기도 있다. 그러나 이 경우에는 반드시 하늘의 도움에 힘입게 된다. 〈장님 지성과 앉은뱅이 감천의 우정〉[16]을 보자. 장님인 지성이는 앉은뱅이인 감천을 업고 감천이 일러 주는 대로 가서 함께 밥을 빌어먹는다. 어느 날 감천이 냇가에서 금덩이를 발견하고 지성이가 그것을 줍는다. 그 다음에 서로 다투게 되는데, 다툼의 내용이 걸작이다. 감천이는 지성이가 주운 것이므로 지성이의 것이라고 하고, 지성이는 감천이가 발견한 것이므로 감천이의 것이라고 한다. 양보심을 양보하지 못한 두 사람은 결국 금덩이를 버리고 간다. 마침 포수가 지나가기에 금덩이가 있는 곳을 일러 준다. 포수가 가 보니 누런 구렁이가 또아리를 틀고 있을 뿐이었다. 포수는 구렁이를 총으로 쏘아 죽이고 간다. 지성이와 감천이 되돌아와 보니, 금덩이가 반으로 갈라져 있었다.

이 유형에 속하는 이야기에는 두 가지 공통점이 있다. 하나는 재물을 손에 넣은 두 사람이 그것의 원주인을 찾는 법이 없다는 것이고, 다른 하나는 그들 스스로 재물을 나누어 갖는 법이 없다는 것이다. 그 이유는 지극히 단순하다. 이야기가 그렇게 전개되면 너무 싱겁다는 것이다. 다시 말해서 재미가 적어진다는 것이다.

횡재는 그 자체로 훌륭한 이야깃거리가 된다. 횡재는 예기치 못한 욕망 충족이기 때문이다. 그런데 그 횡재가 두 사람의 우연한 횡재라면 이야기의 초점은 횡재 그 자체가 아니라 횡재를 둘러싼 두 사람의 갈등을 겨냥하지 않으면 안 된다. 이야기는 이야깃거리의 내적 조건을 적극적으로 활용하는 방향에서 구성되어야 하기 때문이다.

---

16) ≪대계 5-3≫, 647-650쪽 참고.

금덩이의 소유권이 그것을 주운 사람에게 있다고 할 수도 있고, 그것을 잃어버린 사람에게 있다고 할 수도 있다. 두 사람의 생각이 같으면 아무런 문제가 없지만 서로 다르다면 갈등이 야기된다. 그 갈등은 욕망과 도덕의 갈등이다. 그것은 아무런 의미가 없는 갈등이다. 그 갈등이 도덕의 승리로 귀결된다고 해보자. 그러면 이에 관한 이야기는 금덩이의 원주인을 찾아주려고 한 사람은 보상을 받고 금덩이를 자신이 차지하려고 한 사람은 처벌을 받는, 천박한 교훈담으로 전락하게 된다.

그 역의 경우에도 이야기가 맥이 빠지기는 마찬가지다. 애초에 두 사람이 금덩이를 함께 차지하기로 하였다면, 두 사람은 각각 자신이 더 많은 금덩이를 차지하려고 욕망할 수 있었을 것이다. 그러나 도덕론자는 결코 이러한 욕망을 품을 수 없다. 원주인에게 돌려주자고 한 사람이 자신이 더 많이 차지하려고 하는 것은 자가 당착이기 때문이다. 따라서 욕망론자가 도덕론자에게 조금 나누어 주거나 혼자 차지하는 것으로 이 문제를 해결하게 될 것이다. 이처럼 욕망과 도덕의 갈등을 중심으로 이야기 구조를 짜게 되면, 그 이야기는 예측 가능하기 때문에 결코 재미있는 이야기가 되지 못한다.

따라서 두 사람의 우연한 횡재를 이야깃거리로 삼으려면, 처음부터 횡재의 분배를 둘러싼 두 사람의 갈등에 초점을 맞추지 않으면 안 된다. 그런데 횡재한 것을 두 사람이 똑같이 나누어 가지게 된다면 여기에서는 갈등 자체가 야기되지 않기 때문에 이야기가 힘을 잃어버린다. 따라서 우리의 옛이야기에서 그러하였듯이, 횡재의 독차지를 둘러싼 갈등을 모색하지 않으면 안 된다.

〈형제 투금〉은 횡재를 독차지하려는 욕망을 충족시키는 방법에 대한 도덕적 회의 때문에 절반의 횡재마저 포기하는 이야기인데, 이를 일러 슬픈 욕망의 이야기라고 할 수 있을 것이다. 모든 욕망이 정당화되는 것은 아니다. 오로지 충족 가능한 욕망만 정당화된다. 〈재물에 눈 어두운 친구〉는 횡재를 독차지하려는 욕망을 충족시키기 위하여 극단적인 방법을 서슴지 않는 이야기이다. 이는 위험한 욕망의 이야기이다. 똑같은 방법으로 자신의 욕망이 좌절될 수 있기 때문이다.

이에 반해서, 〈장님 지성과 앉은뱅이 감천의 우정〉은 우스운 욕망의 이야기이다. 횡재를 독차지하려는 것도 욕망이지만 횡재를 일방적으로 양보하려는 것도 욕망이다. 이 이야기의 주인공들은 자신의 욕망을 충족시킬 수 없게 되자 욕망 그 자체를 포기하고 만다. 여기까지는 〈형제 투금〉과 전혀 다를 바 없다. 그런데 하늘이 개입하는 순간 그들의 욕망이 얼마나 우스운 것인가가 밝혀지게 된다. 금덩이가 두 쪽으로 갈라졌다고 해서 그것을 양보하지 못하란 법은 없다. 그들이 욕망한 바는 절반의 횡재였지만, 이들에게는 그것을 충족시킬 수 있는 방법이 없었다. 그러자 이들은 아예 횡재를 포기하겠다고 나선 것이다. 절반의 횡재에 대한 욕망 또한 횡재의 독차지에 대한 욕망만큼이나 강렬했다고 할 수 있다. 하늘의 개입은 이들의 양보심에 대한 보상이 아니다. 이들의 욕망이 얼마나 우스운 것인지 드러내기 위한 이야기 장치인 것이다.

〈형제 투금〉 유형의 옛이야기는 옛이야기의 이야기 구조가 철저하게 재미를 지향한다는 것을 잘 보여 준다. 욕망과 욕망 충족 방법 사이의 관련 양상에 대한 다채로운 문제 제기와 문제 해결을 모색하면서도 상투적이고 도식적인 사건 전개를 배제했다. 이것은 예측 가능성을 최소화함으로써 재미를 끌어내기 위한 이야기 전략이라고 할 수 있다.

옛이야기의 이야기 구조가 재미를 지향한다는 사실을 고려하지 않고 옛이야기를 해석하게 되면 엉뚱한 결론에 도달하게 된다. 예컨대 〈형제 투금〉 유형의 옛이야기에서 옛어른의 인생관을 도출한다고 해보자. 이 유형의 옛이야기에는, 횡재한 재물을 내가 모두 가지려는 '너 죽고 나 살자'형도 있고, 내가 모두 가지지 못하면 너 또한 모두 가질 수 없다는 '너 죽고 나 죽자'형도 있다. 이에만 주목하면, 옛어른의 인생관에는 더불어 사는 삶에 대한 인식이 결여되어 있다고 말할 수도 있다. 물론 그것은 잘못된 해석이다. 이 유형의 옛이야기에서는 단지 재미를 위해서 교훈의 내용을 제한했을 뿐이다.

〈형제 투금〉 유형의 옛이야기에서, 우리가 사이 좋게 나누어 가지자는 '너 살고 나 살자'형을 찾아볼 수 없는 것은 분명하다. 그러나 이것은 옛어른의 인생관에 기인하는 것이 아니고 이야기관에 기인하는 것이다. 〈형제 투금〉 유형의 이야기 조건에서도 더불어 사는 삶을 지향하는 '너 살고 나 살자'형의 이야기 구조를 생성해 낼 수 있다. 그러나 거기에는 갈등이 있을 수 없다. 갈등이 없으면 재미가 있을 리 없다. 따라서 그것은 옛어른의 이야기관에 따라서 걸러질 수밖에 없었던 것이다.

2) 서사 구조의 변개를 통한 재미와 교훈의 고양

이번에는 서사 구조의 질적 변개를 통해서 재미의 수준도 높이고 교훈의 설득성도 확보한 사례를 찾아보기로 한다. 우리에게 친숙한 옛이야기인 '불효 아내를 효부로 만들기' 유형의 이야기가 적당한 사례가 될 수 있을 것 같다.

〈불효부를 효부로 만들다〉

이전에 어떤 곳에 젊은 내외가 늙은 아버지를 모시고 살았다. 그런데 며느리가 불효가 심했다. 하루는 남편이 장에 갔다 와서 아내에게 말하기를, 장에 갔더니 살찐 영감을 사 가는 사람이 있더라 하면서, 우리도 아버지를 팔자고 했다. 그러고는 다음 장날에 아버지를 지게에 지고 장에 갔다 오더니, 아버지가 여위어서 아무도 사 가지 않더라고 했다. 그 다음 장날에도 똑같은 짓을 하고 똑같은 말을 했다. 그러자 아내가 큰아들 장가들이려고 마련해 둔 베를 꺼내 주면서, 이것을 팔아서 고기를 사오라고 했다. 시아버지를 잘 먹여서 살을 찌워야겠다는 것이다. 그런데 시아버지가 달라졌다. 며느리를 고맙게 여기고, 손자도 봐주고 불도 때주고 물도 길어다 주었다. 그러자 며느리는 살림살이가 훨씬 수월해졌다. 아버지가 살이 웬만큼 찌자, 남편은 아내에게 아버지를 장에 내다 팔자고 했다. 아내는 깜짝 놀라며 안 된다고 했다. 그 뒤로 며느리는 시아버지를 잘 모셨다고 한다."[17]

이 이야기는 꽤 거칠고 투박하다. 며느리를 지나치게 어리석은 인물로 설정한 것이 그러한 결과를 낳았다. 살찐 노인이 시장에서 거래가 된다는 남편의 말을 아내가 곧이곧대로 믿지 않으면 어떻게 될까. 아예 이야기 자체가 성립할 수 없었을 것이다. 그런데도 이 이야기는 살아남았다. 교훈 때문에 살아남은 것이 아니다. 허황된 말을 굳게 믿는 며느리의 개과천선을 신뢰할 사람은 아무도 없기 때문이다. 이 이야기가 살아남은 것은 그 발상의 어처구니없음 때문이었다. 그것을 확인하는 것도 청중에게는 재미있는 일이다.

〈군밤 효부(孝婦)〉[18] 또한 아내의 어리석음을 담보로 하여 이야기를 전개한다. 병석에 누운 홀어머니에게 불효를 일삼는 아내에게 남편은 밤을 하루에 다섯 톨씩 서 말을 구워 드리라고 말한다. 약에 용한 분들을 만났는데, 그렇게 하면 어머니를 죽일 수 있다고 하더라는 것이었다. 아내는 귀가 솔깃해서 열심히 밤을 구워서 시어머니께 바친다. 그랬더니 병들었던 시어머니는 건강을 되찾아 며느리를 크게 위해 주었다. 마침내 며느리는 남편에게 불로초를 구해서라도 어머니를 오래 살 수 있도록 해달라고 조르게 된다. 이 또한 어처구니없음의 극치를 보여 준다. 밤 다섯 톨이 약이 될 수 있는 경우는 굶주렸을 때뿐이다. 시어머니를 굶겨서 병들게 한 며

17) ≪임석재 전집 11≫, 99쪽 요약.
18) ≪대계 1-6≫, 544-546쪽 요약.

느리가 아니었던가. 그런 며느리가 밤을 구워 주었다고 해서 시어머니가 며느리를 달리 대하지는 않을 것이다.

이야기꾼은 이야기 속의 인물은 쉽게 설득할 수 있다. 그래서 이야기 속에 교훈을 담는 것은 일도 아니라는 것이다. 문제는 이야기 밖의 인물, 즉 청중이나 독자를 설득하는 것은 이야기꾼 마음대로 되지 않는다는 데 있다. 이야기 안팎의 인물을 똑같이 설득할 수 있는 유일한 방법은 서사 논리에 따라서 전개되는 사건을 통해서 이야기 안팎의 인물이 스스로 변하도록 유도하는 것뿐이다. 이러한 이야기야말로 재미와 교훈이 융합된 이야기라 할 수 있는 것이다. 다음과 같은 옛이야기는 이에 해당하는 이야기이다.

〈자기 잘못 뉘우친 며느리〉

옛날 어느 마을에 사이가 좋지 않은 시어머니와 며느리가 살았다. 시어머니는 눈만 뜨면 며느리를 욕했고 며느리는 시어머니의 말을 듣지 않았다. 동네 사람들은 모두 이 집을 흉보았다. 새해가 되자 며느리는 친정으로 세배를 드리러 갔다. 한약방을 하는 작은아버지께 시어머니를 죽일 수 있는 사약을 지어 달랠 작정이었다. 조카의 말을 다 들은 작은아버지는 화를 참고 작은 소리로 말했다. "시어머니를 지금 죽이면, 다른 사람들이 네가 죽였다는 것을 금방 알게 된다. 그러니 지금부터 시어머니를 잘 모셨다가 내년 정월에 오너라. 그때 독약을 지어가서 죽이면 아무도 너를 의심하지 않을 것이다." 며느리는 작은아버지의 말대로 시어머니를 극진히 모셨다. 시어머니가 며느리에게 칭찬을 하기 시작했다. 마을에 다니면서까지 며느리 자랑을 늘어놓게 되었다. 그러다 보니 며느리는 시어머니를 죽일 생각을 하지 않게 되었다. 물론 작은아버지와 약속한 정월이 되어도 찾아가지 않았다. 그러자 작은아버지가 약속한 약을 지어 놓았으니 가져가라고 사람을 보냈다. 기별을 받은 며느리가 친정으로 갔다. 시어머니가 착한 사람이 되었으니 독약 대신 보약을 지어 달라고 했다. 이 말을 들은 작은아버지가 전의 그 요망한 조카의 생각을 크게 나무랐다. 며느리는 그 뒤로 소문난 효부가 되었다.[19)]

이 이야기에서는 며느리가 아예 시어머니를 죽일 작정을 한다. 이와 같은 패륜의 며느리를 효부로 바꾸는 역할을 맡은 작중 인물은 며느리의 친정 작은아버지이다. 며느리가 시어머니를 죽일 약을 구하려 친정 작은아버지를 찾아간다는 것이 조금 어색하기는 하다. 그러나 굳이 시비를 걸 것은 아니다. 시어머니에 대한 미움이 극에 달해서 앞뒤조차 가릴 수 없었다고 둘러댈 수도 있을 것이기 때문이다.

정작 문제적 상황을 떠안은 사람은 며느리의 친정 작은아버지이다. 조카를 꾸짖어 내쫓는다고 해결될 일이 아니다. 그렇다고 조카가 부탁하는 독약을 내어줄 수도 없는 일이다. 친정 작은아버지는 일단 조카를 안심시킨다. 그런 다음에 조카가 솔깃해할 방법을 일러 준다. 시어머니를 죽이고도 의심을 받지 않을 방법이라는데, 조카가 작은아버지의 방법을 외면할 까닭이 없다. 그런데 그 방법은 시어머니와 며느리 사이를 가깝게 하는 방법이기도 했다. 그러니까 작은아버지는 모험을 하는 셈이다. 다행히도 이 이야기는 행복한 결말을 맞이한다. 불효 며느리는 효성 지극한 며느리로 다시 태어난다.

이 이야기는 그 서사 논리가 매우 치밀하기 때문에 청중이 이야기꾼의 안내를 받아서 사건이 전개되는 과정을 따라가는 것이 상당히 재미있다. 그 재미의 대부분은 위기와 기회가 넘나드는 장면을 목격하는 재미일 것이다. 그러면 이 이야기의 교훈은 무엇일까. 직접적인 교훈은 며느리의 친정 작은아버지가 보여 준 침작함과 지혜로움이다. 그러나 이 이야기에서는 간접적인 교훈이 더 중요하다. 시어머니에 대한 며느리의 태도 변화에서 찾을 수 있는데, 그것은 효도와 자애는 상대적이라는 것이다. 물론 이 이야기는 며느리가

19) 손동인 엮음, ≪한국전래동화집 10≫, 창작과비평사, 1990, 개정판, 108-114쪽 요약.

먼저 시어머니께 효도를 하여야 한다는 것을 주장한다. 그러나 그 정도의 주장은 그다지 눈에 거슬리지 않는다. 왜냐하면 이야기 자체의 재미와 교훈 내용의 건강성이 이미 확인되었기 때문이다.

3) 서사 구조의 확장을 통한 재미와 교훈의 강화

이번에는 서사 구조의 확장을 통해서 재미 또는 교훈을 강화하려는 옛이야기를 찾아보기로 하겠다. 서사 구조의 확장은 기존의 서사 구조에 또 다른 서사 구조를 덧붙여 새로운 서사 구조로 생성하는 것이다. 그런데 이러한 노력은 그다지 좋은 성과를 거두지 못했다. 그것은 당연했다.

서사 구조는 내적으로 통합된 서사적 의미를 전제로 한다. 확장된 서사 구조 또한 예외가 될 수 없기 때문에 기존의 재미나 교훈을 해체하여 새로운 재미나 교훈을 재구성하여야 했다. 그러나 옛이야기는 서사 구조의 확장을 꾀할 때 기존의 서사 구조와 그 자체의 서사적 의미를 보존하여 그것이 성취한 재미나 교훈을 활용하는 데 치중했다. 즉 기존의 재미나 교훈에다가 또 다른 재미나 교훈을 덧붙이는 데 그쳤다는 것이다. 그 결과 확장된 이야기는 기존의 이야기에 비해서 재미나 교훈이 양적으로는 늘어났지만 질적으로는 떨어지게 되었다.

이런 점에서 볼 때 흥미로운 것이 '나무꾼과 선녀' 유형의 옛이야기와 '호랑이와 곶감' 유형의 옛이야기이다. 이 두 유형의 옛이야기에서는 몇 번에 걸쳐서 서사 구조의 확장이 이루어졌다. 물론 그것은 대부분 위에서 지적한 문제점을 그대로 노출시켰다. 예외도 있었다. 기존의 서사 구조를 새로운 서사 구조에 철저하게 통합시키고 기존의 서사적 의미를 새로운 서사적 의미에 완전히 용해시켜서, 기존의 재미나 교훈을 바탕에 깔면서도 그것과 어긋나지 않는 새로운 재미나 교훈을 구성하는 데 성공한 각편도 있다는 것이다. '나무꾼과 선녀' 유형의 옛이야기에서는 이른바 '나무꾼 추락형' 이야기가 이에 속한다.

'나무꾼과 선녀' 유형의 옛이야기는 옛이야기의 긍정론과 부정론의 상관관계를 따지는 자리에서 꼼꼼하게 살피게 될 것이므로, 이에 대해서는 이쯤에서 말을 거두기로 한다. 여기에서 집중적으로 논의하게 될 '호랑이와 곶감' 유형의 옛이야기 또한 서사 구조의 확장을 논의하는 데는 부족함이 없다. 서사 구조의 확장에서도 새로운 서사적 의미의 내적 통합이 가능함을 보여 주는 각편을 가지고 있기 때문이다.

'나무꾼과 선녀' 유형의 옛이야기는 기본형과 확장형을 쉽게 구분할 수 있다. 왜냐하면 이것은 오늘날의 우리도 그 원형을 쉽게 확인할 수 있는 신화에 뿌리를 두고 있는 옛이야기이기 때문이다. 즉 신화에 가까운 서사 구조를 가지고 있는 것이 기본형이라는 것이다. 그러나 '호랑이와 곶감' 유형의 옛이야기는 사정이 다르다. 우리는 이 이야기의 기본형을 확정지을 수 있는 객관적인 판단 준거를 가지지 못한 것이다. 옛이야기가 구전에 의한 적층문학임을 고려하여, 단순한 것이 기본형이고 복잡한 것이 확장형이라고 말할 수도 있겠다. 그러나 복잡한 것이 기본형이고 단순한 것이 축소형일 가능성도 완전히 배제할 수는 없다. 이러한 경우, 우리는 이 유형에 속하는 각편의 서사 구조를 일일이 비교하고 대조해 볼 수밖에 없다.

'호랑이와 곶감' 유형의 옛이야기 가운데 그 서사 구조가 가장 단순한 것부터 소개하기로 하겠다. 일단 이것을 단순형이라 일컫겠다. 물론 단순형과 기본형은 같은 뜻을 지니는 것이 아니다.

〈호랑이와 곶감〉[20]

① 아이들이 우니까, 아이들 엄마가 거짓말로 호랑이가 왔다고 겁을 주지만, 아이들은 울음을 그치지 않는다.

② 이때 호랑이가 이 집의 소를 잡아먹으려고 외양간에 숨어 있다가 아이들 엄마의 말을 듣고 있었다.

③ 아이들 엄마가 곶감 줄게 하니까 아이들이 울음을 그쳤다.

④ 호랑이는 곶감이 자신보다 더 무서운 놈이라 생각하고, 곶감한테 잡혀서 죽을까 겁을 내어 달아났다.

이처럼 단순한 것도 변이형을 가지고 있다. 호랑이가 그 집에 찾아든 것은 소를 잡아먹기 위해서가 아니라 호식을 당할 팔자를 타고난 그 집 아이를 잡아먹기 위해서라 한 각편[21]도 있고, 아이가 울음을 그친 것은 곶감을 준다는 말을 들었기 때문이 아니라 '비 온다, 비 와'라는 말을 들었기 때문이라 한 각편[22]도 있다. 그런데 이 두 편의 변이형은 좀 억지스럽다. 호식을 당할 팔자에 관한 옛이야기를 보면, 당사자는 물론이고 그 가족까지 아주 적극적으로 그 운명에 대처하는데, 여기에서는 당사자나 그 가족조차 모르는 사이에 우연히 그 운명에서 벗어나고 있기 때문이다. 아이가 비가 온다는 말에 울음을 그쳤다는 것도 말이 안 된다. 일반적인 상식으로는 이해할 수 없는 것이기 때문이다.

단순형에서는 호랑이가 이야기의 주인공이 된다. 그리고 호랑이의 어리석음에 대한 풍자가 이야기의 의도가 된다. 어머니가 호랑이를 들먹인 것은 아이들에게 겁을 주기 위해서였지만 곶감을 들먹인 것은 아이들을 달래기 위해서였다. 그런데 호랑이는 둘 다 겁을

---

20) ≪대계 1-6≫, 649쪽
이와 같은 단순한 서사 구조를 가지고 있는 각편 몇 편을 더 소개한다: 〈호랑이와 곶감〉(≪대계 1-7≫, 296쪽); 〈호랑이보다 무서운 곶감〉(≪대계 1-7≫, 774쪽), 〈곶감〉(≪대계 1-7≫, 407쪽).

21) 〈꿋갬이와 호랑이〉, ≪대계 7-7≫, 473-474쪽 참고.

22) 〈비에 놀란 호랑이〉, ≪임석재 전집 1≫, 13-14쪽 참고.

주기 위해서였다고 생각한다. 호랑이로서는 그럴 수밖에 없었는지도 모른다. 호랑이에게는 타자와의 관계는 제압하는 관계이거나 제압당하는 관계뿐일 테니까. 결국 이 이야기는 자신의 처지에서 남을 평가하지 말라는 교훈을 아이들과 엄마의 대화 맥락을 오해한 호랑이를 통해서 재미있게 형상화한 것이라 평가할 수 있겠다.

단순형보다 조금 더 복잡한 것을 중간형이라 하자. 이 중간형에는 새로운 인물이 등장한다.

〈호랑이보다 무서운 곶감〉[23]

① 어느 산골짜기에 엄마를 일찍 잃고 누나와 형의 손에서 자라는 어린아이가 있었는데, 이 어린아이는 낮에는 그럭저럭 지냈지만 밤이면 어찌나 울어대는지 달랠 재간이 없었다.

② 이 집에서 송아지를 한 마리 사서 키우고 있었는데, 호랑이가 밤중에 몰래 들어와서 잡아먹어 버렸다. 식곤증이 난 호랑이는 한숨 자고 새벽에 가기로 했다.

③ 어린아이가 하도 울어대는데, 어린아이의 누나와 형이 너구리 온다, 곰 온다, 호랑이 온다 해도 울음을 그치지 않더니 곶감을 준다니까 울음을 뚝 그쳤다.

④ 이 집의 송아지를 훔쳐 가려고 숨어든 도둑이 땅에 떨어진 송아지 고삐를 호랑이 목에 얽어매고 끌고 가려고 했다.

⑤ 호랑이는 자기를 끌고 가는 것이 자기보다 더 무섭다는 곶감인 줄 알고 그냥 졸졸 따라갔다.

⑥ 도둑은 뒤늦게 자신이 끌고 온 것이 호랑이라는 것을 알아차리고는 고삐를 내버리고 근처에 있는 속이 빈 고목나무에 들어가 숨었다.

⑦ 친구로 지내는 곰이 호랑이에게 이야기를 듣고 고목나무 속을 들여다보았더니, 거기에는 숨을 헐떡이고 있는 도둑이 있었다.

⑧ 고목나무를 쪼갤 수가 없었던 곰은 도둑이 숨 막혀서 죽으라며 고목나무 위에 주저앉았다.

⑨ 도둑이 위를 보니까 곰의 불알이 축 늘어져 있었다. 도둑은 송아지를 훔치려고 가지고 갔던 올가미를 곰의 불알에 걸어 잡아당겼다.

23) ≪대계 5-4≫, 614-616쪽.

⑩ 곰이 죽는 소리를 내자, 호랑이는 곰이 자신의 말을 안 듣다가 당했다며 곰을 놀리면서 달아나 버렸다.

물론 이 중간형에도 여러 가지 변이형이 있다. 그러한 변이형 가운데 가장 특이한 것은 울음을 우는 아이 자체가 아예 등장하지 않는 각편이다. 이러한 각편에서는 호랑이가 외양간에서 마주친 소도둑을 왜 무서워하게 되었는지를 별도로 설명하지 않으면 안 된다. 그런데 〈호랑이와 토끼〉[24]의 호랑이는 자신의 등에 탄 것이니까 자신보다 더 무서운 것일 거라고 생각하고, 〈정저쿵 삐쭉 곰 배불알털〉[25]의 호랑이는 사람의 상투를 보고 도깨비의 뿔로 착각한다(이 두 각편은 중간형은 아니다. 다음에 말할 복잡형에 속하는 것이지만, 논의의 편의상 여기에서 살펴보는 것이다). 이 둘 다 설득력이 별로 없음은 말할 것도 없다. 다시 말하면, 사람을 잡아먹기도 하는 호랑이가 소도둑을 보고 깜짝 놀랄 때는 누구나 수긍할 수 있는 충분한 이유가 있어야 한다는 것이다. 따라서 중간형이 이야기로서의 개연성을 확보하자면 그 자체에 단순형 또는 그것의 변이형을 반드시 포함하고 있어야 한다는 결론을 내릴 수 있다.

다음으로 말하고 싶은 것은 아이의 울음을 그치게 한 것이 각편에 따라서 다양하게 제시된다는 것이다. 물론 가장 많은 비중을 차지하는 것은 '곶감'이긴 하지만, '곶감' 아닌 것도 많이 있다. 그러한 것으로는 이미 '비'로도 소개한 바 있었던 '소나기'[26]가 있고, '소나기'와 의미론적 기능이 유사한 '지지'[27]가 있고, 그 뜻이 무엇인지 잘 알 수 없는 '깍쟁이',[28] '어리두',[29] '곽쥐',[30] '두에'[31] 또

24) ≪임석재 전집 1≫, 14쪽 참고.

25) ≪대계 4-6≫, 495-501쪽 참고.

26) 〈호랑이와 토끼와 곰〉(≪임석재 전집 1≫, 15-16쪽); 〈소나기에 놀란 호랑이〉(≪대계 6-1≫, 52-56쪽); 〈호랑이와 소내기〉(≪대계 2 -2≫, 698-701쪽) 등.

27) '지지'는 진눈깨비를 가리킨다(〈소도둑과 호랑이〉, ≪대계 6-4≫, 692-694쪽 참고).

는 '두워',[32] '곰지'[33], '이비'[34] 또는 '에비'[35] 등이 있다. 이 밖에도 각편 사이에서 여러 가지 차이점을 발견할 수 있지만, 그것은 기본형을 확정하는 데 별로 도움이 되지 않는 것이기에 따로 언급하지는 않기로 한다.

이미 말한 바와 같이 이 유형의 옛이야기에서는 호랑이가 소도둑을 두려워할 만한 까닭을 제시하여야 한다. 그러나 그 까닭을 반드시 어린아이의 울음을 뚝 그치게 하는 곶감에서 마련하여야 하는 것은 아니다. 이런 점에서 '소나기'는 흥미롭다. 사람들이 '소나기'를 피하는 것은 그것이 무서워서가 아니라 그것에 젖는 것이 싫어서였다. '소나기' 또한 '곶감'과 마찬가지로 사람들이 받아들이는 의미와 호랑이가 짐작하는 의미가 서로 다르다. 따라서 이 둘의 서사적 기능은 같다고 말할 수 있다.

한편, '깍쟁이', '어리두', '곽쥐', '두에' 또는 '두워', '곰지', '이비' 또는 '에비'는 울음을 우는 어린아이가 등장하는 각편에서만 찾아볼 수 있다는 것이 특징적이다. 그러니까 이러한 것은 어린아이에게 겁을 주기 위해서 어른이 쓰는 말이라는 것이다. 그런데 우리는 이러한 것이 구체적으로 무엇을 가리키는지 전혀 모른다. 이야기 속의 어린아이도 잘 몰랐을 것이다. 어른이 무서운 것이라고 하니 그러려니 했을 것이다. 그렇다면 이러한 것은 그 시대의 어른

---

28) 〈호랑이〉,≪임석재 전집 1≫, 16-17쪽 참고.
29) 〈호랑이와 곰〉, ≪임석재 전집 1≫, 17-19쪽 참고.
30) 〈곰보다 무서운 곽쥐〉(≪대계 1-3≫, 446-448쪽); 〈곽쥐와 토끼〉(≪대계 1-5≫, 225-229쪽); 〈곽쥐 이야기〉(≪대계 1-5≫, 253-255쪽); 〈호랑이와 꽉쥐〉(≪대계 1-6≫, 46-48쪽); 〈호랑이보다 더 무서운 꽉지〉(≪대계 4-4≫, 943-946쪽) 등.
31) 〈호랑이와 두에〉, ≪대계 1-4≫, 155-158쪽 참고.
32) 〈이상한 곰의 털〉, ≪임석재 전집 2≫, 69-71쪽 참고.
33) 〈곰지〉, ≪대계 8-4≫, 473-476쪽 참고.
34) 〈호랑이와 이비〉, ≪대계 8-2≫, 461-463쪽 참고.
35) 〈호랑이와 에비〉(≪대계 1-4≫, 475-479쪽); 〈세상에서 가장 무서운 것〉(≪대계 5-2≫, 332-334쪽) 등.

이 당대의 어떤 무서운 존재를 은유한 것일 가능성이 매우 높다. 사실이 그러하다면, 이러한 것이 포함되어 있는 각편은 당대의 현실을 반영한 변이형에 귀속시킬 수밖에 없다. 그런데 그 각편은 이야기로서의 완성도가 떨어진다고 말할 수 있다. 사람의 말을 곧이곧대로 믿은 호랑이는 당연히 무서워할 만한 것을 무서워한 셈이 되어서 이야기 자체가 싱거워지기 때문이다.

중간형의 한 예로 인용한 각편을 보면, 주인공 노릇을 하는 것은 여전히 호랑이이다. 곶감이 자신보다 더 무서운 것으로 알았고, 자신을 끌고 가는 소도둑을 곶감으로 알았던 호랑이는 이미 한껏 그 어리석음을 조롱당했다. 그러나 호랑이도 자신이 속았다는 것을 알아차릴 기회를 맞게 된다. 그것은 친구 노릇을 하는 곰이 마련해 준 기회이다. 곰의 역할을 토끼가 떠맡는 각편도 참 많지만, 이러한 변이는 그다지 중요한 것이 아니다. 그런데 호랑이는 자신의 체면을 살릴 수 있는 그 기회를 오히려 자신을 더 큰 조롱거리로 만들어 버린다. 곰이 잠깐 실수로 소도둑에게 혼이 났을 뿐인데도, 호랑이는 곰이 혼이 났다는 사실만 가지고, 소도둑이 자신보다 더 무서운 '곶감'이라는 것을 다시 한 번 확신했을 뿐만 아니라, 자신의 말을 의심한 곰까지 비웃는 아이러니를 연출했던 것이다. 결국 호랑이는 이중으로 그 어리석음이 풍자되는 셈인데, 이는 단순형의 맥을 이으면서도 그 정도를 심화시킨 것이라고 말할 수 있다.

그런데 흥미로운 사실이 하나 있다. 그것은 중간형이 복합형으로 확장되면 주인공이 호랑이에서 소도둑으로 교체되기도 한다는 것이다. 호랑이를 계속 주인공으로 내세우려면 호랑이의 어리석음을 드러낼 수 있는 새로운 에피소드를 연이어서 만들어 내어야 하는데, 그것이 쉽지 않았던 것으로 보인다. 호랑이가 주인공 노릇을 하는 복합형부터 먼저 살펴보기로 하는데, 후반부만 요약해서 제시한다.

〈호랑이와 이비〉[36]

등에 달라붙었던 이비가 나뭇가지에 걸려 떨어져 나가자 호랑이는 그제서야 달음박질을 걸음으로 바꾸었다. 그때 토끼가 나타나 뭔 일이 있었느냐고 물었다. 호랑이가 그간의 사정을 말하자, 토끼는 저 건너에 빨래하는 각시가 있는데, 잡아먹으러 가자고 호랑이를 유혹했다. 방금 이비한테 혼이 난 호랑이는 잠시 망설이다가 토끼를 따라갔다. 호랑이가 다가오는 것을 본 각시는 이판사판의 심정으로 아랫도리를 벗었다. 그리고 물구나무를 서서 호랑이 앞으로 나아갔다. 각시의 음문을 본 호랑이는 깜짝 놀랐다. 자신은 입이 옆으로 찢어졌는데, 각시의 입은 위아래로 찢어져 있었기 때문이다. 호랑이는 이 각시가 아까의 그 이비라고 생각하고 달아나 버렸다.

〈곶감과 호랑이와 토끼〉[37]

범의 등을 타고 달리던 소도둑이 상투가 나뭇가지에 걸려 구새 먹은 고목나무 속으로 떨어졌다. 범은 곶감이 떨어졌다고 좋아하고 있는데, 토끼가 나타나서 떨어진 것은 사람이라고 했다. 토끼는 범에게 고목나무의 구멍을 막으라고 했다. 범은 엉덩이로 고목나무의 구멍을 깔고 앉았다. 이때 소도둑은 상투를 쫓는 끈으로 범의 불알을 훑치고는 가지고 있던 칼로 잘라 버렸다. 범은 토끼를 원망하여 잡아먹으려고 했다. 그러자 토끼는 물고기를 잡아먹는 게 더 낫지 않겠느냐며 범을 못으로 데리고 갔다. 범더러 꼬리를 물속에 담가두면 물고기가 꼬리에 붙는다고 했다. 자기는 물고기를 몰아오겠다는 것이었다. 때는 동지섣달이었다. 시간이 지나자 못은 얼어붙었다. 토끼는 꼬리를 잡아당기라고 했다. 그러나 꼬리는 꼼짝도 하지 않았다. 이를 본 토끼는 달아났다. 얼어붙은 꼬리는 저절로 몸에서 떨어져 나갔다. 얼마 후 토끼는 또 범 앞에 나타났다. 자기를 잡아먹으려는 범에게 차라리 가재를 잡아먹는 게 나을 거라며 벗을 꼬드겼다. 토끼가 가재를 잡아서 구워주자 범은 맛있게 먹었다. 그러자 토끼는 가재 대신 불에 달궈진 돌을 주었다. 범은 돌은 넙죽 받아먹다가 이가 다 빠져 버렸다. 이때부터 범은 토끼를 원망하면서 따라다녔다. 이가 없으니 잡아먹지도 못하고.

36) ≪대계 8-2≫, 461-463쪽 참고.
37) ≪대계 7-12≫, 743-747쪽 참고.

이 두 편의 각편에서는 호랑이가 여전히 주인공으로 활약하고 있다. 그런데 전체 서사 구조의 내적 통합성은 〈호랑이와 이비〉가 〈곶감과 호랑이와 토끼〉보다 훨씬 뛰어나다. 앞엣것에서는 전반부의 '이비'와 후반부의 '각시'가 서로 긴밀하게 연결되어 있다. 물론 그것은 어리석은 호랑이의 착각에 바탕을 둔 것이긴 하지만 말이다. 이에 반해서, 뒤엣것에서는 전반부와 후반부가 유기적으로 연결되었다고 말하기는 어렵다. 이 이야기의 화제는 교활한 토끼에게 골탕 먹는 어리석은 호랑이라 할 만한데, 이야기의 절반 이상을 차지하는 전반부의 곶감 사건은 단지 토끼가 호랑이를 골려 주는 수단의 하나로 전락하고 있기 때문이다.

〈호랑이와 이비〉는 '호랑이와 곶감' 유형의 옛이야기가 단순형에서 추구했던 재미와 교훈을 강화했다고 말할 수 있다. 그러나 〈곶감과 호랑이와 토끼〉는 그렇게 말하기가 곤란하다. 비록 단순형의 서사 구조를 확장한 것은 분명하지만 그것에 내함되어 있던 재미와 교훈과는 사뭇 다른 것을 겨냥한 것이기 때문이다.

그러면 〈호랑이와 이비〉는 '호랑이와 곶감' 유형의 옛이야기에서 재미와 교훈이 어우러진 각편으로 내세울 수 있겠는가 하는 의문을 가질 수 있다. 답은 '아니다'이다. 음문 운운하는 성적 담론 때문이 아니다. 진짜 이유는 다른 유형의 옛이야기를 차용했기 때문이다. 호환을 당한 뻔한 여자가 음문을 드러내어 호랑이를 물리쳤다는 이야기[38]는 옛이야기의 주요 유형 가운데 하나로 자리매김할 수 있는 것이다. 〈호랑이와 이비〉만 그러한 것이 아니다. 복합형에 속하는 각편은 대부분 다 그러하다. 〈곶감과 호랑이와 토끼〉에 나오는 에피소드— 못에 꼬리를 담갔다가 못이 얼어붙는 바람에

38) 〈여자가 호랑이 잡다〉(≪임석재 전집 11≫, 56-57쪽); 〈호랑이를 물리친 여자〉(≪대계 2-6≫, 190-191쪽); 〈발가벗은 여자에게 놀란 호랑이〉(≪대계 6-6≫, 588-599쪽) 등.

꼬리가 떨어지는 동물에 관한 이야기— 또한 다른 유형의 옛이야기에서 빌려 온 것이다.

이번에는 서사 구조의 확장을 쉽게 하기 위해서 주인공을 소도둑으로 교체하는 복합형을 살펴보겠다.

〈호랑이와 곰〉[39]

범의 등에서 뛰어내려 구새 먹은 버드나무 속에 숨었던 말도둑은 구새 구멍을 엉덩이로 틀어막은 곰의 불알을 잡아당겨서 죽인 다음 그 고기를 구워먹었다. 범은 달아나고 있었는데 고기 냄새가 자꾸 잡아끌었다. 어리두가 겁이 나긴 했지만, 고기를 먹고 싶은 유혹을 이기지 못해서 범은 되돌아가서 고기를 좀 달라고 했다. 말도둑은 고기를 굽느라고 모아놓은 돌 가운데 벌겋게 달궈진 것을 범한테 던져주었고, 범은 그것을 삼켰다가 너무 뜨거워 개울에 가서 물을 잔뜩 먹었다. 배가 너무 불러서 호랑이가 꼼짝도 못하고 있자, 말도둑은 그 범까지 죽였다. 곰과 범의 가죽을 서울의 임금에게 바친 말도둑은 상금을 많이 받았다.

〈정저쿵 삐쭉 곰 배불알털〉[40]

호랑이가 숨을 헐떡거리는 것을 본 곰이 까닭을 물었다. 사연을 들은 곰은 소도둑이 숨어든 구새 먹은 버드나무에 올라가서는 숨 막혀 죽어라고 궁둥이를 들이밀고 방귀를 뀌었다. 이때 소도둑이 밑으로 드리워진 곰의 불알을 잡아당겼다. 죽을 지경이 된 곰은 자신의 불알털 세 올을 뽑아줄 테니 살려달라고 애원했다. 처녀가 오줌 눈 자리에 그 불알털을 꽂아두면 처녀의 하문에서 '정저쿵 삐쭉 곰 배불알털'이라는 소리가 난다는 것이었다. 소도둑은 곰의 불알털 세 올을 받고 곰을 풀어주고 마을로 내려왔다. 소도둑은 정승의 딸이 오줌 눈 자리에 아무도 몰래 그것을 꽂아두었다. 그러자 정승의 집에서는 난리가 났다. 소도둑은 처녀의 병을 고쳐준다고 하였고, 마침내 정승의 재산 1/3을 얻어내었다.

---

39) ≪임석재 전집 1≫, 17-19쪽 참고.

40) ≪대계 4-6≫, 495-501쪽 참고.

〈호랑이와 곰〉은 중간형의 화소를 그대로 활용하여 서사 구조를 확장했다. 그런데 새로운 서사 구조에서는 이야기의 주도권을 말도둑이 완전히 장악한다. 물론 이야기의 화제 자체도 단순형과는 크게 달라져 버린다. 〈호랑이와 곰〉은 말도둑이 말을 훔치기 위해서 마굿간에 들어갔다가 호랑이 등에 올라타는 실수를 하는 바람에 죽을 수도 있는 위기에 빠졌지만 기지를 발휘하여 죽음에서 벗어났을 뿐만 아니라 말보다도 더 값진 곰과 호랑이의 가죽을 손에 넣었다는 이야기로 바뀌게 되는데, 이는 '호랑이와 곶감' 유형의 옛이야기와는 완전히 동떨어진 이야기라 하지 않을 수 없다.

〈정저쿵 삐쭉 곰 배불알털〉 또한 소도둑이 위기를 기회로 전환한 이야기이기 때문에 '호랑이와 곶감' 유형의 옛이야기에 포함시키기는 곤란하다. 그런데 이것은 기존의 서사 구조와는 확연히 구별되는 또 다른 서사 구조를 덧붙여서 새로운 서사 구조를 생성했다는 점에서 〈호랑이와 곰〉과도 구별된다. 또 다른 서사 구조란 여자가 오줌 눈 자리에 새의 깃털이나 짐승의 털을 꽂아서 그 여자의 하문에서 이상한 소리가 나게 한다[41]는 것을 가리키는 것인데, 이 또한 옛이야기의 또 다른 독립된 유형에서 찾아볼 수 있는 것이다. 그런데 이러한 현상은 '호랑이와 곶감' 유형의 옛이야기에 국한된 것이 아니다. 다른 유형의 옛이야기에서도 복합형은 대부분 이와 같은 방식으로 서사 구조를 확장한다.

지금까지 논의한 바를 정리하면 다음과 같다. 첫째, '호랑이와 곶감' 유형의 옛이야기는 단순형이 기본형일 가능성이 매우 높다. 그리고 기본형의 필수 화소는 어리석은 호랑이와 상황 맥락에 따라서 중의적으로 해석될 수 있는 사물이다. 이러한 사물로는 '곶감', '소

41) 이러한 서사 구조를 가지고 있는 옛이야기로는 〈이상한 새털로 장가가다〉(≪임석재 전집 8≫, 315-317쪽); 〈이상한 곰의 털〉(≪임석재 전집 2≫, 68-69쪽); 〈새털 사서 장가간 더벅머리 총각〉(≪대계 5-2≫, 508-513쪽); 〈여우 털로 장가간 머슴〉(≪대계 8-14≫, 355쪽) 등을 들 수 있다.

나기' 그리고 '지지'(진눈깨비)가 있는데, 다수를 차지하는 것은 '곶감'이다. 그러므로 이 유형의 이름을 '호랑이와 곶감'이라 하는 것이 자연스럽다.

둘째, 중간형은 기본형의 이야기 정신을 그대로 이어받으면서도 그것의 재미와 교훈을 강화했다고 평가할 수 있다. 만일 '호랑이와 곶감' 유형의 옛이야기가 전범으로 내세울 각편을 찾는다면, 중간형에서 그 후보작을 내는 것이 타당할 것으로 보인다.

셋째, 복합형은 서사 구조의 지나친 확장과 그것을 위한 주인공의 교체로 인하여 기본형과 상당한 거리를 두게 되었다. 따라서 복합형은 '호랑이와 곶감' 유형에서 완전히 배제할 수도 없겠지만 이 유형의 주류로 인정할 수도 없겠다.

옛이야기는 재미와 교훈의 전부 또는 일부를 강화하기 위해서 이야기의 서사 구조를 곧잘 확장해 왔다. 그것이 때로는 소기의 성과를 거두기도 했다. 그러나 대부분의 경우는 노력의 대가를 얻지 못했다. 특히 재미의 강화에 지나치게 집착함으로써 서로 다른 유형의 옛이야기를 뒤섞는 것도 마다하지 않았고, 그 결과 새로운 서사 구조가 오히려 기존의 서사 구조보다 문학성이 떨어지기도 하였다. 옛이야기의 유형별 전범을 탐색할 때는 이러한 점을 염두에 둘 필요가 있다.

4) 재미있는 교훈 또는 교훈적인 재미의 이면

지금까지 옛이야기가 재미와 교훈을 아우르기 위해서 시도한 다양한 노력을 살펴보았다. 그런데 이것과 관련해서 반드시 짚고 넘어갈 것이 하나 있다. 옛이야기가 지향한 '재미있는 교훈' 또는 '교훈적인 재미'라는 것은 옛어른을 겨냥한 것이라는 사실이다. 이 때문에 역설적인 상황도 발생할 수 있다. 재미있는 교훈을 확보하고 있기 때문에 오늘날의 어린이에게 오히려 해를 더 크게 끼칠 수도 있다는 것이다. 이런 우려를 하지 않을 수 없게 하는 옛이야기 가운데 하나가 '지혜로운 아이' 유형의 이야기이다.

〈아지(兒智) 재판(배꼽 서돈중 내기 장기)〉[42]

그전에 서울에 장기를 잘 두는 양반이 살았다. 뒷절의 중이 장기를 잘 둔다니까, 장기를 두려고 절로 올라갔다. 그런데 중이 내기 장기가 아니면 안 둔다고 했다. 양반이 무슨 내기를 하겠느냐 하고 물으니, 칼로 배꼽 서 돈을 도려내는 내기를 하자고 중이 말했다. 양반도 좋다고 약속을 하고 장기를 뒀는데 양반이 졌다. 양반은 다시 한 판을 더 두려고 말을 놓았다. 그런데 중은 바깥에 나가 칼을 갈고 들어와서는 배꼽 서 돈을 도려내겠다고 설쳤다. 결국 두 사람은 재판을 받기로 했다. 재판을 맡은 판서는 진퇴양난이었다. 약속을 무시할 수도 없고 그렇다고 사람이 죽게 내버려 둘 수도 없었다. 판서에게는 일곱 살 먹은 아들이 있었는데, 아버지의 고민을 듣고는 자신이 재판을 하겠다고 벼슬을 빌려 달라고 했다. 판결이 있는 날, 아들은 아버지의 옷을 입고 재판정에 나와서는 중에게 바로 이 자리에서 양반의 배꼽 서 돈을 도려내라고 했다. 단, 꼭 서 돈만 도려내야 한다고 했다. 서 돈이 안 차면 중의 배꼽을 도려내어 서 돈을 채울 것이고, 서 돈이 넘으면 남의 살을 더 떼었으니 사형에 처할 것이라고 했다. 중은 재판을 물리겠다고 하였다.[43]

'지혜로운 아이' 유형의 이야기는 재미와 교훈을 잘 아우른 이야기임에는 틀림없다. 어린이가 이 이야기를 좋아할 수밖에 없는 것은 주인공이 어른을 어린이처럼 다룰 수 있는 지혜와 용기를 가진 어린이이기 때문이다. 이것만으로도 이 이야기는 어린이에게 교훈

42) 이 이야기를 채록한 조희웅의 말을 그대로 옮겨둔다.
조사자가 이 자료를 꼭 얻고 싶었던 것은, 손진태가 그의 '일분와내' 해설(≪조정≫, 1930, 303-304쪽)에서 다음과 같이 말한 바가 있었기 때문이다. '이것은 셰익스피어의 베니스의 상인의 이야기와 흡사하지만, 이것은 내가 어렸을 때 하녀들로부터 흔히 들었던 이야기로, 결코 요즈음의 수입 설화가 아닌 조선 재래의 설화라고 굳게 믿는다.'[본문은 일문(日文)]

43) ≪대계 1-4≫, 499-503쪽 요약.

을 줄 수 있다. 어린이라 할지라도 하기에 따라서는 어른보다 더 어른스러운 어린이가 될 수 있다는 것을 깨우쳐 줄 수 있으니까 말이다. 물론 이 이야기의 교훈은 그뿐이 아니다. 문제적 상황을 해소하는 구체적인 방법에서도 어린이는 좋은 교훈을 얻을 수 있다.

'지혜로운 어린이' 유형의 이야기는 두 가지 목적을 가지고 있다. 하나는 어린이에게 바람직한 어린이상을 제시하는 것이다. 그것은 물론 어른스러운 어린이를 가리킨다. 그러나 현실세계의 어린이는 결코 이 이야기 속의 어린이가 될 수 없다. 아니, 현실세계의 어른조차도 이 이야기 속의 어린이처럼 생각하고 행동할 수 없을 것이다. 이 이야기 속의 어린이는 우리가 상상할 수 있는 가장 지혜롭고 가장 용기 있는 사람을 상징하기 때문이다. 이러한 사정을 알 수 없는 현실세계의 어린이는 자신을 이야기 속의 어린이와 빗대게 된다. 물론 그것이 이 이야기가 노리는 바이긴 하지만, 그것은 현실세계의 어린이를 억압하는 결과를 낳게 된다.

'지혜로운 어린이' 유형의 이야기가 겨냥하는 또 다른 목적은 재미를 극대화하는 것이다. 청중에게는 지혜로운 어른보다는 지혜로운 어린이가 더 신선하고 강렬한 인상을 심어 줄 수 있다. 똑같은 지혜라고 하더라도 그것이 어린이의 것이라면 어른의 그것보다 더 높게 평가되기 때문이다. 이와 같은 이야기 전략을 알 수 없는 어린이로서는 이야기 속의 지혜로운 어린이에게 주눅만 들게 되는 것이다.

'지혜로운 어린이' 유형의 이야기가 현실세계의 어린이에게 노골적으로 해를 끼칠 수 있는 내용을 담을 수 있다는 것도 걱정스러운 일이다. 이야기 속의 어린이는 어린이의 탈을 쓴 어른이다. 그러나 현실세계의 어린이는 이야기 속의 어린이를 어른으로 간주하지 않고 어린이를 간주하기 때문에 모방할 수 있는 것은 될 수 있는 한 모방하려고 한다. 아직 그럴 때가 아닌데도 말이다.

〈아지(兒智) 재판(강간? 화간?)〉

어느 미국인이 강간을 한 죄로 재판을 받게 되었다. 판사는 그 사람이 훌륭한 사람이라는 이유로 살려 주고 싶었다. 그러나 방법이 없었다. 판사에게는 일곱 살 먹은 아들이 있었는데, 그 아들이 아버지의 뜻을 알고는 아버지의 옷을 입고 재판정에 나갔다. 아이는 재판정에 마른 흙을 뿌리고 그 위에 물을 끼얹어 진창을 만들어 놓으라고 이르고는 재판을 제기한 여자를 불러내었다. 그리고 강간을 당하던 장면을 흉내내어 보라고 했다. 여자가 그냥 벌렁 자빠졌으면 강간으로 보였을 텐데, 여자는 옷이 아까우니까 치마를 훌떡 걷으며 자빠졌다. 그러자 아이가, 치마를 걷어 주고도 강간이냐고 말했다. 결국 미국인은 무사히 풀려나게 되었다.[44]

이 이야기 속의 주인공은 일곱 살 먹은 어린이이다. 그런데 교활하기가 이를 데 없다. 강간을 한 남자를 구하기 위해서 강간을 당한 여자를 함정에 빠뜨린다. 아마도 강간이 진창에서 이루어진 모양이었다. 재판장이 여자더러 강간당하던 장면을 재현해 보라며 재판정에 진창을 만들어 두었다. 여자는 옷을 버릴까 싶어서 자신도 모르게 치마를 걷었다. 재판장은 그것을 빌미로 하여 강간을 화간으로 둔갑시킨다. 가진 자를 편들고 가지지 못한 자를 억누르는 데 사용할 지혜—지혜가 아니라 위계이다—라면 차라리 없는 것이 더 바람직하다.

인용한 이야기를 오늘날의 어린이에게 권할 어른은 없을 것이다. 강간이니 화간이니 하는 것을 어린이가 알 리 없으니 이야기의 내용을 파악할 수 없을 것이라는 이유를 들 수도 있을 것이고, 그러한 것을 구태여 어린이에게 알려 줄 필요가 없지 않느냐는 이유를 들 수도 있을 것이다. 그러나 그것보다 더 심각한 이유가 있다. 이 이야기 속의 주인공은 '남을 위하는 것'에 대한 개념을 잘못 잡고 있다는 것이다. 남을 위한다는 것은 남의 잘못을 덮어 주는 것이

---

44) ≪대계 1-4≫, 503-504쪽 요약.

아니라 잘못을 깨우쳐 주는 것이라는 사실을 모른다는 것이다. 그리고 남을 위한다는 것이 또 다른 남을 해치는 것이라면 그것 또한 진정으로 남을 위하는 것이 아니라는 것을 모른다는 것이다. 그리고 이 이야기는 그러한 사실을 전혀 문제로 인식하지도 않는다. 이것이 이 이야기가 오늘날의 어린이에게 끼칠 수 있는 가장 큰 해악이다.

제 6 장

옛이야기의 창조적 계승을 통한 동화의 지평 확대

1. 우리 동화의 옛이야기 계승 양상
2. 옛이야기 긍정론과 부정론의 시사점
3. 옛이야기에서 배우는 동화 창작법

제 6 장 옛이야기의 창조적 계승을 통한 동화의 지평 확대

1. 우리 동화의 옛이야기 계승 양상

1) 동화가 옛이야기를 돌아보게 되는 까닭

어린이는 옛이야기를 좋아한다. 그것도 아주 많이 좋아한다. 이것은 참으로 놀라운 일이다. 어린이가 좋아하는 옛이야기가 어른이 말로 들려주는 옛이야기라면 그것은 쉽게 이해할 수 있다. 어린이는 이야기를 듣는 것, 그것도 어른한테 듣는 것을 유별나게 좋아하기 때문이다. 그런데 어린이가 좋아하는 옛이야기는 그런 것에 그치지 않는다. 자신이 글로 읽어야 하는 옛이야기도 동화만큼, 아니 동화보다 더 좋아하니 그것이 놀랍다는 것이다.

옛이야기는 말로 들려주는 이야기이고 귀로 듣는 이야기이다. 그런데 말에 의존하는 이야기는 기억하기에 유리한 구조로 짜놓지 않으면 안 된다. 옛이야기는 사건을 중심으로 이야기를 전개하는 방법으로 이 문제를 해결했다. 사건은 그것을 구성하는 개별 행위 사이의 계기성이나 인과성 때문에 그 구조를 쉽게 파악할 수 있고 그래서 쉽게 기억할 수 있는 것이다.

사건이라는 것은 누군가 일으키거나 누군가에게 일어나는 것이고, 또 그 누군가 머물고 있는 특정의 시공간에서 분리될 수 없는 것이다. 모든 조건이 동일한 상황이라 할지라도 인물에 따라서 그리고 배경에 따라서 천차만별의 사건이 구성된다. 그러므로 사건 중심으로 이야기를 구성한다고 하더라도 사건의 주체인 인물과 사건의 무대인 배경에 관한 정보를 제공하지 않을 수 없다. 그러나 옛이야기는 이를 완전히 무시한다. '옛날 옛적에 어떤 사람이…'만으로 인물과 배경에 대한 소개를 끝내는 경우가 허다하다. 이 또한 기억의 부담을 줄이려는 의도와 무관하지 않다. 그러나 기억의 편의 때문에 사건 전개에 꼭 필요한 정보를 일부러 누락시킬 수는 없는 일이다.

그렇다면 옛이야기는 애당초 인물과 배경에 관한 정보를 그다지 필요로 하지 않는 사건, 즉 인물과 배경의 개별적인 속성에 크게 구애받지 않는 사건을 이야깃거리로 삼았다고 말하지 않으면 안 된다. 이러한 사건은 누구든지 언제든지 그렇게 할 수밖에 없는, 인간 행위의 한 유형을 보여 주는 사건이라고도 말할 수 있다. 결국 옛이야기는 사건을 통해서 인물을 형상화한다는 것이다. 그래도 인물의 유형적 성격을 구현하는 데는 아무 문제가 없다. 인물의 사건 속 행위가 그 성격을 짐작하게 하는 단서가 되기 때문이다.

옛이야기의 주인공을 흔히 전형적 인물이라 일컫는다. 전형적 인물이란 인간의 한 유형을 대표할 만한 인물이라는 뜻이다. 이러한 인물은 개인적 속성을 드러낼 수 없다. 그래서 옛이야기의 주인공에서는 그 자신의 성격에 따른 내적 갈등은 찾아볼 수 없는 것이다. 덧붙여둘 것은 인물에 대한 상투적 묘사만큼은 옛이야기에서도 주저하지 않는다는 것이다. 이것은 당연한 것이다. 상투적 표현은 전형적 인물에 대한 가장 효과적인 정보 제공 방법이기 때문이다.[1)]

1) 상투적 표현의 표현 효과에 관해서는, 이지호, 〈상투적 표현고-신재효본 '남창 춘향가'와 '심청가'를 중심으로〉, 국어교육연구 2집, 서울대 사대 국어교육연구소, 1995 참고.

옛이야기가 배경에 대한 정보를 제공하는 데 신경을 쓰지 않는 까닭도 이미 어느 정도는 설명이 된 것 같다. 전형적 인물이 이끌어가는 유형적 사건에서 배경은 그다지 의미가 없다는 것이다. 다만 이 자리에서는 '옛날 옛적에'의 다양한 의미를 통해서 그 의도를 좀더 부각시킬 필요는 있겠다.

이미 논의한 바 있듯이, '옛날 옛적에'는 말 그대로 현실세계의 아주 먼 과거 시점을 뜻하기도 하고 이야기가 구연되는 그 당시의 현재 시점을 뜻하기도 한다. 그런가 하면 이것은 현실세계가 아닌 환상세계를 뜻하기도 한다. 그런데 '옛날 옛적에'가 그 어느 쪽을 뜻하든지 간에, 그 속에서 펼쳐지는 사건은 현실세계에서 일어날 법한 유형적 사건이거나 그것의 은유라는 사실을 눈여겨 보아야 한다. 옛이야기는 배경에 적합한 사건을 구성하는 것이 아니라 사건을 구성하는 데 편리한 배경을 선택한다는 것을 뒷받침하는 것이기 때문이다.

지금까지 옛이야기의 구조적 특징을 간략하게 살펴보았다. 그런데 이것은 어린이가 영위하는 삶의 구조적 특징과 매우 흡사하다. 우선 어린이는 사건을 통해서 인물과 배경을 이해하는 경향이 있음을 지적할 수 있겠다. 아기가 태어났을 때, 맨 처음 마주치는 것은 엄마라는 인물도 아니고 병원이라는 배경도 아니다. 사건이다. 따뜻한 양수에서 빠져나와 차가운 공기에 온몸을 드러나는가 싶더니, 어느새 누군가의 포근한 품에 안기는 사건이 바로 그것이다. 이때부터 어린이는 끊임없이 사건을 경험하게 된다. 그리고 그 과정에서 사건에 개입하는 인물도 알아차리게 되고 사건이 벌어지는 배경도 눈여겨보게 된다.

그러나 어린이가 경험하는 사건이란 거기서 거기다. 어떤 방식으로든 유형화할 수 있는 사건이라는 것이다. 어린이가 경험하는 사건은 먹고 입고 자는 것과 관련된 사건, 놀고 공부하고 일하는 것과 관련된 사건 그리고 어른 또는 또래 어린이와 관련된 사건 등이다. 이 각각의 사건은 한정된 몇 가지 유형으로 전개된다. 그것은 언제 어디서나 똑같다. 어린이는 한편으로는 어린이로 살아가면서 또 다른 한편으로는 어른으로 자라나야 한다는 것과, 그것이 어른의 도움이 없으면 불가능하다는 것은 시간과 공간을 초월한 불변의 진리이기 때문이다. 이러한 까닭에 어른은 적어도 어린이 앞에서는 전형적인 태도를 취하게 된다. 그것은 어린이를 전형적인 어린이로 키우기 위한 것임은 말할 것도 없다.

어린이는 자신이 경험한 사건에 관여하지 않은 인물에 대해서는 어떠한 평가도 하지 못한다. 게다가 어린이는 이분법적 평가를 서슴지 않는다. 어린이에게는 주변 인물은 '좋은 사람' 아니면 '나쁜 놈'일 뿐이라는 것이다. 어린이 앞에 선 어른은 어른의 전형으로 행동하려고 애를 쓴다. 어린이가 어른의 전형을 보고 스스로 어린이의 전형을 구성하게 하기 위한 것이다. 어른의 이러한 태도가 어린이의 이분법적 인물 평가를 촉발한 것으로 보인다.

어린이의 삶은 대부분 어른과 부대끼는 삶이다. 그런데 어린이와 어른의 관계는 때와 장소에 상관 없이 언제나 똑같다. 사정이 이러하니, 어린이가 때와 장소 곧 배경의 의미를 특별하게 생각하지 않는다고 해서 이상하게 여길 까닭이 없다. 예외적인 경우가 있긴 하다. 가정 환경이 온전치 못한 탓에 어린이이면서 어른 노릇을 하지 않을 수 없는 소년소녀가장이 이에 해당한다. 소년소녀가장은 가정 환경이라는 배경과 끊임없이 정면으로 맞서 싸워야 하니, 그 의미를 어른 못지않게 심각하게 곱씹게 된다. 어린이이기를 포기하여야 하는 어린이, 그래서 소년소녀가장은 이 세상에서 가장 불행한 어린이인 것이다.

어린이가 영위하는 삶의 구조가 옛이야기의 구조와 친연성이 두드러지는 것은 사실이다. 그러나 이것만으로는 어린이가 옛이야기를 그토록 좋아하는 까닭을 설명하기에는 충분하지 않다. 열쇠는 옛이야기의 사건 그 자체에서 찾아야 할 것이다. 오늘날 우리가 접할 수 있는 옛이야기는 그것의 전승에 관여한 수많은 사람의 노력으로 만들어진 것이다. 남한 전역을 돌아다니면서 조사한 옛이야기를 구술본 형태로 묶어낸 ≪한국구비문학대계≫를 보면, 옛어른이 얼마나 다양한 사건을 얼마나 다양한 방법으로 그 얼개를 짜고 있는지를 한눈에 알아볼 수 있다. ≪한국구비문학대계≫를 사건 구성에 관한 실험 보고서라 일컫는다고 해도 조금도 어색할 것이 없다. 어린이에게 말로 들려주거나 글로 읽게 하는 옛이야기는 그러한 옛이야기 가운데 정수라 할 만한 것만 가려 뽑은 것이니, 어린이가 어찌 좋아하지 않을 수 있겠는가. 동화가 옛이야기를 돌아보지 않을 수 없는 까닭이 바로 여기에 있다.

2) 옛이야기에 기대어 동화를 쓰는 세 가지 방식

(1) 다듬어쓰기

옛이야기에 기대어 동화를 쓰는 첫 번째 방식은 옛이야기 그 자체를 곧장 동화로 다듬어쓰는 것이다. 옛이야기는 옛어른이 말로 즐겼던 이야기이라서, 요즘 어린이가 글로 즐기는 동화와 거리가 있는 것이 사실이다. 그러나 옛이야기 가운데는 어린이가 즐길 수 있는 이야기도 적지 않다. 이러한 옛이야기는 글로 옮겨서 가다듬기만 하면 동화 구실을 톡톡히 해낸다.

'다듬어쓰기'를 할 때 이야기의 줄거리 또는 이야기의 구조를 훼손해서는 안 된다. 그러나 의미의 빈칸을 채워 넣는 것은 허용된다. 서정오는 옛이야기를 글로 옮겨 쓰는 방법을 다섯 가지로 정리한 바 있다.[2] 서정오의 용어와 비교하면, 다듬어쓰기는 '다시 쓰기'와

‘고쳐 쓰기’의 중간 지점에 놓을 수 있는 것이다.

다듬어쓰기를 하려면 먼저 저본으로 삼을 옛이야기를 선택하여야 하는데, 이는 유형을 선택하고 각편을 선택하는 두 과정을 거치게 된다. 이 선택의 결과는 작가의 동화관에 따라서 크게 달라진다. 그래서 다듬어쓰기는 작가 자신의 옛이야기 정본을 확정하는 작업이라고도 말할 수 있다.

다듬어쓰기에서 저본 확정만큼이나 중요한 것은 말을 글로 번역하는 것이다. 즉 말로 된 옛이야기를 글로 된 동화로 전환하는 것이다. 말과 글은 각각의 물리적 특성과 의사 소통적 특성이 너무 다르기 때문에 일대일의 맞전환이 거의 불가능하다. 그래서 다듬어쓰기를 번역의 한 양상으로 규정하는 것이다.

다듬어쓰는 것을 입말체로 쓰는 것으로 생각하는 사람들이 더러 있다. 물론 입말체로 다듬어쓰는 것, 그 자체가 문제가 되지는 않는다. 입말체 또한 작가가 글을 쓸 때 선택할 수 있는 다양한 문체 가운데 포함되기 때문이다. 그러나 입말체로 쓰기만 하면 말이 글로 저절로 번역된다고 믿는다면, 이는 중대한 문제가 된다. 어떤 사람은 입말체로 다듬어쓴 것은 들려주기에 적합한 것으로 생각하기도 한다. 이것은 다듬어쓰기를 구연 대본 쓰기로 오해한 것이다. 다듬어쓴 것은 읽어줄 수는 있어도 들려줄 수는 없다는 것을 금방 알 수 있다.

옛이야기는 물론 들려주는 것이 좋다. 옛이야기는 원래 말로 짜여진 이야기이기 때문이다. 그러나 옛이야기를 동화로 다듬어쓰는

---

2) 그것은 ‘받아 쓰기’(이야기하는 사람의 말을 그대로 받아 적은 것), ‘떠올려 쓰기’(들은 이야기를 머릿속에 떠올려서 글로 나타낸 것), ‘다시 쓰기’(이야기를 듣고 말투나 곁가지를 조금 손질해서 글로 쓴 것). ‘고쳐 쓰기’(들은 이야기의 줄거리를 군데군데 고쳐서 쓴 것) 그리고 ‘새로 쓰기’(이야깃거리나 분위기만 빌려서 전혀 새로운 이야기를 만들어 낸 것) 등이다(서정오, ≪옛이야기 들려 주기≫, 보리, 1995, 52-53쪽 참고).

것은 글로 읽게 하기 위한 것임을 염두에 두어야 한다. 말은 말다워야 듣기가 좋고 글은 글다워야 읽기가 좋다. 옛이야기의 구술 채록본을 읽으면 지겹고 짜증스럽다. 말을 글로 읽으니 그런 것이다. 마찬가지로 동화로 거듭난 옛이야기를 말의 분위기를 그대로 간직하고 있는 입말체의 글로만 읽어야 한다면 그 또한 그다지 유쾌하지는 않을 것 같다.

(2) 뒤집어쓰기

다듬어쓰기는 옛이야기를 조금도 훼손하지 않고 있는 그대로 동화로 거듭나게 하는 것이다. 이와는 반대로 옛이야기를 훼손하면서 동화를 쓰는 것도 생각해 볼 수 있다. 예컨대 옛이야기의 이야기 구조를 뒤집어서 동화의 이야기 구조를 창안할 수 있다는 것이다. 여기에서는 이것을 '뒤집어쓰기'로 일컫기로 한다.

뒤집어쓰기는 이야기 구조의 관여 요소 가운데 무엇을 어떻게 뒤집는가에 따라서 다시 세 가지로 나눌 수 있다. 첫 번째가 이야기의 초점 뒤집기이다. 옛이야기 〈여우 누이〉는 누이로 태어난 여우에게 두 형님과 부모를 잃은 막내 오빠에게 초점을 맞추어 이야기를 펼쳐 나간다. 그런데 그림동화 ≪끝지≫(이형진 글·그림, 느림보, 2003)에서는 여우 누이의 관점이 잘 드러날 수 있도록 이야기의 초점을 여우 누이에게 맞추었다.

두 번째는 이야기 구조의 관여 요소 가운데 일부를 아예 그것과 대립적인 것으로 뒤집어 버리는 것이다. 동화 ≪상어를 사랑한 인어 공주≫(임정진, 푸른책들, 2004)에 실려 있는 같은 제목의 동화는 안데르센의 인어 공주와는 전혀 다른 새로운 인어 공주를 탄생시켰다. 그것은 머리는 물고기 머리이고 다리는 사람 다리인 인어 공주였다. 이러한 인어 공주이기에 상어 왕자를 사랑할 수밖에 없었을 것이다.

세 번째는, 이야기 구조의 관여 요소는 그대로 두되, 관여 요소 사이의 관계를 뒤집는 것이다. ≪백설공주를 사랑한 난장이≫(서광현·박승걸 공저, 여름솔, 2002)에서는 백설공주는 난장이 가운데 한 사람의 짝사랑 상대가 된다.

뒤집어쓰기에서는 뒤집을 만한 가치가 있는 것을 뒤집어야 하고 또 그 가치가 제대로 드러나도록 옹골지게 뒤집어야 한다. 옛이야기 〈여우 누이〉에서는 여우가 사람의 집에 딸로 태어나서 그 집안 식구를 모두 죽이려고 하는 까닭이 잘 드러나지 않는다. 아들을 셋 또는 그 이상을 두고 있으면서도 또 딸을 원하는 자식 욕심을 경계하기 위한 것이라고 설명하는 것은 설득력을 얻지 못한다.

≪끝지≫는 이야기의 초점을 여우 누이에게 맞추어 〈여우 누이〉의 불명확성을 제거했다. 즉 여우 누이는 자신의 여우 부모를 죽인 원수에게 앙갚음을 하기 위해서 그 집의 딸로 태어났다는 것이다. 그런데 이것은 새로운 갈등을 야기한다. 여우 누이의 처지에서 보면 부모(여우)의 원수도 부모(사람)이기 때문이다. ≪끝지≫의 작가는 〈여우 누이〉를 뒤집어서 다시 씀으로써, 한편으로는 〈여우 누이〉를 보완할 수 있었고 다른 한편으로는 〈여우 누이〉와는 차원이 다른 새로운 문제를 제기할 수 있었다.

이에 반해서, 〈상어를 사랑한 인어 공주〉는 뒤집을 수 없는 것을 뒤집었고 ≪백설공주를 사랑한 난장이≫는 뒤집으나마나한 것을 뒤집었다. 〈상어를 사랑한 인어 공주〉의 인어 공주는 물속을 걸어서 다닌다. 사람의 발을 갖고 있으니 그럴 수밖에 없다. 그런데 이것은 물속에서 살아가는 동물은 물속에서 이동하기에 적합한 하체를 가지게 되는 자연의 순리와 정면으로 충돌하는 것이다. 왜 이런 결과가 생겼을까. 간명하게 답할 수 있다. 뒤집기 그 자체를 위한 뒤집기가 이와 같은 기형적인 인어 공주를 탄생시켰다고.

≪백설공주를 사랑한 난장이≫는 〈백설공주〉의 주제 의식에 대해서 문제를 제기하는 것도 아니고 그렇다고 해서 그것과 관련한 새로운 문제를 제기하는 것도 아니다. 그렇다면 굳이 〈백설공주〉를 뒤집을 까닭이 없다. 그래서 뒤집으나마나한 것을 뒤집었다고 꼬집은 것이다. 〈상어를 사랑한 인어 공주〉에 대해서도 똑같은 비판을 할 수 있다.

(3) 녹여쓰기

다듬어쓰기는 옛이야기의 줄거리・주제 의식・이야기 구조에 기대어 동화를 쓰는 것이고, 뒤집어쓰기는 옛이야기의 이야기 구조에 기대어 동화를 쓰는 것이다. 이제 남은 것은 옛이야기의 미학에 따라서 이야기를 구조화하는 방법뿐이다. 우리는 여기에서 동화의 옛이야기 계승 방식으로는 마지막이 될 '녹여쓰기'와 마주치게 된다.

다듬어쓰기와 뒤집어쓰기가 옛이야기의 계승 방식이라는 것은 한눈에 알아볼 수 있다. 그 둘은 옛이야기의 전부 또는 일부를 동화 속에 온축하는 것이기 때문이다. 그러나 녹여쓰기는 말 그대로 옛이야기를 녹여서 동화 속에 스며들게 하는 것이어서 이런 방식으로 씌어진 동화에서는 옛이야기의 흔적이 잘 드러나지 않는다. 나는 녹여쓰기의 전범은 동화 ≪마당을 나온 암탉≫(황선미, 사계절, 2000)에서 찾을 수 있다고 생각한다. 어쩌면 작가 자신은 펄쩍 뛸지도 모르겠다. 옛이야기의 '옛'자도 떠올려 본 적이 없다고 말이다. 그래도 상관이 없다. 작가의 무의식 속에 옛이야기의 미학과 이야기 구조화 방법이 각인되어 있을 수도 있기 때문이다.

≪마당을 나온 암탉≫과는 달리, 동화 ≪밥데기 죽데기≫(권정생, 바오로딸, 1999)와 ≪해를 삼킨 아이들≫(김기정, 창비, 2004), ≪물이, 길 떠나는 아이≫(임정자, 문학동네어린이, 2005)는 옛이야

기에 기대어 쓴 동화임을 아주 표나게 드러낸다. 물론 예시한 동화는 다시쓰기나 뒤집어쓰기를 한 것이 아니다. 그렇다고 해서 녹여쓰기를 한 것이라 말하기도 어렵다. 눈에 띄는 것은 옛이야기의 모티프, 기법, 형식뿐이기 때문이다. 게다가 동화로서도 격이 떨어진다. 사건 자체가 너무나 허술하게 짜여 있다. 이 자리에서 입에 올린 동화는 녹여쓰기에 관한 전략을 탐색하는 자리에서 재론될 것이므로 이에 대한 상론은 그때까지 미루기로 한다.

3) 동화의 옛이야기 계승, 그 진정한 의미

최근 들어 동화에서 옛이야기를 계승하려는 시도가 두드러지게 나타나고 있다. 그런데 옛이야기의 모티프를 차용하거나 기법이나 형식을 모방하는 데 그치는 것 같아 아쉽기 짝이 없다. 이러한 것도 어린이의 관심을 끄는 데는 한몫할 수 있다. 그러나 동화도 이야기 자체에 승부를 걸어야 한다는 것을 생각하면, 옛이야기에서 가장 먼저 그리고 가장 공들여 배워야 할 것은 아무래도 이야기 구조화 방법일 것 같다. 물론 옛이야기의 이야기 구조화 방법을 동화에 그대로 적용할 수는 없다. 옛이야기는 시공간에 구애되지 않는 유형적 사건을 통해서 전형적 인물을 형상화했고, 또 어린이는 그러한 옛이야기에 호감을 드러냈지만, 동화가 옛이야기를 그대로 답습하고 어린이의 취향을 추종할 수만은 없다. 결론적으로 말하면, 동화는 문제적 사건을 통해서 개성적 인물을 형상화하고 그런 인물을 통해서 어린이에게 주체적인 인간상을 심어 주어야 한다는 것이다.

물론 어린이는 어린이의 전형이 어떠한 존재인지 알아둘 필요가 있다. 어린이에게는 어린이 자신을 비추어볼 거울이 필요한 것이다. 지금도 우리 주변에서는 어린이는 이러저러하여야 마땅하다는 이야기가 많이 오간다. 그러나 그것은 어른의 입장에서 어린이의 전형을 일방적으로 규정한 것일 뿐이다. 물론 그것을 전적으로 신뢰하는 것은 위험하다. 불신의 실마리는 옛이야기가 제공했다. 옛이야기 속의 어린이는 아주 무기력한 존재 또는 어른보다 더 어른스러운 존재로 형상화되는데, 오늘날 어느 누구도 이러한 어린이에서 어린이의 전형을 찾으려고 하지는 않는다.

우리는 아직 어린이의 정체조차 잘 알지 못한다. 어린이가 발견된 지 이제 겨우 백 년이 지났다고 한다. 백 년이라는 시간은 어린이의 정체를 제대로 탐색하기에는 턱없이 짧은 시간이다. 옛이야기가 어른의 전형을 탐색하는 데 수천 년이 걸렸지 않은가. 동화가 갈 길은 아직도 먼 것이다. 현시점에서 동화가 떠맡아야 할 가장 시급한 과제는 어린이의 정체를 밝히는 일이다. 이 세상의 모든 어린이를 추적하는 것은 어차피 가능하지 않다. 그렇다면 특히 개성이 또렷한 어린이를 추적할 수밖에 없다. 그리고 그들이 엮어내는 사건을 이야기로 다루어야 한다. 이때 옛이야기의 사건 구성 방법을 적절하게 활용하는 것이 바람직하다. 옛이야기는 그 방면에 있어서는 최고 수준의 노하우를 확보하고 있기 때문이다. 어린이의 정체가 어느 정도 규명되면 어린이의 전형은 저절로 마련될 것이다. 어쩌면 오늘날 우리가 어린이의 개성으로 간주하고 있는 것이 먼 뒷날 어린이의 전형적인 속성으로 규정될지도 모를 일이다.

동화가 옛이야기를 되돌아보는 것은 옛이야기의 미학을 구현하는 이야기 구조화 방법을 동화의 미학을 구현하는 이야기 구조화 방법으로 전환할 수 가능성을 모색하기 위한 것이다. 그것은 동화의 지평을 확장하기 위한 것이지, 옛이야기를 해체하거나 옛이야기의 한 요소를 빌려서 옛이야기의 아류를 생산하기 위한 것이 결코 아니다. 이 시점에서 옛이야기 긍정론과 부정론을 다시 검토할 필요를 느낀다. 그것이 동화의 옛이야기 계승 방향을 시사하고 있기 때문이다.

2. 옛이야기 긍정론과 부정론의 시사점

1) 옛이야기 긍정론과 부정론의 실체

브루노 베텔하임은 '어린이문학 전체를 통틀어 옛이야기만큼 어린이와 어른 모두에게 충족감을 주는 것은 없다'라고 단정한다.[3] 베텔하임은 그 까닭을 여러 가지로 설명한다. 그러나 요점은 다음의 말에 집약되어 있다. 옛이야기는 '어린이의 심리와 감정을 깊이 이해하'는 내용을 담고 있을 뿐만 아니라 '어린이가 완전히 이해할 수 있는 독특한 형식'으로 짜여 있다는 것이다.

이와는 반대로, 마리아 니콜라예바는 '아동문학사가들이 첫 번째로 저지른 가장 큰 실수는 아동문학의 역사를 전래동화에서 시작한 일이다'라고 말한다.[4] 옛이야기가 결코 어린이문학이 될 수 없음을 이렇게 우회적으로 표현한 것이다. 그런데 그 까닭을 설명하는 말이 너무 소략하다. 구전 전래동화는 폭력과 아동 학대를 다루는 이야기가 많고 또 구전 문화에 속하는 이야기이기 때문에 어린이문학에 편입시킬 수 없다는 것이 니콜라예바가 한 말의 전부이다.

한편 니콜라예바는 어린이를 위한 판본에도 싸늘한 반응을 보인다. 어린이를 위한 판본에 실리는 텍스트는 도덕적·교육적 관점에서 채택되기 때문에 변형을 겪을 수밖에 없고, 그 결과 그 텍스트가 펼쳐 보이는 세계상은 원래의 그것과 무관해진다는 것이다. 그런데 니콜라예바가 어린이를 위한 판본으로 지칭한 것은 순수한 의

---

3) 브루노 베텔하임, 김옥순·주옥 옮김, ≪옛이야기의 매력 I≫, 시공주니어, 1998, 15쪽.

4) 마리아 니콜라예바, 김서정 옮김, ≪용의 아이들≫, 문학과지성사, 1998, 31쪽.

미의 옛이야기가 아니기 때문에 이 자리의 논의와는 무관한 것이다.

베텔하임의 말처럼, 옛이야기는 어린이도 쉽게 이해할 수 있는 형식으로 짜여 있다. 우리는 그것을 이미 우연의 일치로 설명한 바 있다. 옛이야기는 말의 이야기문학이라서 기억하기 쉬운 형식을 갖추지 않을 수 없었다. 그런데 어른이 기억하기 쉬운 형식은 어린이가 이해하기에도 쉬운 형식인 것이다. 옛이야기가 적어도 형식의 측면에서는 어린이가 전혀 부담을 갖지 않게 된 까닭이 바로 여기에 있다. 그러나 옛이야기가 어린이의 심리와 감정을 깊이 이해하는 내용을 담고 있다는 베텔하임의 주장은 그의 정신분석학적인 주장을 감안하더라도 우리로서는 고개를 갸우뚱거릴 수밖에 없다. 옛이야기는 옛어른이 즐겼던 이야기라서 옛어른의 심리와 감정에 부합하는 내용을 다룰 수밖에 없었기 때문이다.

니콜라예바는 어린이문학에서 옛이야기를 배제하여야 한다면서 두 가지 사실을 지적했다. 하나가 옛이야기의 구술성이었고 다른 하나가 그것의 폭력성과 아동 학대성이다. 앞엣것은 도무지 말이 안 되는 것이다. 어린이문학 또한 말의 문학과 글의 문학을 아우르고 있기 때문이다. 그러나 뒤엣것은 모두 공감하는 바이다. 니콜라예바는 빠뜨렸지만, 옛이야기는 그것의 음란성과 위계성 그리고 성차별성 때문에도 많은 사람의 공격을 받는다. 물론 옛이야기로서는 어쩔 수 없는 측면이 있다. 어른, 그것도 옛어른의 욕망을 이야기할 수밖에 없었던 것이 옛이야기이기 때문이다. 그런데 이러한 공격적인 비판에 대응할 수 있는 방법을 다름 아닌 옛이야기 바로 그 자체에서 찾을 수 있다는 점을 니콜라예바는 간과했다.

그림 형제는 독일의 옛이야기를 수집하여 책으로 펴내면서 그 제목을 ≪어린이와 가정을 위한 옛이야기≫라 하였다. 그러나 그림 형제는 그 책에 실린 옛이야기를 거듭거듭 손질할 수밖에 없었다.

책의 제목과는 달리 그 옛이야기는 결코 어린이에게 적합한 이야기가 아니라는 비판에 끊임없이 시달렸기 때문이다. ≪알고 보면 무시무시한 그림 동화≫(키류 미사오, 이정환 역, 서울문화사, 2000, 개정판)라는 책이 있다. 지은이에 따르면, 이 책은 ≪어린이와 가정을 위한 옛이야기≫ 초판본의 잔혹하고 거친 표현 방법을 그대로 살리면서 그 안에 감추어져 있는 심층 심리와 그것의 진정한 의미를 학자들의 해석을 참고하여 철저하게 파헤친 것이라 한다.

이 책은 제목 그대로 어린이가 무시무시한 이야기로 느낄 수밖에 없는 이야기로 가득 채워져 있다. 〈백설공주〉만 하더라도 경악할 만하다. 다음은 그 내용을 요약한 것이다.

> 백설공주는 친아버지인 왕과 사랑을 나눈다. 이를 알게 된 왕비는 질투심 때문에 사냥꾼더러 백설공주를 죽이게 하였다. 그러나 백설공주는 사냥꾼의 동정심 덕분에 가까스로 살아나서 일곱 난쟁이의 집으로 찾아든다. 백설공주는 거기서 집안일만 하는 것이 아니었다. 일곱 난쟁이와 돌아가면서 잠자리도 같이 했다. 아버지와의 근친상간이 그것조차 자연스럽게 여기게 만들었던 것이다. 한편 사냥꾼이 가져온 산돼지의 간을 백설공주의 간으로 알고 먹었던 왕비는 백설공주가 죽은 것으로 여겼다. 그러나 거울이 백설공주가 살아 있음을 알려 주자 이번에는 자신이 직접 나선다. 딸의 복수가 겁이 났던지라 자신이 완벽하게 처리해야겠다고 생각했던 것이다. 왕비는 세 번의 시도 끝에 백설공주를 죽이는 데 성공한다. 일곱 난쟁이는 백설공주의 시체를 유리관에 넣어 보관했다.
>
> 어느 날 이웃 나라의 왕자가 사냥을 하다가 길을 잃고 일곱 난쟁이의 집에 들르게 되었는데, 그는 거기서 유리관에 누워 있는 백설공주를 보게 되었다. 왕자는 백설공주를 손에 넣고 싶었다. 왕자는 병적인 시체 애호가였다. 성적 불능자라서 살아 있는 여자를 사랑할 수 없었던 것이다. 장례 문제로 고심하던 일곱 난쟁이는 백설공주를 왕자에게 넘겨 주었다. 하루는 왕자의 시종이 왕자가 없는 틈을 타서 유리관을 열고 백설공주의 몸을 들어올렸다. 그 순간 발소리가 들렸다. 시종이 놀라서 시체를 떨뜨렸는데, 이때 공주의 목에 걸려 있던

독 묻은 사과 조각이 툭 튀어나왔다. 백설공주는 살아났다. 왕자와 결혼한 백설공주는 복수를 하고 싶었다. 그래서 무도회를 열어서 어머니인 왕비를 초대했다. 왕비는 기꺼이 초대에 응했다. 이웃나라의 새 왕비가 자신보다 더 아름다운 사람이라고 거울이 말했기 때문이다. 왕비는 이웃나라에 도착하자마자 붙잡혀 재판을 받게 되었다. 백설공주는 왕비를 고문하라고 명령했다. 불에 새빨갛게 달궈진 쇠구두를 신은 왕비는 정신없이 뛰다가 마침내 힘없이 쓰러지고 말았다.

초판본 〈백설공주〉에 대한 우리의 상식적인 의문—자신의 친딸을 쫓아내고 죽이려고까지 한 왕비와, 아름답긴 하지만 그래봤자 시체에 지나지 않는 백설공주를 첫눈에 사랑하게 되는 이웃나라 왕자에 대한 평범한 독자의 궁금증—에 대한 해답을 상상력으로 마련해 본 이 이야기는 옛이야기가 어린이문학으로서 얼마나 부적절한 것인지 보여 주는 데는 부족함이 전혀 없다. 그러나 오늘날에도 그림 형제의 옛이야기는 여전히 어린이의 사랑을 받는다. 물론 ≪어린이와 가정을 위한 옛이야기≫ 최종판은 초판본과 많이 다르다. 그리고 최종판에 실려 있는 200여 편의 옛이야기 중에서 오늘날의 어린이책에 포함되는 옛이야기는 12편 정도에 지나지 않는다.[5)]

누군가는 이를 내세워 옛이야기가 어린이문학일 수 없음을 주장하기도 한다. 그러나 우리는 정반대로 주장할 수 있는 또 다른 이유를 가지고 있다. 첫째, 옛이야기는 전파와 전승 과정에서 수많은 변이형을 생산하게 되는데, 어린이문학으로 채택되는 옛이야기는 그 변이형 가운데 일부일 뿐이라는 사실이다. 이것은 그림 형제의 개작을 정당화한다. 그림 형제의 개작은 순수한 창작일 수도 있고 단지 또 다른 변이형으로의 교체일 수도 있다. 그러나 어느 쪽이든

5) 셸던 캐시단, 조무석 외 옮김, ≪마녀는 죽었다≫, 숙명여대출판국, 2002, 12쪽 참고.

상관이 없다. 왜냐하면 그림 형제가 활동했던 19세기 초반은 옛이야기의 전파와 전승이 여전히 활발하게 이루어지던 시기라서 순수한 창작과 또 다른 변이형으로의 교체를 구분하는 것이 무의미하기 때문이다. 둘째, 어린이문학의 어떤 하위 장르에서도 모든 작품이 책으로 출판되지는 않는다는 사실이다. 그림 형제의 옛이야기가 200여 편 가운데 12편이나 그것도 아주 오랜 세월 명작 동화라는 이름을 붙인 어린이책으로 출판되었다는 것은 매우 놀라운 현상이다.

2) 옛이야기 긍정론과 부정론의 상관관계

옛이야기는 옛어른을 위한 이야기이고 오랜 세월의 짓누름도 견뎌낸 적층문학이다. 이 둘은 밀접한 상관관계가 있다. 여기서 말하는 옛어른은 특정 시대의 특정의 옛어른을 가리키는 것이 아니고 세대를 달리하는 수많은 옛어른을 통칭하는 것이기 때문이다. 우리는 이것만으로도 옛이야기의 문학성을 아주 쉽게 인정할 수 있다.

옛이야기의 문학성은 오랜 세월 수많은 사람의 시행착오를 거쳐서 확보되었다. 그 시행착오의 유물이 바로 옛이야기의 유형과 각편(또는 변이형)이다. 우리가 알고 있는 특정의 옛이야기는 어느 한 유형에 속하는 어느 한 각편일 뿐이다. 그리고 그 각편은 그 유형의 옛이야기 가운데 가장 세련된 옛이야기로 평가받은 것일 가능성이 꽤 높다. 물론 모두 그런 것은 아니다. 어떤 유형의 옛이야기에서는 각편마다 그 고유의 의미와 가치를 지닐 수도 있기 때문이다. 옛이야기는 이야기의 실험장이라 할 만하다. 옛이야기의 수많은 유형과 수많은 각편은 인류가 구성할 수 있는 이야기의 총체라 할 만하다는 것이다.

옛이야기의 문학성은 옛이야기 긍정론의 토대가 된다. 어린이는 문학성이 있는 어른문학에 마음을 빼앗기는 경우는 있어도 문학성이 없는 어린이문학에 마음을 주는 경우는 없는 것이다. 그런데 문학성에서 승부를 걸 것이라면 제재나 주제를 가릴 까닭이 없다. 더욱이 옛이야기는 옛어른을 위한 이야기가 아니었던가. 옛어른 또한 요즘 어른과 마찬가지로 성·돈·힘을 욕망의 대상으로 삼았다. 이를 이야기로 엮어 가려면 음란성·폭력성·억압성·위계성의 혐의를 받는 것을 두려워해서는 안 될 것이다. 어쩌면 그러한 것을 오히려 적극적으로 구사하여야 할지도 모른다. 그것은 이야기에 재미를 더해 줄 것이기 때문이다. 이런 점에서 볼 때, 옛이야기 긍정론과 부정론은 동전의 양면 같은 것이라고 말할 수 있다.

'나무꾼과 선녀' 유형에 속하는 옛이야기 몇몇을 살펴보기로 한다. '나무꾼과 선녀' 유형의 이야기는 몽골의 '백조 처녀' 신화[6]가 우리나라에 건너와서 전설화한 것이다. 어떤 연구자가 조사한 바에 따르면, '나무꾼과 선녀' 유형 옛이야기에는 140여 편의 각편이 있다.[7] 그 연구자는 '나무꾼과 선녀' 유형 옛이야기를 다시 여섯 가지의 하위 유형으로 분류했는데, 그 가운데 기본형이라 할 만한 것이 '선녀 승천형'이다. '선녀 승천형'은 근원 신화에 가장 가까워서 서사 구조도 가장 단순한 것이기에 기본형으로 간주하는 것이다. 나무꾼과 결혼한 선녀가 나무꾼을 버려둔 채 아이들만 데리고

6) 조현설이 소개한 몽골의 브리아트 족 신화를 요약해 둔다. '어떤 사냥꾼이 하루는 호수에 날아든 백조 세 마리를 발견했다. 그런데 백조는 물 위에 내려앉자 깃을 버리고 모두 여자가 되어 헤엄을 쳤다. 백조는 천신(天神) 에세게 마란(Esege Malan)의 딸이었다. 사냥꾼은 깃을 하나 감췄다. 깃을 잃은 백조는 날아갈 수 없어서 그 사냥꾼의 아내가 되었다. 둘 사이에서 여섯 자녀가 태어났다. 어느 날 여자는 남편에게 독한 소주를 먹여 취하게 하고는 깃을 달라고 하였다. 남편이 깃을 내주자, 여자는 백조로 변하여 연기 구멍으로 달아났다. 이 여섯 자녀에서부터 바이칼 지역의 브리아트 인이 비롯되었다고 한다(조현설, 〈동아시아 신화와 민담, 그리고 동화의 만남〉, 콩세알 6회 연수 자료집, 2004 참고).

7) 배원룡, ≪나무꾼과 선녀 설화 연구≫, 집문당, 1993 참고(이 글에서 활용하는 '나무꾼과 선녀' 유형 옛이야기에 관한 자료는 모두 이 책에서 끌어온 것임을 미리 밝혀 둔다).

하늘로 올라가는 것으로 마무리되는 이야기이다. 다음과 같은 것이 '선녀 승천형' 이야기이다.

〈나무꾼과 선녀〉

옛날에 총각 한 사람이 산에 가서 나무를 하는데, 노루가 뛰어오더니 살려 달라고 했다. 총각은 노루를 나무더미에 숨겨 주었다. 조금 있으니 포수가 쫓아와서 노루를 보지 못했느냐고 물었다. 총각이 못 봤다고 하니까 포수가 그냥 가 버렸다. 노루는 은혜를 갚겠다고 하면서 며칠 후에 다시 보자고 하였다. 약속한 날에 그 자리로 가니까, 총각에게 장가를 들게 해주겠다고 했다. 산 너머에 연못이 있는데, 거기는 선녀가 목욕하는 곳이라고 했다. 선녀의 옷을 감추면 선녀가 하늘로 올라가지 못하니까, 그 선녀를 색시로 삼으면 된다고 하였다. 과연 그 연못에는 선녀 셋이 목욕하고 있었다. 총각이 가만히 다가가서 가운데 선녀의 옷을 감추었다. 목욕을 마친 선녀는 옷을 입고 하늘로 올라가는데, 가운데 선녀는 옷이 없어서 하늘로 올라가지 못했다. 총각이 선녀에게 다가가서 같이 살자고 했다. 선녀는 할 수 없이 이 총각과 같이 살게 되었다. 총각은 선녀와 좋은 기와집에서 살면서 아이를 둘이나 낳게 되었다. 어느 날 아랫마을에 혼인 잔치가 있어서 총각은 그 집에 가서 고기와 술을 많이 얻어먹고 집에 돌아오니까 선녀가 자기 옷을 달라고 했다. 옷을 주면 하늘로 올라갈 것 같아서 망설였지만 아이를 둘이나 낳고 여러 해 재미나게 살았는데 설마 그렇게 할까 싶어 옷을 내주었다. 선녀는 옷을 입고 아이 둘을 양쪽 겨드랑이에 끼고 하늘로 올라가고 말았다.[8)]

다른 하위 유형은 '선녀 승천형'에서 새로운 삽화를 덧붙이는 방식으로 이야기를 점점 확장해 나간 것이다. 이와 같은 확장은 대중적 인기에 따른 것으로 보인다. '나무꾼 승천형'은 사슴의 도움으로 나무꾼이 하늘로 올라가 선녀와 재회하여 행복하게 살았다는 이야기이고, '나무꾼 천상 시련 극복형'은 나무꾼이 하늘에서 여러 가지 시련을 극복하고 처자와 함께 행복하게 살았다는 이야기이고, '나

8) ≪임석재 전집 3≫, 255-256쪽 요약.

무꾼 지상 회귀형'은 나무꾼이 지상에 두고 온 가족이 그리워 내려왔다가 금기를 어겨서 죽거나 수탉으로 환생하였다는 이야기이고, '나무꾼 시신 승천형'은 지상에서 죽은 나무꾼의 시신을 선녀가 아들을 시켜서 천상으로 옮겨서 장사를 지냈다는 이야기이고, '나무꾼과 선녀 동반 하강형'은 하늘에서 살던 나무꾼 가족이 다시 지상으로 내려와 행복하게 살았다는 이야기이다.

'선녀 승천형' 이야기는 신화적으로도 해석할 수 있고 민담적으로도 해석할 수 있다. 신화로 보면, 이것은 사람의 계략으로 지상에 억류된 선녀가 인간의 실수를 틈타 원래의 자기 세계로 되돌아가는 이야기가 된다. 신화에서는 인간의 세계인 지상과 신의 세계인 천상은 분리되어 있다. 따라서 사람과 선녀가 결혼한다는 것부터 잘못된 것이다. 결혼이 이루어졌다면 파탄이 나야만 한다. 그래야 지상과 천상 양쪽의 질서가 모두 회복되는 것이다.

민담으로 보면, 문제 해결의 방법적 정당성을 시비하는 이야기가 된다. 나무꾼과 선녀의 결혼은 자유의사에 따른 합의 결혼으로 볼 수 없는 것이었다. 나무꾼이 선녀의 옷을 숨겼기 때문에 성사된 결혼이니, 그 위계성을 문제로 삼아 원인 무효를 주장할 수 있는 결혼이었다. 따라서 선녀가 나무꾼을 버리고 하늘로 올라간 것은 부당한 결혼을 해소하는 정당한 행위라고 말할 수 있다. 이것은 상당히 의미 있는 교훈이다. 특히 어린이에게는 더 그렇다.

'나무꾼과 선녀' 유형 옛이야기를 비판하는 목소리는 대개 그 서두 부분을 문제로 삼는다. 그 요점은 다음과 같다. (가) 먹이 사슬의 관계에 놓여 있는 포수와 사슴 사이에서, 나무꾼이 사슴의 목숨을 구하기 위해서 포수를 굶주리게 하는 것은 편파적이다. (나) 사슴이 자신의 보은을 위해서 제삼자인 선녀의 운명을 유린하는 방법을 일러 주는 것은 비도덕적이다. (다) 나무꾼이 선녀의 의사와 상관 없이 날개옷을 빌미로 결혼을 강요하는 것은 여성 억압적이다.

(가)는 별로 문제가 되지 않는다. 약자에 대한 동정심은 그 자체로 정당성을 획득할 수 있기 때문이다. 그러나 (나)와 (다)는 다르다. 그것만 떼놓고 보면 어린이에게 나쁜 영향을 줄 수 있는 비교육적인 것이기 때문이다.

이를 감안하면, 어린이문학의 처지에서는 '선녀 승천형'을 '나무꾼과 선녀'형 옛이야기를 대표할 만한 이야기로 꼽지 않을 수 없다. 사슴은 나무꾼에게 선녀와 결혼할 수 있는 위계를 일러 주었고, 나무꾼은 그 위계를 실행에 옮겼다. 그 결과 선녀는 원치 않는 결혼을 하여야 했고 또 그만큼 불행해졌다. 이에 대한 어린이문학적 대응은 선녀 또한 위계를 써서 가능한 한 최대의 원상 회복을 꾀하는 것이다. 결혼 사실과 아이 출산까지 없었던 일로 할 수는 없지만 결혼 상태를 깨뜨릴 수는 있을 것이다. 과연 우리의 선녀는 나무꾼에게 거짓말을 하여 날개옷을 얻은 후에 아이들만 데리고 하늘로 올라가 버린다. 이 순간 〈나무꾼과 선녀〉의 인간 억압성이 인간 해방성으로 전환되는 것이다. 선녀의 승천은 나무꾼에게는 비극적인 것이겠지만 인본주의자에게는 희망적인 것이다. 이것은 어린이에게도 매우 유익한 교훈이 됨은 말할 것도 없다.

'선녀 승천형'보다 더 적극적인 방법으로 선녀가 나무꾼에게 대응하는 것도 있다. '나무꾼 추락형'이라 할 만한 것이 바로 그것이다(배원룡은 이를 '나무꾼 승천형'에 포함시켰다). 선녀가 하늘로 올라가 버리자, 나무꾼은 다시 사슴을 찾아가서 도움을 청한다. 사슴은 하늘에서 물을 길으려고 내려보내는 두레박을 타고 하늘로 올라가라고 일러 준다. 그런데 두레박을 타고 하늘로 올라가던 나무꾼은 두레박과 함께 떨어져 그 자리에서 죽는다. 하늘에서 지켜보던 선녀가 두레박의 줄을 끊어 버렸던 것이다.

'나무꾼 추락형'이 함축하고 있는 의미는 '선녀 승천형'의 그것보다 훨씬 복합적이다. 겉으로 보면 나무꾼은 선녀의 보복으로 죽음을 맞이한 것이 된다. 그러나 그 속을 들여다보면 이와는 다른 뜻을 찾아낼 수 있다. 나무꾼은 나무꾼 자신의 분별 없는 욕망의 덫에 치였다는 것이다. 하늘로 올라가 버린 선녀와 재결합하기 위해서는 일단 하늘을 침범해야 하고 선녀를 또다시 제압할 수 있는 방편을 마련하여야 한다. 이것은 땅의 주민인 나무꾼이 마음에 품을 만한 욕망이 결코 아닌 것이다. 옛이야기는 우리의 모든 욕망을 긍정한다. 그러나 그 욕망에 대한 책임은 철저하게 묻는다. 나무꾼의 죽음은 그래서 당연한 것이었다.

'선녀 승천형'과 '나무꾼 추락형'에서는 결말과 (나)와 (다)의 내용이 아주 잘 어울린다. 그렇다면 (나)와 (다)의 내용은 이야기의 필수 요소로 평가하지 않을 수 없다. 우리는 여기에서 옛이야기 부정론의 실마리가 될 법한 것이 옛이야기 긍정론의 실마리로 자리매김될 수 있음을 확인할 수 있다. 그러나 나머지 유형에서는 (나)와 (다)의 내용은 그 비교육적 성격이 끝까지 유지되기 때문에 옛이야기 부정론의 빌미로 책잡히기까지 한다.

'나무꾼 승천형'은 얼토당토않은 이야기이다. 나무꾼을 버리고 하늘로 올라간 선녀가 하늘로 올라온 나무꾼을 반겼단다. 이와 같은 이야기 전개는 인물의 일관성을 완전히 무시한 것이다. 이러한 작위적 확장은 나무꾼의 비극에 연민의 정을 품은 청중의 개입 때문임은 짐작하기 어렵지 않다. 부부의 이별 그 자체가 안타까운 것이다. 더욱이 그것이 지상세계와 천상세계의 주민이라는 신분의 차이 때문에 유발된 것이라고 생각하게 되면 안타까움은 더욱 커진다. 이 안타까움이 '선녀 승천형'의 꽉 짜인 서사 구조를 허물어뜨린다. 그뿐이 아니다. 교훈까지도 증발시킨다.

'나무꾼 천상 시련 극복형'은 한술 더 뜬다. 이 유형에 속하는 어떤 각편에서는 나무꾼이 옥황상제와 목 베기 시합을 한다. 그런데 그 시합에서 선녀는 자신을 핍박했다는 이유로 스스로 버렸던 나무꾼을 돕는다. 결과는 참담하다. 목이 떨어져서 죽는 것은 옥황상제였던 것이다. '나무꾼 천상 시련 극복형'은 신화로서는 그 나름의 의미가 있다. 인간인 나무꾼이 천상세계에서 살아가기 위해서는 인간의 꾀를 벗고 천상의 주민으로 거듭 태어나는 통과의례를 거칠 필요가 있었기 때문이다. 이 또한 어린이에게는 그 나름의 교훈을 줄 수 있다. 그리고 나무꾼의 천상 시련은 그 자체로는 재미가 있는 것이다. 그러나 그것은 '선녀 승천형'에서 확보한 재미와는 완전히 동떨어진 재미이다. 따라서 '선녀 승천형'과 '나무꾼 천상 시련 극복형'은 각각의 재미와 교훈이 서로 이질적인 별개의 이야기로 규정할 수 있다.

'나무꾼 시신 승천형'에서는 서사 논리가 일관성을 상실했다. 나무꾼은 이미 통과 제의를 거쳐서 하늘나라의 주민으로 거듭난 터였다. 그런데도 금기를 부여받았을 뿐만 아니라, 부여받은 금기까지도 위반하여 하늘로 올라가지 못하게 된다. 어색한 장면은 계속된다. 살아 있을 때는 하늘로 올라가지 못했던 나무꾼이 시신이 되어서는 아주 손쉽게 하늘로 올라간다. 서사 논리의 일관성이 결여된 것은 '나무꾼과 선녀 동반 하강형'도 마찬가지다. 나무꾼이 싫어서 하늘로 올라갔던 선녀가 나무꾼과 함께 살기 위해서 땅으로 내려왔으니 말이다.

우리는 '나무꾼과 선녀' 유형의 옛이야기에서 다음과 같은 사실을 알 수 있었다. 옛이야기라고 해서 모두 문학성을 획득한 것은 아니라는 것, 옛이야기는 각편에 따라서 문학성의 획득 정도가 상당히 다르다는 것 그리고 문학성을 획득한 옛이야기에서는 옛이야기 부정론의 근거가 되는 내용 요소도 옛이야기 긍정론의 근거로 탈바꿈할 수 있다는 것이 바로 그것이다.

3) 옛이야기 긍정론과 부정론의 동화 창작 방법론적 함의

옛이야기는 옛어른이 즐겼던 이야기라서 옛어른의 욕망인 성·돈·힘을 이야깃거리로 다룰 수밖에 없었고, 그 결과 음란성·폭력성·위계성의 혐의를 받을 수밖에 없는 내용 요소를 포함하게 되었다. 그뿐이 아니다. 옛어른이 삶을 영위했던 시대에는 세계의 중심에 남자 어른이 있었다. 옛이야기도 그 시대상을 반영할 수밖에 없는 일이다. 그 결과 옛이야기는 성차별성과 어린이 억압성까지 이야기 속에 내포하게 되었다.

이와 같은 것은 분명 옛이야기 부정론의 빌미가 될 수 있는 것이다. 그런데도 옛이야기 긍정론이 힘을 잃지 않는 데는 그만한 까닭이 있다. 욕망의 촉발과 충족 그 자체를 삶의 위기이자 기회로 간주하는 욕망의 미학 때문이다. 옛이야기는 일단 옛어른의 모든 욕망을 긍정한다. 욕망을 촉발시키는 것도 긍정하고 촉발된 욕망을 충족시키는 것도 긍정한다. 옛이야기 부정론의 빌미는 바로 이 지점에서 생성된다. 그러나 옛이야기는 옛어른에게 욕망 주체로서의 책임을 철저하게 묻는다. 욕망 때문에 행복해질 수도 있지만 반면에 불행해질 수도 있음을 이야기 속에서 충분히 깨닫게 만든다는 것이다. 이것은 욕망 주체와 욕망 대상의 대결 과정에서 구체화된다. 옛이야기 긍정론은 이 지점에서 활기를 띤다.

옛어른이 옛이야기를 즐겼던 까닭도 바로 여기에서 찾을 수 있다. 위기이자 기회인 욕망의 문제적 상황을 실제로 체험한다는 것은 번거롭기도 하지만 위험하기도 하다. 그러나 옛이야기 속의 작중 인물을 통해서 대리 체험한다면 그런 부담을 걱정하지 않으면서도 재미와 교훈을 한꺼번에 얻을 수 있는 것이다. 동화 창작에서 언제나 잊지 말아야 할 것이 재미있는 교훈 또는 교훈적인 재미, 바로 그것이 아니겠는가.

우리는 여기에서 옛이야기 긍정론과 부정론에서 배울 수 있는 동화 창작 방법을 생각해 볼 수 있다. 옛이야기가 옛어른의 욕망을 이야깃거리로 삼았듯이, 동화는 요즘 어린이의 욕망을 이야깃거리로 삼아야 한다.(물론 요즘 어른의 욕망 또한 이야깃거리로 삼을 수 있다. 단 그것은 요즘 어린이가 수용할 수 있고 수용할 가치가 있는 것이어야 한다.) 이를 위해서는 무엇보다도 먼저 어린이의 진정한 욕망이 무엇인지 깊이 있게 탐색하여야 한다. 이때 그것의 부정적인 측면을 미리 염려하는 것은 옳지 못하다. 동화에서도 옛이야기와 마찬가지로 어린이의 모든 욕망을 긍정하여야 한다. 그렇지 않으면 동화가 어린이의 욕망을 오히려 억압한다는 비난을 받게 될 것이다.

어린이의 모든 욕망을 긍정하게 되면 어린이와 관련한 다양한 문제 제기가 가능해진다. 그러나 문제 해결은 욕망 주체와 욕망 대상의 대결에 맡겨야 한다. 작가가 인위적으로 개입해서는 안 된다는 것이다. 작가의 할 일은 한 가지밖에 없다. 충족되게 되어 있는 욕망은 충족되게 하여야 할 것이고 충족될 수 없게 되어 있는 욕망은 충족되지 않게 하는 것이다. 어린이 독자는 이렇게 배려하는 것이다. 이와 같은 열린 문제 제기와 닫힌 문제 해결을 지향하는 동화라야, 어린이 독자가 자신의 욕망과 관련한 문제적 상황을 작중 인물을 통해서 대리 체험하는 것이 가능해진다.

우리는 이미 옛이야기에서 말의 문학이 갖는 장점을 확인한 바 있다. 말은 어른의 문학조차도 이야기 형식의 측면에서는 어린이가 친밀감을 느끼게 만드는 힘을 가지고 있다. 말에는 또 다른 힘이 있다. 그것은 말 고유의 표현 기법에서 나오는 표현 효과이다. 동화 창작은 글로 하기 때문에 대부분 글의 표현 기법을 채택한다. 그런데 말도 문자의 옷을 입히기만 하면 글처럼 부릴 수 있다. 말과 글의 표현 기법을 아울러 구사하는 것도 동화 창작의 새로운 방법이 될 것이다.

3. 옛이야기에서 배우는 동화 창작법

1) 어린이의 욕망 탐색

옛이야기의 미학은 욕망의 미학이라 할 만하다. 욕망에 대해서 이야기한 것이 어찌 옛이야기뿐이겠는가. 그런데도 옛이야기를 특별히 지목하여 욕망의 미학을 운운하는 데는 다음과 같은 까닭이 있기 때문이다. 첫째, 옛이야기는 옛어른의 모든 욕망을 존중했다. 둘째, 옛이야기는 욕망 충족을 위한 옛어른의 모든 수단과 방법을 정당화했다. 셋째, 옛이야기는 옛어른에게 자기 욕망에 대한 책임을 철저하게 물었다.

동화가 옛이야기에서 가장 먼저 배워야 할 것이 바로 이 욕망의 미학이다. 물론 옛이야기의 미학을 동화에 그대로 적용할 수 있는지는 따로 따져볼 일이다. 옛이야기에서 말하는 욕망은 옛어른, 곧 어른의 욕망이기 때문이다. 과연 동화 또한 어린이의 모든 욕망을 존중하여야 하는 것일까. 정말, 동화 또한 욕망 충족을 위한 어린이의 모든 수단과 방법을 정당화하여야 하는 것일까. 이런 의문을 제기할 수 있다는 것이다. 내가 생각하는 답은 '그렇다'이다.

동화는 어린이를 위한 이야기라 하였다. 그런데 어른은 어린이가 원하는 방식으로 어린이를 위하는 것이 아니라 어른 자신이 원하는 방식으로 어린이를 위한다. 어린이가 원하는 것이 어린이 자신에게 해로운 것이 될 수 있다는 이유 때문이다. 그러나 그런 논리에 기댄다면 반대 의견도 쉽게 피력할 수 있다. 어른이 원하는 방식대로 어린이를 위하는 것이 반드시 어린이에게 이로우리라는 법도 없기 때문이다. 이러한 딜레마를 해결할 수 있는 방법이 있다. 그것은 어린이 스스로 자신을 위할 수 있게 어른이 도와주는 것이다. 다시 말해서 어린이가 자기 욕망의 진정한 주체로 바로 설 수 있도록 어른이 한 걸음 뒤로 물러서는 것이다. 어린이의 욕망 또는 어린이의 욕망 충족 노력이 어린이 자신을 해치게 되는 경우도 있을 수 있다. 그러나 그것은 문제가 되지 않는다. 우리가 이야기하고 있는 것은 동화 속의 허구세계를 전제로 한 것이기 때문이다.

동화 속의 어린이가 자기 욕망의 진정한 주체가 된다면, 그것이 자신에게 위기를 초래할 수도 있고 기회를 안겨줄 수도 있다는 것을 금방 알게 된다. 물론 그러한 작중 인물을 지켜보는 어린이 독자 또한 그러한 사실을 금방 알게 된다. 우리도 여기에서 알게 되는 것이 있다. 작가가 동화를 통해서 어린이의 욕망 그 자체를 통제하려고 하거나 그 욕망의 충족 여부에 영향을 미치려고 애를 쓰는 것이 무의미하다는 것이다. 작가가 힘을 기울여야 할 것은 따로 있다. 그것은 욕망이 위기이자 기회로 작용하는 이야기 구조를 생성하는 것이다.

아직도 많은 동화는 어린이의 욕망을 이야기하기보다는 어린이에 대한 어른의 욕망을 이야기한다. 흥미롭게도 우리는 이러한 동화의 원형을 지혜로운 어린이가 주인공으로 활약하는 옛이야기에서 찾을 수 있다. 옛이야기 속의 지혜로운 어린이는 이 세상의 그 어떤 어른보다도 더 지혜롭다. 당연히, 그러한 어린이는 현실의 어린이와는 거리가 멀다. 어린이에 대한 어른의 욕망, 즉 어른보다 더 어른스러운 어린이를 이상적인 어린이로 제시하려는 옛어른의 욕망에서 태어난 관념적인 어린이이니 그럴 수밖에 없는 것이다. 물론 그러한 어린이의 욕망은 하나도 빠지지 않고 모두 가볍게 충족된다. 그 어린이의 욕망은 그 어린이에 대한 어른의 욕망을 함축하고 있기 때문이다. 이는 결코 동화가 지향할 바가 못 된다. 옛이야기를 통해서 동화의 지평을 확대하고자 할 때 경계하여야 할 것이 바로 이것이다.

≪밥데기 죽데기≫는 옛이야기의 분위기를 잔뜩 풍기는 동화이다. 백일 동안 기도하여 사람으로 변신한 늑대 할머니, 삶은 달걀을 똥통에 담갔다가 깨끗한 개울물에 담가서 사람으로 태어나게 한 밥데기와 죽데기 그리고 늑대 할머니와 비슷한 방법으로 사람이 되었다는 황새 아저씨. 이와 같은 작중 인물의 환상성이 옛이야기를 환기시켜 주지만, 옛이야기 특유의 치밀한 이야기 논리는 찾아보기 어려운 동화이다.

늑대 할머니는 자신의 남편과 아이들을 죽인 포수에게 원수를 갚기 위해서 밥데기와 죽데기를 만들어 내었다. '할머니 원수를 왜 우리가 갚아야 하는 거예요?'(19쪽) 이것은 동화 속의 밥데기와 죽데기의 항변이지만 이 작품의 메시지에 대한 독자의 항변이기도 하다. 그러나 밥데기와 죽데기의 항변은 금세 힘을 잃어버린다. '내 원수는 너희 원수도 되고 이 세상 모든 짐승들의 원수도 되는 거다.'(20쪽) 우리 식으로 바꾸어 말하면, 밥데기와 죽데기의 욕망은 늑대 할머니의 욕망뿐만 아니라 이 세상 모든 생명체의 욕망과 부합할 때만 의미 있는 욕망으로 인정받을 수 있다는 것이다. 이런 발상은 우리에게는 끔찍한 것이지만 작가에게는 자연스러운 것인지도 모른다. 작가는 어린이의 탄생까지도 어른의 욕망을 충족시키는 수단과 방법의 측면에서 그 의미를 부여하고 있으니 말이다.

밥데기와 죽데기가 욕망 주체로서 어린이의 지위를 스스로 포기하는 순간, ≪밥데기 죽데기≫를 읽는 어린이 독자는 늑대 할머니의 가면을 쓴 어른 작가의 욕망에 그대로 노출된다. 어린이와 어른이 함께 주인공으로 활약하는 작품에서 어린이가 어린이의 정체성을 상실하게 되면, 어린이와 어른의 대립 관계는 저절로 소멸될 수밖에 없다. 그러한 동화에서는 작가의 메시지는 도드라지고 그 메시지를 담아내는 개별 사건 또는 개별 사건 상호간의 이야기 논리는 그만큼 엉성해진다.

≪밥데기 죽데기≫는 늑대와 포수의 원한 관계를 실마리로 하여 우리 민족의 수난사를 종횡으로 들춘다. 늑대를 죽인 포수에서 말문을 열어서, 그 포수에게 사냥을 강요했던 일본군과 미군을 이야기한 다음 그들과 결코 무관하지 않을 6·25 전쟁까지 곁터듬은 다음, 포수를 매개로 하여 그들의 또 다른 피해자인 원자탄 피폭자와 정신대 할머니에게 말머리를 돌린다. 이쯤 되면 남북 분단까지 입을 대지 않을 수 없다. 170쪽, 그리 많다고 할 수 없는 쪽수. 그러나 담아야 할 이야기는 하나같이 굵직굵직하다. 설명이나 주장을 주조로 삼지 않을 수 없고, 따라서 이야기가 실종될 수밖에 없다.

이 동화의 끝은 남북통일과 그것을 통한 세계 평화에 대한 염원으로 채워져 있다. 그런데 그것은 이 동화의 처음만큼이나 희화적인 것이다. 늑대 할머니는 마지막 생명을 살라서 똥을 금가루 같고 꽃가루 같은 생명가루로 만든다. 그것은 달걀에서 병아리가 태어나게 하고, 남북을 갈라놓은 철조망이 녹아내리게 하고, 남북을 서로 겨누고 있던 모든 무기를 녹아내리게 하였다. 이것은 작가의 꿈일 뿐이다. 메시지는 이처럼 곧잘 꿈으로 몸바꿈을 하기도 한다. 그러나 그것은 이야기의 씨앗이 될 수는 있을지언정 이야기의 열매가 될 수는 없는 것이다.

동화의 지평을 확대하기 위한 선결 과제로 어린이의 욕망 탐색을 제안하는 것은 쉬운 일이다. 그러나 정작 어린이의 욕망이 무엇인지 또 어떠한 것인지 말하기는 참 난감하다. 어린이의 욕망에 대해서 우리가 아는 바가 그다지 많지 않기 때문이리라. 그렇다고 해서 어린이의 욕망과 관련한 어린이심리학 또는 어린이철학의 연구 성과를 마냥 기다리고 있을 수만은 없다. 우리로서는 우리 나름의 문학적 해결 방법을 모색하여야 한다.

어린이의 욕망과 어른의 욕망, 이 둘을 선명하게 구별하는 것은 사실상 불가능하다. 범주의 차이보다는 정도의 차이가 더 두드러질 것이기 때문이다. 예컨대 어린이는 일도 놀이처럼 하고 어른은 놀이도 일처럼 하는 경향이 있다. 그렇다고 해서 어린이가 일에 대한 욕망이 전혀 없다 할 수 없고 어른이 놀이에 대한 욕망이 전혀 없다 할 수 없다. 그렇다면 어린이 고유의 욕망을 탐색하는 한편, 어른의 욕망을 어린이가 수용할 수 있는 방법을 탐색하여야 한다. 어린이가 주체적으로 제어할 수 있는 욕망이라면 그것이 어린이 고유의 욕망이든 어른의 욕망이든 그다지 문제가 되지 않기 때문이다. 동화에서는 어린이가 그 어떤 욕망이든 간에 자신의 욕망으로 내면화하는 과정을 설득력 있게 그리는 방법으로 이 문제에 대응하는 것이 좋다.

2) 욕망의 문제적 상황 설정 및 그 재귀적 해소

≪마당을 나온 암탉≫이 옛이야기의 영향을 받았다는 증거는 아무 데도 없다. 그러나 이 작품만큼 옛이야기의 미학을 제대로 구현하고 있는 것도 드물다. 우리는 그 까닭을 욕망의 문제적 상황 설정과 그 재귀적 해소라는 측면에서 간명하게 설명할 수 있다. 이 작품의 주인공은 이름이 잎싹인 암탉이다. 잎싹은 자신의 알을 품어서 병아리를 까고 싶어한다. 일반적인 경우라면 이것은 지극히 평범한 욕망이 된다. 그러나 잎싹은 알을 낳을 수는 있지만 그 알을 품어서 병아리를 깔 수는 없는 양계장의 난용종 닭이다. 그래서 그 욕망은 웬만해서는 충족시킬 수 없는 아주 특별한 욕망이 된다.

욕망은 충족 가능한 것일 때 그 욕망 주체에게 생기를 불어넣는다. 그러나 욕망은 그 욕망 주체를 병들게도 만든다. 충족 불가능한 욕망이 그러한 욕망이다. 그래서 욕망은 욕망 주체에게는 삶을 고양시킬 수 있는 기회가 되기도 하고 삶을 저상시킬 수 있는 위기가 되기도 한다는 것이다. 이처럼 욕망은 위기이자 기회인 상황을 구성하게 되는데, 우리는 이를 욕망의 문제적 상황이라 일컫는다. 옛이야기는 이와 같은 문제적 상황을 통해서 옛어른에게 자기 욕망에 대한 책임을 물었다.

옛이야기는 대개 욕망의 문제적 상황에서 이야기를 구성한다. 〈젊어지는 샘물〉은 젊어지고자 하는 욕망 때문에 아예 아기가 되어 버린 할머니를 보여 주고, 〈혹부리영감〉은 혹을 떼려는 욕망 때문에 오히려 혹을 하나 더 붙이는 할아버지를 보여 주고, 〈이상한 맷돌〉은 부자가 되려는 욕망 때문에 맷돌에서 쏟아져 나온 돈더미에 깔려 죽는 사내를 보여 준다. 그러나 우리는 이미 잘 알고 있다. 〈젊어지는 샘물〉의 할아버지는 훤칠한 젊은 청년이 되었고, 〈혹부리영감〉의 첫 번째 영감은 혹도 떼었을 뿐만 아니라 도깨비방망이까지 손에 넣었고, 〈이상한 맷돌〉의 또 다른 사내는 평생 돈 걱정 없이 잘살게 되었다는 것을.

모든 옛이야기가 이처럼 위기이자 기회인 문제적 상황을 구성하는 것은 물론 아니다. 욕망의 충족 여부를 타고난 운명으로 결정하는 것도 적지 않다. 우리는 이와 같은 이야기 상황을 욕망의 운명적 상황이라 일컬어 욕망의 문제적 상황과 구별한다. 욕망의 운명적 상황은 이야기 자체의 내적 논리를 아무 소용이 없도록 만든다. 예컨대 ≪해를 삼킨 아이들≫이 그러하다.

≪해를 삼킨 아이들≫은 11편의 연작 동화로 짜여 있는데, 주인공들이 서로 인척 관계로 묶여 있다. 누군가는 이 동화를 옛이야기와 역사를 함께 패러디한 동화라 하였다. 이 동화에서 옛이야기와 역사의 흔적은 쉽게 찾을 수 있다. 주인공의 이름을 옛이야기의 주인공에서 따다 썼고, 이야깃거리를 역사적 사실에서 끌어왔기 때문이다. 그러나 그뿐이다. 그런데도 이 동화에 대해서 패러디 운운할

수 있는 것인지, 나로서는 잘 판단이 서지 않는다.

그런데 ≪해를 삼킨 아이들≫의 연작 동화는 그 주인공이 하나같이 운명적 상황 속에 놓여 있다는 특징을 지니고 있다. 즉 그들은 그렇게 하도록(또는 그렇게 되도록) 되어 있기 때문에 그렇게 하는(또는 그렇게 되는) 것으로 보인다는 것이다. 첫 번째 동화 〈애기장수 큰이〉는 힘이 장사인 큰이가 임금에게 산삼을 바치려고 서울로 갔다가 서양 사람과 일본 군인을 혼내 주었다는 이야기이다. 맨손으로 총을 이기는 것이 가능할까 하는 독자의 의문에 작가는 이렇게 답하는 듯하다. 힘이 장사니까. 이쯤 되면 이 동화에 대해서 이야기의 내적 논리를 문제 삼는 것 자체가 우스워진다. 그런데 그렇게 해서라도 서양 사람과 일본 군인을 혼내 주고 싶었던 까닭이 무엇일까. 궁금해진다. 어쨌든 작가는 작중 상황을 인위적으로 조작했다. 이것은 옛이야기의 작가가 운명의 이름으로 작중 상황을 자신의 의도대로 끌고 가던 것을 연상시킨다.

다시 ≪마당을 나온 암탉≫으로 돌아가자. 잎싹이 자신의 욕망을 충족시키기 위해서는 일단 양계장을 벗어나야 했다. 그러나 그렇게 될 가능성은 거의 없었다. 잎싹은 낙담했다. 그리고 입맛을 잃었다. 알을 낳고 싶은 마음도 없어졌다. 자신의 알을 낳아서 품고 싶다는 욕망 때문에 알조차 낳고 싶은 욕망을 잃어버리게 되었던 것이다. 어쨌든 잎싹은 아예 알을 낳지 못하게 되었다. 알을 낳지 못하는 암탉은 양계장에서는 아무 쓸모가 없는 법. 잎싹은 마침내 폐계로 처리되었다. 위기가 기회로, 기회가 다시 위기로 넘어가는 순간이었다. 양계장에서 빠져나올 수 있었으니 기회였지만 잎싹을 기다리는 것이 도살이었으니 위기였다. 이 위기는 다시 한 번 기회로 바뀐다. 잎싹이 병들었다고 생각한 양계장 주인이 그를 쓰레기장에 버렸던 것이다. 살고 싶지 않아 굶었기에 살아날 수 있었던 것이다.

잎싹은 자신의 알을 품고 싶어했다. 그러려면 양계장의 철장에서 나와야 했다. 그런데 양계장의 철장을 벗어나려면 알을 낳을 수 없어야 했다. 잎싹은 결국 그렇게 되었다. 알을 낳을 수는 있지만 품을 수 없었던 철장 속의 잎싹. 그리고 알을 품을 수는 있지만 알을 낳을 수는 없게 된 철장 밖의 잎싹. 어느 잎싹이 행복할까. 이 질문은 잎싹의 욕망이 잎싹을 행복하게 만들었나 아니면 불행하게 만들었나 하는 질문과도 통한다. 그러나 여기에서 우리는 어떤 대답도 할 수 없다. 잎싹은 얻은 만큼 잃었고 잃은 만큼 얻었으니 말이다.

그러나 잎싹은 이 과정에서 자기 욕망의 진정한 주체로 거듭날 수 있었다. 그래서 그는 새로운 욕망을 가질 수 있었고, 그 새로운 욕망은 그 자신을 좀더 성숙하게 만들었다. 그것은 자신의 알이 아닌, 자기 종족의 알이 아닌, 청둥오리의 알을 어미를 대신하여 품어 줄 수 있는 욕망이었다. 새끼에 대한 내리사랑의 욕망이 종족의 벽을 넘어서는 순간이었다. 잎싹의 욕망은 여기에 그치지 않았다. 굶주린 새끼의 배를 채워 주라고 족제비에게 자신의 목숨을 내놓기까지 했다. 이것은 새끼에 대한 내리사랑의 욕망이 종족의 벽을 넘어서게 되면 삶과 죽음의 벽까지도 가볍게 넘어설 수 있음을 보여준다.

≪마당을 나온 암탉≫은 욕망에 의한 문제적 상황을 설정하면서 이야기를 시작하고 그 문제적 상황을 해소하면서 이야기를 매듭지었다. 이것은 옛이야기의 이야기 방식과 그 맥을 같이하는 것이다. 문제적 상황이라는 것은 위기일 수도 있고 기회일 수도 있는 상황이라 한 바 있다. 위기일 수도 있고 기회일 수도 있다면, 위기였던 것도 기회로 전환될 수 있고 기회였던 것도 위기로 반전될 수 있으리라. 이러한 까닭에, 문제적 상황은 스스로 그 상황을 해소할 수 있는 장치를 그 안에 감추어 두고 있다고 말할 수 있다. 우리는 이를 가리켜 문제적 상황의 재귀적 해소라 일컫는다.

모든 문제적 상황이 재귀적으로 해소되는 것은 아니다. 여기에서는 욕망 주체의 역량이 관건이 된다. 위기에서 기회의 싹을 찾아낼 수 없는 주인공이라면 또 기회에서 위기의 뿌리를 잘라낼 수 없는 주인공이라면 문제적 상황은 그대로 유지될 수밖에 없다. 옛이야기는 이를 통하여 욕망 주체에게 자신의 욕망에 대한 책임을 묻는다. 이것이 바로 옛이야기의 교훈 구성 전략이다.

3) 말의 표현 방식 활용

우리는 지금까지 옛이야기에서 배울 만한 동화 창작법을 미학의 측면과 이야기틀의 측면에서 살펴보았다. 옛이야기가 옛어른의 욕망을 존중하는 데 착안하여 동화 또한 어린이의 욕망을 존중하여야 한다는 제안을 하였다. 그것은 어린이의 고유 욕망을 탐색하거나 어른의 욕망을 어린이가 주체적으로 내면화하는 방향에서 구체화될 수 있음도 함께 밝혔다. 그리고 옛이야기가 욕망의 문제적 상황과 그것의 재귀적 해소를 통해서 이야기의 내용이 되는 사건을 구성한다는 데 주목하였다. 이 또한 동화의 이야기틀로 삼을 수 있음을 ≪마당을 나온 암탉≫을 통해서 확인하였다. 이와 함께 옛이야기는 욕망의 문제적 상황을 통해서 욕망 주체의 자기 책임성을 철저하게 환기시킨다는 것도 동화로서는 놓쳐서는 안 되겠다. 이것은 욕망 그 자체를 직접 통제하지 않으면서도 욕망과 관련한 교훈을 독자에게 충분하게 전달할 수 있는 옛이야기 특유의 이야기 전략이기 때문이다.

옛이야기에서 마지막으로 배울 만한 것은 말의 표현 방식이다. 옛이야기는 말로 이야기를 들려주고, 동화는 글로 이야기를 읽게 한다. 다 알고 있듯이, 말은 음성으로 전달하고 글은 문자로 전달한다. 음성과 문자는 그 성질이 서로 다르기 때문에 그것을 부리는 방법도 서로 달리할 수밖에 없다. 이 때문에 말과 글은 그 고유의 표현 방식을 발전시키게 되었다. 동화는 대부분 글의 표현 방식을 따를 수밖에 없다. 그러나 때로는 말의 표현 방식을 활용하여 표현의 지평을 확대할 필요도 있다.

말의 표현 방식을 활용하는 첫 번째 방식은 글투를 말투로 바꾸는 것이다. 이에 대해서는 옛이야기의 동화화를 논의하는 자리에서 이미 한 차례 언급한 바 있다. 그런데 글의 문학 장르인 동화가 말투의 표현 방식에 지나치게 의존하면 오히려 역효과를 볼 수 있으니 주의하여야 한다. 다음을 보라.

> 젊었을 때, 나는 구례에서도 큰 산을 두 개나 넘어야 허는 산골에 살았어. 마을 어귀에는 섬진강 큰 물줄기가 흐르고 있었제. 지금도 그 산이며 강이 눈에 선허구먼.
>
> 옛날에는 애기를 낳아도, 어려서 많이 죽었어야. 병에 걸려 죽기도 허고, 배를 곯다 죽기도 허고, 어떤 때는 짐승한티 물려 가기도 혔제.

인용한 글은 동화 ≪강마을에 한번 와 볼라요?≫(고재은, 문학동네어린이, 2004)의 첫머리를 따온 것이다. 작중 인물의 말을 직접 인용한 것이 아닌가 하겠지만, 전혀 그렇지 않다. 이것은 서술자의 말이다. 이 서술자는 작중 인물이기도 한데, 동화의 처음부터 끝까지 이러한 말투로 독자에게 이야기를 전달한다.

보다시피 이것은 전라도 사투리를 진하게 쓰는 어른의 말투로 되어 있다. 그런데 이 동화는 이 말투로 동화를 처음부터 끝까지 이끌어간다. 쪽수로는 그 길이가 170쪽에 이른다. 작가가 전라도 사투리를 쓰는 어른을 서술자로 내세운 데는 그만한 까닭이 있었을 것이다. 구수한 입담을 선보이고 싶었을 수도 있고, 토속적인 분위기를 자아내고 싶었을 수도 있다. 그런데 어린이 독자로서는 그러한 언어적 효과를 즐길 여유가 없다. 서술자의 말투 자체를 감당하는 것만 해도 힘겹기 때문이다. 사실 어른인 나도 짜증스러웠다. 전라도 사투리에 익숙하지 않으니, 한 번 읽는 것도 신경이 곤두섰다. 거기에다가 의미 파악을 위해서 몇 번이고 거듭 읽어야 하는 대목도 자주 마주치게 되니 그럴 수밖에.

말의 표현 방식을 활용하는 두 번째 방식은 말의 화법을 글에 적용하는 것이다. 이에 관한 흥미로운 예를 본 적이 있다. 다음은 동화 ≪검은 섬의 전설≫(한창훈, 사계절, 2005, 11쪽)에서 인용한 것이다.

> 멀고 먼 옛날에 하늘나라 대왕이시고, 하늘의 법을 이끌고, 하늘과 땅과 인간 세계를 다스리는 옥황상제에게 아들이 하나 있었어. 그런데 이 아들이 말은 안 듣고 자꾸 골치 아픈 일만 벌이는 거야. 무슨 일을 저질렀는지는 몰라.
>
> 삼천 년에 한 번씩 열리는 반도복숭아를 몰래 팔아먹었거나 벼락을 훔쳐 제멋대로 쏘아 댔을 수도 있고, 공부 안 하고 선녀들 꽁무니만 따라다녔거나 날씨를 책임지는 대신들 방에 몰래 들어가 엉뚱하게도 아프리카에 함박눈을 펑펑 내리게 했을 수도 있겠지. 혹 그런 일을 모두 다 했는지도 모르고.
>
> 그렇게 철부지 같은 짓을 한 게 아닐 수도 있겠지.

밑줄 친 부분을 보라. 옥황상제의 아들이 골치 아픈 일을 저질렀단다. 그런데 그 다음을 쭈욱 읽어 보라. 서술자는 일단 그것이 무슨 일인지 모른다고 딱 잡아뗀다. 그러다가 한 걸음 물러서서 그 골치 아픈 일이 이러저러한 일이 아니겠느냐고 제멋대로 주절거린다. 그러나 좀 켕기는 바가 있었는지, 자신의 지레짐작을 스스로 부정한다. 설마 그런 철부지짓을 했을라고 하면서.

이와 같은 화법은 우리 일상 대화에서도 흔히 볼 수 있는 것이다. 말을 통해서 정보를 전달받을 때는 우리는 그 정보를 구조 중심으로 재조직하여 기억하게 된다. 그래서 그 정보의 주변부에 해당하는 세부 정보에 대해서는 잘 기억하지 못한다. 말에서 추측의 화법을 자주 구사하게 되는 것도 이 때문이다. 추측의 말은 신빙성이 떨어진다. 따라서 말에서는 번복도 자주 일어난다. 말은 금방 허공으로 사라지기 때문에 우리는 번복 자체를 그리 부담스럽게 여기지 않는다.

글에서는 이런 화법을 좀처럼 발견하기 어렵다. 그래서 매우 신선한 느낌을 받는다. 동화에서도 말의 화법을 적극적으로 활용할 필요가 있다. 말의 화법은 옛이야기뿐만 아니라 판소리에서도 배울 수 있다. 한 가지 주의할 것이 있다. 옛이야기나 판소리의 특정 대목을 그대로 따다 동화에 쓰는 것은 그다지 바람직하지 않다는 것이다. 옛이야기나 판소리를 통해서 말의 화법을 익힌 다음, 그것에 입각하여 동화에 적합한 새로운 표현을 창출하여 사용하는 것이 더 좋을 것이다.

아 | 산 | 재 | 단 | 연 | 구 | 총 | 서

1 전환기의 중국경제
2 폴란드 경제의 변천 개혁과 그 전망
3 재소한인
4 소련산림과 임업
5 아세안의 정치경제
6 태국의 사회변동과 경제발전
7 중국의 사회경제 통계분석
8 중국의 정치와 경제
9 동유럽의 개혁과 시장경제의 도입
10 동유럽의 개혁운동
11 현대 러시아 연구
12 전략적 선택과 기업의 국제경쟁력
13 협동사회의 정착과 정부의 역할
14 한국 제조기업 생산성의 동적 분석
15 분배의 정의
16 도덕적 행동의 강화
17 관료부패와 통제
18 한국경제의 내실 있는 성장
19 한국국민정신운동의 역사와 발전방향
20 한국대학생의 가치성향과 상담효과
21 가출청소년과 학교관리체제
22 동북아 정세변화와 한·일 관계
23 언론과 부정부패
24 한국의 고등학교 교육
25 가족과 방송
26 재정개혁의 전망과 재산세제의 개편과제
27 청소년을 위한 전자게임 프로그램의 규제 및 평가체계 개발
28 정신장애자 가족의 사회심리적 특성
29 가족의 관계역동성과 문제인식
30 현대인과 한국전통음식
31 기업의 초고속정보통신망활용
32 지역발전을 위한 교육자치제의 개선방안
33 전환기의 공무원 가치관
34 지방자치와 사회복지의 과제
35 WTO체제하의 지방중소기업 지원정책
36 현대한국의 시민운동
37 기업 세계화의 단계 및 정도의 측정
38 가족복지를 위한 가족주치의 시범사업의 효과
39 한국대학생의 삶의 만족도
40 지역경제와 지역산업구조의 개편방향
41 중국기업의 소유형태별 경영특성
42 남북한의 인성·사상교육
43 연계적 뇌기능 조언을 위한 의료용 멀티미디어 시스템의 설계
44 다민족국가의 민족문제와 한인사회
45 저소득층지역 청소년 여가문화와 소집단 활성화
46 삶의 질의 국제비교와 지역간 비교분석
47 21세기 지역주민의 삶의 질
48 삶의 질에 대한 국가간 비교
49 외국인 노동자의 노사관계와 사회적 적응
50 한국의 사법제도와 발전 모델
51 고령화사회와 중산층 노인의 사회활동
52 한국의 서비스 시장 개방정책
53 한국과 AFTA간의 교역증진 및 경제협력방안
54 물류비 절감을 위한 무역업체의 정보화전략
55 사회주의 체제전환과 사회정책
56 남북통일 이후 농업생산체계 개편
57 국제화와 세계화: 한국·중국·일본
58 IMF 개혁정책의 평가와 한국경제의 신(新) 패러다임
59 구조개혁과 실업대책
60 21세기 신노사관계
61 학교에서의 집단 따돌림: 실태와 특성
62 한국노인의 정신건강실태와 건강증진
63 혁명과 개혁 속의 중국 농민
64 중국의 경제환경과 한국기업의 진출전략
65 김대중 대통령의 시스템 사고
66 실업과 가족해체
67 합리적 부채비율 조정방안
68 한국 중산층의 생활문화
69 계층간 갈등상태에서 최적소득세

70 글로벌 경쟁력 제고를 위한 기업전략과 조직구축
71 의료보험과 국민연금의 관리효율화를 위한 통합방안
72 정부개혁의 과제와 전략
73 책임운영기관 제도에 관한 비교분석
74 새로운 패러다임하에서의 한국기업의 바람직한 지배구조
75 현대 한국사회의 계층구조
76 한국의 산업정책과 산업구조조정
77 기업구조조정
78 지식경영을 위한 인적자원 개발 및 관리체계
79 뉴 비즈니스 모델
80 중산층의 정체성과 소비문화
81 외국관광객 유치를 위한 마케팅 전략
82 한국인의 세대별 문학의식
83 공공부문의 효율성 평가와 측정
84 한국 청소년의 정치의식과 형성요인
85 한국 대학생의 정치의식
86 산업의 정보화와 산업발전
87 한국 제조업의 고용조정 분석
88 지식자산에 대한 경영전략적 평가모형 개발
89 관광사업을 위한 한국적 이미지의 휴식복 개발
90 한국 정치제도의 개혁
91 e비즈니스와 아웃소싱 전략
92 집단 따돌림의 진단 및 치료방안
93 16대 총선과 낙선운동
94 부동층 유권자 행태 분석: 14-16대 국회의원 선거 분석
95 사이버 공동체의 성공요인
96 온라인 소비자 행동의 이론과 실증
97 글로벌 시대 정약용 세계관의 가능성과 한계
98 러시아의 체제전환 과정에서 나타난 국가의 역할과 그 전망
99 남북한의 경제발전 수준과 산업구조 비교, 그리고 경제교류 협력방향
100 집단따돌림과 교육해체
101 공적연금제도의 효율성과 개선방안
102 벤처기업-대기업의 성공적인 협력 모델
103 북한의 재외동포정책
104 사이버 공동체 형성의 역동적 모형
105 기업이론과 기업의 소유지배구조
106 가축분뇨 자원화를 위한 공동이용조직에 대한 농가선호도 분석
107 개혁정책과 전문가 집단: 사법개혁을 중심으로
108 현대 한국사회의 이중가치체계
109 한국의 산업구조 변화와 기업집단 다각화 전략
110 지식정보사회의 경제적 모형 설정 및 사례 연구
111 변호사징계제도
112 인터넷 특허법
113 e-비즈니스 시대의 금융 및 재정정책의 새로운 패러다임
114 청소년의 하위문화와 정체성
115 디지털금융시대의 금융구조변화와 정부규제 및 정책
116 지식경영을 위한 기업의 조직설계방안
117 전자금융의 발달과 경제정책의 새로운 패러다임
118 동아시아의 안보와 유엔체제
119 유료 치매노인 그룹홈의 개발과 관련 정책
120 소비자 지향적 문화산업 정책
121 국제·국가·지방 환경규제의 연계
122 현행 회사 합병·분할제도의 평가와 개선방안
123 배려지향적 도덕성과 정의지향적 도덕성
124 기업구조조정에 대한 채권금융기관 및 금융감독기관의 역할과 책임
125 실업대책으로서 한국의 법정기준근로시간의 단축
126 프랑스어의 비분리성 소유개념 표현
127 지방채의 효율적 관리방안
128 21세기 산업구조 변화와 과학기술정책
129 인터넷 쇼핑몰 이용자의 불평행동
130 한국기업의 성과급제도 현황, 효과 및 개선방안

131 전자상거래와 소비자보호
132 평생학습 사회에서의 인적자원 개발을 위한 사회적 파트너십 구축
133 한국 공교육의 새로운 구상과 전략
134 한국의 정부개혁
135 지방정부 생산성 측정의 이론과 실제
136 불가 시문학론
137 남북경제교류의 법적 문제
138 경제위기와 청소년 발달
139 생명과학기술의 응용과 기본권보호적 한계
140 경제발전과 정치환경의 한·일 비교분석
141 한국 공교육의 진단
142 우리나라 지방자치 발전을 위한 자치단체장의 역할
143 의료보험제도의 개혁방안
144 중등 도덕교육의 현실과 문제
145 사이버공동체 발전론
146 남북경협 확대에 대비한 북한 담보제도의 정비방안
147 한국 공무원 인사제도 개혁
148 교사화법 교육
149 세계화의 문화정치학
150 효과적인 e-SCM을 위한 의사결정 조정 시스템 모형
151 환경거버넌스
152 자동차산업의 인적자원관리
153 한국과 영국 간 지식기반산업 비교
154 한국 벤처기업의 기술네트워킹 및 기술마케팅 전략
155 회사변호사의 윤리
156 미디어교육론
157 조선시대 서원과 양반
158 환경문제와 철학
159 노인보건복지 이론과 실제
160 북한의 법체계
161 생명공학기술의 안전성 확보에 관한 법적 고찰
162 청소년복지학
163 변화하는 세계, 변화하는 복지국가
164 의리의 윤리와 한국의 유교문화
165 미국의 통상정책과 통상법
166 사회복지 프로그램 평가
167 환경주의와 지속가능한 발전
168 무역과 환경
169 산업계 유해폐기물의 위험과 관리
170 백범 김구의 지적 계발과정 탐색
171 태평양전쟁 발발 이후 일제의 인적 지배와 그리스도교계의 대응
172 거버넌스 상황에서 갈등관리를 위한 대체적 분쟁해결제도
173 시장경제의 유형과 민주주의: 영미형과 동아시아형의 비교
174 일본고전소설 총론
175 국어 교육을 위한 국어 문법론
176 율곡의 군주론
177 동북아시아 환경협력: 황해와 황사
178 기후변화협약과 기후정책
179 인터넷과 국제 학술정보 네트워크-하이퍼링크 분석
180 국내 기업복지의 활성화 방안
181 세계화와 인간안보
182 세계문화유산 종묘 이야기
183 한국 평생교육의 사회철학적 과제
184 강점모델: 노인 장기요양보호의 사례관리실천
185 글로벌시대의 계약법
186 배심제와 시민의 사법참여
187 동북아공동체
188 정치 참여와 탈물질주의: 한국과 스웨덴의 비교
189 퍼지전문가회로망을 이용한 금융기관의 사이버 기업여신결정 지원시스템의 개발
190 환경정책과 환경법
191 포스트모던 시대의 평생교육학
192 현대 한국인의 세대경험과 문화
193 서구의 근로연계복지: 이론과 현실
194 사회복지운동론
195 외국의 역모기지 사례
196 옛이야기와 어린이문학

아|산|재|단|연|구|보|고|서

1 한국인의 도덕성 연구
2 산업화와 청소년 진로
3 공동체의식과 시민운동
4 한국청년의 삶의 의미 충족도와 민족적 태도
5 중국조선족의 사회발전과 한·중관계의 위상
6 해송림 "솔껍질깍지벌레"의 천적 및 주요 종의 생태
7 사회정의와 실천윤리
8 동구개혁의 영향
9 한국청소년의 의식세계
10 고강도 철근 콘크리트 구조의 실용화
11 신기술의 연관형태 및 출현예측의 구조모형
12 민간기업의 연구개발을 위한 조세정책
13 기술개발 활성화방안
14 부패의 현상과 진단
15 연구투자의 지역적 편중화와 부산지역의 기초과학연구 활성화방안
16 GATT의 신구 덤핑방지협정과 그 대응방안
17 한국사회의 도덕성 제고를 위한 진단과 처방
18 새로운 노사관계 방향
19 21세기 동북아 정세예측과 한국의 전략적 대응방안
20 소련의 한국에 대한 정책목표분석
21 메모리 커패시터용 $Pb(Zr_xTi_{1-x})O_3$ 강유전체박막의 제작과 특성
22 러시아 국제법학의 전통
23 유럽연합의 현황과 전망
24 중국의 정치동원
25 산업적 활용을 위한 이동로보트 시스템의 개발
26 중국조선족의 정치사회화과정과 동화적 국민통합의 방향
27 공적부조의 이론과 실제
28 대외통상환경의 변화와 법제개편
29 기업금융의 국제화
30 자동차부품공업의 노사관계
31 산업화 과정에서의 한국가족의 실태와 전망
32 공무원 가치관 실태와 정립방안
33 해외귀국청소년의 국내적응연구
34 초고속정보통신망에서 LAN서비스 제공방안
35 WTO체제의 정책적 대응
36 유럽의 통합정치
37 유기질폐기물을 이용한 고단백사료원인 조류의 생산공정
38 초고속정보통신망의 수용성과 정책방향
39 중국의 강남사회와 한중교섭
40 세계화시대의 사회·문화의식
41 국내 외국인 노동자의 문제와 대책
42 노인인력 활용정책과 프로그램
43 한일간 학술교류 현황과 활성화방안
44 계량모형에 의한 한일 경제관계의 이해
45 직장인의 음주행태와 삶의 질
46 유통정보 시스템의 구조와 설계
47 남북통일 이후 사회통합을 위한 교육의 역할
48 대중음악에 심취한 청소년들의 심리적 특성
49 멀티미디어 시스템을 활용한 교육환경의 개선방안
50 탈냉전기 한일관계의 쟁점
51 자치시대 새로운 '삶의 질' 지표의 모색
52 유럽통합의 역내외 협력과 갈등
53 21세기를 대비한 신노사관계
54 대학의 시간제학생 등록제
55 21세기에 대비한 방송통신정책
56 주민참여를 통한 혐오시설 관리운영방안
57 여성의 정치적 권리인식과 정치참여
58 한국인 위장질환과 식생활·환경요인 및 H. pylori 감염과의 관계

59 학생과 시민의 자원봉사활동
60 동북아 환경문제와 지역환경협력의 모색
61 노인 자원봉사활동을 통한 사회통합 프로그램 개발
62 물류정보 시스템
63 전자식 문서교환을 이용한 항공화물 운송체계
64 청소년과 성: 부모교육 단기 프로그램
65 민족통합과 무궁화호 위성의 남북한 공동활용방안
66 채식주의가 20대 여성의 영양상태와 에스트로겐대사에 미치는 영향
67 가상정보공간을 통한 지역개발 활성화 전략
68 조산아 관리현황 및 정책수립 방안
69 남북한관의 의식조사와 통일교육 개선방안
70 동양 전통 자연사상 탐구
71 초고속정보망의 시뮬레이터 구현
72 유통원가 시스템의 유효성
73 국악과 문화관광의 만남
74 기업의 지식경영 활용사례
75 선진국과 한국의 직업교육·훈련제도의 특성과 한계
76 제주지역 성인 여성의 자원봉사활동
77 M&A와 문화충돌 관리
78 폐금속광산 인근 주민들의 중금속 오염실태
79 북한 농촌·농업실태와 인력자원개발 시스템을 통한 북한 농민의 구호방안
80 중소 소매점의 경쟁력과 소매성과
81 고령자를 위한 쾌적한 실내온도와 착의량의 설정
82 지역문화 이벤트 PR
83 인터넷 지역정보화의 실태와 전략
84 여성 삶의 질 향상을 위한 사회교육 활성화 방안
85 벤처기업과 벤처금융
86 구조조정기에 있어서 실업대책과 사회안전망 구축
87 한국 유아의 조기교육
88 남북한 경제공동체 형성전략
89 지방자치회계의 투명성과 주민의 알 권리
90 정치지도자의 정책리더십
91 경제위기와 한국인의 복지의식
92 북한의 노동
93 우리나라 중소기업의 정보기술 활용현황과 경쟁력 강화를 위한 제안
94 인간배아복제의 법적·윤리적 문제점과 그 해결방안
95 가치변화에 따른 투표행태
96 인터넷 경매에서의 계약체결과 소비자보호
97 세계화시대 남북한 통합의 방향과 과제
98 글로벌 시대 지방정부의 문화마케팅 전략
99 대졸여성실업의 실태분석 및 대학-노동시장 간효율적 연계방안
100 그린 투어리즘의 분석
101 지방자치단체장의 부정부패: 실태와 대응방안
102 산업화가 유교체제하 중국여성의 지위에 미친 영향
103 움직이는 말하기
104 장애학생을 위한 특수교육공학의 활용
105 지식기반사회의 평생교육 이해와 평생교육 프로그램 개발
106 N세대의 미술교육